健康保险系列译丛
HEALTH INSURANCE TRANSLATION SERIES

编委会主任　宋福兴

Voluntary Health Insurance in Europe

欧洲自愿健康保险

安娜·萨根（Anna Sagan）　萨拉·汤姆森（Sarah Thomson）　主编
王国军　等译　　王国军　高立飞　校

中国金融出版社

责任编辑：王效端　张菊香
责任校对：刘　明
责任印制：张也男

Issued in English by the WHO Regional Office for Europe in 2016 under the title
Voluntary health insurance in Europe：country experience（2016）
© World Health Organization 2015（acting as the host organization for, and secretariat of, the European Observatory on Health Systems and Policies）

Issued in English by the WHO Regional Office for Europe in 2016 under the title
Voluntary health insurance in Europe：role and regulation（2016）
© World Health Organization 2015（acting as the host organization for, and secretariat of, the European Observatory on Health Systems and Policies）

The translator of this publication is responsible for the accuracy of the translation.
© China Financial Publishing House
《欧洲自愿健康保险》中文简体字版出版权属中国金融出版社所有。

图书在版编目（CIP）数据

欧洲自愿健康保险（Ouzhou Ziyuan Jiankang Baoxian）/（美）安娜·萨根（Anna Sagan），（美）萨拉·汤姆森（Sarah Thomson）主编；王国军等译. —北京：中国金融出版社，2018.10
ISBN 978-7-5049-9747-0

Ⅰ. ①欧… Ⅱ. ①安…②萨…③王… Ⅲ. ①健康保险—研究—欧洲 Ⅳ. ①F845.062.5

中国版本图书馆 CIP 数据核字（2018）第 210891 号

出版
发行　中国金融出版社
社址　北京市丰台区益泽路 2 号
市场开发部　（010）63266347，63805472，63439533（传真）
网 上 书 店　http：//www.chinafph.com
　　　　　　（010）63286832，63365686（传真）
读者服务部　（010）66070833，62568380
邮编　100071
经销　新华书店
印刷　北京市松源印刷有限公司
尺寸　185 毫米×260 毫米
印张　22.25
字数　430 千
版次　2018 年 10 月第 1 版
印次　2018 年 10 月第 1 次印刷
定价　68.00 元
ISBN 978-7-5049-9747-0
如出现印装错误本社负责调换　联系电话（010）63263947

《健康保险系列译丛》
编委会

主　任：宋福兴

副主任：董清秀　冯祥英　高兴华　伍立平　胡占民
　　　　黄本尧　李晓峰　徐伟成　陈龙清

学术顾问：（按姓氏笔画为序）

于保荣　马海涛　王　欢　王　桥　王　稳　王国军
王绪瑾　朱俊生　朱恒鹏　朱铭来　孙　洁　孙祁祥
李　玲　李秀芳　李保仁　李晓林　杨燕绥　余　晖
张　晓　卓　志　郑　伟　郑秉文　赵尚梅　郝演苏
庹国柱　曹建海　董朝晖　魏华林

编务统筹：蔡皖伶　范娟娟　赵静怡　袁　芳

总 序

改革开放40周年，我国保险业发生了深刻变化。近十余年来，健康保险业发展强劲，深度参与国家治理，成为构建多层次医疗保障体系的重要力量，为保障和改善民生作出了贡献。习近平总书记在党的十九大报告中指出："要完善国民健康政策，为人民群众提供全方位全周期健康服务。"健康保险作为国家健康服务产业中的关键环节，肩负着光荣而艰巨的使命，必须要着力解决人民不断升级的健康保险需求与不平衡不充分的健康保险供给之间的矛盾。

当前，正处在推动构建人类命运共同体的宏大时代背景下，要用中国智慧推动健康保险发展，为解决医改这一世界性难题提供中国方案。这既需要从本国实践中总结经验与教训，也需要从他国实践中获取借鉴与启迪。现代健康保险源于西方发达国家，有近200年发展史。相较于中国的起步探索，它们走了更长的路，积累了更为丰富的理论认知与实践经验，形成了较为系统成熟的健康保险经济学理论体系及实际运营模式，对我国健康行业发展有重要的借鉴价值。在这个学习借鉴过程中，无论是其理念层面的价值确立，还是制度层面的架构搭建，乃至运营层面的实务操作，都需要借助一定的载体和介质。经典著作，就是其最为重要的媒介。翻译出版这些经典著作，无疑是借鉴国外经验最为有效、最为便捷的手段与方法。

改革开放以来，我国引进翻译了大量国外保险经典著作，但健康保险专业领域的经典著作译介却是一片空白。近20年来，医疗体制改革在全球范围内广受关注，健康保险遂逐渐成为西方保险理论的研究热点，Amy Finkelstein、Michael A. Morrisey、R. D. C. Brackenridge、Leiyu Shi（石磊玉）等学者，因健康保险研究领域的突出成就，跃居闻名全球的经济学家。其经典著作有些是历久弥新的理论认知升华，有些则是丰富的运营经验结晶。这些升华与结晶，虽然研究的是西方发达国家的健康保险，归纳出的许多认知反映的却是行业的普遍行为。我们理应将这些经典著作，视为全人类的共同财富，虚心学习和借鉴，以促进我国健康保险业快速发展，造福中国人民。

中国人民健康保险股份有限公司组织翻译《健康保险系列译丛》，就是希望借助西方经济学名家的视角，对这个发源并蓬勃发展于西方国家的行业进行一次近距离、全方位、深层次的探究，祈愿会同之前组织编著的《健康保险系列丛书》，融合东西方行业辛勤积累的认知精华，从东西方不同的角度，相互映衬、相互补充，共同构建起健康保险行业的理论框架，更好地为我国健康保险又好又快发展提供坚实的理论基础。

"看似寻常最奇崛，成如容易却艰辛。"《健康保险系列译丛》的创造性和难度系数丝毫不亚于《健康保险系列丛书》，"译什么"成为摆在面前亟需解决的关键问题。中国人民健康保险股份有限公司党委书记、总裁宋福兴同志亲自挂帅，组建了以公司高管为成员的高规格编委会，邀请李保仁、王稳、卓志、孙祁祥、杨燕绥、王国军、朱铭来、李秀芳、王桥、张晓等来自保险、财税、公共管理、社会保障、医疗卫生等领域的著名专家组建学术顾问团，开展了多轮学术研讨，多角度论证、反复斟酌，从健康保险领域理论体系构建的完整性、国外健康保险研究焦点和趋势、候选书目的权威性和经典性以及对国内健康保险实践发展的借鉴性等角度明确了选版原则、选版方向和选版范围，确定了译丛翻译框架，为译丛的翻译出版奠定了扎实基础。

《健康保险系列译丛》兼具学术理论指导性和实践操作借鉴性，分为基础学理研究、焦点技术研究、国别借鉴研究等三类。基础学理研究类，侧重翻译基础性、经典型、学术型专著；焦点技术研究类，侧重翻译健康保险领域的焦点、难点、趋势技术研究等专著；国别借鉴研究类，侧重翻译西方发达国家及其健康保险市场发达地区的研究专著与重要报告。

《健康保险系列译丛》首次出版发行五本分册。其中基础学理研究类两本，分别是 What Is Health Insurance (Good) For? 和 Health Insurance；焦点技术研究类一本，为 Brackenridge's Medical Selection of Life Risks；国别借鉴研究类两本，分别是 Delivering Health Care in America 和 Voluntary Health Insurance in Europe。

What Is Health Insurance (Good) For? 中译名为《简明健康保险经济学》，由德国斯普林格（Springer-Verlag）出版社于 2016 年出版。Springer 出版社是世界上最大的科技出版社之一，有着 170 多年的发展历史，以出版学术性出版物而闻名于世。该书的作者 Robert D. Lieberthal 博士，学术研究经历相当丰富。在普华永道纽约事务所从事保险精算方面的研究咨询工作多年，目前在田纳西大学（University of Tennessee）教授健康金融学、健康经济学和健康保险方面的课程。

Health Insurance 中译名为《健康保险》（第 2 版），原书作者 Michael A. Morrisey 教授，是美国阿拉巴马大学（UAB）公共卫生学院教授，教授健康保险学的时间已有 25 年之久。在 UAB 任教之前，他已是美国医院协会（AHA）的资深经济学家。此次选译的版本为该书 2014 年第二版。

Brackenridge's Medical Selection of Life Risks 中译名为《人身风险的医学选择》（第 5 版），主编 Brackenridge 博士为美国人寿保险医疗主任协会（ALIMDA）、美国保险医学学会（AAIM）资深会员。该书是 Brackenridge 博士耗时 50 载的力作，第一版为 1977 年出版的《人身风险的医学选择》，向前可追溯至 1962 年刊印的《人寿保险的医学》。为适应医学专业和人身保险的发展，该书保持了平均 8 年再版一次的频率。为确保专业性和权威性，Brackenridge博士都会邀请行业重量级专家来负责相应章节的撰写。至第5版封山之作，已汇集了37位专家的鼎力之作。

Delivering Health Care in America 中译名为《美国医疗卫生服务体系》（第7版），该书作者Leiyu Shi（石磊玉）教授目前在霍普金斯执教，专注于卫生政策和卫生服务领域的研究，出版过10多本教科书、发表过200多篇学术论文，以诺贝尔奖预测闻名的汤森路透（Thomson Reuters Corporation）评价石磊玉为"近十年世界最有影响的、被引用最多的科学家"。

Voluntary Health Insurance in Europe 中译名为《欧洲自愿健康保险》，是世界卫生组织（WHO）2016年的一项力作。WHO动用了34个国家45位知名专家参与编著，对欧洲自愿健康保险进行了全方位梳理总结，是迄今为止介绍欧洲自愿健康保险最为详尽的一本著作。

值此改革开放四十周年之际，《健康保险系列译丛》既是对行业知识理论体系框架构建的创举，也是向伟大祖国强国复兴之路的献礼。首发出版仅仅是开始，未来，我们将不断丰富译丛书目，更多引进对行业发展有借鉴指导价值的经典著作。"雄关漫道真如铁，而今迈步从头越"，我们愿意与健康保险行业的全体同仁一道，共同为健康中国战略和国家多层次医疗保障体系建设贡献力量。

译者序

从浩如烟海的文献中，淘到一册心爱的图书，颇有"众里寻他千百度，蓦然回首，那人却在灯火阑珊处"的欣喜。其实，好书就在那里，就看你是否有那个机缘可以遇到它、领悟它、欣赏它，甚至能有机会把它翻译出来，出版发行，与众人同享。独乐乐不如众乐乐，让更多的人也能从中获益，才是对这些好书的最佳礼赞。中国人保健康的同事们利用了几个月的时间沙海淘金般地选出了这些优秀篇目，而由我们负责翻译的这两个报告，就是其中颇为令人惊艳的两本。

在多数人的印象中，越是社会保障制度发达的国家，商业保险就越薄弱，而那些号称"福利国家"的西欧、北欧诸国，似乎根本就没有商业健康保险的立足之地。但这两个报告却完全可以颠覆我们的观念：是的，它们是福利国家，有令人艳羡的社会福利，但更重要的是它们也是市场经济国家。自由契约是市场经济的核心法则，自愿健康保险的发展因此而有着极为丰厚的土壤，尽管政府已经为公民提供了较为全面的健康保障，但"自愿"的健康保险仍能因其自由契约精神和效率优势而生根发芽，开枝散叶，茁壮成长，甚至枝繁叶茂，成为一个国家和地区健康保障体系中不可或缺的重要组成部分。欧洲自愿健康保险市场的发展对我们这个仍在探索市场经济之路的国家而言，有着重要的参考价值。

本书由伦敦政治经济学院欧洲观测站 LSE 中心和世界卫生组织欧洲区域办公室联合编写的两个报告所组成。报告一《欧洲自愿健康保险——国别经验》介绍了 34 个欧洲国家自愿健康保险市场概况。从发达市场经济国家和老牌的福利国家，如英国、法国、德国、瑞典、挪威；到发展中国家，如克罗地亚、塞浦路斯、爱沙尼亚，再到从中央计划经济转轨到市场经济的国家，如保加利亚、波兰、南斯拉夫、捷克共和国、乌克兰，及俄罗斯联邦，该报告应有尽有；这个报告分国别为我们提供了欧洲自愿健康保险市场发展的每一个时空节点，是非常难得的第一手资料。

《欧洲自愿健康保险——角色与规制》总结、梳理、分析了欧洲 34 个国家自愿健康保险市场的角色与规制，借鉴了 34 个国家的经验和教训；评估了自愿健康保险对欧洲国家卫生总费用的贡献，自愿健康保险与公共医疗保障的关系；分析了人们投保自愿健康保险的原因；自愿健康保险扮演的角色；介绍了购买自愿健康保险的人数占总人口的比例；自愿健康保险的投保人及其社会经济地位；自愿健康保险的投保资格及保险条款和费率厘定；提供自愿健康保险的保险人的概况，保险人采购医疗服务的渠道、保险人的支出结构；自愿健康保险市场的规制者及规制规则、自愿健康保险的税收激励，以及自愿健康保险相关政策的演变；等等。这些内容全面而系统，有大量的数据支撑的国际比较，资料丰富，数据翔实。可执此一册，而尽览欧洲自愿健康保险市场之全貌。

本书可以帮助读者对欧洲各国自愿健康保险市场的发展脉络和未来倾向有一个清晰的把握，可以作为卫生经济学、保险学、社会保障学等学科领域的研究资料，可作为教师从事教学、学生深入了解欧洲自愿健康保险市场的参考书，也可以为业务涉及健康保险的保险监管部门、保险公司和保险中介机构的决策者和管理者提供有价值的参考。

这两个报告皆由伦敦政治经济学院、欧洲卫生系统及政策观察中心的安娜·萨根（Anna Sagan）研究员和萨拉·汤姆森（Sarah Thomson）高级助理研究员联合主编，由欧洲各国的顶级专家参与写作。本书的初译者为对外经济贸易大学保险学院的聂颖、王昊、宋星蕾、林品含、王润、王斌、林晴昊、柳昕彤、谭茜、杨婧、滕曼毓、杨镇泽、马倩、姬小童；高立飞进行了初校；由王国军承担总译校工作。因受时间和学识所限，译文中不当和谬误之处恳请读者多多批评指正。

感谢人保健康党委书记、总裁宋福兴，副总裁董清秀、副总裁高兴华、教育培训部总经理蔡皖伶等各位领导的大力支持；感谢中央财经大学原党委书记李保仁教授的指导和鼓励；特别感谢人保健康教育培训部处长范娟娟博士及其助手们专业、辛勤、敬业的工作，感谢中国金融出版社王效端主任和张菊香老师细致入微的编辑工作。

王国军
2018 年 9 月 23 日

缩略语

ABI	Association of British Insurers 英国保险人协会
ACPR	Prudential Supervisory Authority (*Autorité de contrôle prudentiel et de résolution*) (France) 审慎监管局 (法国)
ACS	*Aide à la complémentaire santé* (complementary health assistance) (France) 补充型医疗救助 (法国)
ALD	long-term illness (*affection de longue durée*) (France) 长期疾病 (法国)
AMD	Armenian dram 亚美尼亚德拉姆
ASVG	General Social Security Act (*Allgemeines Sozialversicherungsgesetz*) (Austria) 一般社会保障法 (奥地利)
ATS	Austrian schilling 奥地利先令
AVB	general conditions of insurance (*Allgemeine Versicherungsbedingungen*) (Austria) 保险一般条件 (奥地利)
BGN	Bulgarian lev 保加利亚列弗
BVB	specific insurance conditions (Austria) 特殊保险条件 (奥地利)
CAM	complementary and alternative medicine 补充型和替代型药物
CAP	capitation 按人头付费
CAS	*contrat d'accès au soin* (access to care contract) (France) 获得健康护理合约 (法国)
CBA	Central Bank of Armenia 亚美尼亚中央银行
CHIF	Croatian Health Insurance Fund 克罗地亚健康保险基金
CHSC	Child Health State Certificate (Armenia) 儿童健康状况证明书 (亚美尼亚)
CMU-C	*couverture maladie universelle complémentaire* (complementary universal health coverage) (France) 补充型全民健康保险 (法国)
CT	computerized tomography 计算机 X 射线层析成像

CZK	Czech koruna 捷克克朗
DECO	Portuguese Association for Consumer Protection (*Associação Portuguesa para a Defesa de Consumidores*) 葡萄牙消费者保护协会
DKK	Danish krone 丹麦克朗
DPS	Drugs Payment Scheme (Ireland) 药品支付项目（爱尔兰）
DRG	diagnosis – related group 诊断相关组
EC	European Council 欧洲理事会
ECJ	European Court of Justice 欧洲法院
EEA	European Economic Area 欧洲经济区
EEC	European Economic Community 欧洲经济共同体
EFTA	European Free Trade Area 欧洲自由贸易区
EHIF	Estonian Health Insurance Fund 爱沙尼亚健康保险基金
EOPYY	National Organization for Health Care Provision (Greece) 全国卫生保健组织
ESY	National Health System (*Ethniko Systima Ygeias*) (Greece) 国家卫生系统（希腊）
EU	European Union 欧盟
EU13	EU members since 2004 2004年以来的欧盟成员国
EU15	EU members before May 2004 2004年5月以前的欧盟成员国
EU – SILC	European Union Survey on Income and Living Conditions 欧盟收入和生活条件调查
FFS	fee – for – service 按服务收费（按实际发生的医疗服务收费）
FMA	Austrian Financial Market Authority 奥地利金融市场管理局
FSC	Financial Supervision Commission (Bulgaria) 金融监督管理委员会（保加利亚）
FSU	Former Soviet Union 前苏联
FYROM	Former Yugoslav Republic of Macedonia 前南斯拉夫马其顿共和国
GBP	Pound sterling 英镑
GDP	gross domestic product 国内生产总值
GEL	Georgian lari 格鲁吉亚拉里
GKV	*Gesetzliche Krankenversicherung* (statutory health insurance) (Germany) 法定医疗保险（德国）
GP	general practitioner 全科医师

HANFA	Croatian Financial Services Supervisory Authority (*Hrvatska agencija za nadzor financijskih usluga*) 克罗地亚金融服务监督管理局
HIA	Health Insurance Authority (Ireland and the Netherlands) 健康保险局（爱尔兰和荷兰）
HIIS	Health Insurance Institute of Slovenia 斯洛文尼亚健康保险协会
HM	Her Majesty 女王陛下
HRK	Croatian kuna 克罗地亚库那
HSE	Health Service Executive (Ireland) 健康服务管理署（爱尔兰）
HTA	health technology assessment 卫生技术评估
HTD	High Tech Drugs Scheme (Ireland) 高科技药物计划（爱尔兰）
HUF	Hungarian forint 匈牙利福林
IGAS	*Inspection générale des affaires sociales* (General Inspectorate of Social Affairs) (France) 社会事务总督察（法国）
IHI	Icelandic Health Insurance 冰岛健康保险
INN	international non-proprietary name 国际非专利药物通用名
IPT	insurance premium tax 保费税
ISC	Insurance Supervision Commission (Lithuania) 保险监督管理委员会（立陶宛）
IVF	in vitro fertilization 试管婴儿（体外受精）
KCE	Health Care Knowledge Centre (Belgium) 医疗保健知识中心（比利时）
LTC	long-term care 长期护理
LTI	Long-Term Illness Scheme (Ireland) 长期疾病计划（爱尔兰）
MFSA	Malta Financial Services Authority 马耳他金融服务管理局
MIP	Medical Insurance Programme (Georgia) 医疗保险计划（格鲁吉亚）
MRI	magnetic resonance imaging 磁共振成像
MSA	medical savings account 医疗储蓄账户
NHF	National Health Fund 国家卫生基金
NHI	National Health Insurance 国民健康保险
NHIF	National Health Insurance Fund (Bulgaria and Romania) 国家健康保险基金（保加利亚和罗马尼亚）
NHIFA	National Health Insurance Fund Administration (Hungary) 国家健康保险基金管理局（匈牙利）

NHS	National Health Service 国家卫生服务中心
NTPF	National Treatment Purchase Fund（Ireland）国民待遇购买基金（爱尔兰）
OCM – CDZ	Control Office of the Mutual Health Funds and the National Unions of Mental Health Funds（*Office de contrôle des mutualités et des unions nationales de mutualités/Controledienst voor de ziekenfondsen en de landsbonden van ziekenfondsen*）（Belgium）相互健康基金控制办公室与心理健康基金全国联合会（比利时）
OCSC	Obstetric Care State Certificate（Armenia）产科护理状态证明书（亚美尼亚）
OECD	Organization for Economic Co – operation and Development 经济合作发展组织
OFT	Office of Fair Trading（United Kingdom）公平贸易办公室（英国）
OOP	out – of – pocket 自费支出（自付费用）
PD	per diem 每日津贴
PET	positron emission tomography 正电子成像
PKV	*Private Krankenversicherung*（private health insurance）（Germany）私人健康保险（德国）
PPN	preferred provider network 首选供应商网络
RUB	Russian ruble 俄罗斯卢布
SIMES	self – insured medical expenses scheme 自保医疗费用计划
SNS	Spanish national health system（*Sistema Nacional de la Salud*）西班牙国家卫生系统
SSN	*Servizio Sanitario Nazionale*（Italian National Health Service）意大利国家卫生服务中心
TB	Tuberculosis 结核病
THE	total health expenditure 卫生总费用
UAH	Ukrainian hryvnia 乌克兰格里夫纳
UHC	universal health coverage 全民健康保险
Ukrstat	State Statistics Service of Ukraine 乌克兰国家统计局
UNOCAM	National Union of Complementary Health Insurers（*Union nationale des organismes d'assurance maladie complémentaire*）（France）全国补充型健康保险公司联盟（法国）

US	United States 美国
VšZP	General Health Insurance Company (*Všeobecná zdravotná poist'ovňa*) (Slovakia) 通用健康保险公司（斯洛伐克）
VAG	Insurance Supervision Act (*Versicherungsaufsichtsgesetz*), later called Law on the Supervision of Insurance Undertakings (Austria)《保险监管法》，后来被称为《保险经营监管法》（奥地利）
VHI	voluntary health insurance 自愿健康保险
VMSA	voluntary medical savings account 自愿医疗储蓄账户
VVG	Insurance Contract Act (Austria)《保险合同法》（奥地利）
VVO	Austrian Insurance Association (*Versicherungsverband Österreich*) 奥地利保险协会
WHO	World Health Organization 世界卫生组织
ZLD	Pharmacies Activity Act (Slovenia)《药店活动法》（斯洛文尼亚）
ZUJF	Fiscal Balance Act (*Zakon za uravnoteženje javnih finance*) (Slovenia)《财政平衡法》（斯洛文尼亚）
Zvw	Health Insurance Act (*Zorgverzekeringswet*) (the Netherlands)《健康保险法》（荷兰）
ZZavar	Health Insurance Act (*Zakon o zavarovalništvu*) (Slovenia)《健康保险法》（斯洛文尼亚）
ZZavar – UPB	Health Insurance Act – Official Consolidated Text (*Zakon o zavarovalništvu – uradno in prečiščeno besedilo*) (Slovenia)《健康保险法》——官方统一版本（斯洛文尼亚）
ZZDej	Health Care Activity Act (*Zakon o zdravstveni dejavnosti*) (Slovenia)《医疗保健活动法》（斯洛文尼亚）
ZZVZZ	Health Care and Health Insurance Act (*Zakon o zdravstvenem varstvu in zdravstvenem zavarovanju*) (Slovenia)《医疗保健与健康保险法》（斯洛文尼亚）
ZZVZZ – H	Act on Changes and Supplementation of the Health Care and Health Insurance Act (*Zakon o spremembah in dopolnitvah Zakona o zdravstvenem varstvu in zdravstvenem zavarovanju*) (Slovenia)《医疗保健与健康保险法变动和补充法》（斯洛文尼亚）

目　录

上篇　国别经验

引言 / 3

1. 亚美尼亚共和国 / 6
2. 奥地利 / 15
3. 比利时 / 22
4. 保加利亚 / 29
5. 克罗地亚 / 35
6. 塞浦路斯 / 41
7. 捷克共和国 / 46
8. 丹麦 / 50
9. 爱沙尼亚 / 56
10. 芬兰 / 62
11. 法国 / 66
12. 格鲁吉亚 / 75
13. 德国 / 81
14. 希腊 / 89
15. 匈牙利 / 95
16. 冰岛 / 100

17. 爱尔兰 / 103

18. 意大利 / 112

19. 拉脱维亚 / 120

20. 立陶宛 / 125

21. 马耳他 / 131

22. 荷兰 / 135

23. 挪威 / 139

24. 波兰 / 145

25. 葡萄牙 / 152

26. 罗马尼亚 / 159

27. 俄罗斯联邦 / 164

28. 斯洛伐克 / 169

29. 斯洛文尼亚 / 173

30. 西班牙 / 182

31. 瑞典 / 187

32. 瑞士 / 192

33. 乌克兰 / 197

34. 英国 / 204

后记 / 211

下篇　角色与规制

1. 引言 / 215

2. 自愿健康保险概述 / 217

3. 人们投保自愿健康保险的原因 / 242

　　3.1　自愿健康保险需求的驱动因素 / 242

　　3.2　自愿健康保险扮演的不同角色 / 246

4. 自愿健康保险的投保人 / 261

4.1 自愿健康保险的人口覆盖率 / 261
4.2 个体与团体自愿健康保险的对比 / 262
4.3 自愿健康保险保单持有者的社会经济地位 / 262

5. 自愿健康保险市场的运行 / 267

5.1 销售自愿健康保险的实体类型及数量 / 267
5.2 保单条件、保费及保险金 / 271
5.3 消费者选择与信息 / 283
5.4 购买医疗服务 / 287
5.5 自愿健康保险在医疗服务和管理方面的支出 / 291

6. 针对自愿健康保险的公共政策 / 294

6.1 对自愿健康保险欧盟层面的规制 / 294
6.2 对自愿健康保险国家层面的规制 / 297
6.3 针对自愿健康保险的税收政策 / 298
6.4 国家政策的演变及其关注点 / 305

参考文献 / 309

附录 A　欧洲区域卫生支出数据 / 319

附录 B　数据可用性及依据 WHO 数据制定的图中数据假设的信息（2016 年） / 322

附录 C　国家代码 / 326

后记 / 328

总后记 / 329

上 篇

国别经验

引 言

Anna Sagan and Sarah Thomson

本书源于对欧洲自愿健康保险的一项较大规模的研究[①]。在早期工作的基础上，本研究对世界卫生组织欧洲区域各国自愿健康保险市场的规模、运营、监管和政策影响进行了最新的概括。该研究旨在为那些对自愿健康保险感兴趣的政策制定者提供分析结果和相关证据，即自愿健康保险是否以及如何通过改进财务保障、响应能力、公平性、效率、质量、透明度和问责制，来提升卫生系统的绩效。

对自愿健康保险的国际比较分析清晰地展示了国别背景的重要性。没有两个国家的自愿健康保险是相同的。不同国家的自愿健康保险市场各有特色，主要是因为自愿健康保险市场深受公共卫生系统性质、表现以及其发展的历史背景的影响。为了理解自愿健康保险作为一项政策工具如何影响卫生系统目标的实现，我们需要了解特定市场的发展过程、实践中的运作方式及其与整个卫生系统的相互作用。

本书包含34个国家的自愿健康保险市场的简介：28个欧盟成员国中的27个，3个欧洲自由贸易联盟国家（冰岛、挪威和瑞士），以及亚美尼亚、格鲁吉亚、俄罗斯联邦和乌克兰。本书将自愿健康保险置于国家层面的背景之中进行讨论，从而为读者提供了一个探讨国家政策目标、挑战及其分歧的机会。对每个国家的讨论都涵盖以下方面：卫生系统背景介绍——包括卫生筹资结构的简短总结、公共医疗保障的覆盖范围及其缺口；自愿健康保险市场概况；针对自愿健康保险的公共政策；争论与挑战。

本书的姊妹篇分析了以上34个国家的自愿健康保险市场。关注人们为何购买自愿健康保险，自愿健康保险市场如何运作，公共政策对自愿健康保险以及对卫生系统绩效的影响。

这两卷书的主题都是自愿健康保险。我们将自愿健康保险定义为由个人或雇主代表雇员酌情选择和购买的健康保险（包括雇主发起为雇员"随工作"购买的非完全自愿的团体保险）。自愿健康保险可以由公共和准公共机构、营利机构和非营

---

① Colombo & Tapay (2004), Mossialos & Thomson (2004), Thomson & Mossialos (2009), Thomson (2010).

利私营组织提供。全书按自愿健康保险市场与公共健康保障体系覆盖范围的关系来分类，包括替代型、附加型和补充型三类，详见表0.1。按照该标准将本书所涉及的国家进行分类的结果、不同国家的自愿健康保险市场所占卫生支出的份额和人口覆盖率等信息详列于表0.2。

表0.1　　　　　　　　　　　　自愿健康保险的市场角色

市场角色	市场发展驱动因素	自愿健康保险项目的特性
附加型	基于人们对公共卫生服务质量和时限的认知	可以提供更快的服务，在健康护理服务供应商或更好的医疗设施之中有更大的选择余地
补充型（服务）	基于一揽子公共卫生福利的范围	可以提供一揽子公共卫生福利之外的服务
补充型（用户费用）	基于公共卫生服务对使用者的收费	使用者所付费用可以用于购买一揽子公共卫生福利中所提供的商品和服务
替代型	基于享有公共卫生服务的人口比例	可以覆盖被排除在公共医疗保障参保范围之外或者自愿退出的人群

资料来源：Foubister 等（2006）。

表0.2　　　　　　　　　　欧洲自愿健康保险的市场概况（2014年）

自愿健康保险扮演的角色	2014年自愿健康保险支出占卫生费用支出的比重			
	≤1%	≤5%	≤10%	>10%
附加型	保加利亚 意大利 立陶宛 挪威 罗马尼亚 斯洛伐克 瑞典 乌克兰	奥地利 比利时 芬兰 希腊 拉脱维亚 马耳他 波兰 俄罗斯联邦 西班牙 英国	格鲁吉亚 葡萄牙 瑞士	爱尔兰
补充型（服务）		亚美尼亚 丹麦	荷兰	格鲁吉亚
补充型（用户费用）		丹麦 芬兰	克罗地亚	法国 斯洛文尼亚
替代型	捷克共和国 爱沙尼亚 冰岛	塞浦路斯	德国	

资料来源：本书中各国的情况。

注：这里仅考虑自愿健康保险的主要作用；尚无法确定丹麦、芬兰和格鲁吉亚三个国家中哪个角色占主导地位。自愿健康保险覆盖率超过20%人口的国家以黑体字标出。

参考文献

[1] Colombo F, Tapay N (2004). *Private health insurance in OECD countries.* Paris, Organisation for Economic Co-operation and Development.

[2] Foubister T et al. (2006). *Private medical insurance in the United Kingdom.* Copenhagen, WHO Regional Office for Europe on behalf of the European Observatory on Health Systems and Policies.

[3] Mossialos E, Thomson S (2004). *Voluntary health insurance in the European Union.* Copenhagen, WHO Regional Office for Europe.

[4] Sagan A, Thomson S (2016). *Voluntary health insurance in Europe: role and regulation.* Copenhagen, WHO Regional Office for Europe on behalf of the European Observatory on Health Systems and Policies.

[5] Thomson S (2010). What role for voluntary health insurance? In Kutzin J, Cashin C and Jakab M (eds.), *Implementing health financing reform: lessons from countries in transition.* Copenhagen, WHO Regional Office for Europe on behalf of the European Observatory on Health Policies and Systems.

[6] Thomson S, Mossialos E (2009). *Private health insurance in the European Union.* Final report prepared for the European Commission, Directorate General for Employment, Social Affairs and Equal Opportunities. London and Brussels, LSE Health and Social Care, London School of Economics and Political Science and European Commission.

1. 亚美尼亚共和国

Varduhi Petrosyan and Hripsime Martirosyan

卫生系统背景

卫生筹资结构

私人卫生支出占亚美尼亚卫生支出的最大份额（WHO，2016）。其次是政府支出和国际资助（亚美尼亚共和国卫生部，2012）。2014年自费支出（OOP）支出卫生总费用的53.5%，自愿健康保险占3.5%。自2014年起，政府计划逐步降低公共卫生支出在GDP中的占比，从2014年已经非常低的比例1.93%（WHO，2016），降至2015年的1.69%，2016年再降至1.68%，2017年降至1.57%，2018年降至1.47%（亚美尼亚共和国政府，2015）。这就造成自付费用的负担可能会加重的结局。

公共医疗保障的覆盖范围及其缺口

公共基金覆盖基本福利计划，其中包括广泛的公共卫生服务，基本的初级护理，妇女的分娩、妇女和新生儿的产后护理，七岁以下儿童的医疗服务，紧急救助服务，为被选定的具有显著社会影响的疾病提供医疗服务保障，包括结核病（TB）和艾滋病毒/艾滋病等，同时对满足其他的选定条件的疾病提供部分医疗服务保障，例如癌症（亚美尼亚共和国政府，2004；亚美尼亚共和国卫生部，2015；Richardson，2013）。社会弱势群体和特殊群体（例如残疾人）有资格获得额外的卫生服务（亚美尼亚共和国政府，2004；亚美尼亚共和国卫生部，2015）。

然而，在实践中，正规的公共医疗保障权利并不能确保得以实现。由于公共卫生经费极少，甚至不能补偿卫生服务的实际开支。为弥补资金的缺口，卫生服务提供者希望从患者那里寻求非正规的款项支付，这导致了人们推迟或放弃医疗服务从而避免支付相应的款项（Richardson，2013；Sekhri，Kutzin & Tsaturyan，2007）。

为了提高公共卫生服务质量并解决非正规支付问题及消除获取公共卫生服务的障碍，政府于 2008 年推出了产科护理状态证明书（OCSC）计划和 2011 年的儿童健康状况证明书（CHSC）计划（Crape 等，2011）。这些举措在提高卫生部门的国家预算拨款，优化医疗机构支付机制，确保对产科和儿科住院护理服务支付能力方面取得了成功，大大减少了自付费用并提高了患者满意度（Crape 等，2011；Truzyan 等，2010）。在 2011 年和 2012 年，政府开始向使用官方提供的紧急救助、妇科服务（孕妇服务除外）、性传播感染治疗和肿瘤服务（亚美尼亚共和国政府，2010）的患者收取费用。这项改革使得非正规支付减少，同时也使家庭更难以承受相应的服务费用（经济发展研究中心和 Oxfam 亚美尼亚，2013）。

自愿健康保险市场概况

市场的起源、目标与角色

虽然第一部《保险法》颁布于 1996 年（Hakobyan 等，2006），但是大多数自愿健康保险是在 2007 年新的《保险和保险活动法》生效后发展起来的。自愿健康保险同时起到补充作用（覆盖公共基本福利计划以外的服务）和附加作用。其附加保障可以应对非正规支付并获得更优质的护理服务。

可供选择的自愿健康保险计划的类型

保险人为个人、家庭以及企业雇主提供自愿健康保险计划（INGO 亚美尼亚保险，2015；Martirosyan H，研究助理及项目协调员，与亚美尼亚主要保险公司行政人员的深度访谈，2012；Nairi 保险，2015）。但是为了限制逆向选择，保险人会避免向个人销售自愿健康保险计划（Martirosyan H，研究助理及项目协调员，与亚美尼亚主要保险公司行政人员的深度访谈，2012；Nairi 保险，2012）。保险公司可以根据企业需求量身定制从基本到综合的自愿健康保险计划。

自愿健康保险计划并没有被明确界定（例如，保险责任可能包含诸如肿瘤疾病这样仅赔付一次的保险项目），因此当被保险人索赔时可能会产生问题。自愿健康保险的保险责任可以包括预防接种、紧急护理以及一些慢性疾病的发作期。它还可以包括住院治疗、诊断、药品及其他医疗用品的费用、牙科护理、眼睛护理以及心脏和神经手术。这些服务不能适用于公共卫生保障中的普通人群，但可以为某些弱势群体（由卫生部定义）如幼儿、低收入人士、退伍军人和有特定残疾的人提供服务（Martirosyan H，研究助理及项目协调员，与亚美尼亚主要保险公司行政人员的深度访谈，2012）。自愿健康保险也可以覆盖处方药费用。

自愿健康保险计划通常不会覆盖年龄大于 65 岁的老年人、患有先天性疾病以及大多数患非传染性和传染性疾病的人（Martirosyan H，研究助理及项目协调员，与亚美尼亚主要保险公司行政人员的深度访谈，2012；Nairi 保险，2015）。保费与健康风险挂钩，并设定了赔付上限（但不涉及免赔额或其他形式的用户收费）。

人们投保自愿健康保险的原因

保险人客户定位的目标是一些规模相对大些的雇主（主要是拥有国际合作伙伴或国际公司分支机构），大多数人通过员工福利获得自愿健康保险（Martirosyan H，研究助理及项目协调员，与亚美尼亚主要保险公司行政人员的深度访谈，2012）。政府通过税收减免来鼓励企业投保自愿健康保险。2011 年强制性汽车保险的引入进一步引发人们对自愿健康保险的兴趣，因为它包含一部分健康保险。

2012 年，政府推出了一项名为"政府雇员社会福利计划"的新举措，覆盖了在教育、文化和社会保护方面工作的公务员和公职人员（亚美尼亚共和国政府，2011）。这项社会福利计划旨在提高政府雇员的吸引力，解决政府雇员的社会需求，提高他们的积极性和生产力。每名政府雇员收到一份价值 13.2 万亚美尼亚德拉姆（AMD）的代金券（完全由政府支付，金额约为 256 欧元；2012 年的平均汇率为 1 欧元＝516 亚美尼亚德拉姆），而其中的 5.2 万亚美尼亚德拉姆（约 101 欧元）被强制用来购买健康保险（基本保险），剩余的 8 万亚美尼亚德拉姆（约 155 欧元）可用于购买福利更优的自愿健康保险计划，员工可以为另一位家庭成员购买自愿健康保险计划或参与其他的社会活动（例如，作为节日消费、孩子教育或抵押贷款）。通常来说大家更乐意购买额外的自愿健康保险，因此这项新举措大大增加了人们的自愿健康保险需求。2010 年，自愿健康保险占卫生总费用的 0.7%，到了 2013 年这一比例增加到 3.5%（亚美尼亚共和国卫生部，2012；WHO，2016）。2012 年，亚美尼亚中央银行（CBA）预计，在这项社会福利计划中，强制和自愿的自愿健康保险保费收入增加了 4.5 倍，平均自愿健康保险赔付率（即健康服务费用占自愿健康保险保费收入的比重）将从 2011 年的 70.7% 下降到 2012 年的 41.4%（亚美尼亚中央银行，2012）。事实上，在这项社会福利计划中的健康保险开展一年后的赔付率为 33%，与国际标准相比，这一比率是非常低的（亚美尼亚共和国财政部，2013）。

自愿健康保险的投保人

自愿健康保险的投保人群普遍比较年轻（平均年龄为 35～40 岁），受过更好的教育，比一般群体有着更高的收入，并且大多在首都埃里温工作（约占自愿健康保险所覆盖人口的 80%）。

自愿健康保险的保险人

所有的保险人都是营利性的股份制有限责任公司。2011年，保险公司的管理费用占总保费收入的35%，高于国际标准（亚美尼亚中央银行，2012）。自1996年，承保的保险人数量开始下降（Hakobyan等，2006；亚美尼亚保险，2012）。到2011年，仅有五家保险公司提供自愿健康保险，其市场份额如下：Garant–Limens占32%；Cascade Insurance占25%；INGO Armenia占25%；Rosgosstrakh–Armenia占16%；RESO Insurance占2%（亚美尼亚中央银行，2007、2008、2009、2011、2013）。在2012年，INGO Armenia、Cascade Insurance、Nairi Insurance、Rasco Insurance（现称为亚美尼亚保险）等四家公司合并，并开始提供自愿健康保险。2014年，Rosgosstrakh–Armenia、Garant–Limens等两家公司合并（Armbanks，2014；Armenia Insurance，2015；Martirosyan H，研究助理及项目协调员，与亚美尼亚主要保险公司行政人员的深度访谈，2012）。自愿健康保险公司中一些为本土公司，还有一些为外资公司，所有公司都具有外资再保险人。亚美尼亚中央银行预计，随着社会福利计划的推出，市场的关注点将更多地聚焦到大型保险公司所提供的福利内容上（亚美尼亚中央银行，2012）。

保险公司与医疗服务供应商的关系

大多数保险公司有自己的医疗机构，但客户并没有被局限于仅仅使用这些医疗机构，也可以在合同限定的公立和私立医疗机构接受医疗服务。在合同所限定的医疗机构的工作人员也可以同时在公立和私立医院执业。通常，同一医疗机构可以同时为公共医保或是自愿健康保险患者提供服务。公共医疗和自愿健康保险可以包含相同的医疗服务，而且医疗服务的提供者可以同时因同一服务而从政府和保险公司那里获得收入，这导致了低效率。

保险公司根据协商的价格给医院报销费用，不同的医院之间有所不同，例如，大医院常常会为保险公司设定报销机制，这就意味着保险公司是被动的价格接受者而非主动的服务购买者。保险公司主动向医疗机构购买服务的能力因以下几个原因而受到限制：（1）缺乏主动购买医疗服务方面技巧的专家；（2）缺乏标准的治疗指南使得保险公司更难与供应商协商条款；（3）一些供应商拥有垄断力量（Martirosyan H，研究助理及项目协调员，与亚美尼亚主要保险公司行政人员的深度访谈，2012）。

针对自愿健康保险的公共政策

自2006年以来,亚美尼亚中央银行监管着包括自愿健康保险在内的保险市场。政府于2010年开始通过修改所得税法,来鼓励雇主为员工投保自愿健康保险计划(详见表1.1),以促进自愿健康保险的发展。为员工投保自愿健康保险的雇主可免除每人每年高达12万亚美尼亚德拉姆(约233欧元)的所得税。这项修订使得更多雇主为员工投保自愿健康保险(Martirosyan H,研究助理及项目协调员,与亚美尼亚主要保险公司行政人员的深度访谈,2012)。

表1.1　1996—2012年亚美尼亚促进自愿健康保险发展的公共政策

年份	政策
1996	《保险法》生效
2007	《保险和保险活动法》生效
2010	修订后的《个人所得税法》生效,为雇主投保自愿健康保险建立税收激励机制
2011	实施包含健康保险成分的强制汽车保险
2012	实施政府雇员社会福利计划

资料来源:作者整理。

有关自愿健康保险的争论和挑战

21世纪初期,业界关于卫生筹资的争论包括引入某种形式的强制保险的可能性,通过专项资助补充政府在这方面的一般财政预算,并促进自愿健康保险向占主导地位的公共卫生系统过渡(Hayrapetyan & Khanjian,2004;Sekhri,Kutzin & Tsaturyan,2007)。

2012年,人们积极地讨论了在2014年之前通过商业保险公司引入强制性雇佣保障的方案。然而,2013年财政部发布的研究报告(亚美尼亚共和国财政部,2013)和独立研究机构的研究(Tumasyan,2013)揭示了社会福利中强制性和自愿性健康保险在实施中的多种低效现象。例如,赔付率极低(33%,见前文),这意味着商业保险公司是该计划的主要受益者。这使得决策者重新考虑这一问题。卫生部国家卫生局代表政府成为公共卫生服务的有效购买者,最近产科护理状态证明书(OCSC)和儿童健康状况证明书(CHSC)计划取得的成功(Crape等,2011;Truzyan等,2010)表明,如果能获得更多的资金支持,国家卫生局可以成为由税收和强制性缴款筹资的卫生服务的积极购买者。

政府修订了2014年社会福利计划中健康部分的管理方式,并指定国家卫生局作为强制性社会福利（基本保障）中卫生服务的唯一购买者。社会福利计划的受益人仍然可以通过保险公司（亚美尼亚共和国政府，2014）为自己或其他家庭成员购买更多的保险。

自愿健康保险的未来展望

自2012年以来，实施公务员和公职人员强制性和自愿性相结合的社会福利的结果对亚美尼亚卫生筹资政策的争论产生了巨大影响。过度依赖自愿健康保险的弊端通过国内国外的经验得到证实，弱势群体（老年人、残疾人、长期患病、失业或较贫穷的人以及非正规部门从业者或农业工人）通常被排除在自愿健康保险或基于就业保障的覆盖范围之外，特别是在中低收入国家（Chanturidze等，2009；Hsiao，1995）。目前，政府正在探索通过单一支付系统引入强制医保计划。政府面临的挑战是建立一个卫生筹资系统，以解决现有的碎片化和低效问题，以改善卫生系统的公平与效率。这表明作为公共卫生系统的辅助工具，自愿健康保险的作用将更加有限。

参考文献

[1] Armbanks (2014). Armenia's insurance companies posted 2,350.4 mln drams in net profit in nice months. Published on 6 November 2014 at Armbanks Armenian Banks (http://www.armbanks.am/en/2014/11/06/81124/, accessed 22 November 2015).

[2] Armenia Insurance (2014) [website]. Yerevan, Armenia Insurance (http://armeniainsurance.am/, accessed 22 November 2015).

[3] CBA (2012) ՀՀ ԱՊԱՀՈՎԱԳՐԱԿԱՆ ՀԱՄԱԿԱՐԳԻ ՀՆԱՐԱՎՈՐ ԶԱՐԳԱՑՈՒՄՆԵՐԸ 2012 – 14 ԹԹ. ԸՍՏ ԱՊԱՀՈՎԱԳՐԱԿԱՆ ԸՆԿԵՐՈՒԹՅՈՒՆՆԵՐԻ 2012 – 14 ԹԹ. ԳՈՐԾԱՐԱՐ ԾՐԱԳՐԵՐԻ [*Possible developments of insurance system in the Republic of Armenia in 2012 – 2014 – according to the business plans of insurers*]. Yerevan, Agency for Stability and Development of the Financial System, Department of Financial Developments, CBA (https://www.cba.am/AM/panalyticalmaterialsresearches/INSURANCE%20STRATEGY%202012 – 2014.pdf, accessed 22 November 2015).

[4] CBA (2007, 2008, 2009, 2011, 2013). *Central Bank of Armenia's regulations for the insurance market*. Yerevan, CBA (https://www.cba.am/en/SitePages/reginsurance.aspx, accessed 22 November 2015).

[5] Chanturidze T et al. (2009). Georgia: health system review. *Health Systems in*

Transition, 11 (8): 1-116.

[6] Crape B et al. (2011). *Evaluation of the Child Health State Certificate Program*. Yerevan, Center for Health Services Research and Development, American University of Armenia (http://chsr.aua.am/materials-reports-2011, accessed 22 November 2015).

[7] Economic Development and Research Center & Oxfam Armenia (2013). *Budget financing and copayment system: public policy assessment in healthcare system*. Economic Development and Research Center, Oxfam Armenia Branch (May 2013) (http://mchealth.am/wp-content/uploads/2013/06/Policy-Paper_Eng.pdf, accessed 22 November 2015).

[8] Government of the Republic of Armenia (2004). *Decree No. 318-N from March 3, 2004 on "State Guaranteed Free Delivery of Medical Aid and Services"*. Yerevan, Government of the Republic of Armenia.

[9] Government of the Republic of Armenia (2010). *Decision No. 1762-N on making amendments and additions to Decree No. 318-N from March 3, 2004 on "State Guaranteed Free Delivery of Medical Aid and Services"*. Yerevan, Government of the Republic of Armenia.

[10] Government of the Republic of Armenia (2011) ՀԱՅԱՍՏԱՆԻ ՀԱՆՐԱՊԵՏՈՒԹՅԱՆ ԿԱՌԱՎԱՐՈՒԹՅՈՒՆՈ Ր Ո Շ Ու Մ 29դեկտեմբերի2011թվականիN 1923–Ն ՍՈՑԻԱԼԱԿԱՆ ՓԱԹԵԹԻ ԲՈՎԱՆԴԱԿՈՒԹՅՈՒՆԸ, ԾԱՌԱՅՈՒԹՅՈՒՆՆԵՐԻ ՑԱՆԿԸ, ԾԱՌԱՅՈՒԹՅՈՒՆՆԵՐԸ ՄԱՏՈՒՑՈՂ ԿԱԶՄԱԿԵՐՊՈՒԹՅՈՒՆՆԵՐԻ ՑԱՆԿԵՐԸ ԵՎ(ԿԱՄ)ՁԱՓՈՐՈՒՀԻՉՆԵՐԸ ՀԱՍՏԱՏԵԼՈՒ ՄԱՍԻՆ [*Government of the Republic of Armenia Decision Number N 1923-N (December 29, 2011) on the Content of the Social Package, List of Services, List of Service Provider Companies*]. Yerevan, Government of the Republic of Armenia (http://www.arlis.am/DocumentView.aspx?docID=73526, accessed 22 November 2015).

[11] Government of the Republic of Armenia (2014). ՀԱՅԱՍՏԱՆԻ ՀԱՆՐԱՊԵՏՈՒԹՅԱՆ ԿԱՌԱՎ ԱՐՈՒԹՅՈՒՆ Ո Ր Ո Շ Ու Մ 25 դեկտեմբերի 2014 թվականի N 1483–Ն.

[12] ՀԱՅԱՍՏԱՆԻ ՀԱՆՐԱՊԵՏՈՒԹՅԱՆ ԿԱՌԱՎԱՐՈՒԹՅԱՆ2012 ԹՎԱԿԱՆԻ ԴԵԿՏԵՄԲԵՐԻ 27–Ի N 1691–Ն ԵՎ 2014 ԹՎԱԿԱՆԻ ՄԱՐՏԻ 27–Ի N 375–Ն ՈՐՈՇՈՒՄՆԵՐՈՒՄ ԼՐԱՑՈՒՄՆԵՐ ԵՎ ՓՈՓՈԽՈՒԹՅՈՒՆՆԵՐ ԿԱՏԱՐԵԼՈՒ ՄԱՍԻՆ [*Government of the Republic of Armenia Decision Number N 1483-N (December 25, 2014) on Making Amendments to the Government of the Republic of Armenia Decision 1691-N (December 27, 2012) and Decision 375-N (March 27, 2014)*]. Yerevan, Government of the Republic of Armenia (http://www.arlis.am/documentview.aspx?docid=94918, accessed 22 November 2015).

[13] Government of the Republic of Armenia (2015). ՀԱՅԱՍՏԱՆԻ ՀԱՆՐԱՊԵՏՈՒԹՅԱՆ 2016–2018 ԹԹ. ՊԵՏԱԿԱՆ ՄԻՋՆԱԺԱՄԿԵՏ ԾԱԽՍԵՐԻ ԾՐԱԳԻՐ [*Medium-Term State Expenditure Framework for 2016-2018 of the Republic of Armenia*]. Yerevan, Government of the Republic of Armenia (http://www.gov.am/files/docs/1603.pdf, accessed 22 November

2015).

[14] Hakobyan T et al. (2006). Armenia: health system review. *Health Systems in Transition*, 8 (6): 1–178.

[15] Hayrapetyan S, Khanjian A (2004). *Health care in Armenia: challenges and prospects.* Working Paper No. 04/13. Washington, DC, Armenian International Policy Research Group.

[16] Hsiao WC (1995). Abnormal economics in the health sector. *Health Policy*, 32 (1–3): 125–139.

[17] INGO Armenia Insurance (2015) [website]. Yerevan, INGO Armenia Insurance (http://www.ingoarmenia.am/index/index/lang/en, accessed 22 November 2015).

[18] Ministry of Finance of the Republic of Armenia (2013). *Statement for the Government of Armenia on the 2012 results of the Social Package.* July 29, 2013. Yerevan, Ministry of Finance.

[19] Ministry of Health of the Republic of Armenia (2012). ՀԱՅԱՍՏԱՆԻ ՀԱՆՐԱՊԵՏՈՒԹՅԱՆ ԱՌՈՂՋԱՊԱՀՈՒԹՅԱՆ ԱԶԳԱՅԻՆ ՀԱՇԻՎՆԵՐ 2010 [*Armenia National Health Accounts* 2010]. Yerevan, Ministry of Health.

[20] Ministry of Health of the Republic of Armenia (2015) ԻՐԱՎԱԿԱՆ ԱԿՏԵՐ / ՁԱՓՈՐՈՇԻՉՆԵՐ / ՊԵՏՈՒԹՅԱՆ ԿՈՂՄԻՑ ԵՐԱՇԽԱՎՈՐՎԱԾ ԱՆՎՃԱՐ ԲԺՇԿԱԿԱՆ ՕԳՆՈԻԹՅԱՆ ԵՎ [*Orders and decrees on provision of state guaranteed free medical services included in the Basic Benefit Package*]. Yerevan, Ministry of Health (http://moh.am/?section=static_pages/index&id=588&subID=648, accessed 22 November 2015).

[21] Nairi Insurance (2015) [website]. Yerevan, Nairi Insurance (http://www.nairi-insurance.am/?id=1&lang=en, accessed 22 November 2015).

[22] Richardson E (2013). Armenia: Health system review. *Health Systems in Transition*, 15 (4): 1–99.

[23] Sekhri N, Kutzin J, Tsaturyan S (2007). *Voluntary health insurance in Armenia: issues and options.* Health Financing Policy Paper 2007/3. Copenhagen, WHO Regional Office for Europe.

[24] Truzyan N et al. (2010). *Protecting the right of women to affordable and quality health care in Armenia: analysis of the Obstetric Care State Certificate Program.* Yerevan, Center for Health Services Research and Development, American University of Armenia (http://chsr.aua.am/materials-reports-2010, accessed 22 November 2015).

[25] Tumasyan A (2013). *Health insurance component of the social package: a qualitative assessment.* Yerevan, School of Public Health, American University of Armenia

(http://auachsr.com/UserFiles/File/new% 20/Thesis% 202013/Armine% 20Tumasyan.pdf, accessed 22 November 2015).

[26] WHO (2016). Global Health Expenditure Database (GHED) [online database]. Geneva, WHO (http://www.who.int/health-accounts/ghed/en/, accessed 5 April 2016).

2. 奥地利

Thomas Czypionka and Clemens Sigl

卫生系统背景

卫生筹资结构

2014年,公共卫生支出占卫生总费用的77.9%,而自费支出和自愿健康保险的卫生支出分别占卫生总费用的16.1%和4.6%(WHO,2016)。

公共医疗保障的覆盖范围及其缺口

公共医疗保障的覆盖范围较为广泛,覆盖了超过99%的人口,只有很少一部分人未被覆盖,如2011年未被公共医疗保障覆盖的人口仅占0.2%[奥地利保险协会(VVO),2012],因为自2000年以来允许一些自由职业人群(例如医生、药剂师、建筑师、律师和公证员)只要购买了替代型的商业健康保险,就可以从法定计划中退出。

公共医疗保障较为全面,包括基本的牙科服务。需要用户缴费的范围非常小。最常见的收费是处方费,处方费是根据每一揽子可报销药品用定额摊付法计算的统一的定额费用(每年规定),2015年为5.55欧元。低收入人群和其他一些患者群体免于缴费,豁免金额的上限一般为其年收入的1%。公务员和自由职业者必须为门诊服务缴纳20%的共同保险费(对于列入保护计划的自由职业者而言,该比例降低至10%)。免赔额适用于某些牙科护理。

自愿健康保险市场概况

市场的起源、目标与角色

在第二次世界大战之前,自愿健康保险在卫生系统中并没发挥重要作用。1945

年以后，市场迅速扩张，保费收入从 1950 年的 5 850 万奥地利先令（ATS）上升至 1975 年的 35 亿奥地利先令。从 20 世纪 70 年代中期开始，随着公共医疗保障覆盖率的扩大，自愿健康保险市场开始萎缩并停滞不前（Eckhart，2009：78）。

近年来，自愿健康保险市场持续增长（详见表 2.1）。2014 年，约有 36% 的人口拥有某种形式的自愿健康保险（详见表 2.2）。自愿健康保险主要扮演着附加型保障的角色，投保人通过私营保险公司可以获得更多选择，更快地在公立医院获得所选择的健康护理或更好的住院条件。同时，自愿健康保险还扮演着补充型保障和替代型保障的角色，既提供了公共医疗保障体系所没有的服务，又为退出公共医疗保障计划的人提供了选择。

表 2.1　　奥地利自愿健康保险市场的保费收入和给付情况（2014 年）

	全部的自愿健康保险计划	个险	团险
保费收入（十亿欧元）	1.880	1358	0.522
2011 年起平均年增长率（%）	3.5	3.53	3.38
给付支出（十亿欧元）	1.219	0.853	0.367
2011 年起平均年增长率（%）	2.95	3.15	2.6
给付次数（次）	3 052 948	2 532 369	520 579
2011 年起平均年增长率（%）	1.02	2.15	1.37

资料来源：奥地利保险协会（2014）。

可供选择的自愿健康保险计划的类型

附加型自愿健康保险计划可以覆盖非签约医生的费用[①]、额外检查的费用、择医及选择更好的医院设施（例如双人间或单人间及餐饮）的费用，以及住院时每日现金补贴。

尽管对自愿健康保险患者实行医疗服务优先排序是非法的，但这种做法一直多有传闻，并已被证实（Czypionka，Kraus & Röhrling，2013），拥有附加型自愿健康保险的患者可以更快地获得公立医院中可供选择的护理服务。特需门诊医生的服务费用仅能由公共医疗保健计划报销一部分，而剩余的 20% 部分可由自愿健康保险报销（奥地利保险协会，2012）。补充型的自愿健康保单通常不单独销售，而常常作为附加型自愿健康保险计划（眼科和牙科的特殊护理、理疗、出诊、心理治疗或在

---

① 译者注：Noncontracted ambulatory care physicians，非签约医生，是指不与医院签约的医生，他们一般不在固定的医院为患者接诊，而是提供上门诊疗等流动性较强的医疗服务。在奥地利，人们通常认为非签约医生的服务更好，花在病人身上的时间更多。

度假胜地的养护）的附加险。

替代型自愿健康保险计划提供的基本保障水平与一揽子公共保障计划的保障水平几乎相同。

人们投保自愿健康保险的原因

由于公共医疗保障覆盖范围较为广泛，人们购买自愿健康保险多以获得医院里更好的就医环境（如特需医疗）或择医权，即在医院的签约医生和非签约医生群体之中进行选择的权利（通常认为非签约医生在病人身上花费时间更多并能提供比签约医生更好的服务）。此外有传闻显示，尽管本来择期手术的等候时间并不长，但投保自愿健康保险的患者的等待时间会更短。

给付数据表明，自愿健康保险主要覆盖的是患者在医院的花费（2014年自愿健康保险承担的患者在医院中的花费占其给付总额的67.3%，奥地利保险协会，2014）。奥地利只有不到五分之一的人（19.8%）拥有可以覆盖患者在医院的花费的自愿健康保险计划（详见表2.2）。自愿健康保险还向患者支付了住院期间的现金补贴（2014年占自愿健康保险给付总额的7.9%），以及医生服务（7.9%）、牙科治疗（2.9%）、水疗（2.9%）、药物（2.1%）的报销（奥地利保险协会，2014）。

自愿健康保险的投保人

个险在自愿健康保险市场中占主导地位，团体保单仅占保费总收入的27.7%（详见表2.2）。超过一半的自愿健康保险投保人年龄在20岁至50岁之间。大约20%的保单持有人是一岁以下的儿童。目前没有关于自愿健康保险保单持有人的社会经济特征的信息。各地区自愿健康保险投保比例有很大差别（详见表2.2），从投保比例最高的克恩顿州的53.4%到下奥地利州①的25.1%。虽然自由职业者和白领更有可能购买自愿健康保险，但这一因素本身并不能解释自愿健康保险投保比例存在明显地理差异的现象。除了购买替代型的自愿健康保险外，退出公立医疗保障的人中有四分之三还购买了附加型的自愿健康保险（奥地利保险协会，2012）。

自愿健康保险的保险人

自愿健康保险市场高度集中并由 UNIQA、Wiener Städtische、Merkur、Generali 等四家商业保险公司主导。它们共占自愿健康保险市场95%的份额，其中最大的保险公司 UNIQA 占据了47%的市场份额（详见图2.1）。

---

① 译者注：Lower Austria，下奥地利州，是奥地利东北部的一个州。

表 2.2　　　　　　　　奥地利自愿健康保险保单持有人数量（2014 年）

全部自愿健康保险计划的保单持有者								
奥地利	维也纳	下奥地利州	上奥地利州	施蒂里亚	蒂罗尔	克恩顿州[①]	萨尔茨堡	布尔根兰州
人数（百万）								
3.053	0.689	0.409	0.436	0.261	0.257	0.297	0.151	0.077
占比（%）								
35.8	38.7	25.1	30.5	42	35.4	53.4	48.7	26.7
承担被保险人在医院支付费用的自愿健康保险计划的保单持有者								
奥地利	维也纳	下奥地利州	上奥地利州	施蒂里亚	蒂罗尔	克恩顿州	萨尔茨堡	布尔根兰州
人数（百万）								
1.687	0.389	0.203	0.250	0.288	0.164	0.125	0.151	0.040
占比（%）								
19.8	21.9	12.4	17.5	2.7	22.7	22.4	28.2	13.8

资料来源：奥地利保险协会（2014）。

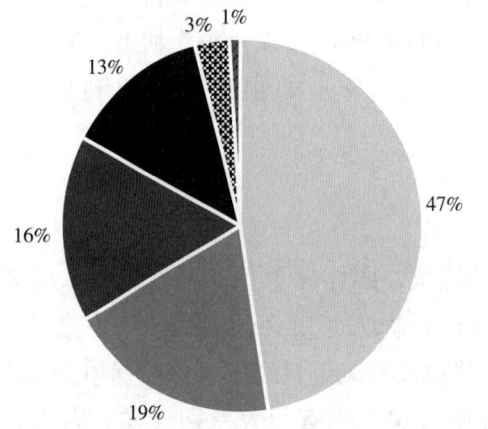

资料来源：奥地利保险协会（2014）。

注：＊MuKi Versicherungsverein AG，CALL DIRECT Versicherung AG，Wüstenrot Versicherungs – AG，Donau Versicherung AG Vienna Insurance Group。

图 2.1　2014 年奥地利自愿健康保险公司的市场份额

2014 年自愿健康保险平均赔付率（医疗服务支出占保费总收入的比重）约为 60%（详见表 2.1）。2010 年，运营费用约占净保费收入的 5.4%（GuV der Krankenversicherung，2010）。

---

① 译者注：Carinthia，克恩顿州（德语"Karnten"，斯洛文尼亚语"Koroška"，英语"Carinthia"），又译作"克恩滕州"或"卡林西亚州"，是奥地利最南面的一个州。

保险公司与医疗服务供应商的关系

奥地利保险协会(VVO)代表保险公司与住院服务提供者、医院医生和地区医疗协会协商费用。医疗服务供应商按实际发生的医疗服务来收费。一些保险公司拥有自己的商业医疗设施,但并不强迫用户使用。保险公司与医院签订的包括一项付款保证承诺的合同,可以确保保险公司能直接支付投保人的电子账单。在门诊医疗方面,病人通常需要先支付费用,后向保险公司索赔。为了提高效率,合同中还规定了医疗服务供应商的质量标准和要求。

针对自愿健康保险公共政策

自愿健康保险与范围更广的保险市场受到相同的法律规制,包括《保险合同法》(VVG)、《一般保险和特定保险条件法》(AVB,BVB)和《保险经营监管法》(VAG),没有针对自愿健康保险的特定法律。奥地利金融市场管理局(FMA)监管各种类型的保险市场。自愿健康保险市场的发展和规制见表2.3。

表2.3　奥地利自愿健康保险市场的发展与规制(1889—2012年)

年份	政策
1889	《医疗保险法》:生病不能上班时,所有从业人员和实习生,不论其实际工资如何,都会获得其工作地常规工资的60%作为补贴,这一医疗补贴限于20周
1917	实行等级工资制度
1956	《一般社会保障法》(ASVG):将自由职业者纳入保障范围,服务范围有实质性的扩充
1939—1979	1931年采纳了德国的《保险监管法》(VAG),总体上规范了保险公司的利益(特许经营权、投资规则、自有资本金、保险准备金、保险监管)
1979	《保险监督法》生效
1986	放宽保险投资限制,规定报告标准,在董事会和管理层中引入的四眼原则①
1991	会计准则适用欧盟法律
1992	全面适用欧盟法律
1994	在加入欧盟的过程中,对监管规定等内容按要求做出了调整
1994	保险合同法确定健康保险是一种终身合同关系(团体保险、收入替代保险与牙科保险例外)
1999	修改了合并财务报表和股东的相关规定
2000	引入特许权损失后在保单价值列表和监管方面做出详细规定
2002	变更了投资结构条款,提高了最低资本要求和保证金
2004	变更了资本要求及监管,落实了欧盟涉及保险经纪和平衡条款方面的指令

---

① 译者注:four-eyes-principle,"四眼原则"源于西门子的管理制度,又称"四眼"管理原则,是指所有的重大业务决策都必须由技术主管和商务主管共同作出决策,以保证运营战略能平衡商业、技术和销售等各方面的风险。

续表

年份	政策
2005	引入有关风险管理的监管规则
2008	采用欧盟关于再保险的指令
2010	开始执行《偿付能力Ⅱ》指令
2012	3月29日，修订了《保险合同法》——主要的变化涉及健康数据收集方面的同意要求和异议权，修订后的法律要求经投保人另行同意后保险公司方可收集他们的健康信息；电子保险合同需要另签协议；应保证被保险人享有退保的权利。修订后的法律于当年7月1日起生效
2012	欧洲法院（ECJ）判定：2012年底禁止根据性别的差异征收自愿健康保险保费

资料来源：Holzer & Stickler (2012)。

有关自愿健康保险的争论与挑战

公共医疗保障应是丰富而平等的，所有住院和门诊病人无论是否有自愿健康保险都应被同等对待。然而，人们对医疗市场的两级现象——有自愿健康保险和没有自愿健康保险——十分担忧，拥有自愿健康保险的患者待诊时间更短的诸多证据（Czypionka，Kraus & Röhrling 也于 2013 年证实了该问题）进一步加重了人们的这种担忧。保险公司将这种担忧作为自愿健康保险的营销手段。例如，近年来媒体已经关注到投保了自愿健康保险的患者能得到最佳医生治疗的现象。自愿健康保险覆盖了由于成本效益不对等而未被纳入公共福利计划的治疗方法（如顺势疗法和植物疗法），这使得投保了自愿健康保险的患者能更容易地获得这些服务。

2011 年夏季，卫生部准备修订《医院法》，规定医院有义务发布待诊清单，包括每名患者投保自愿健康保险的情况，这引发了关于待诊时间、非正规支付和自愿健康保险可以作为优质医疗敲门砖的激烈争论。在阿尔卑巴赫（Alpbach）举行的论坛上，卫生部长表达对拥有自愿健康保险患者享受优待的不满，而其他参与者（例如医师协会）却持相反观点，并强调了自愿健康保险在医院筹资中的重要性。由于大多数州颁布的法律并未强制要求医院公开待诊名单（Czypionka，Kraus & Röhrling，2013），因此在执行修正案后，透明度也并未明显提高。

另一个问题涉及长期护理（LTC）的融资问题。一些保险公司提供长期护理保险计划，但因为人们认为在未来当长期护理需求出现的时候，公共保障系统是不能坐视不管的，因此保险公司提供的长期护理保险计划鲜有成功者。但如果联邦护理津贴不足以支付长期护理费用，被保险人将必然需要用自己的一部分收入或资产来支付账单，而联邦政府仅能支付剩下的费用。

自愿健康保险的未来展望

尽管公共医疗保障比较全面，还有超过三分之一的人口有自愿健康保险。这体现出人们对医疗保健和对医疗服务供应商选择权的高度重视。同时也反映出人们对政府未来削减公共卫生支出的担忧。尽管金融危机对自愿健康保险市场没有明显的影响（以保费收入衡量，详见表 2.1），但 2013 年的医疗改革更加强调对预算和预算上限的密切监控，这可能会限制公共卫生项目提供额外健康保障的能力。同时，由于提高患者付费的政策是如此地不受欢迎，公共医疗经费增长的可能性很低。由于人口老龄化、医疗成本上升（包括长期护理成本）以及支出限制的原因，人们会担心服务质量下降，加之一些医生为这种担心推波助澜，这将会为自愿健康保险的发展创造更多机会，可能会提高自愿健康保险在卫生筹资中的份额。但是由于人口老龄化和新技术成本的上升，自愿健康保险行业也将面临成本急剧上升的挑战。如果事实如此，基于精算基础之上的自愿健康保险的保费可能会高于许多家庭的支付意愿。

参考文献

［1］Czypionka T, Kraus M, Röhrling G (2013). Wartezeiten auf Elektivoperationen: Neues zur Frage der Transparenz? [Waiting times for elective surgery: What's new?]. *Health System Watch* 2/2013. Supplement to *Fachzeitschrift Soziale Sicherheit* [*Journal of Social Security*], 66 (10): 1 – 6 (https://www.ihs.ac.at/departments/fin/HealthEcon/watch/hsw13_2d.pdf, accessed 22 November 2015).

［2］Eckhart E (2009). *Krankenversicherung in Österreich – Struktur, Finanzierungsprobleme und Reformansätze*. Vienna, University of Vienna.

［3］GuV der Krankenversicherung (2010). *Aggregated profit and loss account of the health insurance* 2010. Vienna, Verband der Versicherungsunternehmen Österreichs.

［4］Holzer E, Stickler R (2011). *Die österreichische Versicherungswirtschaft: Struktur, Wirtschaftlichkeit und Entwicklung*. Vienna, BFI WIEN.

［5］VVO (2012). *Expert Interview with representative of Association of Austrian Insurers*. Vienna, Versicherungsverband Österreich.

［6］VVO (2014). *Association of Austrian Insurers annual report* 2014. Vienna, Versicherungsverband Österreich.

［7］WHO (2016). Global Health Expenditure Database (GHED) [online database]. Geneva, WHO (http://www.who.int/health-accounts/ghed/en/, accessed 5 April 2016).

3. 比利时

Sophie Gerkens

卫生系统背景

卫生筹资结构

2014年，公共支出占卫生总费用的77.9%左右，自费支出和自愿健康保险支出分别占卫生总费用的17.8%和4.1%（WHO，2016）。

公共医疗保障的覆盖范围及其缺口

公共医疗保障几乎覆盖了全部人口（大于99%），并提供了非常广泛的福利待遇。共同保险形式的用户收费中大约25%用于全科医师（GP）咨询，35%用于全科医师出诊，40%用于专科医师咨询、物理疗法、语言障碍矫正、足部医疗和食疗等方面（Gerkens & Merkur, 2010）。低收入家庭支付的医疗费用更低。住院患者还须支付以下用户费用：每天住院费用的一个比例（共付费用）；医院单人房间的额外收费及相应的医生费用（额外收费）；一些无法报销的药品和医疗用品的费用；药物、实验室检测、放射医疗和其他干预措施的共付费用（Gerkens & Merkur, 2010）。

自愿健康保险市场概况

市场的起源、目标与角色

自愿健康保险传统上扮演着替代型、补充型和附加型保障的角色。公共医疗保障的范围在逐步扩大（详见表3.1）。当2008年公共医疗保障的范围扩大到自由职业者的门诊护理服务时，替代型的自愿健康保险市场就没有了存在的意义。

疾病保险基金负责公共医疗卫生服务费用的报销，为其成员提供两种类型的扩充保障：如牙齿矫正、顺势疗法和整骨疗法等不在公共医疗保障范围内的强制补充型保障以及涵盖医院单间额外费用的自愿附加型保障。2012 年，法律强制要求所有的保险基金为其会员提供补充型保障（详见表 3.3），尽管在此之前这已非常普遍。疾病保险基金成员需向疾病保险基金支付额外的固定费率保费（社群费率保费）以获得强制性附加服务保障，并且其家属可免费享有该保障（Assuralia，2012；Moniteur Belge，2010a）。那些不愿意购买附加保障的会员需退出原来的疾病保险基金，并加入一种不提供补充型保障的特殊保险基金，但几乎没有人会这样做。因此，几乎所有人都受到疾病保险基金提供的强制性补充型保障。

本章重点介绍由疾病保险基金（下文以相互健康保险基金为例）和商业保险公司提供的附加型自愿健康保险（Assuralia，2012）。

可供选择的自愿健康保险计划的类型

最初，疾病保险基金提供的自愿住院计划主要为患者支付住院期间的现金补贴。随着额外费用的增加，疾病保险基金开始提供部分或完全保障住院费用中自付费用的保险（类似于私营保险公司销售的保险）。疾病保险基金也销售其他类型的自愿健康保险保单（例如牙齿保健），但与私营保险公司不同，它被禁止销售团体保单（Brisson, Steylemans & Brenez, 2011；gerken & Merkur, 2010）。数据显示，私营保险公司销售的自愿健康保险计划中，超过三分之二为团体保单，其中在 2010 年团体保单占到 71%（Assuralia，2012）。

人们投保自愿健康保险的原因

自愿健康保险主要覆盖了医院单人房间费用（Gerkens & Merkur, 2010），这一费用随近年来额外费用的增加而快速上涨。由保险基金提供的数据显示，自愿健康保险的给付支出在 1995 年为 1.9 亿欧元，到 2010 年这一支出上涨至 2.28 亿欧元〔相互健康基金控制办公室（OCM），2011〕，与此同时商业保险公司的医院计划相关费用从 2003 年的 2.77 亿欧元增加至 2010 年的 4.22 亿欧元（Assuralia，2012）。

自愿健康保险的投保人

根据 Assuralia 统计，2013 年有 546.9 万人在私营保险公司购买了自愿健康保险（Assuralia，2014）。相互健康基金控制办公室与心理健康基金全国联合会（OCM - CDZ）估计有 3 466 788 人在某一家相互基金投保过自愿健康保险（Verschoren R，相互健康基金控制办公室与心理健康基金全国联合会的顾问，个人通信信息，2015）。这意味着高达 80% 的人口受自愿健康保险的保障。但是，这一数据重复计算了同时在保险公司和相互基金投保的人,因此很可能高估了实际拥有自愿健康保险的人数。2011 年的一项调查(样本容量为 762 人)显示,60% 的受访者拥有医院自愿健康保险。36% 的自愿健康保险由雇主购买(其中 19% 从非营利性相互健康保险基金购买,17% 从私营保险公司购买)。一些人甚至投保了双重自愿健康保险。调查结果显示,在瓦隆州很少有失业者和自由职业者投保医院自愿健康保险。未投保的主要原因有雇主、疾病保险基金等提供的保障已经包含了这部分的保障(这一原因占比 67%)或认为自愿健康保险保费太贵(这一原因占比 21%)(Vu de Voorde, Kohn & Vinck, 2011)。2011 年的另一项调查(样本容量为 801)显示,只有 16% 的受访者未投保医院自愿健康保险,社会阶层较低的人群、65 岁以上的人群、单身人士和家庭月收入低于 1 600 欧元的群体更可能没有保险。未投保自愿健康保险的原因如下:不需要(占 28%)、保费太贵(占 22%)和其他原因(占 50%,包括对保险的排斥、对拒绝索赔的担忧以及等待雇主为其投保)(Assuralia, 2012; Van de Voorde, Kohn & Vinck, 2011)。

表 3.1　　　　　比利时公共医疗保险范围的演变(1944—2012 年)

年份	保险范围
1944	建立了所有工薪阶层强制参保的社会保障体系
1964	确保自由职业者可以应对重大疾病风险(Assuralia, 2012)
1965	健康保险覆盖范围扩大到公共部门工作人员面临的主要及次要风险(Moniteur Belge, 2010a)
1967	健康保险将没有能力正常工作的人纳入保障范围
1968	健康保险将患有精神疾病的人纳入保障范围
1969	健康保险保障范围扩大至所有未受保障的人
1998	强制健康保险的所有被保险人都通过基本计划(针对重大风险和次要风险)或自由职业者计划(针对重大风险)得到保障。重大风险包括:医院护理、分娩、重大手术、透析功能康复治疗、植入性医疗器械和专业护理等。次要风险包括医生出诊、牙齿保健、小手术、家庭护理和门诊药物等
2008	所有受益人的重大风险和次要风险都得以保障
2012	保险基金需为所有成员强制提供补充型服务并对所有人收取同等费用

资料来源:Gerkens & Merkur (2010),附加研究。

自愿健康保险的保险人

附加型自愿健康保险人包括疾病保险基金和商业私营保险公司。2010 年以来,疾病保险基金销售的自愿健康保险不再由自己管理,必须引入独立法人实体相互健康保险基金来进行管理(Moniteur Belge, 2010a)。2010 年,共有 13 家相互保险人和 26 家私营健康保险公司。相互健康保险人专门销售健康保险,而几乎所有的私营保险公司都可以销售系列保险产品（Assuralia，2012；相互健康基金控制办公室，2011）。表 3.2 列出了领先的 15 家私营保险公司的市场份额情况。

表 3.2　比利时领先的 15 家私营保险公司的市场份额（2010 年）

公司名称	市场份额（%）
DKV Belgium	31.56
AG Insurance	18.25
Ethias	12.75
AXA Belgium	12.35
Allianz Belgium	4.66
Vivium	4.31
KBC Assurances SA	4.11
Argenta Assurances	3.49
Dexia Insurance Belgium SA	1.71
Delta Lloyd Life	1.10
Inter Partner Assistance	0.88
Justitia	0.78
Fidea NV	0.75
Mercator Assurances	0.63
Chartis Europe SA	0.48
总计	97.81

资料来源：摘自 Assuralia（2012）。

保险人与医疗服务供应商的关系

保险人与医疗服务供应商相互独立而存在。约 70% 的医院是私营的非营利组织，医院专家的工资与医疗费挂钩。由于病人可以自由选择医疗服务的供应商（医生和医院），保险人不愿意将报销局限于选定的医院（Gerkens & Merkur，2010）。

针对自愿健康保险的公共政策

私营健康保险公司受到金融服务与市场管理局及比利时国家银行的监管。相互保险公司由相互健康基金控制办公室与心理健康基金全国联合会监管。但两者均受相同法律制度约束。按法律规定，它们都必须公开销售并提供终身保障；不能拒绝向 65 岁以下残疾人或患有慢性疾病的人提供保险（私营健康保险公司可以将他们既有的疾病排除在保障范围之外，而相互保险公司则可以将保障范围限定为法定的最低水平）；保险人不得随意更改保险合同（保费和给付金额）；即使在投保自愿健康保险两年之内没有被诊断出疾病，投保人也不得有意隐瞒既有疾病（Moniteur Belge，2007a，2007b，2010a，2010b，2010c）。表3.3总结了自1990年以来自愿健康保险市场的发展和规制。

近年来，政府已采取一些措施来改善低收入社会群体获得公共医疗服务的途径，包括从2009年起取消对低收入群体收取双人房间和日间住院等额外费用。这一举措随后在2010年和2013年（详见表3.3）扩展至所有人。

表3.3　　比利时自愿健康保险市场的发展与规制（1990—2012年）

年份	政策
1990.8.6 法案	关于疾病保险基金与全国疾病保险基金联合会的法律确立了疾病保险基金为强制型保险的管理者，并加强对疾病保险基金的管控
1992.6.25 法案	保险法规范了健康保险和其他形式的私营保险
2007.5.11 法案	修订1990年8月6日关于疾病保险基金和全国疾病保险基金联合会的法律，加强了疾病保险基金服务的社会化
2007.7.20 法案	修订1992年6月25日《保险法》中关于私营健康保险合同的问题，以加强对被保险人的保护并限制保险人进行风险选择（例如保护长期病患者的投保权利）
2007.12.21 法案	禁止根据性别收取不同保费
2009.12.23 法案	废除双人间住院费用（补偿运营费用）
2010.2.2 皇家法令	颁布了如何确定医疗指数的皇家法令，确定如何计算特定指数，这使得商业保险公司可以调整保费和保险责任范围（保费和保险责任范围可以根据消费者物价指数调整，也可以根据法令中联邦公共服务经济组织计算出的具体某一医疗指数进行调整）
2010.4.26 和 6.2 法案	法案作出规范辅助型健康保险的各项条款。例如，法律规定从2012年1月1日起保险基金的所有会员须强制购买补充型保险，所有人保费相同，并必须保障既有疾病，医院计划必须由独立的法人提供并需遵守与商业保险公司相同的法律规定
2012.12.27 法案	法案规定取消住院双人间的医师补助费（日间住院除外）

资料来源：作者整理。

政府加强对自愿健康保险的规制使得人们在保费上涨的情况下也买得起自愿健康保险。2007年实施的法律旨在加强包括自愿健康保险在内的保险基金服务的社会性，并限制商业保险公司的风险选择，防止其对残疾人和慢性病人拒保。但是2007年的法律没有界定残疾或慢性病，只是一种临时措施。比利时的一项关于自愿健康保险的报告显示，几乎没人知道患有慢性病的患者可以投保医院自愿健康保险。报告还指出自愿健康保险在保费、保险给付和一般条件方面缺乏透明度，这可能导致人们为同一风险重复投保的问题。研究还表明很少有人在投保自愿健康保险或在住院后的索赔中遇到问题（Van de Voorde，Kohn & Vinck，2011）。报告还建议应当确定医院自愿健康保险计划的最低条件（Van de Voorde，Kohn & Vinck，2011）。自

2007年法律颁布以来，商业保险公司只有在法律规定的具体情况下才能更改保费和给付金额，如可根据2010年2月2日的最高法律所述的消费者物价指数或医疗指数来调整保费和给付金额（Moniteur Belge，2010b）。对自愿健康保险保费上涨的投诉数量下降（2011年下降至15%）可能归因于自愿健康保险市场的发展，即使是不受这些法律约束的团体保单，对保费上涨的投诉数量也有所下降（Assureia，2012）。

有关自愿健康保险的争论与挑战

自愿健康保险法规的巨大变化使得不同类型保险人的关系愈发紧张。2010年，商业保险公司Assureia向欧盟理事会（EC）做了关于保险公司和疾病保险基金受到不公平待遇（不公平竞争）的投诉。这一投诉导致法律要求从2012年起疾病保险基金须强制为其所有会员加保补充型计划，补充型计划保费作为团体保费厘定，疾病保险基金和自愿健康保险业务要分开运营。法律还要求新成立的相互基金遵守与商业保险公司相同的法律制度（Moniteur Belge，2010b，2010c）。

一些疾病保险基金认为这种发展是不公平的：它们比商业保险公司面临着更多的限制。例如，它们只能向其会员销售自愿健康保险且只能销售与保险和救援相关的健康服务，而不能销售其他产品（Brisson，Steylemans & Brenez，2011）。

自愿健康保险的未来展望

随着政府控制医疗支出意愿的增强，自愿健康保险在卫生筹资中可能会发挥更大作用。然而，其主要挑战是如何在贫困人群与富有人群、健康人群与患病人群之间保持互助原则，并避免风险选择。从2012年起对基本保险基金的限制意味着其所提供的自愿健康保险计划可能会减少甚至消失，这可能会对自愿健康保险的可及性产生负面影响（Brisson，Steylemans & Brenez，2011）。

参考文献

[1] Assuralia (2012). *Infos, publications et chiffres*. Brussels, Assuralia (http://www.assuralia.be/index.php? id=11&L=1, accessed 22 November 2015).

[2] Assuralia (2014). *Infos, publications et chiffres*. Brussels, Assuralia http://www.assuralia.be/index.php? id=379&L=1, accessed 26 November 2015).

[3] Brisson S, Steylemans T, Brenez X (2011). L'assurance mutualiste change de

visage. *Health Forum*, *Le magazine de l'union Nationale des Mutualité Libres*, 8: 6 – 1.

[4] Gerkens S, Merkur S. (2010). Belgium: health system review. *Health Systems in Transition*, 12 (5): 1 – 266.

[5] Moniteur Belge (2007a). Loi du 11 mai 2007 modifiant la loi du 6 août 1990 relative aux mutualitéset aux unions nationales de mutualité. *Moniteur Belge*, 31 mai 2007.

[6] Moniteur Belge (2007b). Loi du 20 juillet 2007 modifiant, en ce qui concerne les contrats privés dassurance maladie, la loi du 25 juin 1992 sur le contrat d'assurance terrestre. *Moniteur Belge*, 10 août 2007.

[7] Moniteur Belge (2010a). Loi du 26 avril 2010 portant des dispositions diverses en matière de l'organisation del'assurance maladie complémentaire. *Moniteur Belge*, 28 mai 2010.

[8] Moniteur Belge (2010b). Arrêté royal du 2 férier 2010 déterminant les indices spécifiques visé à l'rticle 138bis4, §3, de la loi du 25 juin 1992 sur le contrat d'assurance terrestre. *Moniteur Belge*, 8 février 2010.

[9] Moniteur Belge (2010c). Loi du 2 juin 2010 portant des dispositions diverses en matière de l'organisation de l'assurance maladie complémentaire (Ⅱ). *Moniteur Belge*, 1 juillet 2010.

[10] OCM (2011). Rapport annuel 2010. Brussels, Office de contrôle des mutualités et des unions nationales de mutualités.

[11] Van de Voorde C, Kohn L, Vinck I (2011). Droit à une assurance hospitalisation pour les personnes malades chroniques ou handicapées. KCE Reports 166B. Brussels, Centre fédéral d'expertise des soins de santé (KCE).

[12] WHO (2016). Global Health Expenditure Database [online database]. Geneva, WHO (http://www.who.int/health-accounts/ghed/en/, accessed 5 April 2016).

4. 保加利亚

Antoniya Dimova

卫生系统背景

卫生筹资结构

2014 年,公共卫生支出占卫生总费用的 54.6%,自费支出和自愿健康保险的卫生支出分别占卫生总费用的 44.2% 和 0.3%(WHO,2016)。

公共医疗保障的覆盖范围及其缺口

根据 1998 年的《健康保险法》,所有保加利亚公民和永久性居民都受国家健康保险基金(NHIF)的保障。尽管 2011 年有超过 170 万人(占总人口的 23%——主要是失业者)因未支付相应的强制保费实际上并未受到保障(Dimova 等,2012)。未支付相应强制性保费或由于其他原因未受国家健康保险基金保障的人只有在危及生命的情况下才能获得由政府财政预算筹资的紧急救助。

自愿健康保险市场概况

市场的起源、目标与角色

1998 年,保加利亚通过《健康保险法》确立了自愿健康保险体系,该法通过国家健康保险基金引入了现在的公共医疗保险制度,旨在提升医疗系统资金来源的多样性。但自愿健康保险市场非常有限,2013 年仅覆盖了总人口的 2.4%[保加利亚金融监督管理委员会(FSC),2013a]。

自愿健康保险在保险市场中扮演着附加型保障的角色,它可以让人们更快、更直接地获得专科医师门诊、住院治疗、免费择医和单人间住院的服务。大多数医院和诊断中心都与国家健康保险基金和私营保险公司订立了合作合同。自愿健康保险也扮演着补充型保障的角色,覆盖了国家健康保险基金未保障的服务(例如某些实验室检测和药物)。

可供选择的自愿健康保险计划的类型

到 2013 年,自愿健康保险计划提供了以下保障类型以供选择:疾病预防、门诊治疗、住院护理、牙齿保健、与提供医疗保障相关的附加服务(如单人房间、择医、接送服务)、费用报销服务、其他包含两个及以上保障的计划。2013 年,复合保障计划在自愿健康保险保费收入(详见图 4.1)和赔付支出(详见图 4.2)中都占据最大份额。每种方案根据其所包含服务数量分为两类,最低版(基本版)和升级版/豪华版(全包版)。个人保单包含有风险等级保费。

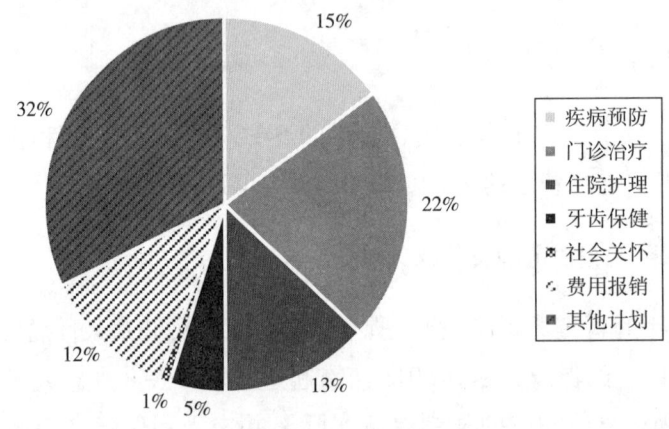

资料来源:保加利亚金融监督管理委员会(2013b)。
图 4.1 保加利亚自愿健康保险市场上各类保单的保费收入份额(2013 年)

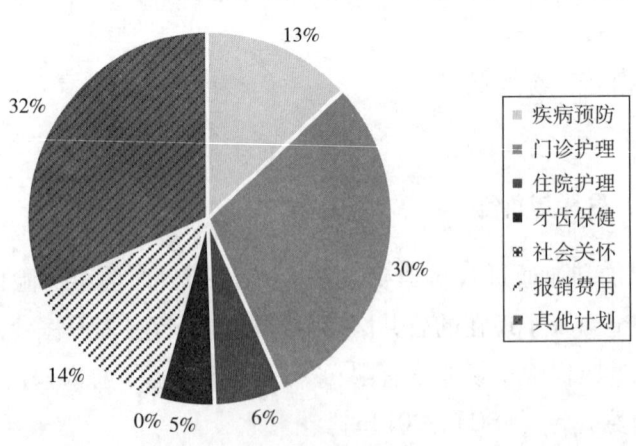

资料来源:保加利亚金融监督管理委员会(2013b)。
图 4.2 保加利亚自愿健康保险市场上各类保单给付支出份额(2013 年)

2012年保加利亚修改了相关法律，并于2013年生效（详见下文）。受此影响私营保险人不再局限于仅销售健康保险，而是可以继续像之前一样销售各类保险，并且其在向保加利亚金融监督管理委员会提交的报告中需要提供的详细信息更少（报告的信息内容归类为疾病/事故（因事故造成的外伤/疾病），即为之前划分不同种类自愿健康保险计划的标准）。

人们投保自愿健康保险的原因

人们通常投保自愿健康保险以获得更快捷的医疗服务和更优质的服务质量。阻碍自愿健康保险发展的主要因素是国家健康保险基金的广泛保障（尽管人们似乎对国家健康保险基金存在不满）和低收入家庭的存在（Dimova等，2012）。

自愿健康保险的投保人

绝大部分自愿健康保险保单（98%）是由企业购买的团体保险（CPC，2009）。雇主为员工投保自愿健康保险以提高员工满意度，降低员工因生病和旷工产生的费用。税收减免实质上并不存在，不构成推动自愿健康保险需求增长的重要因素。低收入群体、老年人和慢性病患者一般无法享有自愿健康保险保障（Dimova等，2012）。

自愿健康保险的保险人

所有自愿健康保险计划均由商业股份有限公司销售。2013年之前，只允许这些公司销售自愿健康保险（即他们专门从事健康保险领域），但修改后的法律允许所有保险人销售自愿健康保险，之前专门从事健康保险的保险人必须重新进行授权。一部分保险人被并入保险集团（约三分之二的保险人在2013年前是保险集团的一部分），其他的保险人将承保范围扩大至疾病保险。从2013年开始，专业的健康保险公司从市场上消失，所有自愿健康保险公司都在销售涵盖疾病和/或医疗事故的保险。2013年这些保险公司的保费收入相比2012年增长了126.1%，2014年上半年增长幅度超过100%。其中疾病保险对保费收入增长的贡献最大（保加利亚金融监督管理委员会，2013c，2014）。

销售自愿健康保险的保险公司数量逐渐增加，从2001年的2家增加到2011年的20家。在2012年最大的保险公司的市场占有率为20.1%，前三大保险公司的合计市场份额达58.0%（保加利亚金融监督管理委员会，2012）。

自愿健康保险市场的盈利能力逐年变化很大。其管理成本虽然在2007年到2012年呈下降趋势，但依旧维持较高水平（详见表4.1）。2013年上半年，六大保险公司中的三家盈利公司利润总额约为73.3万欧元，而与此同时另外三家公司亏损总额达到259万欧元。

保险人与医疗服务供应商的关系

保险人选择性地与私立和公立医疗服务供应商签订合同，他们也可以拥有属于自己的医疗机构和药店。在这两种情况下，医疗服务供应商的薪酬水平由市场决定。

针对自愿健康保险的公共政策

1998年《健康保险法》（自2012年8月7日起生效）修订后，所有健康保险的保险人必须按2003年《保险法》的规定重新被授权业务范围，并于2013年8月7日前作为一般保险公司运营。这些变更是为了使保加利亚自愿健康保险的立法与欧盟的保险法接轨。

作为保险市场的一部分，自愿健康保险市场受保加利亚金融监督管理委员会的监管。

自愿健康保险业务不需缴纳增值税。雇主可以通过为职工购买自愿健康保险而享有每人每月固定金额的税收优惠。2008年，政府将免税额从每人每月40保加利亚列弗（BGN）（约20欧元，2008年的平均汇率为1欧元=1.95保加利亚列弗）增加至60保加利亚列弗（约31欧元）。个人通过投保自愿健康保险也可以降低其应税收入，最高可达10%（国家税务局，2015；Nikolaeva，2013）。但是到目前为止，由于国家健康保险基金的广泛覆盖，这一幅度的税收优惠并没有明显激励雇主和个人投保自愿健康保险。

有关自愿健康保险的争论与挑战

自愿健康保险市场的发展引起了学界和业界的广泛讨论。政策制定者旨在加强自愿健康保险在卫生筹资方面的作用，但对于如何达到这一目标并未有明确的执行方案。目前正在研讨的方案包括为强制性补充型医疗保险建立所谓的第三支柱（通过把人们支付的保费注入个人账户），或者允许人们在公共保障中自由选择健康保险基金（Dimova等，2012）。但目前人们仍严重关切引入第三支柱的可行性及风险分担方面潜在的负面影响。同样对于类似养老金的储蓄机制是否适用于医疗保险也存在担忧：尽管退休后收入替代的需求是可知且长远的（个人账户中资金可积累），但是疾病的严重程度和治疗时间的长短以及医疗保障的成本存在很大的不确定性（Dimova等，2012）。

表 4.1　　保加利亚自愿健康保险公司的主要财务指标（2007—2013 年）

指标	2007 年	2008 年	2009 年	2010 年	2011 年	2012 年	2013 年 6 月 30 日
管理费占保费收入比例（%）	32.5	31.2	30.5	25.7	23.5	18.4	19.4
利润额（千欧元）	-1 277	-3 975	112	-678	-262	407	474
赔付支出占保费收入的比例（%）	60.4	69.6	56.8	58.2	58.9	59.9	68.7

资料来源：保加利亚金融监督管理委员会（2013b）。

自愿健康保险的未来展望

2015 年 8 月最新修订的《健康保险法》对法定健康保险系统提供的基本保障方案进行了重大修改。保障方案分为基本部分和补充部分。补充部分包含的服务将继续由国家健康保险基金提供，但患者在接受治疗时将有一定的待诊时间。预计 2016 年 1 月生效的卫生部条例将对保障方案的保障范围做出更清晰的界定，这是为了让民众有权自愿选择自愿健康保险保障方案中补充部分的医疗服务。这也许会使自愿健康保险在未来发挥愈加重要的作用。

参考文献

［1］CPC（2009）. Анализ на конкурентната среда на националния пазар при доброволното здравно осигуряване ［Analysis of the voluntary health insurance competitive environment］. Sofia, Commission on Protection of Competition（http：//reg.cpc.bg/DepartmentDecisions.aspx? vp =4, accessed 22 November 2015）.

［2］Dimova A et al.（2012）. Bulgaria：health system review. Health Systems in Transition, 14（3）：1 - 186.

［3］FSC（2013a）. Обзор на небанковия финансов сектор в България към края на първото тримесечие на 2013 г. ［An overview of non - bank financial sector in Bulgaria］. Sofia, FSC（http：//www.fsc.bg/d.php? id =262, accessed 22 November 2015）.

［4］FSC（2013b）. Статистика на пазара на доброволноздравно осигуряване ［Statistic on voluntary health insurance market］. Sofia, FSC（http：//www.fsc.bg/bg/podnadzorni - litsa/statistika/pazar - po - dobrovolnozdravno - osiguryavane/http - www - fsc - bg - 2013 - bg - 881/, accessed 18 September 2015）.

［5］FSC（2013c）. Обзор на небанковия финансов сектор в България към края на третото тримесечие на 2013 ［An overview of non - bank financial sector in Bulgaria］. Sofia, FSC（http：//www.fsc.bg/d.php? id =256, accessed 18 September 2015）.

[6] FSC (2014). *Обзор на небанковия финансов сектор в България през първото тримесечие на 2014 г* [*An overview of non-bank financial sector in Bulgaria*]. Sofia, FSC www.fsc.bg/d.php?id=253, accessed 22 November 2015).

[7] National Revenue Agency (2015). *Данъчни облекчения за 2014* [*Taxation discounts for 2014*]. Sofia, NRA (http://www.nap.bg/page?id=336, accessed 22 November 2015).

[8] Nikolaeva, V. (2013). *Данъчно облагане според случая* [*Taxation depending on the case*]. Capital Daily (http://www.capital.bg/biznes/finansi/2013/03/25/2029194_danuchno_oblagane_spored_sluchaia/, accessed 22 November 2015).

[9] WHO (2016). Global Health Expenditure Database (GHED) [online database]. Geneva, WHO (http://www.who.int/health-accounts/ghed/en/, accessed 5 April 2016).

5. 克罗地亚

Karmen Lončarek

卫生系统背景

卫生筹资结构

2014 年，公共卫生支出占克罗地亚卫生总费用的 81.9%，而自付费用支出和自愿健康保险支出分别占卫生总费用的 11.2% 和 6.9%（WHO，2016）。

公共医疗保障的覆盖范围及其缺口

所有永久居民都必须加入克罗地亚健康保险基金（CHIF）。但学生、退伍军人、士兵、难民及失业者等群体不用向克罗地亚健康保险基金缴费，政府替他们支付费用（Vončina 等，2007）。克罗地亚公共卫生保障的覆盖范围广泛。然而，居民所能获得的服务取决于他们的缴费水平：居民缴纳费用的 20% 用于住院、门诊和牙科服务；每次的基本保健和妇科就诊费用为 15 克罗地亚库纳（HRK）（约 2 欧元；2015 年上半年平均汇率为 1 欧元 = 7.6 克罗地亚库纳）；每份处方的费用为 15 克罗地亚库纳（2 欧元）。每次疾病治疗的用户收费上限为 3 000 克罗地亚库纳（约 395 欧元）。大量的人口免于缴纳用户费用。

自愿健康保险市场概况

市场的起源、目标与角色

随着 1993 年的健康保险法的通过，克罗地亚的自愿健康保险市场开始出现。起初，自愿健康保险可扮演两种角色，一方面为用户付费提供补充型的保障（2001 年以前，一直由克罗地亚健康保险基金独家提供，即所谓附加型保险）；另一方面为没有参与克罗地亚健康保险基金的人提供替代型保障（称为私营保险）。自2004年以来，具有较高护理标准的附加型健康保险慢慢出现。由于自愿健康保险市场持续由克罗地亚健康保险基金主导，补充型健康保险发展的规模并不大。而替代型自愿健康保险实际上并没有被广泛提供，其规模很小并在2001年和2008年法律修订后有所下降。

2012年，共有1 555 876人（约占总人口的36%）从克罗地亚健康保险基金购买了补充型自愿健康保险。此外，944 301人（约占总人口的22%）从政府支付的克罗地亚健康保险基金的补充型自愿健康保险中受益。以下人口还拥有由政府为其支付的强制性克罗地亚健康保险基金供款：身体或精神残疾的人；不能独立进行适龄活动的人；器官捐献者；超过35岁（男性）或25岁（女性）的献血者；超过18岁的普通学生以及年收入（按每个家庭成员月收入计算）不超过政府每年规定的预算工资基数的45.59%的人（在2012年约为2 000克罗地亚库纳，262欧元）（Džakula等，2014）。

商业自愿健康保险的市场规模更小，2011年仅91 609人（约占总人口的2%）。2009年以前，该市场一直增长，之后其毛保费收入持续下降（克罗地亚保险局，2012）。

可供选择的自愿健康保险计划的类型

补充型自愿健康保险计划覆盖了公共医疗保障的全部用户费用。克罗地亚健康保险基金出售基于社群评级确定保费的自愿健康保险。只有被克罗地亚健康保险基金的公共医疗保障覆盖的人才有资格从克罗地亚健康保险基金购买自愿健康保险。任何人都可以从私营保险公司购买自愿健康保险。附加型自愿健康保险主要为身体健康的活跃人群提供服务（免疫系统和心血管检查、专家服务、成像诊断、实验室检查、物理治疗以及更高标准的住院条件）。附加型保险主要为处于管理层的员工提供服务（抗压项目；预防性的心血管检查，例如心脏超声检查）。

人们投保的自愿健康保险的原因

人们购买附加型自愿健康保险是为了跨越诊断检查和物理治疗的待诊名单，并获得更高标准的住院条件。人们购买补充型自愿健康保险是为了从其能覆盖所有用户付费中受益。由于在已有的条件下补充型自愿健康保险覆盖了所有人群，因此人们主要在已经生病并需要支付用户费用时才购买此类保险。

自愿健康保险的投保人

商业保险公司提供的自愿健康保险计划主要由受过良好教育并生活在城区的高收入群体购买。近期患病或患病风险较高（例如，由于年龄或遗传因素）的人员更倾向于购买由克罗地亚健康保险基金提供的补充型自愿健康保险。克罗地亚健康保险基金为430万总人口中超过250万人（约占总人口的60%）提供超出了公共卫生保障的自愿健康保险。

自愿健康保险的保险人

自愿健康保险由六家商业保险公司（可销售附加型及补充型自愿健康保险）和克罗地亚健康保险基金（仅销售补充型自愿健康保险）提供。从克罗地亚健康保险基金购买自愿健康保险的人数在稳步增加，而商业保险公司却出现了相反的趋势。克罗地亚健康保险基金在整个自愿健康保险市场占据主导地位。商业自愿健康保险的市场高度集中。2010年，两家最大的保险公司的保费收入占市场总保费收入的90%以上（克罗地亚保险局，2011）。

保险公司与医疗服务供应者的关系

保险公司通常为自愿健康保险的保单持有人报销医疗费用。医疗服务由单独签约的供应商或由保险公司纵向整合的附属机构提供。与供应商续约与否取决于客户满意度，客户满意度则是通过电话调查来衡量的。

针对自愿健康保险的公共政策

表5.1显示了自愿健康保险市场的发展与规制。由克罗地亚健康保险基金和商业保险公司提供的自愿健康保险受2006年自愿健康保险法（及其修订版）的规制。克罗地亚健康保险基金必须将附加型自愿健康保险的资金与强制性保障项目的资金分开。所有私营健康保险公司必须经过卫生部的批准，并受克罗地亚金融服务监督管理局（HANFA）的监管（Džakula等，2014）。

表5.1　1993—2012年克罗地亚自愿健康保险市场的发展与规制

年份	政策
1993	健康保险法允许以市场原则为基础提供补充型（在克罗地亚称为附加型）或商业性（替代型的）自愿健康保险；补贴型自愿健康保险只能由克罗地亚健康保险基金提供
2001	作为克罗地亚卫生系统持续私有化进程的一部分，新的健康保险法允许克罗地亚健康保险基金以外的保险公司提供补贴型自愿健康保险，为了维护健康保险模式的资金的稳定，禁止参加者退出克罗地亚健康保险基金（Džakula等，2014）。以前最高收入者是可以退出克罗地亚健康保险基金的，所谓的最高收入者是指年收入超过约30万克罗地亚库纳（根据2001年汇率，约为6 200欧元）的人，但很少有人选择退出（仅约2 000人）。附加型和补充型自愿健康保险的保费有税收减免
2006	通过了自愿健康保险法，该法律允许经克罗地亚金融服务监督局——克罗地亚所有保险公司的监管机构——许可的保险公司，在获得卫生部许可后提供自愿健康保险

续表

年份	政策
2008	新的强制性健康保险法通过：克罗地亚健康保险基金融资方式变得多样化，既包括缴费也包括一般税收收入
2010	自愿健康保险法的修正案使得许多原来在补充型自愿健康保险（由克罗地亚健康保险基金提供）的覆盖范围内的人被排除在补充型自愿健康保险之外
2011	补充型和附加型自愿健康保险的保费不再享受税收减免
2012	克罗地亚健康保险基金融资中的强制性缴费从15%降低到13%

资料来源：作者整理。

有关自愿健康保险的争论与挑战

几十年来，社会保险和健康保险计划被视为确保社会稳定的关键（Mastilica & Babić‐Bosanac, 2002）。克罗地亚政府对健康保险制度的重视使得国有克罗地亚健康保险基金在自愿健康保险市场几乎保持了垄断地位。由于商业自愿健康保险占卫生总费用的比例很小，因此很少引起民众的关注。关键的问题在于民众担忧商业保险市场的出现将严重地威胁到原有的社会福利体系（Mastilica & Kušec, 2005；Radin, Džakula & Benković, 2011）。

有几个因素限制了自愿健康保险市场的发展：法规和商业环境的频繁变化使得长期规划变得困难；强制医疗保险和自愿医疗保险之间的界限模糊不清（在克罗地亚健康保险基金同时提供强制性保险和自愿补充型保险的环境下）；缺乏免税政策支持；民众获得的有关自愿健康保险的信息不充分。自愿健康保险的需求也可能因经济危机而下降。

私营医疗保健供给的有限性可能是一个更深层的限制因素。公立医院几乎没有富余的能力来提供商业性医疗保健服务。另外，克罗地亚健康保险基金覆盖了虽然在克罗地亚尚未提供，但在其他国家却可获得的所有医疗服务的成本，其成功是顺理成章的；而商业医疗保险责任涵盖的保健服务却仅限于诸如医疗成像、实验室诊断、因治疗不当而导致的诉讼风险很低的简单医疗服务。此外，商业执业医师的人数相对较少——在16 500名执业医师中，只有2 700人没有与克罗地亚健康保险基金签约并在商业市场提供服务（Bagat等，2008）。因此，商业保险公司很难提供比克罗地亚健康保险基金更好的复合医疗保障。

经济危机严重影响了政府为卫生系统增资的能力。这似乎也对商业自愿健康保险市场产生了负面影响，使得保费收入下降。2008年以来克罗地亚推行的医疗保健融资改革，使得商业自愿健康保险的资金大幅增加到与其他中欧国家相当的水平

(Vončina 等，2012）。

自愿健康保险的未来展望

过去刺激自愿健康保险市场的发展的尝试受到了公众的质疑。如果经济形势迫使政府限制克罗地亚健康保险基金福利计划的范围，这可能会扩大自愿健康保险市场，但预计会有民众反对（Škaričić，2011）。同样，如果经济衰退降低了公立医院提供服务的水平和质量，民众对商业医疗保健服务和自愿健康保险的需求可能会增加。由于自愿健康保险致力于预防和诊断，因此需要复杂和昂贵治疗的重病患者的涌入会导致自愿健康保险保费的上升。

参考文献

[1] Bagat M et al. (2008). Influence of urbanization level and gross domestic product of counties in Croatia on access to health care. *Croat Med J*, 49 (3)：384–391.

[2] Croatian Insurance Bureau (2011). Croatian Insurance Market 2011. Zagreb, Croatian Insurance Bureau. (https：//www. huo. hr/download _ file. php？ file = annualreport – 20111. pdf&docID = 470&seID = f7548944ed927e 43b1b4db4d70ef06c8, accessed 22 November 2015).

[3] Croatian Insurance Bureau (2012). *Hrvatski ured za osiguranje. Izvješće o tržištu obveznih osiguranja u prometu s posebnim osvrtom na osiguranje od automobilske odgovornosti* [Report on the market of compulsory insurance in traffic with a special focus on motor insurance]. Zagreb, Croatian Insurance Bureau (https：//www. huo. hr/download _ file. php？ file = huo – izvjesce – ao2012. pdf&d ocID = 496&seID = 564e0d5e218f666553fecd2f2fa71 2b4, accessed 22 November 2015).

[4] Džakula A et al. (2014). Croatia：health system review. *Health Systems in Transition*, 16 (3)：1–62.

[5] Langenbrunner JC (2002). Supplemental health insurance：did Croatia miss an opportunity？ *Croatian Med J*, 43 (4)：403–407.

[6] Mastilica M, Kušec S (2005). Croatian healthcare system in transition, from the perspective of users. *BMJ*, 331 (7510)：223–226.

[7] Mastilica M, Babić–Bosanac S (2002). Citizens'views on health insurance in Croatia. *Croatian Medical Journal*, 43 (4)：417–424.

[8] Radin D, Džakula A, Benković V (2011). Health care issues in Croatian elections

2005 – 2010: series of public opinion surveys. *Croatian Medical Journal*, 52 (5): 585 – 592.

[9] Škaričić N (2011). The future of health care in Croatia. *Croatian Medical Journal*, 52 (3): 433 – 435.

[10] Vončina L et al. (2007). Use of preventive health care services among unemployed in Croatia. *Croatian Medical Journal*, 48 (5): 667 – 674.

[11] Vončina L et al. (2012). Croatian 2008 – 2010 health insurance reform: hard choices toward financial sustainability and efficiency. *Croatian Medical Journal*, 53 (1): 66 – 76.

[12] WHO (2016). Global health expenditure database [online database]. Geneva, WHO (http://www.who.int/health – accounts/ghed/en/, accessed 5 April 2016).

6. 塞浦路斯

Mamas Theodorou and Antonis Farmakas

卫生系统背景

卫生筹资结构

2014年，自费支出的卫生支出占塞浦路斯卫生总费用的48.7%，政府预算中的卫生支出占卫生总费用的45.2%，自愿健康保险卫生支出占卫生总费用的4.1%（WHO，2016）。

公共医疗保障的覆盖范围及其缺口

公共医疗保障不能覆盖全部人口。依据法律规定，年度总收入低于一定水平的塞浦路斯公民才享有获得公共医疗服务保障的权利。截至2013年8月，公共医疗保障的受益人群分为三类：

- A类受益人群，占总人口的83%，有权在公共医疗设施中享受几乎免费的医疗服务，包括药品。
- B类受益人群，占总人口的2%，可以享受与A相同的一揽子服务，但必须在使用公共医疗设施时支付用户费，这些费用相当于卫生部规定的服务价格的50%。
- 非受益人群，占总人口的15%，包括高收入公民和来自非欧盟国家的人。这些人在使用公共医疗设施中必须全价为服务付费。

2013年8月，塞浦路斯政府与欧盟和国际货币基金组织签署了一份协议，受此影响，B类受益人群丧失了以低成本使用公共医疗设施的权利，成为非受益群体；几乎所有的A类受益人群要为就诊、药品、诊断检测缴纳新的用户费，所有公共医疗设施的服务价格上涨了30%。

自付费用比例较高的原因可以解释为公共医疗保障缺乏广泛的可得性，公共部门能力有限，患者要在长长的待诊名单里等待很长时间才能获得某些服务，这些导致许多民众从私营医疗服务供应商那里寻求服务（Andreou，Pashardes & Pashourtidou，2010）。

自愿健康保险市场概况

市场的起源、目标与角色

20世纪80年代，普通保险公司在塞浦路斯出现，90年代中期健康保险产生，这主要是因为经济的快速发展和收入增加。自愿健康保险扮演者替代者的角色，为公共医疗保障体制之外的人群提供主要的医疗保障。同时，它还起到附加作用，通过私人诊所和医院为患者所选择的治疗方案提供更大的选择余地、更及时的治疗服务和更好的医疗条件。2012年，自愿健康保险覆盖了约21.5%的人口。

可供选择的自愿健康保险计划的类型

个人和团体保单覆盖门诊和住院护理。他们通常提供私人和公共医疗服务以及国外治疗（主要用于保障国外就诊）。保障计划在用户收费和覆盖范围方面差异很大。

人们投保自愿健康保险的原因

没有调查结果可以解释人们购买自愿健康保险的原因，但自愿健康保险需求可能会受到公共医疗保障非受益人群医疗保健成本的不确定性以及公共供应方面的不足，诸如待诊名单太长的影响。经济危机、取消B类受益人群的福利，以及公共医疗保健筹资难度的增大，都对自愿健康保险的需求增加产生了正向的影响。

自愿健康保险的投保人

团体自愿健康保险主要由大中型私营企业和半国有机构为员工购买，个体自愿健康保险通常由高收入人群购买。大部分自愿健康保险的保单持有人是个人，2009年个人自愿健康保险保单占60%（详见表6.1）。

表6.1　2008年和2009年塞浦路斯自愿健康保险市场概况

	个险计划		团险计划	
	2008年	2009年	2008年	2009年
自愿健康保险覆盖的人数	102 764	103 097	65 065	69 779
毛保费（百万欧元）	35.6	30.3	41.3	30.1
给付金额（百万欧元）	13.9	11.4	13.4	12.8

资料来源：塞浦路斯保险协会（2012）。

自愿健康保险的投保人集中在收入较高且年龄中位数为43岁的人群，其性别分布均匀。大多数有自愿健康保险的人在拥有雇员自愿健康保险计划的小型和大型私营企业工作。

自愿健康保险的保险人

20世纪80年代初，自愿健康保险市场上唯一的保险人是Universal Life公司。如今，有17家商业保险公司提供自愿健康保险。四家最大的保险公司占有超过60%的市场份额（详见表6.2）。

表6.2　　2010年塞浦路斯自愿健康保险市场概况

保险公司	市场份额（%）*
Universal Life	27.00
CNP Cyprialife	12.40
MetLife Alico	12.27
Eurolife	11.70

资料来源：塞浦路斯保险协会（2012）。

注：*市场份额涉及健康险和意外险的市场份额。

保险公司与医疗服务供应者的关系

保险公司通常不与医疗服务供应商整合。只有一家公司建立了自己的首选供应商网络（PPN），其余的保险公司不限制人们选择医疗服务供应商。法律不允许医生同时在公共和私人医疗机构执业。保险公司通常以市场确定的价格向供应商支付有偿服务的费用。门诊外科提供者的费用直接由患者支付，再由保险人报销，而医院的费用由保险公司支付。为了提高护理服务的效率和质量，保险公司对所有赔案进行审计。

针对自愿健康保险的公共政策

所有保险公司均受财政部保险公司管理服务处（保险公司管理服务处，2012）的监管。塞浦路斯保险协会是塞浦路斯保险公司的正式代表机构，负责维持保险业与政府之间的良好关系。表6.3对自愿健康保险市场的发展和规制进行了概述。

表 6.3　　1967—2002 年塞浦路斯自愿健康保险市场的发展和监管

年份	政策
1967	1967—1980 年《保险公司法》，总体上，1967 年的《保险公司法》是塞浦路斯历史上第一部关于保险人的法律
1984	1984—1990 年《保险公司法》
2002	《保险服务及其他相关问题法》，该法充分适用于《欧盟保险指令》，并规制包括自愿健康保险在内的保险部门

资料来源：Insurance Companies Control Service（2012）。

有关自愿健康保险的争论与挑战

尽管自愿健康保险覆盖了五分之一的人口，但其对卫生总费用的贡献相对较小，这可能是因为有自愿健康保险和没有自愿健康保险的人群之间存在风险状态上的差异，并且拥有自愿健康保险的人群中有相当一部分也有权获得公共医疗保障，他们购买自愿健康保险主要是为了避免长时间地等待公共医疗服务，同时也为了获得商业供应商提供的更加个性化的护理。在目前的情况下，如果没有自愿健康保险，列在公共医保部门待诊的名单必然会更长。

卫生政策问题往往是公众争论的焦点，特别是在计划引入国家卫生系统（the National Health System，NHS）方面。尽管如此，自愿健康保险却很少被讨论。保险公司经常提出通过引入税收激励措施来刺激人们对自愿健康保险的需求，但政府认为，对自愿健康保险直接或间接的公共补贴会扭曲原本已经被扩大的公共资源的分配差距，这有利于自愿健康保险的保单持有人，而自愿健康保险的保单持有者往往属于高收入家庭，这就加重了卫生系统财务上的不平等。

未来可能影响自愿健康保险市场的两个主要因素分别是国家卫生系统计划的实施和持续的经济危机及其对财政收入和经济增长的负面影响。

自愿健康保险的未来展望

建立国家卫生系统的不确定性以及经济危机对公共卫生和家庭开支的影响使得很难对自愿健康保险市场将在未来几年如何发展进行预测。若引入国家卫生系统并成功推动塞浦路斯实现医疗保障的全民覆盖，可能会给自愿健康保险带来负向的结果。但是，如果新系统无法解决公共医疗服务待诊时间过长的问题，人们对自愿健康保险的需求可能会继续增长。保险公司在新环境和不利的经济条件下应对新挑战的灵活性和准备的充分度也将决定未来自愿健康保险的市场规模。

参考文献

［1］Andreou M, Pashardes P, Pashourtidou N (2010). Cost and value of health care in Cyprus. *Cyprus Economic Policy Review*, 4 (1): 3 – 24.

［2］Insurance Association of Cyprus (2011). Insurance in Cyprus 2010: directory and statistical information. Nicosia, Insurance Association of Cyprus.

［3］Insurance Companies Control Service (2012) [website]. Nicosia, Ministry of Finance (http://www.mof.gov.cy, accessed 22 November 2012).

［4］Theodorou M et al. (2012). Cyprus: health system review. *Health Systems in Transition*, 14 (6): 1 – 128.

［5］WHO (2016). Global Health Expenditure Database (GHED) [online database]. Geneva, WHO (http://www.who.int/health – accounts/ghed/en/, accessed 5 April 2016).

7. 捷克共和国

Martin Dlouhy

卫生系统背景

卫生筹资结构

2014年，公共卫生支出占卫生总费用的84.5%，自费支出和自愿健康保险支出分别占卫生总费用的14.3%和0.2%（WHO，2016）。

公共医疗保障的覆盖范围及其缺口

所有永久居民和在捷克共和国工作的人都必须加入公共医疗保障。健康保险基金是独立存在的公共组织，向会员收取会费并代表他们购买医疗服务。最大的公共保险公司是捷克共和国通用健康保险基金，约覆盖了捷克共和国一半的人口。其他七个医疗保险基金覆盖剩余的人口。政府为非经济活动人口（儿童、学生、失业人员和养老金领取者）向基金缴纳用户供款。

来自非欧盟国家且未受雇的移民（儿童、养老金领取者、学生或自由职业者）被排除在公共医疗保障范围之外。法律要求他们必须有母国医疗保险，或购买能够覆盖基本医疗保障的商业健康保险。

2008年以前，人们只须为处方药支付用户费用。2008年，政府引入了以下用户费用：每次门诊就诊需支付30捷克克朗（约1.2欧元，2008年的平均汇率为1欧元=25捷克克朗）；每个处方需支付30捷克克朗（1.2欧元），2012年更改为每个处方30捷克克朗；每日住院费用60捷克克朗（2.4欧元），2011年提高至100捷克克朗；紧急服务需支付90捷克克朗（3.6欧元）。一些用户费的支付有年度限额。

自愿健康保险市场概况

市场的起源、目标与角色

自愿健康保险扮演两种角色：一是为来自非欧盟国家且没有就业的外国人（移民）提供替代型保障，二是为超标准病房和牙科服务提供附加型保障。此外，商业医疗健康公司提供覆盖疾病或住院现金补贴保障的保险单（以令人误解的私营健康保险之名）。还有一些保险单覆盖了在欧盟境外旅行的境外急救服务的费用。但本章没有描述这些类型的保险单。

随着来自非欧盟国家的移民工人数量的增长，替代型私营商业健康保险对外国人所起到的作用增强了，例如，2012年10月，捷克共和国有104 438名乌克兰移民、56 623名越南移民（捷克共和国内政部，2015），移民警察更严格地监控着这些移民拥有健康保险的情况。有效的健康保险是移民获取长期居留许可的法定要求。拥有私营健康保险的移民人数不得而知，许多外国人没有公共或私营健康保险，这些人通常没有正式的劳务合同。

可供选择的自愿健康保险计划的类型

捷克共和国通常可以为外国人提供两种替代型商业健康保险：紧急护理（短期）计划和复合（长期）计划。与公共医疗保障范围相比，长期保险提供了相对全面的保障，但其不包括一些服务，尤其是与慢性病相关的服务（Pojistovna VZP，2015）。商业健康保险的保障是以实物形式提供的，人们可能需要缴纳用户费用。在首次投保前，投保人需要体检。投保人通常以固定价格的形式在约定的时间内（通常是一个月到两年内）支付保费。年龄是影响保费的主要因素。官方没有限制残疾人或老年人购买商业健康保险。然而，事实表明，高风险的移民和65岁以上的移民在投保商业健康保险方面可能比较困难。

附加型自愿健康保险产品与其他保险产品捆绑销售或独立销售。

人们购买自愿健康保险的原因

购买商业健康保险的主要原因是法律要求欧盟以外的移民购买商业保险。

自愿健康保险的投保人

大部分购买商业健康保险的人都是经济不活跃的非欧盟移民。

自愿健康保险的保险人

商业健康保险由商业保险公司和公共医疗保险基金销售。后者通过子公司出售商业保险或代表商业保险公司销售保险,并将公共资金和私人资金分开存放。专业的健康保险公司仅有两家,分别是 Pojistovna VZP 公司和 Vitalitas 公司,这两家公司是公共医疗保险基金的子公司。目前没能获取有关自愿健康保险市场集中度的信息。

保险公司与医疗服务供应者的关系

商业健康保险公司采购医疗服务的积极性不高。理论上,他们可以选择性地与供应商签订合同,但由于市场规模小,因此这样做没有效益。在实践中,保险公司只需根据服务费支付医疗服务提供商的费用或保单持有人所产生的费用。商业健康保险保单持有者可以从公共或商业医疗服务提供商那里获得护理服务。迄今为止,保险公司和提供商之间没有垂直整合的情况。

针对自愿健康保险的公共政策

捷克国家银行对所有类型的保险市场进行规制,它授权保险公司进入市场并监督其偿付能力。购买商业健康保险没有税收优惠。

有关自愿健康保险的争论与挑战

商业健康保险为那些在公共医疗保障覆盖范围之外的人提供财务保障。没有工作的外国人的孩子或其他家属未被公共医疗保障覆盖,这与卫生系统公平获取卫生服务的目标相冲突。将来可能会采取措施扩大公共医疗保障对移民人群的覆盖范围,例如将公共医疗保障的覆盖范围扩大至滞留 90 天后的受雇移民家属。

商业健康保险对卫生总费用的贡献率较小,这反映了公共保障计划的保障程度较高,最近人们几乎不用缴纳用户费用。2008 年用户费用的引入为补充型自愿健康保险提供了覆盖用户费用的机会,但到目前为止,补充型自愿健康保险的作用似乎并未提升。

自愿健康保险的未来展望

公众医疗保障的程度较高,给自愿健康保险留下的发挥空间很小,而且公众医疗保障可能扩展至覆盖外国人，这可能就会伤及替代型自愿健康保险市场。然而，如果用户费用日后增长，覆盖用户费用的补充型自愿健康保险可能会在富裕阶层中缓慢增长。这可能对获得医疗保健服务的公平性产生负面影响。

参考文献

[1] Ministry of the Interior of the Czech Republic (2015). Foreigners with legal stay on the territory of the Czech Republic. 30 June 2015. Prague, Ministry of the Interior of the Czech Republic (http://www.mvcr.cz/soubor/06-2015-tab-internet-stav-k-30-6-2015-xls.aspx, accessed 22 November 2015).

[2] Pojistovna VZP (2012). *Translation of insurance terms and conditions – foreigner's comprehensive medical insurance, effective as of 1 July*, 2015. Prague, Pojistovna VZP (https://cizinci.pvzp.cz//Data/PdfTemplates/_Static/KZPC_PP_1_15_EN.pdf, accessed 22 November 2015).

[3] WHO (2016). Global Health Expenditure Database (GHED) [online database]. Geneva, WHO (http://www.who.int/health-accounts/ghed/en/, accessed 5 April 2016).

8. 丹麦

Karsten Vrangbæk

卫生系统背景

卫生筹资结构

2014年，公共卫生支出占卫生总费用的84.8%，自费支出和自愿健康保险支付分别占卫生总费用的13.4%和1.8%（WHO，2016）。

公共医疗保障的覆盖范围及其缺口

公共医疗保障覆盖范围比较广泛。所有的初级和经转诊的二级保健服务都免除用户费用。用户费用主要用于处方药、牙科护理和在医院以外配眼镜的费用。患者还需要支付其他一些门诊服务，如理疗或心理治疗。人们比较关注医院治疗的待诊时间以及获取私人专家治疗途径的问题，为减少待诊时间，丹麦于2007年给出了在公共医疗服务待诊时间不超过一个月的保证（现为诊断时间保证）。

自愿健康保险市场概况

市场的起源、目标与角色

补充型自愿健康保险市场已经存在了几十年。覆盖人数从1973年的约27万人增加到2014年的230万人（占所有丹麦人口的41%）（"danmark"保险公司，2014；Olejaz等，2012）。自2002年政府对企业员工福利类自愿健康保险实行免税政策以来，附加型自愿健康保险市场迅速发展，这是丹麦有意尝试推动私营医疗保健部门发展的部分举措。2001年，只有5万人拥有补充型自愿健康保险。2010年，这一数字约为100万人（Forsikring & Pension，2012；Kjellberg Andreasen & Søgaard，

2010)。

可供选择的自愿健康保险计划的类型

补充型自愿健康保险部分或全部覆盖那些公共医疗保障仅部分覆盖或根本不覆盖的医疗服务。主导补充型自愿健康保险市场的是非营利性保险公司"danmark",其提供了四个保障计划（Olejaz 等，2012）：

医疗保障组合一覆盖与私立医院护理、药品、医疗救援、脊椎按摩服务、手足治疗、理疗、牙科治疗、眼部护理、眼镜、隐形眼镜、殡仪、疗养院就诊服务相关的费用。

医疗保障组合二专为那些愿意支付更多医疗费用，以换取在选择全科医师和专科医师方面有更大自由的人而设计。医疗保障组合二的成员除了获得医疗保障组合一的保障外，还能够报销与全科医师和专科医师相关的费用。

医疗保障组合五覆盖与药品、牙科护理、眼镜和隐形眼镜相关的费用，该组合主要针对年轻人，仅需缴纳较低的保费。医疗保障组合五是迄今为止最受欢迎的保障计划。

基本保险项目是为那些目前没有医疗保障需求的人设计的。它不覆盖被保险人的医疗费用，但允许成员在必要时切换到其他计划之一，而不必重新申请成员资格。

补充型自愿健康保险提供年度或长期现金给付。申请这类保险可能会被拒绝，通常父母的自愿健康保险保单可以为孩子提供医疗保障（Olejaz 等，2012）。

附加型保障计划包括以下内容（Olejaz 等，2012）：

治疗计划：包括私立医院的治疗费用（不包括整容手术、预防性干预、牙科护理、与怀孕或性行为有关的治疗）。2009 年，这种计划占附加型计划的 88%。

预防计划：占附加型保障计划市场的 10.5%，覆盖物理治疗师和脊椎治疗师的预防性服务费用，旨在降低提前退休的风险。

健康和预防计划：占附加型保障计划市场的 1.7%，覆盖与一般健康检查相关的费用，但不覆盖任何后续治疗的费用。

人们购买自愿健康保险的原因

购买补充型自愿健康保险是为了覆盖用户费用和其他自付费用。由于税收豁免，附加型自愿健康保险主要是作为公司为员工提供的补充福利。许多员工享有的自愿健康保险是由公司统一购买的，自己并没有特意决定去购买自愿健康保险（Kiil, 2012a; Kjellberg, Andreasen & Søgaard, 2010）。在丹麦，人们认为在医疗服务质量和待诊时间方面存在问题，但附加型自愿健康保险的供应商能够从这些问题中受益（Olejaz 等, 2012）。

自愿健康保险的投保人

本研究没能获取补充型自愿健康保险购买者的具体信息。10 名拥有附加型自愿健康保险的人中有 9 人由其雇主（主要是商业公司）投保（Olejaz 等, 2012）。因此就业状况是决定附加型自愿健康保险覆盖率最重要的因素（Kiil, 2012b; Sundhedsstyrelsen, 2011）。获得免税的特殊条件——公司获得为所有员工提供免税保险的资格，已成功阻止了公司仅为其管理层员工支付自愿健康保险的行为（Kiil, 2012a）。雇主支付的自愿健康保险在收入、职业地位和年龄方面在一定程度上产生了卫生服务获取方面的不平等（Kiil, 2012a）。

自愿健康保险的保险人

补充型自愿健康保险几乎完全由非营利性互助健康保险组织"danmark"提供。附加型自愿健康保险市场由五家商业保险公司主导（详见表 8.1 中的前五名保险公司）。

表 8.1　丹麦销售补充型自愿健康保险的保险公司的保费收入与市场份额（2013 年）

公司名称	保费收入（丹麦克朗）	市场份额（%）
PFA Pension	351 295	22.4
Tryg	266 336	17.0
Danica Pension	224 558	14.3
Codan A/S	189 201	12.1
Skandia	179 177	11.4
Topdanmark	126 608	8.1
PensionDanmak	123 271	7.9
If …	107 274	6.8
Alka	1 230	0.1
PenSam	563	0.0
总计	1 569 513	100.0

资料来源：Forsikring & Pension (2015)。

保险公司与医疗服务供应者的关系

保险公司和供应商没有垂直整合。保险公司向丹麦或国外的商业医疗服务供应商（专家和医院）购买服务。大型保险公司与供应商谈判签约，他们可能在合同制定中起一定的主导性作用。

针对自愿健康保险的公共政策

保险公司受丹麦金融服务管理局监管。21世纪初,丹麦通过2002—2011年的免税政策以及支持公共部门向商业医疗服务供应商购买医疗服务的政策,明显地推动了私立医疗保健业的发展。2012年,社会民主党政府取消了保险免税政策,但涉及预防性服务以及与就业相关的健康保障需求的免税政策得以保留。这一举措可能会减少人们对自愿健康保险的需求。

有关自愿健康保险的争论与挑战

对雇主支付的自愿健康保险实行免税政策的支持者认为,附加型自愿健康保险对医疗系统有利,因为它增加了供应商的多样性,减轻了公共医疗卫生供应部门的压力,并有助于减少待诊时间(Kjellberg, Andreasen & Søgaard, 2010; Næss-Schmidt, 2008)。批评人士认为,由自愿健康保险提供资金的医疗服务并不能减轻公共卫生服务的压力,因为自愿健康保险仅在财务上增加了投入。未在人力资源方面增加投入,这只会导致服务的价格上涨而不会提高服务能力(Olejaz 等, 2012)。公共医疗服务供应部门也将承担财务风险,因为他们最终通常会为商业部门的复杂事件和错误买单。其他的论点还有,自愿健康保险覆盖了一些公共医疗保障没有覆盖到的治疗服务(例如肥胖治疗和整容手术),并有助于减少病症加重后对并发症状的治疗,因此现在有更多的人在更早期的阶段接受了治疗(Kjellberg, Andreasen & Søgaard, 2010)。

批评者还指出了与自愿健康保险相关的税收损失、自愿健康保险引发的社会不公以及在私营部门兼职的公共医疗系统中的工作人员可能偏向自费患者的现实问题。例如,在某些情况下,那些在办公室出诊的专家们会向拥有自愿健康保险的患者收取更高的费用。当专科医师的公共医疗服务收入超过一定水平后,他们额外治疗病人的收入就会减少,因此由自愿健康保险支付医疗服务的患者会给专科医师带来治疗费用方面的经济激励,而由政府支付医疗服务的患者则不会为之带来经济激励(Olejaz 等, 2012)。

自愿健康保险的未来展望

因为大部分税收激励措施已被取消,所以雇主支付的自愿健康保险市场很可能会收缩,目前还不确定收缩的程度。附加型自愿健康保险市场的未来还取决于公共部门能否保证服务的质量和相对较短的待诊时间。到目前为止，与其他行业相比，政府总是愿意提高医疗保健支出，而其他行业的情况则相反。预计补充型自愿健康保险市场将继续小幅增长（"danmark"公司，2014）。随着经济下滑，人们正在讨论增加用户费用的问题，但迄今为止，政治家们一直不愿增加用户费用。用户费用的增加可能会进一步扩大补充型自愿健康保险的市场。

参考文献

［1］"danmark"（2014）. Årsrapport ［*Annual report*］.（http：//www. sygeforsikring. dk/Default. aspx？ID=23, accessed 22 November 2015）.

［2］Forsikring & Pension（2012）. *Sundhedsforsikring – Antalforsikrede, præmier og erstatninger* ［*Health insurance – number of insured, premiums and claims*］. Hellerup, Forsikring and Pension（http：//www. forsikringogpension. dk/presse/Statistik_og_Analyse/statistik/forsikring/antal/Sider/Sundhedsforsikring_Antal_forsikrede_praemier_erstatninger. aspx, accessed 29 June 2012）.

［3］Forsikring & Pension（2015）. *Sundhedsforsikring – Kvartalsvise markedsandele* ［*Health insurance – quarterlymarket shares*］. Hellerup, Forsikring & Pension.（http：//www. forsikringogpension. dk/presse/Statistik_og_Analyse/statistik/forsikring/markedsandele/Sider/Sundhedsforsikring_Kvartalsvise_markedsandele. aspx, accessed 22 November 2015）.

［4］Kiil A（2012a）. Determinants of employment – basedprivate health insurance coverage in Denmark. *NordicJournal of Health Economics*, 1（1）：29–60.

［5］Kiil A（2012b）. What characterises the privately insuredin universal health care systems? A review of the empirical evidence. *Health Policy*, 106（1）：60–75.

［6］Kjellberg J, Andreasen MN, Søgaard J（2010）. *Private sundhedsforsikringer：notat udarbejdet for LO* ［*Private health insurance：memo prepared for the TUC*］. Copenhagen, Dansk Sundhedsinstitut ［Danish Institute of Health Services Research］（http：//projekt. dsi. dk/uploads/upload_4d3e940b968b7. pdf, accessed 22 November 2012）.

［7］Næss – Schmidt HS（2008）. *Sundhedsforsikringer – en løsning påfremtidens velfærd?* ［*Health insurance – a solution to the future welfare?*］. Copenhagen Economics. Forsikring & Pension Analyserapport 2008：4. Copenhagen, Forsikring & Pension（http：//www. forsikringogpension. dk/presse/Statistik_og_Analyse/analyser/Documents/Sundhedsforsikringer%20final%20version%2020101008%20（2）. pdf, accessed 22 November 2012）.

［8］Olejaz M et al.（2012）. Denmark：health system review. *Health Systems in Transition*, 14（2）：1–192.

[9] Sundhedsstyrelsen (2011). *Ulighed i sundhed – årsagerog indsatser* [*Inequality in health – causes and stakes*]. Copenhagen, Sundhedsstyrelsen (http://www.sst.dk/publ/Publ2011/SURA/Ulighed_i_sundhed/UlighedSundhedAarsagerIndsatser.pdf, accessed 22 November2012).

[10] WHO (2016). Global Health Expenditure Database (GHED) [online database]. Geneva, WHO (http://www.who.int/health-accounts/ghed/en/, accessed 5 April 2016).

9. 爱沙尼亚

Triin Habicht

卫生系统环境

卫生筹资结构

2014年，公共卫生支出占卫生总费用的78.8%，自费支出和自愿健康保险支付分别占20.7%和0.2%（WHO，2016）。

公共医疗保障的覆盖范围及其缺口

截至2011年底，爱沙尼亚健康保险基金（EHIF）覆盖了94.5%的人口（约125万人）。那些没有被爱沙尼亚健康保险基金覆盖的人可以获得紧急护理，由国家财政预算涵盖其费用。爱沙尼亚健康保险基金的医疗保障可以分为两种，一种是现金保障，占15%，用于与健康相关的临时性的工作能力丧失、成人牙科护理以及额外的处方药报销；另一种是实物保障，占85%，需要收取一定的用户费用。总的来说，爱沙尼亚健康保险基金所涵盖的保健范围非常广泛，只有少数服务，例如整容手术、替代疗法和配镜服务等被排除在外。2002年底，实物保障不再包括成人的牙科护理。爱沙尼亚健康保险基金为门诊专家护理、择期住院治疗、急性病情的家庭医生出诊和慢性病设置了最长待诊时间的限制，分别为六周内、八个月内、当天、五天内。

自付费用支付包括爱沙尼亚健康保险基金列明的需要患者自行支付的（例如，门诊药物和牙科护理）用户费用，对爱沙尼亚健康保险基金保障覆盖范围以外的医疗服务或向非爱沙尼亚健康保险基金的医疗服务供应商的直接付费。随着爱沙尼亚健康保险基金不能充分地为医疗服务供应商提供索赔资金情况的出现，自2002年起，医疗服务供应商可以针对特定的医疗保障以共付的方式收取有上限的用户费用。

9. 爱沙尼亚

自愿健康保险市场概况

市场的起源、目标与角色

2002 年之前，由于爱沙尼亚健康保险基金保障比较全面，没有频繁的待诊时间过长的问题，缺乏对自愿健康保险的税收优惠，所以自愿健康保险的商业市场并未真正建立起来。事实上，对雇主为雇员提供的附加型自愿健康保险（与国际商务旅行相关的保险除外）的实物保障①征收 33% 的税。自愿健康保险主要包括医疗旅游保险，一些外国保险公司也为其员工提供了附加型自愿健康保险，使他们能够更快地获得专业医疗服务（Koppel 等，2008）。

2002 年，爱沙尼亚健康保险基金开始为那些不符合爱沙尼亚健康保险基金保障范围的人提供有限的自愿保障（例如，爱沙尼亚健康保险基金保障对象的非工作配偶），即替代型自愿健康保险。截至 2011 年底，此类政策仅覆盖了 264 人（爱沙尼亚健康保险基金，2011），并且这一数字随时间变化不大。

目前，自愿健康保险主要起替代作用。只有一家公司提供附加型和补充型自愿健康保险。自愿健康保险覆盖人数保持稳定，总计不到 1 000 人。医疗旅行保险项目以及与意外伤害和事故相关的保险项目也是有的，但其超出了本研究的范围，在此不再赘述。

可供选择的自愿健康保险计划的类型

爱沙尼亚健康保险基金是替代型自愿健康保险的唯一供应商。只有 ERGO 保险公司通过一系列保障计划提供附加型和补充型自愿健康保险（详见表 9.1）。

表 9.1　ERGO 在爱沙尼亚提供的保险项目概览（2013 年）

保险项目	中级护理：每年最高赔付（欧元）/共同保险比率（%）	高级护理：每年最高赔付（欧元）/共同保险比率（%）
保险项目一——门诊护理（初级或专科医师咨询和诊断；五天时间待诊保证）	750/25	750/25
保险项目二——住院护理（包括手术、药物、私人病房的住宿）	1 000/0	1 000/0
保险项目三——牙科护理	50/50	50/50
保险项目四——爱沙尼亚健康保险基金不覆盖的事后康复和医疗救援	1 000/0	1 000/0

---

① 译者注：这里的实物保障与货币补偿相对应。例如，住院津贴属于货币补偿。

续表

保险项目	中级护理： 每年最高赔付（欧元）/ 共同保险比率（%）	高级护理： 每年最高赔付（欧元）/ 共同保险比率（%）
保险项目五——事故后的牙科护理	1 000/0	1 000/0
保险项目六——重症监护（例如癌症、心肌梗塞、中风时的住院和门诊护理）	—	7 000/0

资料来源：ERGO 保险公司（2013）。

人们投保自愿健康保险的原因

人们投保 ERGO 保险公司提供的附加型和补充型自愿健康保险计划旨在更快地获得爱沙尼亚健康保险基金保障的医疗服务或覆盖爱沙尼亚健康保险基金不报销的医疗服务，包括具备法定保障资格的人员（例如在国外工作的爱沙尼亚人和外交官）。

自愿健康保险的投保人

本研究未能获取关于自愿健康保险投保人特征的信息。

自愿健康保险的保险人

替代型自愿健康保险仅由爱沙尼亚健康保险基金提供。只有一家商业保险公司同时提供附加型和补充型自愿健康保险。

保险公司与医疗服务供应者的关系

ERGO 保险公司与选定的供应商签订合同，并在设定价目表时参照爱沙尼亚健康保险基金的价格。ERGO 保险公司的价目表设定得比较高，以确保合同对医疗服务供应商有吸引力。

针对自愿健康保险的公共政策

私营健康保险公司遵循私营保险的法律框架，不受卫生当局的监管（Koppel 等，2008）。金融服务管理局对保险业进行财务监管。2011 年出版的政府行动计划决定优先扩大附加型自愿健康保险市场（爱沙尼亚政府，2011），但迄今该计划尚未得以实施。

有关自愿健康保险的争论与挑战

自20世纪90年代早期爱沙尼亚健康保险基金成立以来，自愿健康保险一直是公众讨论的话题。替代型自愿健康保险并未得到广泛支持，因为自愿健康保险更多地被视为公共医疗保障的辅助。爱沙尼亚转向优先开发公共筹资系统之后，自愿健康保险问题变得不再重要。

2002年，当新的《健康保险法》实施后，人们开始再次讨论自愿健康保险的角色。《健康保险法》明确规定了公共医疗保障的覆盖范围，并预计自愿健康保险将覆盖成人牙科护理和门诊处方药的用户费用。不过，自愿健康保险的作用仍然很小（WHO，2016）。由于管理成本高昂、缺乏税收优惠，对成人牙科护理和用户费用进行补偿对于商业保险公司而言并不具有吸引力。另外爱沙尼亚总人口为130万人，人口规模小则是自愿健康保险的另一个发展障碍。

2009年，爱沙尼亚健康保险基金、社会事务部和世界卫生组织欧洲区域办事处对卫生筹资系统的中长期可持续性进行了深入分析（Thomson等，2010）。该研究不仅基于技术评估，还基于对卫生系统的官员及其他人开展的访谈。大约一半的受访者认为不应该扩大自愿健康保险，主要是因为它有可能破坏民众团结并损害获得医疗服务方面的平等性。其他人则普遍赞成扩大自愿健康保险，以便为患者提供更快速的护理和更多服务。然而，大多数赞成提升自愿健康保险作用的人指出自愿健康保险的市场很小，并承认刺激自愿健康保险的需求比较困难。受访者还强调，最有可能购买自愿健康保险的人或者足够富有，可以在自付费用基础上支付医疗费用，或者能凭借自愿健康保险进入一个可以保证其更快获取医护服务的非正式网络。一些利益相关者提出的一个想法是开发可以用于老年人的长期护理（LTC）的自愿健康保险。总体而言，该分析并不建议扩展自愿健康保险在爱沙尼亚的功能。

2011年，财政部就社会保险制度的财务可持续性（包括养老金、失业及失能保险、健康保险）进行了研究。该研究讨论了自愿健康保险和医疗储蓄账户（MSAs）作为确保卫生系统财务长期可持续性的潜在选择（Praxis政策研究中心，2011）。其结论是，医疗储蓄账户降低了民众团结，增加了个人承担的风险并扩大了不平等。该研究考虑了自愿健康保险的替代型、补充型和附加型三种角色，认为：替代型自愿健康保险可能会降低总体财务可持续性；补充型自愿健康保险（重在覆盖牙科护理和用户费）可以改善获得护理的机会，但也可能导致医疗服务价格或需求数量的增加，这可能增加公共护理的成本；对于附加型自愿健康保险，虽然它可能会提高较富裕人群获取医疗服务的机会，但会减少贫困人群获取医疗服务的机会，此外，这可能导致医疗服务价格的上涨和成本的增加，并导致公共卫生系统资源使用效益降低。

自愿健康保险的未来展望

未来，自愿健康保险可以扮演补充型保障的角色，覆盖用户的药物费用和牙科护理费用，或扮演附加型保障的角色，以确保投保人更快地获得护理服务或适用更高的非临床护理标准，例如更高的老年人长期护理标准。随着人们收入的增加，长期的财政可持续性问题以及上升的医疗保障预期将推动人们的自愿健康保险需求。尽管如此，商业保险公司对进入自愿健康保险兴趣也并不大。由于爱沙尼亚健康保险基金的覆盖是强制性的，并且没有保险的人数非常少，所以替代型自愿健康保险没有什么扩展空间。然而，附加型自愿健康保险似乎有可能被提上议事日程。

参考文献

［1］ EHIF（2011）．*Estonian Health Insurance Fund annual report* 2011. Tallinn，EHIF（http：//www.haigekassa.ee/uploads/userfiles/EHK_Aastaaruanne2011_ENG_web.pdf，accessed 22 November 2015）．

［2］ ERGO（2013）．*Ravikindlustus. Eesti kodanikule*［*Terms of health care insurance contract*］. Tallinn，ERGO Insurance SE（http：//www.ergo.ee/erakliendile/ravikindlustus/kodanikule，accessed 22 November 2015）．

［3］ Estonian Government（2011）．*Erakonna isamaa jares publica liit ning eesti reformierakonna valitsusliidu programm konkurentsivo. imeline majanduskeskkond*［*Pro Patria and Res Publica Union and Estonian Reform Party*，*Union Government Program*，*Competitive Business Environment*］. Tallinn，Republic of Estonia Government Office（https：//valitsus.ee/UserFiles/valitsus/et/valitsus/tegevusprogramm/valitsuse-tegevusprogramm/Valitsusliidu%20programm%202011-2015.pdf，accessed 22 November 2015）．

［4］ Koppel A et al.（2008）．Estonia：health system review. *Health Systems in Transition*，10（1）：1-230．

［5］ Praxis Center for Policy Studies（2011）．*Eestisotsiaalkindlustussusteemi jatkusuutliku rahastamise voimalused*［*The financial sustainability of the social insurance system in Estonia*］. Tallinn，Praxis（http：//www.praxis.ee/fileadmin/tarmo/Projektid/Tervishoid/Eesti_tervishoiu_rahastamise_jatkusuutlikkus/Eesti_sotsiaalkindlustussuesteemi_jaetkusuutliku_rahastamise_voimalused_taeisversioon.pdf，accessed 22 November 2015）．

［6］ Thomson S et al.（2010）．*Responding to the challenge of financial sustainability in*

Estonia's health system. Copenhagen, WHO Regional Office for Europe (http://www.haigekassa.ee/uploads/userfiles/E93542.pdf, accessed 22 November 2015).

[7] WHO (2016). Global Health Expenditure Database (GHED) [online database]. Geneva, WHO (http://www.who.int/health-accounts/ghed/en/, accessed 5 April 2016).

10. 芬兰

Lauri Vuorenkoski

卫生系统背景

卫生筹资结构

2014年，公共卫生支出占卫生总费用的75.3%，自费支出和自愿健康保险支出分别占卫生总费用的18.2%和2%（WHO，2016）。

公共医疗保障的覆盖范围及其缺口

市政卫生服务和国民健康保险（NHI）覆盖所有永久居民。市政覆盖所有必要的卫生服务。虽然用户费用相对较低（约占市政府卫生费用的7%），但待诊时间可能很长。国民健康保险覆盖门诊药物、就医路费、康复服务和疾病津贴的部分费用。它还覆盖了私人支出的部分卫生服务和雇主为雇员提供的职业卫生服务（通常只有基本的全科医师服务）的部分费用。国家健康保险的覆盖受制于高额的用户费用，平均而言，它只覆盖65%的门诊药费和私人开支的25%。

自愿健康保险市场概况

市场的起源、目标与角色

自愿健康保险在卫生系统中一直扮演着边缘化的角色，为国家健康保险的用户费用（特别是药品）提供补充型保障，并在市政卫生保健相关的方面扮演着附加型保障的角色，以确保投保人拥有更多的医疗服务选择以及更快地获得医疗服务。2012年约有18%的人口（93万人）拥有自愿健康保险，其中15万人由雇主为员工购买，2009年至2012年，拥有自愿健康保险的人数增加了13%（芬兰金融服务联合会，2013）。

可供选择的自愿健康保险计划的类型

自愿健康保险计划覆盖儿童、成年人和雇员，覆盖人口数量分别为 43 万人（2012 年底）、35 万人和 15 万人（芬兰金融服务联合会，2013）。一般而言，自愿健康保险计划不包括国民健康保险未覆盖的服务。保险公司在确定投保资格标准、厘定保费和设置保险责任方面是自由的。因为有多种自愿健康保险产品可供选择，因此消费者可能难以比较这些保障计划。大多数保障计划的年龄上限是 60~65 岁。自愿健康保险通常都设有免赔额和最高赔付限额（Vuorenkoski，2008）。并非所有自愿健康保险计划都覆盖国民健康计划中的用户费用。

人们购买自愿健康保险的原因

人们购买自愿健康保险是为了减少门诊药物的自付费用（因为国民健康保险的用户费较高）以及获取私营机构提供的医疗保健服务。虽然大多数人倾向于使用用户费较低（尤其是专家门诊、住院护理以及职业卫生服务费用）的公共部门提供的医疗服务，但人们对私营医疗服务的使用也在增加，这引致了对自愿健康保险更高的需求。自愿健康保险的需求主要由市政卫生服务待诊时间的延长所驱动。购买自愿健康保险的其他原因是为了在私营部门有更多的医疗服务供应商（包括医生）可供选择，以及认为私营部门的服务质量高于市政府部门。

自愿健康保险的投保人

最常见的是为儿童购买自愿健康保险，主要是因为成年人可以使用职业卫生服务来避免长时间地等待市政提供的初级保健，但职业卫生服务不适用于儿童。更有可能拥有自愿健康保险的人是更富有的人。

自愿健康保险的保险人

自愿健康保险市场高度集中，三家最大的保险公司覆盖了大约三分之二的市场。三家都是普通保险（非寿险）公司，其中一家公司为一种合作社的成员所有，另外两个是商业保险公司。

保险公司与医疗服务供应者的关系

保险公司没有垂直整合医疗服务供应商，通常不与医疗服务供应商签约。相反，人们可以自由选择任何医疗保健服务供应商（包括属于市政部门的供应商），事后保险公司会报销。保险公司仅覆盖市政卫生系统或国民健康保险未覆盖的费用。2013年，一家保险公司开设了专业骨科手术医院。

私营医疗服务供应商可自由决定服务费用。许多保险公司在其保险合同中声明，远高于正常费率的价格不会得到报销，但在实践中，官方未规定正常费率。

针对自愿健康保险的公共政策

自愿健康保险的立法框架载于《保险合同法》，该法涵盖了所有类型的保险。没有专门针对自愿健康保险的法律。

有关自愿健康保险的争论与挑战

关于自愿健康保险的公开讨论并不多。一些人认为，越来越多地投保自愿健康保险可以被视为是市政卫生服务质量差的一个标志，同时也反映了国民健康保险服务的用户费用较高。自20世纪80年代后期以来，国民健康保险覆盖的卫生服务支出的绝对份额一直没有上升，并随着服务价格的上涨，其实际覆盖卫生支出的平均份额已从40%下降到25%。这可能会导致市政卫生系统逐步迎合贫困人口，而中产阶级人群越来越依靠国民健康保险、私营医疗服务以及自愿健康保险，并利用自愿健康保险去覆盖并更快地获取私营医疗服务。因此，自愿健康保险愈加受欢迎成为需要降低国民健康保险用户费用的一个论据。

自愿健康保险覆盖了市政医疗服务、私营机构医疗服务的自付费用。但是，自愿健康保险主要是用于覆盖私营机构的医疗服务，因为当使用私营机构的医疗服务时，患者支付费用的份额更大。自愿健康保险很可能会增加对私营医疗服务的使用，因为购买自愿健康保险的人有使用更多卫生服务的动机，尽管这一因素似乎没有引起公众太多的关注。

认为由覆盖了私营医疗服务的国民健康保险所加持的市政医疗服务应为人们提供足够财务保障的观点在芬兰得到强烈支持。若让自愿健康保险发挥更大的作用则不符合这一论调。

自愿健康保险的未来展望

不久的将来，自愿健康保险市场应该会持续增长。这一判断是基于经济压力，提高国民健康保险报销率的可能性不大，市政府部门获得额外资金支持的可能性也不高等因素。相反，降低医疗保健方面的公共支出存在压力。目前政府计划削减国民健康保险在私营医疗服务上的一半支出，这将大大降低报销率。尽管政府计划通过改革市政卫生系统来改善公共卫生服务，但事实证明，这比预期要困难得多，并且这一改革将影响人们对自愿健康保险的需求。

参考文献

［1］Federation of Finnish Financial Services（2013）. *Sairauskuluvakuutus*［*Information on the number of persons with medical expenses insurance between* 2009 *and* 2012］. Helsinki, Federation of Finnish Financial Services（http：//www. fkl. fi/tilastot/Tilastot/Sairauskuluvakuutuksen _ lukumaaratilasto _ 2009 – 2012. pdf, accessed 22 November 2015）.

［2］Vuorenkoski L（2008）. Finland：health system review. *Health Systems in Transition*, 10（4）：1 – 168.

［3］WHO（2016）. Global Health Expenditure Database（GHED）［online database］. Geneva, WHO（http：//www. who. int/health – accounts/ghed/en/, accessed 5 April 2016）.

11. 法国

Karine Chevreul, Karen Berg Brigham and Marc Perronnin

卫生系统背景

卫生筹资结构

2014年，公共卫生支出占卫生总费用的比重超过四分之三，为78.2%，自愿健康保险支出占13.3%，自费支出占6.3%，这使法国成为欧洲三大自愿健康保险市场之一（WHO，2016）。

公共医疗保障的覆盖范围及其缺口

卫生系统通过公共的法定健康保险计划近乎提供了全民保险。人们认为这项公共福利计划的覆盖范围十分广泛，但其所提供的大多数服务都以共同保险的形式收取了用户费用［长期疾病计划（ALD）覆盖的慢性疾病的治疗除外］。

患者能够在公立和私立医院进行治疗。住院治疗需要病人自付20%的共保金，而对于花费较高的外科手术，则不需要共保。除此之外，患者在医院每天还需自费支付一笔食物支出。门诊治疗则涉及三种需要用户支付的费用：共保金、额外费用和免赔额。对于内科和牙科治疗费用，共保比例为30%，对于辅助服务和化验费用，共保比例为40%。对于大多数药物来说，共保比例为70%或35%，但是具体共保比例从不可替代或昂贵药物的0%到所谓的便利药物的85%不等。而在一些门诊专家处就诊则需要额外费用。

新的用户费用规制在2005年推出，并在2008年得到扩充。这些固定费率的费用（Chevreul等，2010：63）被称为"免赔额"，并且通常适用于所有的门诊治疗：医生服务和化验的免赔额为1欧元（每年限额为50欧元）；每个处方药组合或辅助服务的免赔额为0.5欧元；每次医务运输的免赔额为2欧元（每年限额为50欧元）。患者还需要为法定计划税费超过一定金额（120欧元）的治疗项目自付18欧元。这些免赔额的制定是为了减少患者对于法定医疗服务的滥用。

自愿健康保险市场概况

市场起源、目标与角色

自19世纪起,法国就拥有互助共济协会提供的私营健康保险,至1939年,该保险覆盖法国三分之二的人口(Chevreul 等,2010)。1945年的法律使社会保障体系建立起来,重新确定了相互健康保险为法定健康保险的补充;20世纪60年代初期,商业健康保险的覆盖范围降为总人口的三分之一。但接下来,自愿健康保险的覆盖率再度增长,2010年已覆盖了法国90%的人口(详见图11.1)。

资料来源:Insee(1960—2010),Insee – IRDES(1960—1991),IRDES(1992—2010)。

图11.1 1960—2010年法国自愿健康保险人口覆盖率

自愿健康保险主要承担着补充型的角色,覆盖了大部分的用户诊疗费用(但不是所谓的免赔额,详见下文)。自愿健康保险还提供了法定保险计划没有很好覆盖的医疗服务,如牙科和眼科护理。附加型的自愿健康保险所保障的是患者个人医疗条件的舒适性,比如超出每日限额的单人病房的费用。随着自愿健康保险市场的饱和,一些保险公司开始提供法定保险范围外的医疗服务。但是,自愿健康保险不可以跨越公共部门的待诊名单且不能获得高端医疗提供者所提供的医疗保健服务。

2000年,政府推出了免除最贫困家庭用户费用的自愿健康保险系统,即补充型全民健康保险(CMU – C)①。2010年,该系统覆盖了近6%的人口(Dourgnon, Guillaume & Rochereau,2012)。

---

① 译者注:Couverture maladie universelle(法语),CMU – C,全民健康保险。

可供选择的自愿健康保险计划的类型

所有的自愿健康保险计划都为用户费用提供补充型保障,诸多自愿健康保险计划覆盖了附加型设施(单间病房的便利),少数自愿健康保险计划覆盖了法定保障计划未覆盖的医疗服务。不同保单的用户付费和额外费用都有所不同。大多数自愿健康保险属于覆盖诸多医疗服务(基于法定费率的)的共保形式,但是在便利药物、医疗设备和额外费用方面的保障力度各有不同。2010年,自愿健康保险最大比例的支出(41%)用于支付医疗保健专家的费用(详见图11.2)。

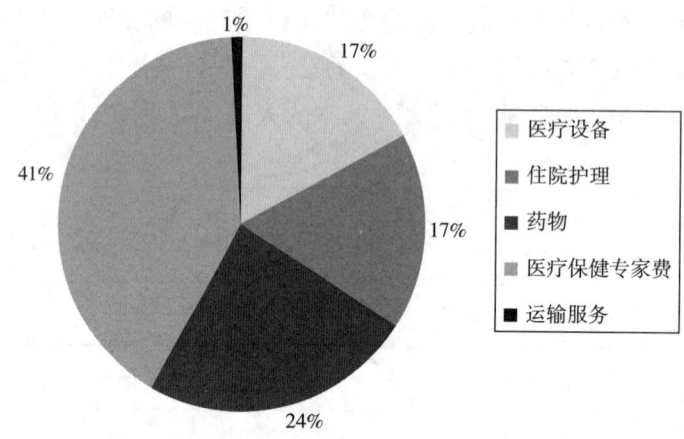

资料来源:Fenina, Le Garrec & Koubi (2011)。

图11.2　按照护理类型划分的2010年法国自愿健康保险支出结构

自愿健康保险可以由个人购买,也可以由企业为员工购买。调查显示,2009年,44%的个人投保人同时享有团体保险的保障(Garnero, 2012)。大多数个体自愿健康保险都是自愿投保的(占56%),而团体保险通常对全体员工具有强制性并提供更广泛的保障。

人们投保自愿健康保险的原因

人们投保自愿健康保险主要是为了规避公共医疗卫生服务广泛收取的用户费。自20世纪90年代初以来,90%以上的住院开支由公共医疗保障制度承担。然而,门诊治疗费用中由公共医疗保障承担的比例由1980年的77%下降到2010年的63%(Fenina, Le Garrec & Koubi, 2011)。1980年至2008年,在医疗价格不变的情况下,每人年均自费支出从217欧元涨至547欧元(Perronnin, Pierre & Rochereau, 2011)。随着门诊费用由法定计划承担转移至家庭负担,自愿健康保险在筹资和确保获得治疗方面的作用不断增强。

不断上升的收入也推动了自愿健康保险覆盖率的增长,并且保险公司也扩大了保险合同的保障范围以吸引更年轻、健康的群体。同时，政府实施了重大的需求侧举措，以提高自愿健康保险的覆盖率，包括2000年以来针对最贫困家庭的免费自愿健康保险政策（法国补充型全民健康保险），2006年以来对接近贫困人口的人群购买自愿健康保险进行补贴的政策，以及2009年以来为购买团体自愿健康保险的企业提供税收优惠的政策。

自愿健康保险的投保人

尽管政府努力使自愿健康保险更便宜，并将大部分低收入人群纳入补充型全民健康保险计划中，但获得自愿健康保险方面的社会差距依然存在。2010年，在没有获得补充型自愿健康保险的5%人口中，有43%的人将未获得自愿健康保险归因于财务约束（Dourgnon，Guillaume & Rochereau，2012）。这些人可能既没有资格加入补充型全民健康保险计划，也无法获得由雇主提供的具有强制性且较便宜的团体自愿健康保险。有研究显示，法国购买自愿健康保险支出占家庭总收入的比例从最富裕家庭的3%到最贫穷家庭的10%不等（Perronnin，Pierre & Rochereau，2011）。自愿健康保险覆盖率随年龄增长而增加，16岁以下人群的覆盖率为87%，65岁以上人群的覆盖率为95%。年轻人的参保率较低可能是由于医疗保障需求较低、收入较低以及获得团体保险的可能性较低导致的。

自愿健康保险的保险人

法国自愿健康保险市场的特点是参与的保险公司数量庞大，2010年仍有711家保险公司（DREES，2011）。自2001年以来，这一数字已经下降了一半以上，许多保险公司由于饱和市场的激烈竞争和更严格的承保规则而被兼并或退出了该市场。

商业保险公司属于三大自愿健康保险提供者（相互保险公司、商业保险公司和公积金机构）之一，表11.1显示了它们的相对市场份额。相互保险公司（也被称为互助共济协会）是非营利机构，它们的目标是通过在竞争允许的范围内避免给定保障水平的保费差异化来实现其成员之间的互助。被保险人的风险等级在其费率厘定中的权重受到限制，有些甚至将费率与收入挂钩。健康保险收入占其总营业额的89%［审慎监管局（ACPR），2010］。它们主要提供个险，并且其大部分团险都是自愿性的。

表11.1　　法国自愿健康保险供给者类型及其市场份额

	相互保险公司	商业保险公司	公积金机构
保险人数量	587	92	34
占保险人总量的比重（%）	82	13	5
自愿健康保险营业额占比（%）	55	29	16
自愿健康保险医疗保健资金占比（%）	56	26	18

续表

	相互保险公司	商业保险公司	公积金机构
健康保险保费占比（%）	89	混合型公司：6 非寿险公司：14	48
个人自愿健康保险保单占比（%）	74	混合型公司：23 非寿险公司：76	16

资料来源：数量、营业额、健康保险保费和个人自愿健康保险保单占比的数据来源于 DREES（2011）；医疗保健资金数据来源于 Fenina, Le Garrec & Koubi（2011）。

注：混合型公司是指承保寿险和非寿险的公司。

20世纪80年代初，当非寿险市场的其他险种业务饱和时，商业保险公司进入了自愿健康保险市场。它们通常综合多方面的因素包括健康状况来厘定费率。2010年，健康保险保费收入占非寿险公司营业额的14%，占混合型（寿混业经营）保险公司营业额的6%。

公积金机构是在第二次世界大战后创建的，用于管理企业高管的附加型退休养老金，后来扩展到保障重大风险及提供自愿健康保险。它们在自愿健康保险市场中占最小份额，且主要是向企业提供强制性团体保险，这占据其健康保险营业额的84%（DREES，2011）。自1993年起，单一的公积金机构不能再管理退休人员的养老金和重大风险，例如健康保险。2010年，48%的公积金机构营业额来自健康保险业务（审慎监管局，2010）。

保险公司与医疗服务供应者的关系

自愿健康保险通常不涉及医疗服务采购，因此大多数保险公司不与医疗服务供应者有太多接触。一些保险公司与选定的医疗保健服务提供者（优选的供应者）达成协议，以限制成本和患者的诊疗费用。全国补充型健康保险公司联盟（UNOCAM）也参与到与医疗保健专家之间的全国性的医疗服务协议的谈判中来。

针对自愿健康保险的公共政策

相互保险公司和公积金机构由卫生部内的社会保障部门规制，商业保险公司由经济和财政部规制，同时，这三者都受到审慎监管局的监管。

20世纪80年代，商业保险公司和公积金机构的进入对个人保险市场产生了显著影响（Mauroy，1996）。此前，相互保险公司是自愿健康保险市场中唯一的保险人，提供统一水平的医疗保障和社群保费。之后，提供多层次保障并采用风险评级费率策略的新竞争对手的进入使相互保险公司面临着逆向选择问题。面对逆向选择造成恶性循环的风险（死亡螺旋，Death spiral），从与风险等级相关联的费率厘定开始，相互保险公司采用了更多商业导向的策略。2001年，风险评级惯例被编入法典，包括收入、年龄、保险合同期限、被保险人的法定健康保险基金、居住地和受益人数都可以作为厘定差别费率的因子，以健康状况为因子作为厘定保费的依据仍然是被禁止的。到2005年，在三分之二的相互保险合同和接近100%的商业保险合同中使用了基于年龄的社群费率（Arnould, Pichetti & Rattier, 2007），相互保险公司也开始提供量身定制的合同，其保障范围适用于医疗保健消费。此外，1985年的改革开始允许相互保险公司销售团体保险。

政府还通过对自愿健康保险市场进行干预来支持民众团结和其他公共目标。2002年，基于民众团结的自愿健康保险出现并得到推行，其对被保险人的既有状况和健康条件没有限制。政府对不符合这些标准的自愿健康保险征收7%的保费税。

2004年，免缴7%保费税的自愿健康保险已延伸到所谓的"责任自负的"自愿健康保险保单，即如果患者未遵守约定的治疗途径，该种保单将不再承担免赔额部分和需要患者支付的共保费用，但这种保单确实覆盖了95%以上的最重要的药物和化验费用，并且至少覆盖了两项预防性服务。到2006年，几乎所有的自愿健康保险都达到了责任自负的自愿健康保险的标准（Arnould & Rattier, 2008）。然而，政府最近采取了紧缩政策，对这些保险单重新征税，税率从2010年的3.5%增长到2011年的7%。不符合所谓责任自负标准的保单则需按9%的税率纳税。

通过让保险公司在社会治理系统中发挥更大的作用，自愿健康保险在医疗卫生系统中筹资的角色越发得到认可。2004年，全国补充型健康保险公司联盟成立，代表保险公司销售自愿健康保险。在将新产品注入公共医疗保障计划之前，政府也需要应先征求全国补充型健康保险公司联盟的意见。它还是公共医保药物和医疗设备定价委员会的一员，同时参与和医疗保健专家商讨全国层面合作协议的谈判。

有关自愿健康保险的争论与挑战

过去的50年里，自愿健康保险的覆盖率增加了两倍，在用户费用渐趋普遍且上涨的背景下，自愿健康保险在确保人们获得医疗保健服务和财务保障方面发挥了重要作用，并通过责任自负保单提高了医疗资源获取的公平性。然而，法定医疗保障计划中用户费用的增加增强了自愿健康保险在医疗卫生筹资中的作用，从而导致融资的公平性下降，因为法定健康保险缴费与收入相关，而自愿健康保险保费通常不会这样做。因此，与穷人相比，富人购买自愿健康保险的支出在其收入中所占的比重更小。此外，某些特定群体，如失业人员和退休人员无法享受与团体自愿健康保单相关的优惠保费和条款。

自愿健康保险在能否确保当前系统的可持续性方面引来了越来越多的争论。即使有扩大自愿健康保险覆盖率的政策，比如减免保险公司保费税和对家庭进行的大量补贴，自愿健康保险的获得性及保障水平方面的不公平状况依然存在。有必要更好地了解一下为什么有些人无法获得自愿健康保险以及缺少自愿健康保险对获得医疗资源和健康结果的影响（Perronnin，Pierre & Rochereau，2011）。

此外，必须提高自愿健康保险市场的竞争性以控制保费成本。提高竞争性的一个方法是提高透明度。市场上有众多保险公司，在没有标准化的自愿健康保险保障模式的情况下，消费者很难比较自愿健康保险保障的广度和深度。自2014年1月起生效的《2012年社会保障融资法》中一条文规定，要求经营自愿健康保险的保险公司报告管理费用的金额和构成及其在总保费中所占的比例，以提高自愿健康保险的透明度和可比性。

自愿健康保险的未来展望

自愿健康保险在卫生系统中的角色越来越重要，一部分原因是其作为医疗卫生筹资的补充来源这一历史定位，还有一部分原因是近期的法定医疗保障计划的财政限制。尽管已采取措施提高法定医疗保障计划的效率，但越来越多的医疗保健服务支出已逐渐转移到自愿健康保险。出于对获得医疗资源的公平性考虑，为了最大限度地减少对自愿健康保险依赖带来的负面影响，政府对自愿健康保险合同的内容实施了更严格的管控，例如制定与责任自负保单相关的税收激励政策。但是，这些对于自愿健康保险保单内容的限制又导致了更高的费率。

自愿健康保险作用的扩大并未导致法定医疗保障计划成本的下降。现在越来越多的慢性病患者在法定医疗保障计划中的长期疾病计划下得到了全面保障，其慢性病治疗费用得以免除。这减少了自愿健康保险所涵盖的病重患者的比例，并增加了自愿健康保险行业的盈利能力。在经济危机和公共预算限制的背景下，政府采取了一些措施来冲抵这项额外利益。2009年，政府强制要求销售自愿健康保险的保险公司提供了10亿欧元的一次性捐款，以减少法定医疗保障计划的赤字。2011年，这些保险公司为覆盖辅助型全民健康保险计划所支付的营业税率从1.75%（2007年起）大幅增至6.27%。

尽管如此，鉴于其在医疗卫生筹资方面的角色越来越重要，在医疗卫生系统治理中，自愿健康保险被赋予了更多的职能，包括参与与医疗服务供应者的谈判，并为法定医疗保障计划筹资的年度立法提案提供建议。

参考文献

[1] ACPR (2010). *Les chiffres du marché français de la banque et de l'assurance* 2010. Paris, Autorité de contrôle prudentiel (http://www.acp.banque france.fr/fileadmin/user_upload/acp/publications/rapports-annuels/2010-ACP-chiffres-du-marche-francais-banque-et-assurance.pdf, accessed 22 November 2015).

[2] Arnould M-L, Rattier M-O (2008). *Les contrats les plussouscrits auprès des organismes complémentaires santéen* 2006. Etudes et résultats No. 635. Paris, Directionde la recherche, des études, de l'évaluation et desstatistiques (DREES) (http://www.drees.sante.gouv.fr/les-contrats-les-plus-souscrits-aupres-des-organismescomplementaires-sante-en-2006,4324.html, accessed 22 November 2015).

[3] Arnould M-L, Pichetti S, Rattier M-O (2007). *Les contrats les plus souscrits auprès des organismes complémentaires santé en* 2005. Etudes et résultats No. 575. Paris, DREES (http://www.drees.sante.gouv.fr/les-contrats-les-plus-souscrits-aupres-des-organismes-complementaires-sante-en-2005,4392.html, accessed 22 November 2015).

[4] Chevreul K et al. (2010). France: health system review. *Health Systems in Transition*, 12 (6): 1-291.

[5] Dourgnon P, Guillaume S, Rochereau T (2012). *Enquête sur la santé et la protection sociale* 2010. Paris, Institut de Recherche et Documentation en Economie de la Santé (IRDES) (http://www.irdes.fr/Publications/Rapports2012/rap1886.pdf, accessed 22 November 2015).

[6] DREES (2011). *La situation financière des organismes complémentaires assurant une couverture santé*. Paris, DREES (http://www.drees.sante.gouv.fr/IMG/pdf/rapport_oc_2011.pdf, accessed 22 November 2015).

[7] Fenina A, Le Garrec M-A, Koubi M (2011). *Comptes nationaux de la santé* 2010. Document de travail. Paris, DREES (http://www.drees.sante.gouv.fr/IMG/pdf/seriestat161.pdf?bcsi_scan_628cd39dca2568d2=Gdwb.

[8] Bdb1rZphikq0D3rCKwiP+xc CAAAAVvOJCQ==&bcsi_scan_filename=seriestat161.pdf, accessed 22 November 2015).

[9] Garnero M (2012). *Les contrats les plus souscrits auprès descomplémentaires santé en* 2009. Etudes et résultats No 789. Paris, DREES (http://www.drees.sante.gouv.fr/IMG/pdf/er789.pdf, accessed 22 November 2015).

[10] Insee (1960-2010). *Population au premier janvier*. Institut national de la

statistique et des études économiques (Insee) (http: //www. insee. fr/fr/themes/series - longues. asp? indicateur = pop - debut - annee, accessed 22 November 2015).

[11] Insee - IRDES (1960 - 1991). *Enquête sur la santé et les soins médicaux*, *Insee - Irdes (anciennement Credes)* (*ESSM*). Institut national de la statistique et des études économiques (Insee) and Institut de la recherche et documentation en économie de la santé (IRDES) (http: //www. ecosante. fr/DEPAFRA/4002. html; accessed 22 November 2015).

[12] IRDES (1992 - 2010). *Enquête sur la santé et la protection sociale* (*ESPS*). Institut de la recherche et documentation en économie de la santé (IRDES) (http: //www. irdes. fr/recherche/enquetes/esps - enquete - sur - la - sante - et - laprotection - sociale/actualites. html, accessed 22 November 2015).

[13] Mauroy H (1996). *La Mutualité en mutation: les pratiques solidaristes en question.* Paris, L'Harmattan.

[14] Perronnin M, Pierre A, Rochereau T (2011). *La complémentaire santé en France en 2008: une large diffusion mais des inégalités d'accès.* Paris, Institut de Recherche etIRDES (http: //www. irdes. fr/Publications/2011/Qes161. pdf, accessed 22 November 2015).

[15] WHO (2016). Global Health Expenditure Database (GHED) [online database]. Geneva, WHO (http: //www. who. int/health - accounts/ghed/en/, accessed 5 April 2016).

12. 格鲁吉亚

Erica Richardson and Nana Gugeshashvili

卫生系统背景

卫生筹资结构

格鲁吉亚医疗卫生系统严重依赖自付费用。2014 年，自费支出占医疗卫生总费用的 58.6%，公共支出占 20.9%，自愿健康保险占 19.2%（WHO，2016）。

公共医疗保障的覆盖范围及其缺口

2006 年，政府从使用政府预算为全民提供医疗保障，转而使用预算基金仅为最贫穷的家庭提供医疗卫生保障。政府还将采购医疗卫生服务的责任移交给商业保险公司。也就是说，政府从商业保险公司购买能够保障最贫困家庭的保险。针对登记在贫困线以下的住户的医疗保险计划（MIP）于 2008 年在全国范围内推行。一些包括特定服务的国家资助计划，比如针对精神病护理或结核病治疗等也与之相伴而行。政府还为其他团体（护理中的儿童、政府工作人员、教师和近期国内流离失所者）购买了商业保险，有些人自己购买或通过雇主为其购买商业保险。但是，大多数人根本没有健康保障。

在 2012 年底大选之前，医疗保险计划覆盖范围扩大到包括退休人员、六岁以下儿童、学生和在册的残疾人（额外的 80 万人），大约覆盖 45% 的人口。2013 年 2 月，新政府为没有任何健康保障的人推出了一揽子新的公共基本福利计划——一般健康护理计划。该计划包括基础护理、一些诊断服务（基于 20%～30% 的共同保险）和约 15000 格鲁吉亚拉里（GEL）（约 6600 欧元）的急救护理费用。从 2013 年 7 月起，为无保障的人群推出的这一基本福利计划的医疗服务范围扩大到选择性手术、肿瘤治疗和产科护理，这在以前是由单独的国家资助计划保障的。基本福利计划由卫生部下属的社会服务局进行管理，而不是由商业保险公司管理。目前，公共医疗保障覆盖了 90% 以上的人口，但其药物覆盖面仍然相对有限。它还涉及大量的用户费用，尤其是药物和门诊护理费用，而且还需要为以前没有保险的人提供其他医疗保健服务。

自愿健康保险市场概况

市场起源、目标与角色

自愿健康保险最初扮演着替代型保障的角色。因为格鲁吉亚退出了包括医疗卫生在内的社会福利政策，以减少国家在公共生活中的职能，因此自愿健康保险市场在 2007 年和 2008 年兴起。引入医疗保险计划是实现这些目标的关键政策，由此，商业健康保险行业迅速扩张，而在此之前，自愿健康保险市场非常小。根据医疗保险计划，符合条件的贫困家庭最初可获得一张凭证，他们可以凭此在选定的商业保险公司购买全面的年度健康保险。2010 年，该体系发生了变化，一家公司只能覆盖一个地区，商业保险公司通过竞标成为该地区提供三年医疗保险计划的独家保险公司。那些没有资格获得医疗保险计划保障的人不得不自行购买保险。政府推出一系列激励措施，鼓励没有保险的公民购买保险，从而推动自愿健康保险市场的发展。然而，继 2013 年推出全民健康护理计划之后，自愿健康保险起到了很大的附加型和补充型作用，为那些希望获得比国家提供的保障范围更大的人提供保障。

可供选择的自愿健康保险计划的类型

自愿健康保险市场上有多种医疗保障计划可供选择。根据医疗保险计划，政府确定了医疗保险计划的给付范围，覆盖住院和门诊治疗，但排除了大部分门诊药物、牙科治疗和光学护理。

投保自愿健康保险的原因

2013 年之前，人们投保自愿健康保险是为了避免自费支出。自愿健康保险是获得绝大多数医疗卫生服务的唯一保险形式。部分人口的自愿保险费用是由国家提供的。

自愿健康保险的投保人

在 2013 年之前，政府仍是自愿健康保险的最大购买者，为受医疗保险计划保障的最贫穷家庭和其他一些团体购买自愿健康保险。没有得到政府资助的人中，住在市区的专业人士以团体形式购买自愿健康保险的居多。2013 年后，生活在城市地区的专业人士仍然购买自愿健康保险。由于担心逆向选择，保险公司从不倾向于出售个人保单，且通常不会保障有既有病症的人群（Gabrichidze，Kechinashvili & Baker，2011）。表 12.1 显示了 2011 年不同类型健康保险的分布情况。

表 12.1　　　　格鲁吉亚个人健康险的种类分布（n = 14873）
　　　　　　　——以 1/5 家庭中每成年人的人均消费计算（2011）

健康保险的种类	以 1/5 家庭中每成年人的人均消费计量（%）					合计
	1（最贫困）	2	3	4	5（最富裕）	
无健康保险	54.6	68.3	73.8	77.9	75.1	69.9
医疗保险计划（有或没有非医疗保险计划国家补贴或商业保险）	40.3	24.7	16.5	10.9	5.2	19.5
非医疗保险计划国家补贴（有或没有商业保险）	3.5	3.1	3.8	2.5	2.4	3.1
只有商业保险（自费或由雇主购买）	1.6	3.6	5.9	8.7	17.4	7.5

资料来源：联合国儿童基金会格鲁吉亚分会，约克大学（2012）。

自愿健康保险的保险人

2012 年，有 14 家普通保险公司活跃在市场上。医疗保险计划鼓励保险业快速增长及合并。同年，Aldagi BCI 成为该国最大的保险公司，市场份额为 26%（公司大部分保险业务为健康保险），Imedi L（Aldagi BCI 为其主要股东）拥有 11% 的市场份额。

保险公司与医疗服务供应者的关系

保险公司通常对医疗保健服务供应商进行事后报销。然而，2011 年启动的医院私有化计划，鼓励保险公司向指定地区的医院购买医疗保健服务，构成向当地有资格获得政府资助的自愿健康保险人群提供健康保险的独家合同的一部分。因此，保险公司和医疗保健服务供应商进行了一定程度的整合。

针对自愿健康保险的公共政策

从 2007 年到 2012 年，公共政策对自愿健康保险的发展给予了支持，因为政府希望发展商业保险作为医疗卫生筹资的支柱（详见表 12.2）。因此，保险业和自愿健康保险市场的监管非常宽松。公共政策侧重于制定市场准入和运营的财务标准，而不要求公开注册或保证续保,但是在医疗保险计划下,保险公司必须为医疗保险计划用户提供政府规定的标准保险保障。

表 12.2 自愿健康保险市场的发展及规制历程(1997—2013 年)

年份	政策
1997	《医疗保险法》(于 2007 年、2009 年修订)为强制性自愿健康保险提供立法基础
2008	《医疗保险计划》:最贫困人口的医疗保险由国家从商业保险公司购买
2009	2009 年 12 月 9 日颁布的第 218 号政府法令规定在医疗保险计划下的保险条款和承保条件
2011	医院私有化计划:鼓励商业保险公司成为当地购买者—供应者统一体
2012	更多惠及民众的战略:在选举之前,医疗保险计划扩展到其他团体
2013	引入全民医疗保健计划,所有公共医疗保险现由社会服务机构管理,而不是商业保险公司

资料来源:作者整理。

有关自愿健康保险的争论与挑战

将自愿健康保险作为提供公共医疗卫生保障手段的决定有两个主要目的:通过简化国家职能来控制公共预算;使医疗卫生支出精准化,让最需要保障的人从公共支出中获益最多(Chanturidze 等,2009)。这些改变还力求提高医疗卫生系统的透明度,并通过大幅削减和简化公共福利范围,使非正规支付正规化。这种做法符合当下的政治环境——将市场化和放松规制视为经济发展和解决腐败的关键。

2012 年选举之前的事态发展表明,保障国民能够更好地、无财务限制地获得医疗保健是一个重要的政治问题。正是在这种情况下,惠及国民更多福利的战略得以实施,即从 2012 年 9 月 1 日起,格鲁吉亚将医疗保险计划扩大到覆盖所有 6 岁以下的儿童、所有退休人员和所有全日制学生,这样,国家出资的保障人口扩展至 190 万人(有 50 万人自行购买保险)。同时由于预防性服务及保守疗法也得到了保障,这些群体获得保障的福利范围也更加广泛(Transparency International Georgia,2012)。门诊药物的高花费是人们所关心的主要问题,因此扩大福利范围使基本药物也被纳入到保障范围,但设定了较低的上限。

新政府上台后实施了不同的公共政策,主要是为了解决自愿健康保险和医疗保险计划的局限性。一项对医疗保险计划改革的影响进行的评估,指出了一系列值得关注的问题,包括其非常狭窄的覆盖宽度、广度和深度,系统的技术效率,对私营保险公司较弱的监管力度以及其提供的医疗服务质量(Smith,2013)。在医疗保险计划投入运营期间,自愿健康保险市场从 2006 年的覆盖人口不足 1% 扩大到 2011 年的 30% 左右,再至 2012 年末的 45%。然而,尽管医疗保险计划很好地解决了最贫困的家庭的医疗保障问题，并且使受益人在财务方面得到了保护，但这并没有为所有人口带来更好的财务保障（Smith，2013）。实际上，医疗保健费用持续增长导致大量家庭陷入贫困，并给许多其他家庭带来灾难性的财务负担。家计预算调查数据分析显示，面临灾难性自费医疗保健支出水平的家庭比例从2006年的6.1%上升到2010年的8.5%，最贫穷的五分之一家庭最有可能面临灾难性医疗卫生支出（Rukhadze & Goginashvili，2011）。医疗保险计划并没有使受益人更好地运用医疗服务、使居民更加健康、使医疗保健服务提供者对待患者态度变得更好（Smith，2013）。缺乏对该计划获取资格的认知、低质量的护理和药物方面较低力度的保障可能会降低人们寻求医疗保健服务的动力（Smith，2013）。

此外，医疗保险行业日益激烈的竞争所可能带来的效率提升并未实现，尤其是交易成本似乎非常高（Zoidze等，2012）。2012年，两家最大保险公司的保费收入中只有很小一部分用来赔偿，Aldagi BCI公司为2.6%，Imedi L公司为4.4%。14家保险公司覆盖少于100万人的保险制度也不可避免地会导致系统的碎片化。

最后，对自愿健康保险市场的监管不力导致商业保险公司的逆向选择及所谓的撇脂定价。有报告指出，即使规范地遵循了所有管理流程并且临床干预的指标都已达到，医疗保险计划受益人获得医疗服务的要求也会被拒绝，尤其是针对昂贵的诊断检查（Zoidze等，2012）。在这种监管环境下，医院作为住院网络私有化的主要手段，商业保险公司（许多由制药公司拥有）与医院的整合可能也充满了利益冲突（Transparency International Georgia，2012）。

自愿健康保险的未来展望

2012年议会和总统选举后政治平衡的变化改变了公共政策的重点，从鼓励发展自愿健康保险市场转向主张公共医疗保障覆盖全体人口，并将商业保险公司的管辖权转移至政府。结果，自愿健康保险市场快速衰落，已从替代型角色转向附加型和补充型角色。自愿健康保险市场在未来几年内如何发展将取决于公众对国家提供的保险的满意度、商业保险公司开发相对低收入人群可负担的自愿健康保险产品的能力以及2016年的选举结果。

参考文献

[1] Chanturidze T et al. (2009). Georgia: health system review. *Health Systems in Transition*, 11 (8): 1–116.

[2] Gabrichidze S, Kechinashvili G, Baker S (2011). *Georgia Health System*

Strengthening Project (HSSP): mid-term evaluation. Washington, DC, United States Agency for International Development.

[3] Rukhadze N, Goginashvili K (2011). *Distribution of health payments and catastrophic expenditures in Georgia: analysis for* 2006-2010 *(annual level data)*. Tbilisi, Ministry of Labour, Health and Social Affairs.

[4] Smith O (2013). *Georgia's Medical Insurance Program for the Poor*. UNICO Study Series No. 16. Washington, DC, World Bank.

[5] Transparency International Georgia (2012). *The Georgian health insurance industry*. Tbilisi, Transparency International Georgia with the support of the Embassy of the Kingdom of the Netherlands.

[6] UNICEF Georgia, University of York (2012). *The well-being of children and their families in Georgia: Georgia Welfare Monitoring Survey second stage* 2011. Tbilisi & York, UNICEF Georgia, University of York.

[7] WHO (2016). Global Health Expenditure Database (GHED) [online database]. Geneva, WHO (http://www.who.int/health-accounts/ghed/en/, accessed 5 April 2016).

[8] Zoidze A et al. (2012). *Health insurance for poor: Georgia's path to universal coverage?* Tbilisi, Curatio International Foundation.

13. 德国

Stefan Gres

卫生系统背景

卫生筹资结构

公共医疗卫生保障在德国占主导地位。2014 年，公共卫生支出占卫生总费用的77%，自费支出占 13.2%，自愿健康保险占 8.9%（WHO，2016）。

公共医疗保障的覆盖范围及其缺口

健康保险对全国居民都具有强制性，覆盖面广泛，只有不到1%的人口没有保险。一些群体既可以选择由法定健康保险计划提供的公共医疗保险，也可以选择由商业保险公司提供的替代型商业健康保险。获得替代型商业健康保险人群仅限于公务员、自由职业者和高收入员工（2012 年的年度收入门槛为 50 850 欧元），这些人群可以选择退出法定健康保险计划，一旦退出，想再返回至法定健康保险计划就会受到限制。例如，雇员只有在收入低于年度收入门槛时才能返回法定健康保险计划。年龄超过 55 岁的商业健康保险投保人禁止返回法定健康保险计划。

自愿健康保险市场概况

市场起源、目标与角色

替代型商业健康保险主要用于为富人提供一个可选择的方案，如高收入员工和自由职业者。这些群体被免除强制参与法定保险，有权选择投保自愿健康保险或选择无保险。然而，当低收入者、自由职业者和无保险人人数都开始增长时（Greß，

Walendzik & Wasem，2006）①，政府决定为全民提供强制性健康保险（从2009年开始）。自2009年以来，替代型商业健康保险只能由55岁以下的群体自愿购买，且如果他们的收入降至低于门槛值，可选择返回法定健康保险计划中。

全体居民均可获得补充型自愿健康保险，主要提供法定保险未覆盖的高端医疗服务，并覆盖了只得到法定保险部分保障的服务（例如牙科护理）。补充型自愿健康保险覆盖主任医师治疗服务或私人住院病房。

可供选择的自愿健康保险计划的类型

投保替代型商业健康保险的人所拥有的是个险保单，团险保单几乎不存在。保费采用风险评级费率和投资连结方式，这意味着年轻人所支付的部分保费暂被投资于资本市场，且为日后生活提供医疗保障。因此，保费应采用均衡保费制，即投保人每年缴纳的保费数额在其一生中应该保持不变。然而，实际情况可能并非如此，因为该计算并未考虑医疗行业通胀或预期寿命的延长（Albrecht等，2010）。

德国对商业健康保险提供医疗服务的管理非常宽松，并且不同的健康保险公司所提供的保险在保障范围上大有不同。商业健康保险的用户费用范围也是如此。大多数保单覆盖住院治疗、门诊护理和药物，但通常不包括重要的医疗设备和心理健康护理。最近的一项研究表明，80%的个体保单提供的保障比法定医疗保险提供的标准保障少（Drabinski & Gorr，2012）。少数拥有商业健康保险的人能够获得标准化的基本保障，这受到政府的高度监管，商业健康业保险必须提供与法定医疗保险计划相当的保障范围，以收取更高的保费。

附加型自愿健康保险大多包含牙科保障。与替代型商业健康保险相比，附加型自愿健康保险和补充型自愿健康保险都不算是投资连结形式的。

人们投保自愿健康保险的原因

个人选择是否退出法定医疗保险计划取决于财务和非财务激励措施。法定医疗保险采用与收入相关的缴费，而替代型商业保险则收取与风险相关的保费。由于积累储蓄时间更短，保费随着投保时年龄的增长而增加。更重要的是，每个家庭成员必须分别投保，而法定医疗保险并非如此。因此，对于年轻人、健康者和没有家属的单身人士，替代型商业健康保险更具财务吸引力。

大多数医疗服务提供者为由公共医疗保险计划或商业健康保险覆盖的患者提供

---

① 越来越多的自由职业者没有能力支付替代型商业健康保险费，结果失去了保险保障，不得不自费支付医疗保健费用。他们中的大多数无法支付其医疗保健费用，医生和医院的费用也无法获得补偿。在某些情况下，这些费用通过社会援助筹措资金的方式由政府支付。

治疗服务。全科医师和门诊专家的报酬取决于患者的保险状况：商业健康保险公司支付给这些医生高于法定医疗保险的费用，更重要的是，德国对医生收入没有限制。这些价差为替代型商业健康保险的被保险人在门诊治疗中提供了实质性的优先待遇（Lüngen 等，2008）。同时，替代型商业健康保险的被保险人在住院治疗中也会得到优先待遇（Schwierz 等，2011）。能够缩短住院和门诊护理的待诊时间为个人选择退出法定医疗保险计划提供了非财务激励（Greß，2007）。

人们投保附加型自愿健康保险既是为了能够使用更先进的医疗设备，也是为了能够得到主任医师的治疗。购买补充型自愿健康保险主要是为了得到财务保障。

自愿健康保险的投保人

与法定医疗保险计划中的投保人相比，拥有商业健康保险的人普遍更健康、更富有。对于健康状况不佳的人，退出法定医疗保险计划没有吸引力，因为商业健康保险保费是采用风险定级方式。法定医疗保险计划投保人与替代型商业健康保险投保人之间的收入差距有所减小，因为退出法定医疗保险计划的收入门槛不适用于自由职业者和公务员（详见表 13.1）。

表 13.1　德国法定计划和替代型私营健康保险参保人特征（2006 年）

特征	法定保险	替代型私营保险
个人年均总收入（欧元）	22 658	38 109
急性和慢性病平均数量	3.52	2.89
自我评估健康状况不佳（%）	17.9	9.1
过去 12 个月平均住院天数	2.21	2.05
过去 12 个月平均访问医生次数	6.21	5.10
受访者中持续消费处方药的比例（%）	47.1	41.7

资料来源：Kriwy & Mielck (2006)；Leinert (2006)。

自愿健康保险的保险人

2012 年，有 24 家商业保险公司和 19 家私营非营利公司提供商业健康保险，市场集中度相对较低。自 2004 年以来，法定健康保险基金可以与商业健康保险公司合作，共同提供补充型和附加型自愿健康保险（仅限其参保者）。

保险公司与医疗服务供应者的关系

通常来讲，由于法律限制，德国商业健康保险公司与医疗服务提供者并无合同关系。然而，他们会就住院费用报销的问题进行协商，并越来越多地就药物折扣问题进行谈判。政府制定对门诊医生的支付方案，但商业健康保险公司可以向医生支付高于官方收费标准的报酬。

针对自愿健康保险的公共政策

替代型商业健康保险市场自 2000 年以来经历了几次重要的监管变革，既是为了维护法定医疗保险计划的财务状况，又是为了确保依赖商业保险的人能够获得商业健康保险（详见表 13.2）。2000 年，德国不允许 55 岁以上的替代型商业健康保险的被保险人返回到法定医疗保险计划中，以保护法定医疗保险免遭逆向选择的损害（例如，年轻时从较低的商业健康保险费中受益，但在年龄增大、需缴保费增加时，返回到法定医疗保险计划中）。

表 13.2　　　　德国商业健康保险改革进程（2000—2011 年）

年份	商业健康保险市场	概况
2000	替代型	已经退出法定健康保险的 55 岁及以上参保人不得再重新进入法定医疗保险系统中
2004	补充型和附加型	允许法定健康保险基金销售补充型和附加型自愿健康保险保单
2007	替代型	限制高收入员工投保商业健康保险：必须连续三年满足收入门槛才得以退出法定医疗保险
2009	替代型	普遍授权：商业健康保险公司必须接受所有可受理的申请人并采用受到严格监管的基础费率，且不能同违约支付保费的投保人解除合同
2011	替代型	法定医疗保险基金协议的药品折扣也适用于商业健康保险
2011	替代型	高收入员工参保商业健康保险的条件得以改善：个人只需要有一年的收入超过门槛即可投保商业健康保险

资料来源：Reiners & Müller (2012)。

为了使法定医疗保险免受逆向选择的损害，基督教和社会民主党联合政府于 2007 年推出了一项备受争议的改革。高收入员工获得替代型商业健康保险开始受限：此前这些人必须证明他们的收入有一年超过收入门槛即可以选择退出法定医疗计划，而现在已经延长到了连续三年。结果，替代型商业健康保险市场的净增长从 2006 年的 11.6 万新增参保人员降至 2008 年的 4.9 万（PKV–Verband，2009）。2011 年，基督教民主党和自由党新联合政府在商业健康保险公司巨大的政治压力下扭转了这一举措。

2009 年推行的要求人们普遍参与健康保险的政策推动了一系列规范商业健康

保险的新的立法行为。为了提高参保率，健康保险公司必须接受所有可受理的申请人，并提供具有标准化保障范围和具有保费上限受到高度监管的基本保单。并且他们也不能解除与违约支付保费者的保险关系（尽管他们可能会限制其提供的医疗服务水平）。

2010年，约有2.1万人拥有这种基本保单（PKV – Verband, 2011）。这个较低的数量是由逆向选择（大多数选择这些保单的人有很高的健康风险）和高保费所导致的。虽然保费上限设得相当高，但商业健康保险公司仍然存在赤字，而这一赤字必须由非基本保单持有人进行弥补。违约者数量增加造成的成本也是如此。据估计，2011年14.3万违约者造成了约5亿欧元的赤字（Deutscher Bundestag, 2012a）。为了缓解提供替代型商业健康保险的保险公司面临的财务压力，最近的立法（2011年）允许它们利用法定医疗保险基金议定的药品折扣。

自2004年以来，法定医疗保险基金可以与自愿健康保险公司合作销售补充型和附加型自愿健康保险保单，但不能自己单独出售。这项改革引起了人们的担忧，即竞争性的法定医疗保险基金可能会将自愿健康保险保单作为筛选的工具（Laske Aldershof等，2004）。但是，迄今为止没有这种风险筛选确有发生的有力证据。

有关自愿健康保险的争论与挑战

德国替代型商业健康保险的存在一直受到执政者政治对手的严重挑战。从传统意义上来讲，其受到挑战是因为替代型商业健康保险破坏了法定医疗保险的财政可持续性，削弱了获得医疗服务的公平性，因为通过财务激励，医疗服务提供者会给予商业健康保险被保险人优惠待遇。替代型商业健康保险以两种方式破坏了法定计划的财政可持续性。首先，如果高收入人群退出法定医疗保险计划会导致法定医疗保险平均保费收入下降，因为法定医疗保险计划的缴费与参加者的收入相关。而有家属的人更愿意留在法定医疗保险计划中的情形则进一步加剧了这种影响。其次，法定医疗保险计划的平均医疗卫生支出增加，因为健康风险较低的人很可能会选择退出法定医疗保险计划。因此，法定保险面临的逆向选择导致了相当大的财政压力。获得医疗服务的不公平问题日益成为社会关注的焦点。

针对这些问题，一些政党（社会民主党、绿党和社会党）提出建立统一的国民健康保险体系的建议，类似于2006年在荷兰实行的改革。迄今为止，由于受到基督教民主党和自由党的抵制，该建议未能获得多数支持。医生协会也强烈反对废除替代型商业健康保险，因为他们担心这会影响其收入。

最近，有报道称，拥有商业健康保险的老年群体支出增加和保费上涨高达40%，这给商业健康保险市场带来了压力（Deutscher Bundestag, 2012b）。有数据显示，商业健康保险市场的医疗卫生支出年均增长率明显高于法定医疗保险（详见表13.3），这导致2002—2010年每年保费增长率超过5%，对老年群体来说这一数字可能更高。

表13.3　　　　　德国法定医疗保险和替代型商业健康保险的
医疗卫生支出与保费的比较（2002—2010年）

年份	法定医疗保险	替代型商业健康保险	
	医疗卫生支出年增长率（%）	医疗卫生支出年增长率（%）	保费年增长率（%）
2002	3.3	5.7	6.2
2003	1.9	3.9	7.6
2004	-3.1	4.8	7.5
2005	2.3	4.5	3.9
2006	3.0	3.1	4.9
2007	4.1	6.1	3.7
2008	4.6	6.7	3.9
2009	6.5	4.6	3.4
2010	3.4	3.8	7.3
2002—2010年平均水平	2.9	4.8	5.4

资料来源：Bundesministerium für Gesundheit（2012）；Deutscher Bundestag（2012a）。

商业健康保险支出和保费的增加是由于它们向医疗服务提供者支付的高额费用、与医疗服务提供者之间没有合同关系（即他们只是报销的参与者）、违约者数量增加和资本市场利率低迷所导致的（Deutscher Bundestag，2012a、2012b）。商业健康保险公司要求获准以采用更多的方式来管理治疗并控制成本，但这反过来会导致医疗服务提供者降低医疗服务价格但却限制医疗服务数量，并且从长远来看，将会导致商业健康保险公司消解给患者的优惠待遇。由此，替代型商业健康保险对潜在投保人来说将变得不再那么有吸引力。

自愿健康保险的未来展望

替代型商业健康保险的政治支持正在减少。从过去来看，左翼政治势力一直在与其斗争，因为它损害了公平性和法定医疗保险计划的财务可持续性。然而，由于近期替代型商业健康保险市场出现保费上涨，政治领域的权力人士越来越怀疑替代型商业健康保险最终在财务上是否具有可行性。媒体报道也越来越质疑，即使是年轻、健康和单身人士中的高收入人群，选择退出法定医疗保险是否是明智的长期选择。

替代型商业健康保险公司未来可能会有更多方式管理治疗并控制成本。但结果是，那些拥有替代型商业健康保险的人可能会失去医疗服务提供者的优惠待遇，且替代型商业健康保险将失去其独特的卖点。政治和价格压力使德国替代型商业健康保险的未来前景相对暗淡。

参考文献

[1] Albrecht M et al. (2010). *Die Bedeutung von Wettbewerb im Bereich der privaten Krankenversicherungen vor dem Hintergrund der erwarteten demografischen Entwicklung*. Berlin, Forschungsprojekt des Bundesministeriums für Wirtschaft und Technologie.

[2] Bundesministerium für Gesundheit (2012). *Gesetzliche Krankenversicherung – Kennzahlen und Faustformeln*. Berlin, Bundesministerium für Gesundheit.

[3] Deutscher Bundestag (2012a). *Nichtzahler – Tarif in der privaten Krankenversicherung. Drucksache* 17/9012 vom19. März 2012. Berlin, Deutscher Bundestag.

[4] Deutscher Bundestag (2012b). *Beitragssteigerungen bei privaten Krankenversicherungen. Drucksache* 17/9330 vom17. April 2012. Berlin, Deutscher Bundestag.

[5] Drabinski T, Gorr C – D (2012). *GKV/PKV – Systemgrenze：Bestandsaufnahme.* Kiel, Instituts für Mikrodaten – Analyse (IfMDA).

[6] Greß S (2007). Private health insurance in Germany：consequences of a dual system. *Healthcare Policy*, 3 (2)：29 – 37.

[7] Greß S, Walendzik A, Wasem J (2006). Hartz IV unddie gesetzliche Krankenversicherung – Nichtversicherte als gesellschaftliches Problem [in German]. *Sozialer Fortschritt*, 55 (8)：186 – 192.

[8] Kriwy P, Mielck A (2006). Versicherte der gesetzlichen Krankenversicherung und der privaten Krankenversicherung：Unterschiede in Morbidität und Gesundheitsverhalten [in German]. *Das Gesundheitswesen*, 68 (5)：281 – 288.

[9] Laske – Aldershof T et al. (2004). Consumer mobility in social health insurance markets：a five – country comparison. *Applied Health Economics and Health Policy*, 3 (4)：229 – 241.

[10] Leinert J (2006). Morbidität als Selektionskriterium. In：Jacobs K, Klauber J, Leinert J, eds. *Fairer Wettbewerb oder Risikoselektion? Analysen zur gesetzlichen und privaten Krankenversicherung*. Bonn, Wissenschaftliches Institut der AOK：67 – 76.

[11] Lügen M et al. (2008). Waiting times for elective treatments according to insurance status：a randomized empirical study in Germany. *International Journal for Equity in*

Health, 7 (1): doi: 10. 1186/1475 - 9276 - 7 - 1.

[12] PKV - Verband (2009). *Politischer Nackenschlag der Gesundheitsreform auch 2008 beim Netto - Neuzugang zu spüren*. Köln/Berlin, Presserklärung des Verbandes der privaten Krankenversicherung.

[13] PKV - Verband (2011). *Zahlenbericht der Privaten Krankenversicherung 2010/2011*. Köln, Verband derprivaten Krankenversicherung.

[14] Reiners H, Müller O (2012). Die Reformfibel. *Handbuchder Gesundheitsreformen*. Berlin, KomPart - Verlag.

[15] Schwierz C et al. (2011). Discrimination in waitingtimes by insurance type and financial soundness of German acute care hospitals. *European Journal of Health Economics*, 12 (5): 405 - 416.

[16] WHO (2016). Global Health Expenditure Database (GHED) [online database]. Geneva, WHO (http: //www. who. int/health - accounts/ghed/en/, accessed 5 April 2016).

14. 希腊

Charalampos Economou

卫生系统背景

卫生筹资结构

2014年,来自一般税收和专项工资税的公共卫生支出占医疗卫生总费用的61.7%。自费支出和自愿健康保险分别占卫生总费用的34.9%和3.4%(WHO,2016)。

公共医疗保障的覆盖范围及其缺口

希腊宪法规定健康是一项神圣的社会权利。获得公共医疗保障需要满足两个主要原则,一个是由国家卫生服务中心(NHS)提供门诊服务的公民身份,另一个是在社会保险基金提供医疗服务或支付费用情形下的职业状态和工薪税缴纳情况,其中医疗服务包括由社会保险基金拥有的城市综合医院提供的医疗服务、由国家卫生服务中心中的医院提供的住院护理以及由社会保险基金签约的商业医疗服务提供商提供的服务。贫困人口也有权享受保健服务并可免费进入国家卫生服务中心和医院。没有证件的移民只能享有治疗危及生命的疾病的急救服务,且直到其健康状况稳定为止。他们还可以免费获得少数地方当局提供的基本医疗服务和非政府组织提供的医疗服务。

1983年建立的国家健康服务系统目的是在平等原则的基础上实现全面、普遍的医疗保障。直到近期,社会保险基金在其覆盖范围和质量以及选择的自由性方面仍存在着显著差异,这意味着目前只实现了部分目标。政府在2010年后实施的医疗改革措施旨在通过将所有主要的社会保险基金(IKA、OGA、OAEE、OPAD)合并为单一的健康保险基金,即全国卫生保健组织(EOPYY),以应对这一问题。不过,采取的措施还包括承担以下几方面增多的用户费用:门诊就诊费用、公立医院和保健中心的诊断服务以及药物费用。

自愿健康保险市场概况

市场起源、目标与角色

自愿健康保险扮演着附加型保障的角色，商业保险公司提供着更快的医疗服务、有着更好的质量和更多的选择。自愿健康保险大部分与人寿保险或商业养老金保险一起销售。1998年发生了一件具有里程碑意义的重大事件，即两个拥有自己医疗保健设施的私营医疗保健项目得以建立起来。此外，作为职业津贴，大公司开始向其员工提供团体自愿健康保险。

可供选择的自愿健康保险计划的类型

附加型自愿健康保险可以分类如下（Siskou等，2009）：

- 覆盖私立医院费用的医疗保障计划：包括住宿、食品、化验、药品、手术费用、医生费用和专门护理费用。
- 覆盖私立医院门诊费用的医疗保障计划：报销医生费用、药品和诊断检查在内的费用。
- 管理式医疗项目：提供门诊和住院服务的综合性保障。

自愿健康保险保障范围不包括整容手术、选择性药物、常规眼科服务、既有疾病和糖尿病等慢性疾病。保险公司采用风险评级方式来评估保费（风险因素包括年龄、职业和个人病历）。想投保自愿健康保险的人必须提供关于他们自己和家族病史的信息，并接受医疗检查和化验。

投保自愿健康保险的原因

2003年希腊保险人协会调查了1100名年龄在25~45岁居住在城区的人，调查结果显示人们购买自愿健康保险是为了：

- 获得更高质量的医疗服务，其中54%的自愿健康保险参保人出于该原因。
- 避免与医疗服务提供方式有关的麻烦与不便，占49%。
- 能够更快获取医疗服务，跳过公费医疗的候诊名单，占45%。
- 附加其他形式的医疗保障，占43%。
- 不信任社会保险，占31%。
- 没有被其他保障计划所覆盖，占8%。
- 覆盖分娩费用，占8%（ICAP，2003）。

自愿健康保险的投保人

在19世纪80年代,只有2%的人投保自愿健康保险。这一比例到2005年已上升到10%,到2012年上升到11%左右。大多数投保人是中高收入者,年龄在45~60岁。他们主要是雇主(为员工购买自愿健康保险)、专家、公务员、白领以及在大型商业公司和银行工作并居住在城市的高管(Siskou等,2009)。根据2003年的调查,拥有自愿健康保险的人中有53%是男性,43%受过高等教育,68%属于社会中上层群体。

自愿健康保险的保险人

绝大多数保险公司都是非专业的商业实体,也从事其他保险活动,主要是人寿保险。它们中的大多数(87.5%)是希腊股份制保险公司,其他的则是外国公司的分公司。由于兼并和收购,寿险和自愿健康保险市场中的保险公司数量一直在下降。以保费收入衡量,2010年前五大保险公司占71%的市场份额(希腊保险公司协会,2011)。

保险公司与医疗服务供应者的关系

商业保险公司可以有选择地与医疗服务供应商签订合同。它们在服务费的基础上进行价格谈判并向医疗服务供应者支付费用。也可以采用按人头付费的制度向管理式医疗计划中的医生支付薪水,按人头付费的制度主要适用于门诊诊断中心。然而,近年来,商业保险公司越来越倾向于积极采购医疗服务以控制成本,而不仅仅是为医疗服务供应者或用户报销。在这种情况下,保险公司要么开发自己的医疗服务,要么使用首选供应商网络(PPN),并采用财务激励措施来鼓励其用户使用这些供应商提供的医疗服务。

2010年以前,保险公司一直从私立医院和诊所购买医疗服务,法律禁止在公立医院设置私用病床。2011年情况发生了变化,新的立法允许商业保险公司使用多达10%的公立医院病床,目的是为公立医院提供额外的收入来源。

针对自愿健康保险的公共政策

表14.1总结了有关希腊自愿健康保险市场的相关立法。过去20年来,公共政策的主要变化包括降低了1997年开始实施的投保自愿健康保险的税收激励,2013年取消这些税收激励措施,以及在2011年允许商业保险公司在公立医院使用床位。

表 14.1　希腊自愿健康保险市场的发展与规制（1970—2013 年）

年份	基本立法
1970	第 400/1970 号法令：建立和运作商业保险事业
2011	Y4a/oik.93320 部长决议：允许国家健康服务系统的医院与商业保险公司签订合同
	保险公司技术储备规定
2001	K3－4382/7－6－2001 和 K3－9124/30－11－2001 部长决议
	商业保险合同调解过程规定
1985	第 1569/1985 号法条
2006	第 190/2006 号总统法令
2007	K3－8010/8－8－2007 部长决议
2011	希腊银行董事会第 2647／7－11／2011 号决定
	商业保险合同的承保规定与期限
1997	第 2496/1997 号法律：减少投保自愿健康保险的税收优惠
2013	第 4110/2013 号法律：取消投保自愿健康保险的税收优惠
	对商业保险的监督
2004	第 3229/2004 号法律
2010	第 3867/2010 号法律：对保险公司的监管权被转移到希腊银行
	采纳欧盟指令的希腊法律框架
1985	第 118/1985 号总统法令采纳了第 73/239／EEC 号指令，第 73/240／EEC 号指令，第 76/580／EEC 号指令，第 79/267／EEC 号指令
1996	第 252/1996 号总统法令采纳了第 88/357／EEC 号指令，第 90/618／EEC 号指令，第 90/619／EEC 号指令，第 92/49／EEC 号指令，第 92/96／EEC 号指令
2005	第 23/2005 号总统令采用指令 2002/83／EC
2009	第 3769/2009 号法律：实施男性和女性在获取和提供商品和服务方面的平等待遇原则

资料来源：作者整理。

有关自愿健康保险的争论与挑战

一些专家认为，自愿健康保险市场的扩张将降低公共部门对医疗卫生筹资的贡献，并进一步增加私人开支。其他人认为自愿健康保险只能起到纯粹的附加型作用，因此不会影响公私混合。尽管 2011 年的改革允许商业保险公司使用 10% 的公立医院病床可能意味着政策方向的改变，但政治家们并没有普遍支持自愿健康保险扮演更重要的角色。

由于全面覆盖新医疗技术（与社会保险基金相反），自愿健康保险可能会起到支持商业诊断服务和医院市场发展的作用。虽然这有助于确保患者更快享受到新医疗技术，但也可能导致医疗卫生服务的过度使用和医疗卫生成本的增加。

自愿健康保险向人们提供针对自费支出的替代型选择,并被认为通过规范非正规支付和缩短待诊时间来提高透明度(Economou,2010)。近年来,它也许允许将一些成本从社会保险基金转嫁到商业健康保险公司,特别是在人们拥有双重保险的情况下。社会保险基金与私立医院签订合同,为其用户提供更快的择期手术,但由于全国卫生保健组织的延期支付以及对私立医院支出的审查越来越频繁(导致了法律行动),私立医院及其患者更愿意通过自愿健康保险支付费用。

2011年改革的影响很难评估,因为没有关于这个主题的研究,并且由于金融和经济危机,卫生部门处于持续变动的不稳定状态中。一方面,在公立医院由于紧缩性政策面临一系列问题的情况下,拥有自愿健康保险的患者似乎不太可能选择在公立医院接受治疗。另一方面,最近医院预算的削减可能会激励医院管理者吸引自愿健康保险用户,例如,如果他们通过自愿健康保险支付费用,医院会提供更好的住院质量。这可能会导致公共支付系统中产生双轨制。

希腊有许多关于自愿健康保险监管的最佳水平和内容及其成本效益的讨论。关于自愿健康保险利弊的数据仍在收集中,因此难以提供明确的政策结论。例如,没有科学研究证明自愿健康保险能否提高医疗质量或效率。危机及应对危机的政策,提高了用户费用和其他自费支出,削减公立医院预算以及长期失业率较高导致享受社会保险权利的丧失,对医疗服务的获得产生不利影响,同时也恶化了只有更富有的群体才能负担得起其自愿健康保险的这一状况。在这些情况下,也许需要采取一些机制来确保自愿健康保险的覆盖范围更为广泛,并确保自愿健康保险不会破坏医疗卫生系统的社会特性。

自愿健康保险的未来展望

希腊的自愿健康保险覆盖率相对较低,一方面受经济、社会和文化因素的影响,如家庭收入下降压力、高失业率、社会保险体系的全面覆盖、人们在有需要时倾向于直接向医生或医院支付医疗费用等;另一方面受自愿健康保险市场本身因素的影响,如组织能力低、撇脂定价、缺乏满足消费者需求的保险产品(如市场集中度的提高似乎没有给消费者带来低保费形式的效益)(Siskou等,2009)。

影响自愿健康保险未来发展的一个决定性因素是公共医疗卫生系统的演变以及自2010年以来推出的改革所带来的影响。许多措施(例如,增加用户医疗费用)限制了社会保险的覆盖范围,并引发了有关公共医疗卫生服务可获得性的严重问题(Economou,2012)。这些措施可以看作是对自愿健康保险增长的刺激。然而,紧缩性措施降低了可支配收入和公民负担自愿健康保险的能力。因此,自愿健康保险市场的增长可能取决于商业保险公司以合理成本提供满足消费者需求的保险计划的意愿和能力。

参考文献

[1] Economou C (2010). Greece: health system review. *Health Systems in Transition*, 12 (7): 1 – 180.

[2] Economou C (2012). The performance of the Greek healthcare system and the economic adjustment programme: "economic crisis" versus "system – specific deficits" driven reform. Social Theory, 2: 33 – 70.

[3] Hellenic Association of Insurers (various years). *The Greek insurance market in figures*. Athens, Hellenic Association of Insurers.

[4] ICAP (2003). *Results of a survey about life and health private insurance.* Athens, ICAP.

[5] Siskou O et al. (2009). Private expenditure and the role of private health insurance in Greece: status quo and future trends. *European Journal of Health Economics*, 10 (4): 467 – 474.

[6] WHO (2016). Global Health Expenditure Database (GHED) [online database]. Geneva, WHO (http://www.who.int/health – accounts/ghed/en/, accessed 5 April 2016).

15. 匈牙利

Szabolcs Szigeti, Ferenc Lindeisz and Peter Gaal

卫生系统背景

卫生筹资结构

2014年，公共卫生支出占医疗卫生总费用的66%，自费支出占剩余部分的绝大多数（WHO，2016）。私人医疗卫生支出的很大一部分来源于非正规支付，这是卫生系统一个根深蒂固的特征，但是非正规支付的规模不明确，估计占GDP的0.06%~0.6%（Gaál等，2011）。自愿健康保险在私人医疗卫生支出中的份额从2000年的0.6%增加到2014年的7.6%（WHO，2016）。但是，这些数据应该谨慎解读，因为匈牙利国民医疗卫生账户数据没有明确区分自愿健康保险和由自愿共同医疗健康基金管理的自愿医疗储蓄账户（VMSAs）（WHO，2016）。据我们自己的估计，在2007年到2012年之间，约有94%~97%的自愿健康保险支出来源于自愿医疗储蓄账户（匈牙利金融监督管理局，2014；MABISZ，2014）。也就是说，自愿健康保险只占0.2%~0.5%的私人医疗卫生支出和0.1%~0.2%的医疗卫生总费用。

公共医疗保障的覆盖范围及其缺口

所有生活在匈牙利的公民都必须参加法定医疗保障计划，并且不能够选择退出。基于缴纳的费用，员工获得给付的权利，但法规确保了几乎所有没有缴费的社会群体仍都有权获得医疗服务（不包括现金给付），没有缴费的患者仍能够获得必要的治疗。因此，法定医疗保障计划实际上广泛地覆盖了匈牙利人口（尽管2009年约4%的人口覆盖状况尚不明确）（Gaál等，2011）。法定医疗保障计划的保障范围比较全面，但并非详尽无遗，在药品和服务目录内及不在目录内的保障清单都已列明。药物、医疗援助和假肢、浴疗、假牙、疗养院治疗、长期慢性病护理和在医院里提供的旅店服务都需要以共同保险的形式付费和定额摊付。除此之外，未经转诊的非急诊专家服务、在指定的医疗服务提供者之外就诊以及患者希望获得比其医生所提供的更多的医疗服务也都需要定额摊付（Gaál 等，2011）。

自愿健康保险市场概况

市场起源、目标与角色

1993 年之前的匈牙利，自愿健康保险实质上是不存在的①，直到1993 年，当时《自愿共同健康基金法案》借鉴法国互助共济协会的模式，创建了补充型自愿健康保险的法律框架，要求以非营利为基础运作补充型自愿健康保险。起初，自愿健康保险保费的大部分进入个人账户中，可由账户持有人使用，只有较小部分的保费是真正的健康险保费，支付到共同基金或风险池中。因此，自愿健康保险主要是依照自愿医疗储蓄账户计划运行。该系统的风险共担元素于 2003 年废除，从那以后，自愿健康保险系统作为纯自愿医疗储蓄账户运行，没有了自愿健康保险元素（Gaál 等，2011）。宣布取消风险共担是为了鼓励人们自己承担其医疗卫生费用。自愿相互保险基金覆盖家庭护理到药品、医疗援助和休闲活动。2013 年，医疗卫生总费用的 79% 用于报销药物和医疗援助，18% 用于对匈牙利国家健康保险基金管理局（NHIFA）管理的法定健康保险所提供的医疗保障进行补充（匈牙利金融监督管理局，2014）。

商业自愿健康保险是非常有限的，但附加型保障计划似乎正在发展。自愿健康保险没有扎根的原因可能在于法定医疗保障计划做到了几乎全面覆盖，或者通过非正规支付可以以较低的价格购买更高质量的服务，但这一问题有待讨论（Gaál 等，2011）。此外，自 20 世纪 90 年代中叶以来，自愿医疗储蓄账户一直受到税收优惠政策的鼓励，然而直到2012 年，自愿健康保险还没有这样的激励措施。

可供选择的自愿健康保险计划的类型

商业自愿健康保险是非常有限的，主要为被保险人生病期间提供现金给付。最近有人试图通过以高于标准酒店服务（附加型自愿健康保险角色）的形式提供实物福利来扩大市场，但效果尚并未得到评估。

---

① 匈牙利国家铁路公司的自愿补充员工保险计划除外，该计划自 1930 年开始运行，其成员支付工资的 0.5%。

人们购买自愿健康保险的原因

人们购买附加型自愿健康保险以期能够使用更好的医疗设备和更快地得到治疗。加入共同基金（自愿医疗储蓄账户）主要是为了获得税收优惠，以支付用户费。

自愿健康保险的投保人

本研究未能获取关于自愿健康保险投保人社会经济特征的公开信息，也没能知晓自愿健康保险是更多地以个人参保还是以团体参保。只有少数雇主利用税优政策（自2012年起可用）为员工购买自愿健康保险。

自愿健康保险的保险人

2011年，32家商业保险公司中有11家提供疾病保险，但这些主要是针对某些特定疾病的收入损失而进行现金给付的保险，而不是真正的自愿健康保险（MABISZ，2014）。2012年，共有33958份疾病保险合同售出，相对于2001年的55 204份有所下降。同年，只有5家公司提供真正的自愿健康保险，但保单销售数量未知。

关于自愿医疗储蓄账户，截至2012年底，匈牙利共有31个自愿共同医疗健康基金（匈牙利金融监督管理局，2012），2013年覆盖100多万居民（接近10%的人口），而2000年仅覆盖71 000人。自愿医疗储蓄账户市场高度集中。前四大基金（拥有大型金融和商业盈利机构）占整个市场中投保人的62%和金融资产总额的54%。

保险公司与医疗服务供应者的关系

以服务费为基础向医疗服务供应者支付费用。

针对自愿健康保险的公共政策

自1995年以来，政府通过税收优惠政策，对参与自愿共同医疗健康基金（目前相当于20%的保费金额，每年达15万福林或480欧元）的人进行补贴，这对扩大基金的参与人数和收益起到了重要作用（匈牙利金融监督管理局，2014）。2011年，税收激励从30%下降到20%。代表员工缴费的雇主可获得每月最低工资30%的免税。雇主的缴费构成自愿共同医疗健康基金的主要收入来源（2012年占其总收入的78%）（匈牙利金融监督管理局，2014）。

2012年初，在与商业保险公司商讨如何将更多商业资源引入医疗卫生系统（可能基于商业保险公司游说）后，政府决定免除所有由雇主为雇员购买的健康保险费的税收（包括从商业保险公司购买的保险）。虽然这是为了增加通过自愿健康保险进行的医疗卫生支出，但匈牙利金融监督管理局的数据显示，2012年保险公司的收入和支出比2010年要低（匈牙利金融监督管理局，2014）。

有关自愿健康保险的争论与挑战

从2006年开始，政府最优先考虑的事项之一是，通过将匈牙利国家健康保险基金管理局这一单一的医疗服务支付者，替换为部分私立的强制性健康保险公司，在法定医疗保障计划中引入受管理的竞争。这项措施的目标是减少医疗服务利用中的不公平、提高效率，并确保财务的可持续性和透明度。这是自20世纪90年代初以来第三次也是最为复杂的一次尝试，旨在引入具有多样性及竞争性的健康保险公司。

2007年12月，国民议会批准了推行这项新制度的法案，但总统不久后就将其送回国民议会重新审议。2008年2月，国民议会决定无视总统的顾虑，并在面临广泛公众抗议的情况下通过了该法案。同年3月，主要反对党针对挂号费、住院费用以及国家资助高等教育的学费发起了公投。压倒性多数（超过80%）的选民支持取消这两个项目。与此同时，反对党已表示打算在9月就受管理的竞争法举行公投。预计这会产生与3月公投相同的结果，国民议会在5月否决了这一行动。

商业保险公司一再试图扩大自愿健康保险市场，医院也有兴趣扩大自愿健康保险市场。2014年，一家主要的公立医院开始为通过向患者提供商业治疗方案来尝试缩短待诊名单，但患者需要自行付费（WebORVOS，2014）。这些商业服务收取的价格是匈牙利国家健康保险基金管理局支付的报销费用的两倍，如果中产阶层人群发现待诊时间以及公共系统中非正规支付的财务不确定性越来越难以接受，可能会增加对自愿健康保险的需求。自从2007年由匈牙利国家健康保险基金管理局给报销的服务数量设置上限以来，待诊时间已经成为人们关注的问题。这些上限的设置也造成了公立医院资源的闲置（Gaál等，2011）。

自愿健康保险的未来展望

在过去的20年里，尽管GDP和自费支出急剧增加，但自愿健康保险在医疗卫生总费用中的比重仍然微不足道。最近政府试图通过对雇主购买保险实行免税政策来增加通过自愿健康保险的医疗卫生支出，但这并未对自愿健康保险市场产生重大影响。一个普遍的猜想是，自愿健康保险市场的发展疲软与患者使用非正规支付以获得更好医生的治疗、更快获得公立医疗机构的优质医疗服务这一事实相关，这种选择对于家庭来说可能比购买自愿健康保险更便宜。因此，匈牙利的自愿健康保险似乎可能继续在医疗卫生筹资中起一个边缘性作用，其更高的参保率很大程度上将取决于富裕家庭的需求。

参考文献

［1］Gaál P et al. (2011). Hungary：health system review. *Health Systems in Transition*, 13（5）：1-266.

［2］Hungarian Financial Supervisory Authority (2012). *Annual Report. Budapest*, Hungarian Financial Supervisory Authority（http：//alk. mnb. hu/en/left _ menu/pszafen _ publication/pszafen _ reports, accessed 1 June2014）.

［3］Hungarian Financial Supervisory Authority (2014). Time series on the insurance sector and on the mutual funds. Budapest, Hungarian Financial Supervisory Authority（http：//felugyelet. mnb. hu/bal _ menu/jelentesek _ statisztikak/statisztikak/pszaf _ idosorok/idosorok, accessed 1 June 2014）.

［4］MABISZ (2014). Hungarian insurers' yearbooks. Budapest, Magyar Biztosírók Szövetsége (MABISZ) [Association of Hungarian Insurers]. (http：//www. mabisz. hu/en/market-reports. html, accessed 22 November 2015).

［5］Weborvospro WebORVOS (2014). *Gyorsító sávot nyitott azUzsoki a fizetö betegeknek* [*The Uzsoki hospital opened acceleration lane for patients who pay for services*]（http：//www. weborvospro. hu/cikkek/lapszemle/gyorsito savotnyitottazuzsokiafizetobetegeknek. html, accessed 22 November 2015）.

［6］WHO (2016). Global Health Expenditure Database (GHED) [online database]. Geneva, WHO (http：//www. who. int/health-accounts/ghed/en/, accessed 5 April 2016).

16. 冰岛

Sigurbjorg Sigurgeirsdottir

卫生系统背景

卫生筹资结构

2014年，公共卫生支出占卫生总费用的81%，低于1995年的84.0%（WHO，2016）。私人卫生支出几乎全部来自自费支出，自费支出占卫生总费用的17.5%。商业健康保险筹资非常少，因此不被视为单独的医疗卫生筹资来源。

公共医疗保障的覆盖范围及其缺口

公共医疗保障系统提供与居住地相关联的全民保障。根据法律规定，不论年龄、性别、种族和支付能力，所有居民都应该享有最佳的医疗保健服务。1957年的《健康保险法》规定了公共医疗保障系统的参与资格和覆盖范围。除非政府间条约另有规定外，任何在冰岛合法居住六个月的人均自动参保，而不论其国籍。国际条约规定了入境后前六个月的公共医疗保险相关事宜。如果母国与冰岛之间没有此类共同认可的国际条约，个人必须全额支付在此期间发生的医疗服务费用。但是，卫生部长可在紧急情况下根据具体情况做出费用豁免的决定，在这种情况下，由国家财政预算资助的冰岛健康保险（IHI）将支付必要的医疗费用。曾经在另一个北欧国家或其他欧洲经济区（EEA）成员国投保、工作或居住过的人，在冰岛获得合法居留权之前，只要他们提供相应的文件，就可以将在这些国家停留的时间计算在内，以完成其六个月的资格期限。

18岁以下的儿童和青少年作为其父母的被抚养人可参加冰岛健康保险。冰岛不允许人们退出公共医疗保障系统。除住院治疗外，其他所有的冰岛健康保险覆盖的医疗保健服务都需要支付用户费用。

上述的六个月期限限制是导致公共医疗保障系统存在缺口的关键所在，也是居民投保自愿健康保险的主要原因。一旦等待期结束并且可以申请加入冰岛健康保险，也就不需要自愿健康保险了。

自愿健康保险市场概况

市场起源、目标与角色

在暂时地被排除在冰岛健康保险计划之外的六个月期间内，自愿健康保险扮演着替代型的角色，是唯一的医疗保障来源。尽管自费开支巨大，却并未促使针对用户费用的补充型自愿健康保险的发展。其原因可能是自愿健康保险市场规模小，对商业保险公司吸引力不够。

可供选择的自愿健康保险计划的类型

替代型自愿健康保险报销冰岛健康保险所覆盖的医疗保健用品和服务的费用。但通常不覆盖既存病症的治疗费用。

人们购买自愿健康保险的原因

在冰岛居住的前六个月，人们购买自愿健康保险以获得医疗保障。对于那些计划申请冰岛居留许可的人来说，购买自愿健康保险也是该过程中的一项重要要求。

自愿健康保险的投保人

在冰岛居住前六个月的人们会投保替代型自愿健康保险（当他们暂时被排除在法定保险之外时）。

自愿健康保险的保险人

有四家商业保险公司销售替代型自愿健康保险。金融监督管理局对这些公司进行监管。

保险公司与医疗服务供应者的关系

保险公司和医疗服务提供者之间没有整合。保险公司在服务费的基础上报销医疗费用，服务费由医疗服务供应者或冰岛健康保险系统设定。私立和公立医疗服务提供者都可以为被保险人提供诊疗服务。医生可以在私立和公立机构工作，但冰岛公立医院不设有私人床位。

针对自愿健康保险的公共政策

没有适用于商业健康保险的特别立法。

有关自愿健康保险的争论与挑战

尚未有针对自愿健康保险的争论或讨论。

参考文献

[1] WHO (2016). Global Health Expenditure Database (GHED) [online database]. Geneva, WHO (http://www.who.int/health-accounts/ghed/en/, accessed 5 April 2016).

17. 爱尔兰

Brian Turner

卫生系统背景

卫生筹资结构

2014年，公共卫生支出（主要来自一般税收）占卫生总费用的66.1%，自费支出和自愿健康保险分别占卫生总费用的17.7%和14%，这意味着爱尔兰是目前欧洲前三大自愿医疗保险市场之一（WHO，2016）。

公共医疗保障的覆盖范围及其缺口

表17.1列出了可以享受公共医疗保障的两类人群：

第一类人群，约180万人，相当于2015年总人口的39%，可免费获得公立医院服务、初级医疗和他社群护理服务或个人社会服务［健康服务管理署（HSE），2015］。该类人群拥有全医疗卡。医疗卡主要依据家计调查①的财务状况来申领，而70岁以上的人群获取医疗卡则需达到更高的收入门槛。

第二类人群可以免费享受公立医院服务，但须支付住院和门诊费用。患者自行支付全科医师费用，费用不受限制，每次就诊约为50欧元（Bourke & Roper，2012）。然而，政府对第二类人群门诊的处方药有较高额度的补贴，给住院患者开具的药物则含在住院费用中。在对药品支付项目（Drugs Payment Scheme，DPS）覆盖人群（少于总人口的16%）的赔付中，政府在2003年至2007年支付了不超过65%的药品总费用（PCRS，2007）。在第二类人群中，部分人有资格获得2005年推出的全科医师就医卡，他们可以免费获得全科医师服务，但不能享受医疗卡的其他待遇。全科医师就诊卡的收入门槛要求高于全医疗卡。截至2014年底，近16万

---

① 译者注：means-test，家计调查，指对参与资格进行家计调查，根据调查对象经济情况来确定是否给予享受某种福利的资格。

人持有全科医师就诊卡（HSE，2015）。2015 年，全科医师就诊卡的申领资格扩展至 6 岁以下及 70 岁以上不符合享受医疗卡资格的人群，这是政府推广全民免费享受全科医疗服务计划的第一步（尽管只能在该届政府的第二任期内实现）。

将近 60% 的人口缺乏公共初级医疗保障服务，且必须支付在公立医院就医的住院和门诊费用。

表 17.1　　　　　　爱尔兰公共医疗保障的覆盖范围（2015 年）

服务	第一类人群	第二类人群	
	医疗卡	有全科医师就医卡	无全科医师就医卡
2011 年覆盖人口（%）	37	3	60
全科服务	免费	免费	全额自费（六周新生儿除外）
处方药	每个处方 2.50 欧元，每个家庭每月最多 25 欧元	药品支付项目（DPS）：全额给付（每个家庭最多每月 144 欧元） 长期疾病计划（LTI）及高科技药物计划（HTD）：特定疾病及药物免费	
急性住院	免费公共护理	每晚 75 欧元（每年限额 750 欧元）	
急诊门诊	免费公共护理	全科医师转诊免费；无转诊单需自付 100 欧元	
其他服务	因医疗服务和资格种类而异		

资料来源：http：//www.citizensinformation.ie/en/。

注：其他服务包括为老年人、精神疾病者、残疾、儿童保护和其他团体提供的服务，个人和社会护理服务以及牙科、眼科和耳科服务。DPS：药品支付项目（Drugs Payment Scheme）；LLI：长期护理项目（Long – Term Illness Scheme）；HTD：高科技药品项目（High Tech Drugs Scheme）。

自愿健康保险概况

市场的起源、目标与角色

1957 年颁布的《自愿健康保险法》，旨在为收入前 15% 且当时无法在公立医院免费获得医疗服务的群体提供替代型保险。而已经拥有免费医疗资格的人也能同时参与，自愿健康保险为此类人群扮演附加型保障的角色。从那时起，免费公立医院医疗服务的范围扩大至全体公民，而自愿健康保险不再起替代作用。它在提供更为快捷的选择性治疗方面起着重要的附加作用，同时在覆盖诸如全科就诊、物理治疗等服务方面起到辅助作用。

可供选择的自愿健康保险计划的类型

自愿医疗保险主要以医院计划的形式提供公立和私立医院的半私人或私人病

房，这取决于投保人所选择的保障水平。大多数医院计划只为辅助服务提供有限的保障，而没有医疗卡的人必须为此全额自费。近年来，保险公司推出了含有重要辅助服务的医院计划和单独辅助计划。

人们投保自愿健康保险的原因

自1957年以来，自愿医疗保险的市场显著扩大，2015年已经覆盖了近46%的人口［健康保险局（HIA），2015］。虽然较高于50%的2008年市场巅峰水平相比有所下降，但与其他经合组织国家相比，其市场参保率依然可观（Colombo & Tapay，2004）。调查数据显示，人们之所以投保自愿医疗保险，是为了获得更好的医疗服务及跨越待诊名单（详见图17.1）。

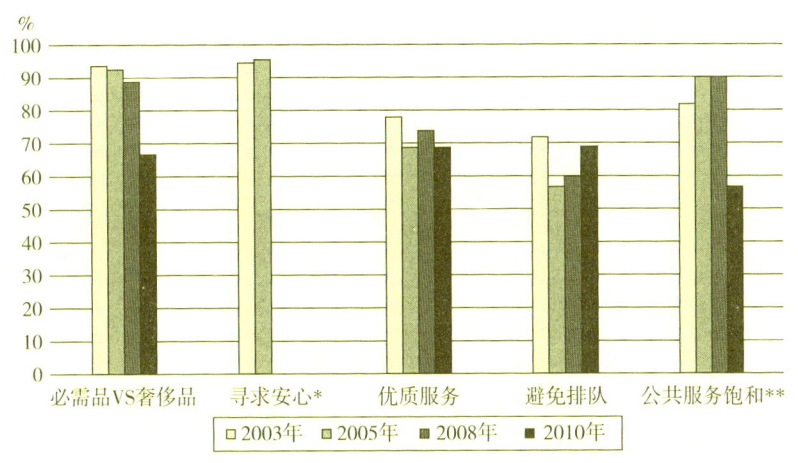

资料来源：健康保险局（2003、2005、2008、2010）。
注：＊表示2008年和2010年未提问，＊＊表示不同意的占比。

图17.1 爱尔兰居民购买自愿健康保险的动机（2003—2010年）

自愿健康保险的投保人

表17.2显示了高收入群体中自愿健康保险的参保率。近期调查显示，占总人口41%的A、B和C1消费者占自愿健康保险参保人数的58%（健康保险局，2014a）。大约41%的居民拥有自愿健康保险但没有医疗卡，30%拥有医疗卡但没有自愿健康保险，23%既没有自愿健康保险也没有医疗卡，6%则同时拥有二者（CSO，2011）。40~80岁年龄段的参保率最高（健康保险局，2014b），研究表明Vhi Healthcare公司的老年客户人数高于其竞争者（健康保险局，2014c）。

表 17.2　　　　　爱尔兰各阶层自愿健康保险参保率（2003—2008 年）

社会阶层	2003 年（%）	2005 年（%）	2008 年（%）
中上及中产阶层	70	85	89
中低阶层		75	65
技术型工人阶层	31	46	42
其他工人阶层、临时工及低保人群		18	18
农民	39	55	49
总计	47	52	49

资料来源：健康保险局（2003，2005，2008）。

自愿健康保险的保险人

从 1957 年到 1997 年，Vhi Healthcare 公司实际上是爱尔兰市场上唯一的自愿健康保险公司（该公司拥有一些限制成员的小型保险项目，如为警官提供保险的计划）。自 1992 年推出《欧盟第三非寿险指令》后，自愿医疗保险市场于 1994 年开放竞争。2015 年，开放的市场中已有四家保险公司（详见表 17.3）。

调查数据显示，从一个保险公司转保到另一家保险公司的转保率从 2003 年的 6% 上升到 2005 年和 2007 年的 10%，2010 年为 16%，2012 年为 23%，2014 年下降到 20%（健康保险局，2003、2005、2008、2010、2012、2014a）。节约成本是转保的主要原因，而不转保的主要原因是对目前的保险公司感到满意。

表 17.3　　　　　爱尔兰自愿健康保险公司概况（2015 年）

保险公司（进入年份）	市场份额（%）*	监管机构	经营性质
Vhi Healthcare（1957）	53	健康保险局、中央银行	非营利性
Laya Healthcare（1997：BUPA Ireland 至 2007 年，QUINN Healthcare 2007—2012）	23	健康保险局、中央银行**	营利性（BUPA Ireland 为非营利性）
Aviva Health（2014：VIVAS Health 直至 2008）	15	健康保险局、中央银行	营利性
GloHealth（2012）	5	健康保险局、中央银行	营利性
限制会员计划	4	健康保险局	非营利性

资料来源：*健康保险局（2014c）。

注：**BUPA Ireland 由英国金融服务管理局监管。

保险公司与医疗服务供应者的关系

私营保险公司并未与医疗服务供应者整合，持有自愿健康保险的人可以在私立医院接受治疗，也可以在公立医院的私人、半私人或公共床位接受自费治疗。医院专家通过向有公共医疗保障的患者提供治疗服务获得收入，并以服务费为基准，通过向商业保险的被保险人提供治疗服务获得收入。公立医院通常依据私人床位的使用（占公立医院床位的 20%）向保险公司收费。近年来，这些私人床位的收费大幅增加，以回收全部经济成本。2011 年 12 月，卫生部长宣布开始向保险公司收取自费病人使用公共床位的费用。在公立医院接受治疗的自费病人中，占一半的患者在公立医院或非指定病床（Comptroller and Auditor General，2009）接受治疗，因此保险公司没有被征收费用。经多次推迟，2014 年 1 月 1 日起，向使用公立医院病床的自费病人收费的决定才正式生效。

针对自愿健康保险的公共政策

商业保险公司必须遵循社群评级费率（社群费率）、公开参与及终身保障原则，并实行风险分摊制度以支持社群费率。风险分摊一直备受争议（详见表 17.4），所以 2009 年至 2012 年实施了一系列旨在均摊老年消费者部分费用的临时措施，并于 2013 年 1 月 1 日开始实施全面风险分摊计划。商业健康保险计划必须达到一个最低水平的保障。自愿商业健康保险总能享受到税收优惠形式的补贴，尽管在 2013 年将获得税收减免的保费上限定为每个成年人 1 000 欧元，每个 18 岁以下儿童 500 欧元。目前的自愿健康保险费率为保费上限的 20%。

表 17.4　爱尔兰自愿健康保险市场的发展与规制（1957—2015 年）

年份	政策
1957	《健康保险法》：成立健康保险局理事会（现为 Vhi Healthcare）为法定机构
1992	《欧洲第三非寿险指令》：要求欧盟成员国开放其非寿险市场进行自由竞争
1994	《健康保险法》：将爱尔兰自愿健康保险市场的三大支柱纳入立法（社群费率、公开参与、终身保障）
1995	自愿健康保险的保费由边际税率降至标准水平（20%），不再累退
1996	引入最低保障，保险公司之间执行风险分摊计划
1999	风险分摊计划被撤销；《自愿健康保险白皮书》发布，其中承诺分阶段增加公立医院的私人病床费用，以收回全部经济成本
2001	《健康保险（修正案）法》：制定新的风险分摊计划；引入了一个独立法定机构——健康保险局，管理爱尔兰的自愿健康保险；出台终身社群费率的规定（在白皮书中提出）
2002	国民待遇购买基金（NTPF）的建立是为了让在公立医院等待治疗时间超过 3 个月的有公共医疗保障的病人在爱尔兰或英国的一家私人医院进行免费治疗（费用由州支付）
2003	推出风险分摊计划；欧盟规则对阵 BUPA Ireland 公司的投诉，控诉称该计划为非法的国家援助，并诉讼至欧洲初审法院
2006	卫生和儿童部长决定在 1 月开始实行等额付款；根据法院的判决结果，风险分摊计划下的支付是合理的；BUPA Ireland 公司上诉至爱尔兰法院，但案件在 2006 年 11 月被驳回

续表

年份	政策
2007	BUPA Ireland 公司退出市场，其业务由 QUINN Healthcare 公司接管
2008	BUPA Ireland 公司对欧盟决议的诉讼被欧洲初审法院驳回；最高法院维持了高等法院对 BUPA Ireland 公司关于风险分摊决定诉讼的判决；采取了三年临时措施，同时开展研究新的风险分摊计划* 《自愿健康保险（修订）法案》：Vhi Healthcare 将从 2008 年底开始受金融监管机构的监管，并满足欧盟法规关于偿付能力的要求，但多次延期**
2009	《健康保险（综合条款）法》：健康保险局被赋予更大的执法权力；对 1994 年法案中社群费率的定义进行了修订，以反映最高法院判决中所强调的问题；废除了 70 岁以上人士（他们正接受家计调查）自动享有全面医疗卡（可在 2001 年至 2008 年获得）的政策
2011	欧洲审判法院否决 Vhi Healthcare 公司的豁免身份（关于偿付能力要求）
2013	风险分摊计划开始
2014	需向保险公司在公立医院使用的所有病床收取费用
2015	5 月 1 日推出终身社群费率；允许保险公司降低 26 岁以下的年轻成年人的保费；Vhi Healthcare 7 月获得中央银行授权；覆盖不满 6 岁和 70 岁以上人群的全科医师就诊卡推出

资料来源：Turner & Smith。

注：*临时措施包括两项内容：对健康保险公司征收团体费率税，同时大规模降低承保老年人的税收。**延迟的主要原因是 Vhi Healthcare 公司将需要注资以使其偿付能力符合金融监管机构及中央银行的规定。

有关自愿健康保险的争论与挑战

虽然商业健康保险在过去的卫生总费用中所占比例较低（在金融危机发生前约为 8%），但却备受媒体和政策讨论的关注，并在卫生系统中发挥着杠杆作用。关键问题为包括 Vhi Healthcare 与其竞争对手的关系（近期刚被解决）、为私营保险的被保险人的利益而扭曲公共资源配置的激励措施，以及自愿健康保险在双轨医疗卫生服务中的角色。

Vhi Healthcare 的竞争对手声称，将 Vhi Healthcare 列在《保险法》的管制范围之外是不公平的，这样它就无须持有最低水平的准备金来保证偿付能力，也不需要建立子公司从事其他业务活动。改变 Vhi Healthcare 的监管状态以使其与同业公司的监管保持一致的问题最初是在 1999 年提出来的（卫生与儿童部，1999），并于 2008 年再次提出，但最近才得以完全解决。2011 年，欧洲审判法院认定这项豁免是非法的。

对于自愿健康保险直接或间接公共补贴，为帮助拥有自愿健康保险的人群，现有的激励机制扭曲了资源的配置。除了对自愿健康保险的保费进行税收减免外，政府还通过培训为自愿健康保险患者服务的专业医疗人员，保险公司无须支付被保险人在公立医院使用私人和公共床位时的全部经济成本，来间接地补贴商业健康保险项目，尽管如前所述。过去政府强调公共补贴是正当的——"因为选择商业健康保险的人放弃了法定权利，同时通过税收继续为公共卫生服务保障作出贡献"（卫生与儿童部，1999：24）。还有人认为，商业健康保险降低了公共医疗的需求，但是实证并未支持这一说法。在公立医院，专科医师、私营保险公司都有着很强的财务激励去服务好被保险人。因此，有相当比例的自愿健康保险保障下的卫生服务发生在公立医院中。最近的数据表明，在12个月的时间内，有60%拥有自愿健康保险的成年患者入住公立医院（CSO，2011）。

另一个批评源于给予自愿健康险投保人的优惠待遇。一些证据表明，没有商业健康保险的人的待诊时间更长，并且人们担忧受自愿健康保险保障的病人接受的是专科医师的治疗，而受公共医疗保险保障的病人则更多的是得到初级医生治疗（Tussing & Wren，2006；Wren，2003）。虽然已经要求医院公布受公共医疗保险保障和受自愿健康保险保障待诊名单，但并未得到执行（O'Morain，2007）。2002年，旨在更快速地为受公共医疗保险保障的病人获得私立医院甚至到国外接受治疗服务的国民待遇购买基金（NTPF）成立。国民待遇购买基金于2011年被纳入特别服务部门。2008年修订的就诊合约包含了限制在公立医院接受治疗的受自愿健康保险保障的病人数量，并要求卫生专家一起工作，以专科医师团队（而非专科医师带领初级医生）的方式向患者提供服务（McDaid等，2009）。但并未对合约中的违规行为设置相应的罚则。

自愿健康保险的未来展望

随着自愿健康保险市场可能接近饱和，保费可能会以名义和实际价格进一步上涨，私营保险公司可能会多元化地经营其他保险和非保险产品（例如旅游和牙科保险）。2011年当选的联合政府（爱尔兰总理府，2011）发布的政府计划提出，在2016年之前推出一项全民健康保险制度，由竞争性的商业保险公司提供覆盖全部人口的强制保险。据此，自愿健康保险将不再能够提供比其他渠道更便捷的医疗卫生服务，但它仍然能够提供更好的医院设施。计划的主要目标是解决人们获取医疗护理过程中的不平等问题。全民健康保险的发展存在相当大的不确定性。该计划原定于2016年作为政府医疗改革方案的最后一部分推出，但却推迟到2019年。时任卫生部长于2014年获得任命时表示，虽然这个时间看似耗时费力，但如果全民健康保险得以实施，它很有可能对自愿健康保险的角色及规制产生重大影响。

参考文献

[1] Bourke J, Roper S (2012). In with the new: the determinants of prescribing innovation by Irish general practitioners. *European Journal of Health Economics*, 13 (4): 393 – 407.

[2] Colombo F, Tapay N (2004). *Private health insurance in OECD countries.* Paris, Organisation for Economic Co – operation and Development.

[3] Comptroller and Auditor General (2009). *Accounts of the public services* 2008: *Comptroller and Auditor General annual report.* Dublin, Office of the Comptroller andAuditor General.

[4] CSO (2011). *Health status and health service utilisation: quarterly national household survey: health. Quarter* 3 2011. Dublin, Central Statistics Office.

[5] Department of Health and Children (1999). *White paper: private health insurance.* Dublin, Government Stationery Office.

[6] Department of the Taoiseach (2011). *Programme for Government* 2011 – 2016. Dublin, Department of the Taoiseach (http: //www. taoiseach. gov. ie/eng/Work _ Of _ The _ Department/Programme _ for _ Government/Programme _ for _ Government _ 2011 – 2016. pdf, accessed31 August 2011).

[7] HIA (2003). *The private health insurance market in Ireland.* Report prepared by Amárach Consulting. Dublin, Health Insurance Authority (HIA).

[8] HIA (2005). *The private health insurance market in Ireland: a market review.* Report prepared by Insight Statistical Consulting. Dublin, HIA.

[9] HIA (2008). *The private health insurance market in Ireland: a market review.* Report prepared by Insight Statistical Consulting. Dublin, HIA.

[10] HIA (2010). *The private health insurance market in Ireland.* Report prepared by Red C Research & Marketing Limited. Dublin, HIA.

[11] HIA (2012). *Report on the health insurance market.* Report prepared by Millward Brown Lansdowne to the Health Insurance Authority. Dublin, HIA.

[12] HIA (2014a). *Report on the health insurance market.* By Millward Brown Landsdowne to The Health Insurance Authority. Dublin, HIA.

[13] HIA (2014b). *Newsletter*, May 2014 edition. Dublin, HIA (http: //www. hia. ie/sites/default/files/HIA _ May _ Newsletter _ 2014 _ Final. pdf, accessed 22 November 2015).

[14] HIA (2014c). *Market Statistics: Website Statistics* 2014. Dublin, HIA (http: //www. hia. ie/publication/marketstatistics, accessed 22 November 2015).

[15] HIA (2015). *Newsletter*, June 2015 edition. Dublin, HIA (http://www.hia.ie/sites/default/files/HIA_June_Newsletter_2015.pdf, accessed 22 November 2015).

[16] HSE (2015). *Annual report and financial statements* 2014. Naas, Health Service Executive.

[17] McDaid D et al. (2009). Ireland: health system review. *Health Systems in Transition*, 11 (4): 1-268.

[18] O'Morain P (2007). *The health of the nation: the Irish healthcare system* 1957-2007. Dublin, Gill & Macmillan Ltd.

[19] PCRS (2007). *Finance shared services: primary care reimbursement service: statistical analysis of claims and payments* 2007. Dublin, Health Service Executive.

[20] Turner B, Smith S (in press). Uncovering the complex role of private health insurance in Ireland. In: Thomson S, Mossialos E, eds. *Private health insurance and medical savings accounts: history, politics, performance.* Cambridge, Cambridge University Press.

[21] Tussing D. Wren M-A (2006). *How Ireland cares: the casefor health care reform.* Dublin, New Island.

[22] WHO (2016). Global Health Expenditure Database (GHED) [online database]. Geneva, WHO (http://www.who.int/health-accounts/ghed/en/, accessed 5 April 2016).

[23] Wren M-A (2003). *Unhealthy state: anatomy of a sicksociety.* Dublin, New Island.

18. 意大利

Francesca Ferré

卫生系统背景

卫生筹资结构

2014 年，公共卫生支出（主要来自一般税收收入）占卫生总费用的 75.6%，而自费支出和自愿健康保险分别占 21.2% 和 0.9%（WHO，2016），其占比在过去 15 年间一直相对稳定（Armeni & Ferré，2012）。

公共医疗保障的覆盖范围及其缺口

居民需强制参与国家卫生服务计划（即国家卫生服务中心，Servizio Sanitario Nazionale，SSN），且不允许退出。由于公立医院可以将卫生服务外包给经许可的私人机构，因此患者可以自由选择公立和私立医疗机构之间的许多医疗服务。经许可的私立医院病床占病床总数的 28%，但意大利 20 个地区间的私人病床地域分布差异很大，伦巴第和拉齐奥的私人病床比例较大（卫生部，2009）。国家卫生服务中心提供的医疗服务与产品的最低福利组合可以覆盖用户费用，尤其是药物和门诊费用。

自愿健康保险市场概况

市场的起源、目标与角色

自愿健康保险主要扮演着附加型保障的角色，提供了更为快捷且丰富的医疗服务选择，这对于那些希望享受在私立诊所（住院和门诊）兼职的公立医院专家（医疗服务）（Cavazza & De Pietro，2011）的人则更为典型。自愿健康保险也扮演着补充型保障的角色并覆盖：(1) 国家卫生服务中心的用户费用，例如药品、实验室诊断检测，专家门诊、假肢和康复的相关费用；（2）国家卫生服务中心以外的服务费用，如牙科护理、老年人家庭护理（但不包括居民长期护理）、美容治疗、热护理和替代药物的相关费用。自愿健康保险发展缓慢，可能是由于缺乏强大的财政支持以鼓励个人和公司投保（详见下文），而高额的保费也使人们难以负担，特别是在较贫穷的南部地区。

可供选择的自愿健康保险计划的类型

不论就诊医院性质（公立、经认可的私立或非经认可的私立医院），自愿健康保险计划都可以提供全额医疗补偿。但依然存在除外条款（如临床化验次数限制），以及除外的覆盖范围（例如，严重的既有病症和通常比较昂贵的治疗流程，例如不覆盖吸毒和酗酒、艾滋病和严重的心理健康问题）。大多数保单限制65~75岁以上的人购买。如果治疗不能在确诊后的前两年内开始，癌症患者通常也会受到限制。

人们投保自愿健康保险的原因

调查数据表明，人们购买个人附加型自愿健康保险是为了跳过待诊名单（Thomson & Mossialos, 2009），且有时能获得保险计划中列明的医疗中心所提供的更优质的医疗服务（或返还其他任何医院5%~25%的用户费用。）公共卫生服务和公众认可的卫生服务的可及性和待诊时间因地区和护理部位而异。例如，某些诊断测试［如骨骼矿物造影、胸部X光拍片、核磁共振成像（MRI）、正电子成像（PET）和计算机X射线层析成像（CT）扫描］和专家咨询（例如泌尿科、眼科和心脏病咨询）的平均待诊时间超过7.5个月（Fattore, Mariotti & Rebba, 2013）。此外，人们购买自愿健康保险计划是为了获得术后或其他康复过程的每日补贴，这种方案对于自由职业者有很大的吸引力。此外，为防止因疾病造成的永久性残疾风险，单一收入家庭购买自愿健康保险日益普遍。公司为员工购买自愿健康保险计划以作就业津贴。

自愿健康保险的投保人

约600万人拥有不同形式的自愿健康保险，这一比例在过去的3~4年内几乎保持稳定（Giannoni, 2009）。2010年，约有5.5%的人口拥有个人自愿健康保险（133万户家庭），比2008年增加0.5个百分点，约250万人拥有团体自愿健康保险。

个人自愿健康保险的购买者集中在高收入人群，16.3%的家庭来自收入最高的五分之一人群，而1.4%的家庭来自收入最低的五分之一人群，且中年购买人群多于年轻及老年人群。自愿健康保险的分布存在着地区差异：北部家庭占7.6%，中部家庭占7.2%，南部家庭占1.3%。教育是另一个决定因素，受过高等教育的人更有可能购买保险（意大利银行，2012）。2008年至2010年，团体自愿健康保险的购买量略有增加，而自由职业者仍是个体自愿健康保险市场的主要购买群体（详见图 18.1）。

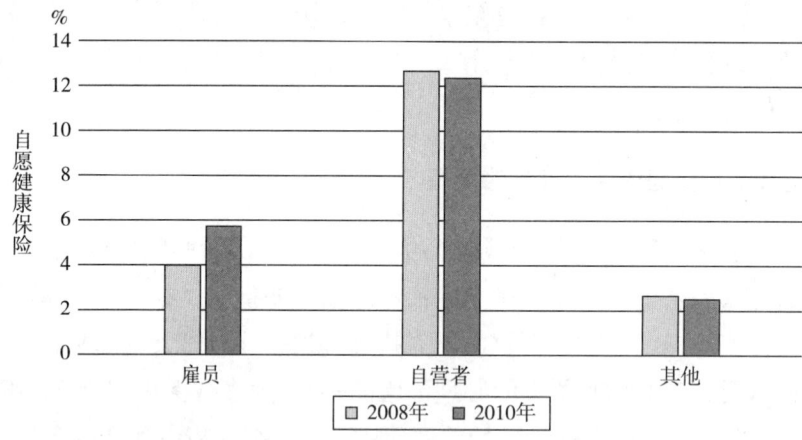

资料来源：意大利银行（2012）；NAIA（2012）。

注：没有获得团体自愿健康保险的信息。

图 18.1 以雇佣类型划分的意大利个人自愿健康保险的市场占有率（2008 年和 2010 年）

自愿健康保险的保险人

自愿健康保险计划由营利性和非营利性保险公司销售（详见表 18.1）。没有关于各类型保险公司销售自愿健康保险的保单数量信息，但非营利性保险公司售出了大部分自愿健康保险。

表 18.1 意大利自愿健康保险公司的类型（2010 年）

公司类型（营利状况）	保险方案	具体细节	机构数量
公司型基金（非营利组织）	团体	由 FIAT（FASIV）、ENEL 和 ENI（FISDE）等公司提供的特定雇主保险基金；可以由公司自己或由保险公司代为管理；75 岁以上的人群通常无法投保，但该方案可能包括退休人员，他们通常在很久以前就已投保；规模最大的基金使用团体费率，其他人通常使用社群费率	n/a
专业型基金（非营利组织）	团体	由各类专业工作者（如公务员）组织管理保险基金，只要在退休前投保的退休人员都可以被覆盖；规模最大的保险基金使用团体费率，其他则通常使用社群费率	n/a
互助协会（非营利组织）	团体和个人	以互助会形式组织的保险基金，对所有人都是开放的；投保年龄限制被固定在 65~75 岁；退休人员仍被覆盖且需支付较低的保险费；规模最大的基金使用团体费率，其他则通常使用社群费率	3

续表

公司类型（营利状况）	保险方案	具体细节	机构数量
商业保险公司（营利组织）	团体和个人	非寿险保险公司；最大的八家公司占有50%的商业健康保险市场份额（ANIA，2012）；根据个人风险评级厘定保费	65

资料来源：作者整理，ISTAT（2012）for the number of providers。

注：n/a 未知。

保险公司与医疗服务供应者的关系

商业保险公司没有与医疗服务供应商垂直整合。持有自愿健康保险的人可以在公立医院、经认可的私立医院和未经认可的私立医院进行治疗。一些商业保险公司仅允许被保险人在指定机构中进行选择。商业保险公司也倾向于鼓励人们使用公共医疗服务来降低成本，许多条款规定使用公共设施可获奖励（因为患者和保险公司可以免费使用），且为公立医院住院的患者提供每日现金津贴（Giannoni，2009）。

医生从为有公共医疗保障的患者提供治疗服务中获得收入，有商业医疗保障的患者通常按服务次数向医生付费。若保险公司与医院签有合同，则提供实物给付；如果没有，由患者先行支付，后由保险公司报销。

针对自愿健康保险的公共政策

表18.2总结了意大利自愿健康保险市场的发展和规制。自愿健康保险的引入和推广旨在推动私人卫生支出增长，而不打破国家卫生服务中心的稳定性和普遍性。自愿健康保险通过税收优惠获得补贴，19%的医疗费用可从个人应纳税所得额中扣除。此外，即使部分或全部费用都可由保险支出，保费仍可以从应纳税所得额中扣除（可扣除129欧元）。此外，非附加型自愿健康保险的保费可在个人收入中作税前扣除（doc 计划主要侧重于补充型自愿健康保险）。自2003年以来，每年可免税收入的上限为3 615欧元。雇主所支付的健康保险保费按减免费率征税，并要求雇主向意大利社会保障协会支付工资的10%，以替代普通社会保险的供款。

商业保险监督管理局是主要的监管机构，与卫生部一同负责自愿健康保险市场的规范与监督。商业保险公司也受2005年的商业保险准则约束。

商业健康保险公司对其经营活动有较大自主权，包括医疗机构选择和福利范围的制定（Cavazza & De Pietro，2011）。它们所面临的唯一限制是需公开招标，并将20%牙科及社会护理（长期护理）的保费利润用于需要生活帮助的群体，以获得税收优惠。

有关自愿健康保险的争论与挑战

尽管自愿健康保险在卫生总费用中所占份额很小,但近来却引起了媒体和政策讨论的高度关注。政府呼吁进一步发展综合健康基金作为卫生系统的强有力的第二支柱,以确保国家卫生服务中心的财务可持续性,并促进受金融和经济危机影响的卫生和社会护理之间的整合。此外,由于全国范围内牙科和长期护理服务的获取渠道分布并不均匀,因此综合健康基金和自愿健康保险的角色、组织和监管已成为关注焦点(ISTAT,2012)。

自2009年以来,中央政府明确支持发展综合健康基金(详见表18.2)。但却遭到了一些批评。首先,有证据表明,大多数类型的自愿健康保险显著增加了在获得专业服务方面的横向不平等,可能拉大北部和南部之间的经济和社会差距,特别是因为权力的下放和财政联邦制仍在政府议程上。这可能会导致各地区公私混合机制在区域间更大的变数,并且随着北部地区自愿健康保险覆盖范围的扩大,将导致更多投保上的差异(Giannoni,2009)。

表 18.2　　意大利自愿健康保险市场的发展与规制(1886—2012年)

年份	政策
1886	互助会在自愿的基础上向工匠和工人开放
1978	国家卫生服务中心成立
1992	自愿健康保险市场正式开放,以发挥替代型作用(1992年以前没有商业健康保险)
1993	商业自愿健康保险市场被综合健康基金(IHFs)迅速取代,提供补充型和附加型自愿健康保险
1999	确定国家卫生服务中心最低保障方案以及综合健康基金提供的医疗服务(只能由公立和认可的私立医院提供);挑选患者的行为仍然不被允许(放开资格要求)
2000	修改了个人和团体自愿健康保险的监管和保费税处理规定;为综合健康基金和其他保险公司的保费提供税收减免
2005	通过了新的《私营保险法典》
2008	卫生部法令规定,综合健康基金必须提供国家卫生服务中心未完全覆盖的长期护理和牙科服务,才能获得财政补贴;2008年的《国家金融法》要求综合健康基金具有偿付能力,实现资本充足化并提供有竞争力的保费(应低于商业保费)
2009	政府的《低收入人群福利绿皮书》提出综合健康基金应覆盖长期护理服务的观点,福利白皮书明确支持综合健康基金的发展
2010	新立法要求将所有综合健康基金列入国家注册名单,并将至少20%的总保费收入(即来自整个综合健康基金(IHFs)分配给牙科护理和社会护理(主要是长期护理),以获得财政补贴,助力人们的日常生活

续表

年份	政策
2011	政府发布了一个关于 2009 年绿皮书中提出的福利计划执行情况的报告,支持综合健康基金参与签订国家和公司层面的集合合约
2012	政府支持发展综合健康基金作为卫生系统的强有力的第二支柱,以确保国家卫生服务中心的财务可持续性并促进卫生与社会护理之间的整合

如果不考虑各地区现有的不均衡现象,扩大自愿健康保险覆盖率可能会进一步削弱国家卫生服务中心在全国范围内确保统一服务的功能(Giannoni & Masseria, 2007; Rebba, 2010),因为持有自愿健康保险的患者接受了更好的治疗。有些证据表明,没有自愿健康保险的人群待诊时间更长。其次,也有人担心公共卫生投资的逐渐减少可能会进一步影响没有自愿健康保险的患者获得护理服务的机会。第三,对各类私营健康保险公司管理和监督的低水平也意味着自愿健康保险的覆盖范围和深度以及支付的保费水平存在着很大差异。

区域和公共的医疗保健组织也赞成增强附加型及补充型自愿健康保险的功能,因为它提供了额外的筹资来源,有助于为寻求护理及额外服务的患者提供分布更均匀的保障、更有效的病患管理,如转移部分治疗至私立医院等。

自愿健康保险的未来展望

虽然政府试图推动综合健康基金的发展,但是自愿健康保险市场并未显著增长。除非政府继续推动自愿健康保险的发展,否则其参保人数持续增长的可能性较小。

参考文献

[1] ANIA (2012). *L'assicurazione italiana* 2011 – 2012 [*The Italian insurance* 2011 – 2012]. Rome, Associazione Nazionale fra le Imprese Assicuratrici [Italian National Association of Insurers] (http://www.ania.it/export/sites/default/it/pubblicazioni/rapporti – annuali/Assicurazioneitaliana – Appendice – statistica/Assicurazione – Italiana – 2011 – 2012. pdf, accessed 22 November 2015).

[2] Armeni P, Ferré F (2012). La spesa sanitaria: composizione ed evoluzione [Health expenditure: composition and evolution]. In: Cantù E, ed. *Rapporto OASI* 2012. *L'aziendalizzazione della sanità in Italia* [*OASI Report* 2012: *The managerialism of health in Italy*]. Milan, EGEA: 109 – 166.

[3] Bank of Italy (2012). *I bilanci delle famiglie italiane nell'anno* 2010 [*The financial statements of Italian families*]. Rome, Bank of Italy (https://www.bancaditalia.it/pubblicazioni/indagine – famiglie/bil – fam2010/suppl _ 06 _ 12new. pdf accessed 22 November 2015).

[4] Cavazza M, De Pietro C (2011). *Sviluppo e prospettive dei fondi integrativi del Servizio Sanitario Nazionale* [*Development and prospects of the matching funds of the National Health Service*]. In: Cantù E, ed. *Rapporto OASI* 2011. *L'aziendalizzazione della sanità in Italia* [*OASI Report* 2011: *The managerialism of health in Italy*]. Milan, EGEA: 173–200.

[5] Fattore G, Mariotti G, Rebba V (2013). Italy. In: Siciliani L, Borowitz M, Moran V, eds. *Waiting time policies in the health sector. What works?* OECD Health Policy Studies. Paris, Organisation for Economic Co – operation and Development.

[6] Giannoni M (2001). Fondi sanitari integrativi: situazione attuale e prospettive [Supplementary health funds: current situation and prospects]. *Tendenze Nuove*, 1.

[7] Giannoni M (2009). Italy. In: Thomson S, Mossialos E, eds. *Private health insurance in the European Union. Final report prepared for the European Commission, Directorate General for Employment, Social Affairs and Equal Opportunities.* London and Brussels, LSE Health and Social Care, London School of Economics and Political Science and European Commission: 226–255.

[8] Giannoni M, Masseria C (2007). Assicurazioni sanitarie volontarie in Italia: problemi di accesso e prime stime di indicatori di equità orizzontale [Voluntary health insurance in Italy: problems of access and first estimates of indicators of horizontal equity]. In: *Forme di copertura dei costi delle prestazioni complementari a quelle erogate dal SSN in un contesto di federalismo* [*Coverage forms of costs for additional health benefitsnot provided by the NHS in a context of federalism*]. Report for the Italian Ministry of Health (Direzione Generale della Ricerca sanitaria e dellaVigilanza sugli Enti).

[9] ISTAT (2012). *Italia in cifre* [*Italy in figures*]. Rome, Istituto Nazionale di Statistica (http://www.istat.it/it/files/2011/06/Italia – in – cifre – 03 – ago – 2012 – Italia – in – cifreedizione – 2012. pdf, accessed 2 December 2015).

[10] Ministry of Health (2009). *Attività gestionali ed economiche delle ASL e Aziende Ospedalieri. Annuario Statistico del Servizio Sanitario Nazionale* 2009 [*Management and economic activities of the local health authority and hospital enterprises. Statistical yearbook of the National Health Service* 2009]. Rome, Ministry of Health (http://www.salute.gov.it/portale/documentazione/p6 _ 2 _ 2 _ 1. jsp? lingua = italiano&id = 1677, accessed 2 December 2015).

[11] Rebba V (2010). Le assicurazioni integrative [Supplementary insurance]. In: Gori C, ed. *Il sistema di protezione e cura delle persone non autosufficienti. Prospettive, risorse*

e gradualità degli interventi [*The system of protection and care of dependent persons. Perspectives, resources and interventions*]. Project promoted by the Ministry of Labour and Social Policy and IRS. Rome and Milan, Ministry of Labour and Social Policy and IRS.

[12] Thomson S, Mossialos E (2009). *Private health insurance in the European Union*. Final report prepared for the European Commission, Directorate General for Employment, Social Affairs and Equal Opportunities. London and Brussels, LSE Health and Social Care, London School of Economics and Political Science and European Commission.

[13] WHO (2016). Global Health Expenditure Database (GHED) [online database]. Geneva, WHO (http://www.who.int/health-accounts/ghed/en/, accessed 5 April 2016).

19. 拉脱维亚

Girts Brigis

卫生系统背景

卫生筹资结构

2014年，公共卫生支出占卫生总费用的63.2%，自费支出和自愿健康保险卫生支出分别占35.1%和1.6%（WHO，2016）。2014年，公共卫生支出仅占GDP的3.7%，是欧盟国家中水平最低的国家之一（WHO，2016）。自金融危机、经济危机爆发以来，商业健康总支出占卫生总费用的比重有所增加。

公共医疗福利的保障范围及覆盖缺口

国家卫生服务局①是卫生部下属的一个政府机构，与私立和公立医疗保健服务供应商签订合同（Tragakes等，2008）。根据法律（2006年的《医疗法》第16款和17款），国家卫生服务局的保障覆盖全体居民，包括拉脱维亚公民和非公民，居住在拉脱维亚的欧盟和欧洲经济区国民以及在拉脱维亚永久居住的非欧盟和非欧洲经济区国民（Mitenbergs等，2012）。虽然公共福利内容十分广泛，但患者面临着大量的用户费用和其他自付费用。

自愿健康保险市场概况

市场的起源、目标与角色

拉脱维亚1991年独立后，自愿健康保险市场作为一般商业保险市场的一部分

---

① 之前被称为国家强制健康保险局。

而出现，并被认为是自由市场经济的现象而在政治上获得支持。前十年中，自愿健康保险市场微不足道，只扮演着附加型保障的角色，如在住院期间提供更好的设施。随着时间的推移，国家卫生服务局医疗服务中的直接的自付费用开始增加，并增设了用户费用，待诊时间也开始延长。在这种情况下，尽管保险公司抱怨自愿健康保险业务[①]的利润率低，但市场却逐渐发展起来，既扮演着附加型保障的角色也扮演着补充型保障的角色（覆盖用户费用和国家卫生服务局保障范围之外的服务费用）。

可供选择的自愿健康保险计划的类型

所有保险公司都提供各种自愿健康保险方案。由于大多数健康保险都是以团体形式销售，由雇主为其员工购买，因此条款通常是协定的。自愿健康保险可以覆盖用户费用、任何住院和门诊服务的固定费用、非国家卫生服务局的医疗服务以及私立和公立部门更快捷的服务。由于方案范围广泛，医疗机构对哪些是保险责任哪些不是保险责任常常发生混淆。自愿健康保险通常是独立销售的（不与其他保险产品挂钩）。

人们投保自愿健康保险的原因

人们投保自愿健康保险的主要原因是由于公共筹资水平较低，公费医疗服务有限，人们购买自愿健康保险以获得更快捷的医疗服务（目前国家卫生服务局的待诊的时间很长），或获得国家卫生服务局保障以外的服务。限制市场增长的主要因素是民众的财富及其购买力。

自愿健康保险的投保人

根据《欧洲健康访谈研究》，拉脱维亚23%的女性和24.2%的成年男性在2008年都拥有某种类型的自愿健康保险（中央统计局，2010）。大多数持有自愿健康保险者皆属于处于工作年龄阶段经济活跃度高且具有较高的教育水平的在职人群，由其雇主购买了保险，而只有19.2%的人自行购买了自愿健康保险（即他们拥有团体健康保险，但不是雇主支付的保险费）。

自2008年以来，由于经济危机，自愿健康保险的需求急剧下降。例如，由于国家预算的刚性，几年来政府、市政机构和组织都禁止为其员工购买自愿健康

---

① 根据作者基于金融和资本市场委员会数据（2012）的计算结果，2011年自愿健康保险行业（不包括意外事故）的平均索赔占2011年保费收入的95.4%。该比例自2008年起有所增加，主要可归结为经济危机。但重要的是，寿险和非寿险公司的要求不同，因此很难对自愿健康保险业务进行单独估算。

保险。

自愿健康保险的保险人

自愿健康保险仅由商业保险公司，特别是国际商业保险公司销售。它们并非专营健康保险，而是都提供一系列寿险或非寿险产品。据统计，2015年有6家保险公司销售自愿健康保险保单（金融与资本市场委员会，2015），但拉脱维亚保险公司协会显示的数量更多，为15家。对这种差异的解释可能是一些公司实际上表现并不活跃。自愿健康保险的市场集中度很高，三家最大的公司占据了65%的市场份额。

2010年，只有一家保险公司提供个人商业健康保险计划，这些计划主要是覆盖了用户费用的低成本保单。2010年后，数家保险公司开始提供个人健康保险，但这类产品并不受欢迎，因为其保障范围非常有限，保费较高，特别是在当前的经济环境下，很少人有能力购买。

保险公司与医疗服务供应者的关系

保险公司和医疗服务提供者间的关系（包括所提供服务的质量）受独立合同约束。保险公司和医疗服务提供者之间没有垂直整合，因为保险公司不是专业化的，和医疗服务提供者不能满足垂直整合所需的资本要求。选择性签约虽被允许，但并没有广泛实施。理论上，保险公司可以对服务成本进行议价，但这种谈判在实际操作中很复杂。

在经济危机之前，医疗服务提供者通常直接找保险公司进行报销，无须患者参与。随着经济状况恶化，医疗服务提供者开始遇到不付款和延期付款问题，他们开始向患者全价收费，现在保险公司则向病人而非医疗服务提供者进行报销。

服务价格由保险公司和医疗服务提供者协商确定，由国家卫生服务局覆盖的服务价格相对较低（国家卫生服务局的方案通常会将价格降至成本以下），但以自付费用方式购买的服务，特别是由自愿健康保险报销的服务通常非常昂贵。这在某种程度上会受到偷漏税的影响，偷漏税增强了支付能力，并促使和医疗服务提供者收取较高的价格。所有医疗服务提供者可以同时在公立和私立部门工作。

针对自愿健康保险的公共政策

一直以来，公共卫生体系的资金来源有限，所以政策对自愿健康保险给予了高度支持，并视其为额外的资金来源。尽管自愿健康保险在获取治疗方面可能会产生一些负面影响（参见下节），但并没有专门自愿健康保险的规定。自愿健康保险市场的唯一监管机构是负责监管该国所有金融机构的金融与资本市场委员会。

有关自愿健康保险的争论与挑战

卫生系统的几个特点影响着公共部门和私营部门之间在筹资和服务提供方面的关系。国家卫生服务局的医疗服务价格更多地取决于卫生预算而非实际成本，由于自费患者支付的价格较高，医院倾向于优先考虑为自费患者提供服务，越来越多的医生拒绝与国家卫生服务局签订合同。由于大多数自愿健康保险是由雇主购买的团体保险，被保险人往往是比较年轻、健康的人群，相较于那些需要治疗的人，他们更容易获得医疗服务。

虽然许多专家和医院都准备为国家卫生服务局提供更多的服务，但目前的预算限制并不允许。随着经济复苏，对自愿健康保险的需求可能会增加，例如，政府为员工购买健康保险的限制已经取消。

自2010年以来，政府计划从根上改变国家卫生服务局公费医疗的获取资格，即从居住地改为支付新的专项工资税，对此的争议一直存在（Mitenbergs, Brigis & Quentin, 2014）。其原因是政府为了排除国民保险制度保障范围中避税或不纳税的人，包括大量居住在国外的拉脱维亚人（卫生部，2012）。拉脱维亚银行和其他机构已经提议，这个新的强制保险方案由竞争性的私营保险公司负责管理，这与2006年在荷兰实施的改革类似。但目前的医疗保障方案的管理仍由国家卫生服务局负责。

商业保险公司认为现行制度的主要缺陷之一是国家卫生服务局的保障范围界定不明确。关于国家卫生服务局的组织和筹资的主要文件——《第1046号部长内阁条例》（卫生部，2012）列出了一份通常每年会调整几次的负面服务清单。保险公司更倾向于有一个固定、正面的服务清单，来更好地规划它们的产品。它们还呼吁改善与国家卫生服务局的沟通交流，避免因同一服务（由自愿健康保险和国家卫生服务局）造成双重付款。

自愿健康保险的未来展望

虽然经济形势正在改善，但预计公共卫生支出将缓慢增长，并在相当长的时间内保持在最佳水平以下。如果家庭有能力负担自愿健康保险，对自愿健康保险市场将是利好消息。

参考文献

［1］Central Statistical Bureau（2010）. *Iedzīvotāju veselības apsekojuma rezultāti Latvijā* [*Health survey results in Latvia*］. Riga, Central Statistical Bureau.

［2］Financial and Capital Market Commission（2015）［website］. Licenses Issued to Insurance Companies.（http://www.fktk.lv/en/market/insurance/licences – issuedto – insurance – c.html, accessed 22 November 2015）.

［3］Ministry of Health（2012）. *Veselības obligātās apdrošināāšanas koncepcijas projekts* [*Project of mandatory health insurance concept*］. Riga, Ministry of Health（http://www.lvportals.lv/wwwraksti/LVPORTALS/KONC _ VES _ APDROS _ GALA _ 2012.PDF, accessed 2 December 2015）.

［4］Mitenbergs U et al.（2012）. Latvia: health system review. *Health Systems in Transition*, 14（8）: 1 – 191.

［5］Mitenbergs U, Brigis G, Quentin W（2014）. Healthcare financing reform in Latvia: switching from social health insurance to NHS and back? *Health Policy*, 118（2）: 147 – 152.

［6］Tragakes E et al.（2008）. Latvia: health system review. *Health Systems in Transition*, 10（2）: 1 – 253.

［7］WHO（2016）. Global Health Expenditure Database（GHED）［online database］. Geneva, WHO（http://www.who.int/health – accounts/ghed/en/, accessed 5 April 2016）.

20. 立陶宛

Gintaras Kacevicius

卫生系统背景

卫生筹资结构

2014年，公共卫生支出占卫生总费用的67.9%，自费卫生支出占31.3%，自愿健康保险卫生支出占比小于1%（WHO，2016）。

公共医疗保障的覆盖范围及其缺口

所有永久居民，包括外国公民，以及在该国合法工作的临时居民都有权获得公共医疗保险。所有经济活跃人口（占总人口的42%）需要支付保费，政府为19类非经济活跃人口（占总人口的58%）支付保费。2011年，公共医疗保险覆盖了91%有资格享有公共医疗服务的群体。剩下的9%的人口（例如，未正式声明离开本国的人、地下经济中的人、无家可归的人）只能获得免费的急诊服务。

公共保障方案覆盖很广泛，且服务通常是免费的。其主要除外情况为药品（高达50%的共同保险）、慢性病康复（50%共同保险）和高于正常标准的治疗服务（患者则需自行支付价差）。大多数私立医疗服务提供商与国家健康保险基金签约，通常收取高于公立医疗服务提供商的额外费用。公立和私立医疗服务提供商也提供公共医疗保障覆盖范围外的服务，这些服务费用通常由患者自付。由于医保覆盖范围的广度和深度，自愿健康保险的发展空间不大。

自愿健康保险市场概况

市场起源、目标与角色

自立陶宛1990年独立后，议会于1991年通过《国民健康理念》为卫生系统的未来发展确立了框架。鉴于公共资源的稀缺性，它明晰了强制性健康保险和自愿健康保险的发展方向，通过1996年的《健康保险法（第Ⅰ-1343号）》这两种保险体系被建立起来。如今自愿健康保险扮演着附加型保障的角色，私营医院提供了更为快捷的就诊服务。自愿健康保险也扮演了较小的补充型保障的角色，覆盖了部分法定保障范围外的服务。

可供选择的自愿健康保险计划的类型

自愿健康保险计划主要是由私立医疗服务提供商提供的服务，也包含公立医疗服务提供商提供的部分服务（全科医师咨询、专科门诊护理、康复、牙科护理、药品、眼镜、诊断、预防、住院护理）。

人们投保自愿健康保险的原因

自1996年以来，自愿健康保险市场并未显著发展，2009年覆盖总人口的1%以下（Murauskiene等，2013）。调查数据（Buivydas等，2010）显示，人们投保自愿健康保险的主要原因是：（1）为重大疾病提供额外财务保障；（2）获取更高的质量和更快捷的医疗服务。

自愿健康保险的投保人

自愿健康保险主要由跨国公司或大型国企（例如银行、外资企业）为员工购买以作为员工福利（享有税收优惠，详见下文）。因此，自愿健康保险主要覆盖居住在大城市的中高收入人群，个体购买者非常少。

自愿健康保险的保险人

2011年，自愿健康保险市场上有7家保险公司（详见表20.1），都为商业公司。截至2011年底，由保险监督管理委员会（ISC）进行监管。自2012年保险监督管理委员会被取消以来，立陶宛中央银行已取代其监管职能。市场集中度相对较高，两家保险公司约占60%的市场份额。

表20.1　　自愿健康保险公司的市场份额（2011年底）

公司	市场份额（%）
SEB Gyvybés draudimas	31
ERGO Life Insurance SE	27
Compensa Life Vienna Insurance Group SE	13
If P&C Insurance	11
PZU	9

续表

公司	市场份额（%）
BTA Baltic Insurance Company JSC	6
Gjensidige Baltic	4

资料来源：保险监督管理委员会（2011）。

注：因四舍五入，市场份额总计达101%。

保险公司与医疗服务供应者的关系

商业保险公司未与医院整合，拥有自愿健康保险的人可以在私立医院或按自费病人在公立医院接受治疗。商业及公共医疗服务供应商向投保商业保险的患者提供治疗服务，都以服务费为基础获得报酬。一些昂贵的治疗病例报销必须事先与保险公司商定。

针对自愿健康保险的公共政策

自其设立以来，自愿健康保险被视为医疗筹资的另一来源。私立医院也大力支持自愿健康保险的发展，以进入并拓展它们在医疗卫生市场的份额，如私立医院希望保险能带来额外的收入。对于与国家健康保险基金签约的私立医院，自愿健康保险预计将支付（全部或部分）患者的自付费用。对于非签约的私立医院，保险可能会为购买力有限的消费者增加医疗服务的报销渠道。从人数来看，自愿健康保险的发展有望带来更专业（更高质量）的护理。

基于这些原因，自1996年以来，几乎各级政府都将自愿健康保险市场的发展纳入其政治规划。自2007年以来，自愿健康保险通过税收减免获得补贴。2006年至2008年，政府提出了一个基于家庭医疗储蓄账户而非自愿健康保险的观念。随后联合政府（2008年至2012年执政）下令于2010年对自愿健康保险市场进行全面的可行性研究。该研究确定了促进市场发展的条件，其中包括：低管理成本（将管理费用上限设为4%~7%）；使很大一部分（高达50%）的人口强制购买自愿健康保险；政府的财政支持（税收减免）；低保费；保险公司进入市场较低的壁垒；团险和个险保单的可及性。该研究提出了两种替代型方案的组合：商业保险和医疗储蓄账户（Buivydas等，2010）。

有关自愿健康保险的争论与挑战

由于人口覆盖率很低，自愿健康保险对卫生系统的影响有限。然而，该保险在政策讨论和媒体上受到医疗专业人员的重视。

自愿健康保险的支持者主要是在私立部门工作的医疗专业人员及同时在公立、私立部门工作的医疗专业人员。非签约私立医疗服务提供商积极寻求与私营保险公司签订合同以增加收入，这带来了积极效应，如为患者提供更丰富的选择、增强了医疗服务提供商间的竞争。更多的自愿健康保险可能会提升私立医疗服务的可及性。

自愿健康保险的政策支持受医疗服务提供者支持的影响，也主要是基于人们相信自愿健康保险有着一系列优势（详见图20.1）。然而，作为2010年可行性研究一部分的欧洲自愿健康保险经验分析显示，关于附加型自愿健康保险的优势只达到部分或根本没有达到预期。例如，只有部分证据表明附加型自愿健康保险会提升快捷度并减少待诊时间（Buivydas等，2010：20）。

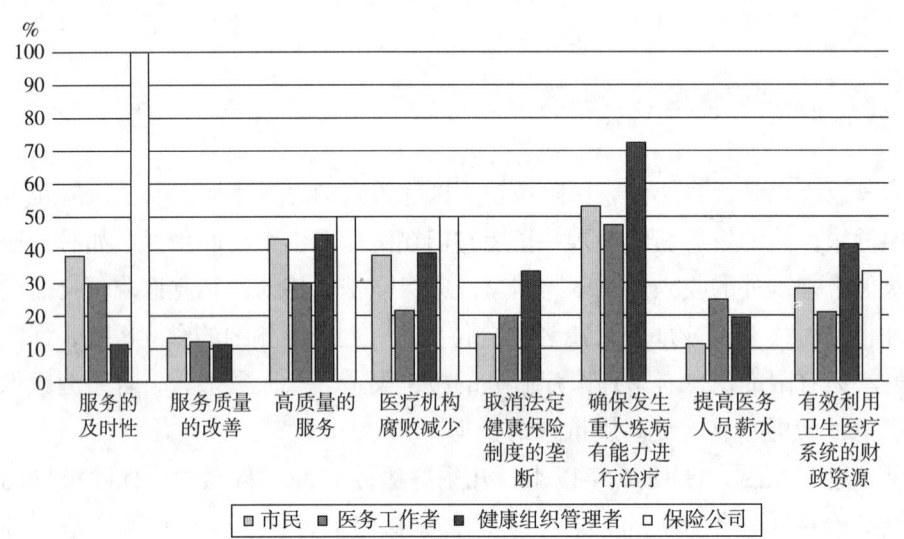

资料来源：卫生经济中心（2011）。

图20.1 立陶宛自愿健康保险的潜在优势（2010年）

该研究还调查了公众有关自愿健康保险的意见（详见图20.1）。调查显示，尽管医疗专业人员对自愿健康保险发展的潜在优势持乐观态度，但普通民众对此并不看好。自愿健康保险的发展得到了25%的调查者的支持，50%的调查者表示支持的前提是不影响那些没有自愿健康保险的人。大多数受访者（占59%）认为自愿健康保险应覆盖大部分人口。

然而，相同比例的受访者（59%）拒绝支付比目前更多的医疗保健费用，并期望自愿健康保险的保费将由雇主或政府支付。这一观点是因为2009年以来，公共医疗保险的缴款已作为单独的专用税征收（此前作为所得税一部分征收），这使得一些人更加关注公共医疗保险的成本。更重要的是，这项调查是在经济衰退严重的时期进行的，人们对额外的付款（如保费和用户费用）一般持消极态度。由于负面舆论，政府已经停止进一步发展自愿健康保险市场的措施。

总体而言，自愿健康保险的发展局限性可以归因于人口购买力低下、公共医疗服务覆盖范围广泛以及没有大额的用户费用。必要时，人们更愿意自付费用给医疗服务提供者，而不是定期支付保险费。在健康保险供应方，保险公司赔付率不高（2011年为69%），行政费用相对较高，赔款支出通常远低于保费收入。

自愿健康保险的未来展望

卫生系统的发展可能会促进自愿健康保险市场的未来发展。首先，为了符合马斯特里赫特条约标准的财政调整，意味着公共卫生支出将被控制在低于危机前的水平。这使得自愿健康保险成为获得卫生系统额外收入的选择。其次，要求更为明确地界定公共福利方案的压力以及加强国家健康保险基金的监管权力督促议会卫生委员会对法案进行修正。但是，这些修正案没有通过，也不再提上政治议程。最近的一项提案是禁止医疗提供者向拥有公共医疗保险的患者收取额外的费用。最后，过去几年对自愿健康保险的各项研究已经得出了更多关于其优缺点的证据。

自2012年底以来，执政的左翼联合政府已将自愿健康保险纳入其计划，提出将强制性和自愿性健康保险进行更大规模的整合，尽管它们将采取比前政府更为谨慎的方法。然而，没有理由相信人们对推行半强制购买私人健康保险的态度会有所改变。因此，未来几年自愿健康保险获得明显扩张的可能性不大。

参考文献

[1] Buivydas R et al. (2010). *Papildomo savanoriškojo sveikatos draudimo analize* [*Supplementary voluntary health insurance analysis*]. Vilnius, Health Economics Centre.

[2] Health Economics Centre (2011). New developments in Lithuanian health care system. Presentation by Buivydas R, Cerniauskas G. March 2011, Vilnius, Health Economics Centre.

[3] ISC (2011). *Draudimas Lietuvoje metine ataskaita* 2010 [*Insurance in Lithuania, annual report* 2010]. DPK, Vilnius. (https://www.lb.lt/2010_metu_veiklos_apzvalga, accessed 8 November 2015).

[4] Murauskiene L et al. (2013). Lithuania: health system review. *Health Systems in Transition*, 15 (2): 1-150.

[5] WHO (2016). Global Health Expenditure Database (GHED) [online database]. Geneva, WHO (http://www.who.int/health-accounts/ghed/en/, accessed 5 April 2016).

21. 马耳他

Natasha Azzopardi – Muscat

卫生系统背景

卫生筹资结构

2014年，公共支出占卫生总费用的69.2%，自费支出和自愿健康保险支出分别占28.9%和1.7%（WHO，2016）。

公共医疗保障的覆盖范围及其缺口

公共医疗保障为社会保障体系所覆盖的居民提供全面的预防、诊断、治疗和康复医疗服务。它还为特殊人群如无证移民或有工作许可的外籍劳工提供必要的医护服务。尽管医疗服务是免费的，但预约某些专科门诊、进行诊断检查如共振扫描等以及白内障、关节置换等手术可能需要等待很长时间。

在基础护理（主要由私立医疗提供者提供）和门诊专科护理方面，民间卫生筹资发挥着重要作用。自付费用仍然是支付门诊药物（住院药品免费提供）、全科诊断的主要途径[①]，还被广泛应用于私立门诊专家的咨询。然而，在私营部门进行咨询、日托和住院治疗的费用大部分由商业医疗保险报销。

自愿健康保险市场概况

市场起源、目标与角色

传统上，私人医疗护理都为自费。自20世纪90年代中期以来，自愿健康保险

[①] 可免费提供约70种治疗慢性病的药品，收入低于一定额度的人也有资格在有限名额中免费获得药品。

的投保量开始增加。2010年，自愿健康保险覆盖了21.2%的人口（马耳他保险协会，2012）。自愿健康保险主要扮演着附加型保障的角色，提供更及时的治疗和高级病房设施，一般不覆盖公共医疗部门不提供的医疗服务。然而，一些自愿健康保险保单可以报销在马耳他国内不常有而在国外接受治疗的费用。最近，一些自愿健康保险已开始覆盖以往公共医疗保障补贴有限的牙科治疗（即补充型保障的角色）。

由于商业保险公司的竞争日益激烈，新兴医疗服务提供者的出现，私人护理成本的增加以及包括就业形势稳定在内的社会经济条件的普遍改善，过去15年间，自愿健康保险在卫生总费用中的份额增加了一倍。

可供选择的自愿健康保险计划的类型

自愿健康保险的保障范围和投保资格差异很大，大多数保险公司不接受65岁以上的新投保人，但现有的保单通常可以无限期续保。大多数保险方案不覆盖慢性病和有既往病史人群，通常还将常规检查、筛查、整容手术、分娩、缓解性治疗、某些牙科护理、慢性病化验与治疗列为除外责任。保费通常是按社群费率收取，但某些保险将保费与年龄或风险因素挂钩。一些保险公司可能会要求投保人，特别是老年人提供体检结果。对于超过一定规模的团体，保费采用经验费率，小规模团体保费则使用社群费率，团体保单也会享受团体优惠。

人们投保自愿健康保险的原因

自愿健康保险提供了比公共医疗保障更广泛的医疗机构选择权，并为在公立机构治疗的患者提供现金津贴。自愿健康保险在那些希望跳过待诊名单、预定在方便的时间进行治疗、在高级病房（单间）住院的群体中很受欢迎。

自愿健康保险的投保人

2010年，约70%的被保险人受团体保单的保障（马耳他保险协会，2012）。这些保单由公司为员工购买，也可能覆盖员工的家属。其余30%的被保险人是中高收入人群，大多数为有家庭的人而非单身人士。由于团体通常享受优惠、公司通常购买保障力度较为有限的团体保险，所以团体保险在总保费金额中所占比例要远低于其在投保人群中所占的数量比例。约有52%的被保险人的保障范围十分有限，主要为门诊护理和有限的住院治疗（马耳他保险协会，2012）。基本型和标准型自愿健康保险的保障范围都比公共医疗保险的保障范围狭窄得多。

根据2008年进行的欧洲健康调查（卫生信息和研究部，2010），马耳他有五分之一的被调查人口称自己拥有自愿健康保险。收入较高和接受高等教育的人更有可能投保自愿健康保险。保险公司间的竞争程度有所增加，然而，拥有高保障程度的保单依然只有高收入人群能够负担得起。

自愿健康保险的保险人

马耳他目前有 8 家自愿健康保险公司：1 家公积金协会（BUPA 保险有限公司）和 7 家商业保险公司。公积金协会是第一家进入自愿健康保险市场的公司，其余 7 家则在后期进入市场。随着时间的推移，市场参与者数量逐渐增加。

保险公司与医疗供应者的关系

保险公司与医院、诊所单独就条款进行谈判。保险公司和医疗服务提供商之间没有进行整合，通常与所有的医疗服务提供商都签订了合同。支付给私人医生的费用没有经过协商，保险公司支付他们认为公平合理的费用，也就是说，如果选择了比保单中规定的更昂贵的医疗服务提供者，患者可能需要支付差价。21 世纪初，保险公司与私人医生进行全范围的谈判，但在被公平贸易办认定为价格垄断后该谈判就停止了。福利是以实物或现金形式（事后）或以事后报销合格账单的形式提供。私立医院主要由自愿健康保险提供资金。部分保险公司为某些项目协商分期付款，以代替每日补贴和按以服务费为基础的付费。

针对自愿健康保险的公共政策

与其他保险业务一样，自愿健康保险市场由财政部通过马耳他金融服务管理局（MFSA）管理，没有特别针对自愿健康保险的规定。2007 年，马耳他金融服务管理局发布了保险规范——《保单持有人信息》，规定了承保人在签订保单之前应与潜在投保人沟通的信息，以及保单持有人在保险期间内应向承保人履行的告知义务。多年来，马耳他金融服务管理局的消费者投诉主管收到了一些针对私人医疗保险公司的投诉，通常与保费上涨以及老龄人群不再能负担自愿健康保险费用有关（马耳他金融服务管理局，2012）。与其他类型的保险相比，保费上涨在自愿健康保险市场更为常见，主要是由于医疗通胀和私人医疗服务使用量的增加。但在过去几年，保费增幅已有所放缓，可能是由于竞争加剧。

有关自愿健康保险的争论与挑战

由于在公立和私立部门工作的医生可能遇到的角色冲突、对私营医疗服务的需求取决于公立部门的待诊时间、私立部门每次咨询及治疗的报销额度高于公立部门，自愿健康保险使得公共医疗保险的管理变得更加困难。自愿健康保险市场的另一个问题是护理成本高昂,保险公司常抱怨私营部门缺乏价格管制,由于部分医疗领域的私人专家数量较少,削弱了医疗服务价格的竞争程度。保险公司不满于私营部门的一些治疗和咨询比发达的欧洲国家更昂贵。

有关自愿健康保险作用的争论不时刊登在报刊上,2008年,马耳他保险协会发布了一份表明立场的文件,肯定了自愿健康保险的重要作用。当时的社会政策部长曾提出,需要更仔细地研究自愿健康保险的作用,不排除它与公共医疗保险相合作的可能性,但是没有提出明确的建议,后续也没有相关政策出台(Debono,2008)。

自愿健康保险的未来展望

公共医疗保险和自愿健康保险的双重保障系统已经存在了很长一段时间,只要公共医疗保险系统运行良好,人们似乎都能接受。鉴于公共保障应使医疗服务可免费使用这一政治共识,自愿健康保险的发展前景可能不会有太大改变。

参考文献

[1] Debono J(2008). Dalli still thinks insurance companies should pay for hospital costs. *Malta Today*, 26 March 2008(http://www. maltatoday. com. mt/2008/03/26/n1. html, accessed 22 November 2015).

[2] Department of Health Information and Research(2010). *European health interview survey* 2008. Valletta, Ministry for Health, the Elderly and Community Care(https://health. gov. mt/en/dhir/Pages/Surveys/eurohealthintervsurvey2008. aspx, accessed 2 December 2015).

[3] Malta Insurance Association(2012)[website]. Malta Insurance Association(http://maltainsurance. org/, accessed 22 November 2012).

[4] MFSA(2012)[website]. Malta Financial Services Authority(http://www. mfsa. com. mt/pages/default. aspx, accessed 22 November 2015).

[5] WHO(2016). Global Health Expenditure Database(GHED)[online database]. Geneva, WHO(http://www. who. int/health-accounts/ghed/en/, accessed 5 April 2016).

22. 荷兰

Hans Maarse

卫生系统背景

卫生筹资结构

2014年，医疗和长期护理的公共卫生支出占卫生总费用的87%，而自费支出和自愿健康保险卫生支出分别占卫生总费用的5.2%和5.9%（WHO，2016）。荷兰规定成年人的强制免赔额不计入使用医疗服务的自付费用支出部分，由于每个成年人每年的免赔额为375欧元（2015），因此荷兰的国家卫生数据中的自付费用被低估（经合组织及欧盟，2014）。由于将从前的商业健康保险整合纳入单一的普遍、强制医疗保险，公共医疗和长期护理支出从2000年GDP的4.6%上升至2014年GDP的9.5%（WHO，2016）。

公共医疗保障的覆盖范围及其缺口

2006年健康保险局终止了医疗保险的传统划分，即由疾病基金运营的公共医疗保险（覆盖约占总人口的63%）以及覆盖剩余37%人口的替代型商业健康保险和其他健康保险的复杂组合。新法律将两种形式纳入覆盖所有合法居民（包括在荷兰工作的外国人）的单一方案中，同时规定了健康保险的普遍强制性。尽管健康保险局计划以私法为基础，并由竞争性的商业保险公司运营，但基于各州法规对于准入和消费者选择的规定，最终使之以本质上的公法形式而呈现（Maarse，Jeurissen & Ruwaard，2015）。

健康保险局的赔付范围相对全面，用户付费并不常见，但所有成年人在使用医疗服务时必须支付强制性的年度免赔额（2015年为375欧元）。全科就诊、产科护理和儿科不需免赔额。人们可以选择更高的免赔额（高出500欧元以上，共计875欧元），以换取健康保险局方案中的较低保费。

自愿健康保险市场概况

市场起源、目标与角色

2006年颁布的《健康保险法》使得人们对商业健康保险的需求大幅下降。自愿健康保险失去了传统的替代型角色（Van de Ven & Schut, 2008），现在只起到辅助作用，覆盖健康保险局方案未涉及的服务。一些自愿健康保险也包含强制性免赔额。2006年以前，疾病基金和商业保险公司都自愿提供了补充型方案。

从2008年到2012年，自愿健康保险的保费收入从39亿欧元增加到47亿欧元。然而，自2012年以来，收入持续下降，2014年为43亿欧元（Vektis, 2015a）。保险利润也从2012年的4.36亿欧元大幅降至2014年的1.54亿欧元（Vektis, 2015a）。尽管如此，自愿健康保险仍然是健康保险局的主要推广产品。

可供选择的自愿健康保险计划的类型

补充型的自愿健康保险差异很大，可能包括成人牙齿护理、物理治疗、配制眼镜、正畸护理、替代医学、避孕药具、预防计划、体育锻炼、饮食服务、助听器、皮肤护理、绝育术、临终关怀的用户费。保障方案为标准版（基本的）、白银版或黄金版（最全面的）。保险公司还提供牙科护理的特别方案并覆盖其他服务的方案。最近，保险公司开始提供针对特定人群的保障计划，如为年轻人提供接种出国旅游疫苗、牙科护理、避孕保障计划，为家庭提供正畸护理和某些产科护理保障计划，为50岁及以上的人群提供助听保障计划。

2014年，牙科护理费用占自愿健康保险总支出的43.3%，物理治疗和其他辅助治疗费用占27.2%，医疗器械费用占8.4%，替代型药物占4.9%，国外救援费用占1.8%（Vektis, 2015b）。

保险公司可引入年龄限制或设置除外条款从而自由地拒绝申请人，在健康保险方案实施后的前几年中，它们自愿放弃了自愿健康保险的除外豁免或仅在特定情况下使用。但是这种做法已经改变。荷兰卫生保健局发现，2012年，自愿健康保险中42%（总数为544）有投保限制（NZa, 2012）。

人们投保自愿健康保险的原因

荷兰人具有风险厌恶的偏向，购买补充型保险方案的人口比例非常高：2015年，健康保险计划覆盖了84%的人口（其中约74%的人口拥有个人健康保险，约90%的人口拥有团体健康保险）。然而，自愿健康保险的覆盖率已从2006年93%的高峰期稳步下降（Vektis，2015b）。这种下降趋势的一个原因是补充型自愿健康保险较为昂贵，另一个原因是人们更愿意直接支付公共健康保险中未覆盖的医疗服务费用而不是购买自愿健康保险，部分原因是人们认为保险承保了许多他们永远不会使用的服务。

自愿健康保险的保险费率自 2006 年以来大幅增加，平均保费从 2006 年的 222 欧元增加至 2013 年的 314 欧元（Vektis，2015b）。需要注意的是，这些数字为平均数，由于保险类型繁多，保费有很大差异。

自愿健康保险的投保人

大多数人投保自愿健康保险，但无法获得未投保人群特征的定量数据。

自愿健康保险的保险人

所有健康保险公司都提供补充型的自愿健康保险。没有市场集中度的相关数据，假设公共医疗保险与自愿健康保险的市场份额之间存在很强的相关性，那么四大保险公司（每个保险公司都有多个保险品牌）的市场份额估计约为 90%。2014 年，自愿健康保险市场的管理费用估计为保费总收入的 13.4%，而公共医疗方案的管理费用为 3.5%，明显低于前者（Vektis，2015a）。

公共医疗保险方案禁止保险公司要求其投保人从同一家公司购买补充型的自愿健康保险，或投保人将公共医疗保险转保至另一家公司，就终止自愿健康保险的保单。然而，只有 0.2% 的公共医疗保险的被保险人由两个保险人承保，一个是健康保险管理局，另一个是自愿健康保险供应者（Nza，2012）。

保险公司与医疗服务供应者的关系

补充型自愿健康市场允许选择性签约，购买眼镜就是一个很好的例子：购买非首选的医疗服务供应商眼镜的报销费率更低。几乎不存在垂直整合，保险公司通常会赔偿客户使用其医疗保障方案所覆盖的医疗服务费用，可能会报销全部费用，也可能按一定比例或固定金额报销。

针对自愿健康保险的公共政策

对补充型自愿健康保险的规制，仅采用适用于所有保险业务标准的市场规制措施，例如偿付能力要求、信息披露、反垄断和维护患者安全的规制。主要规制机构是监管保险公司偿付能力的荷兰银行。

有关自愿健康保险的争论与挑战

关于自愿健康保险的讨论并不多,因为它在医疗卫生筹资中的作用相对较小。

自愿健康保险的未来展望

补充型自愿健康保险市场的扩张高度依赖于公共医疗保险市场的发展,特别是公共医疗保险的覆盖范围。例如,2004年和2011年底要求剔除大多数成年人的牙科护理服务,并限制财政获得物理治疗补贴的资格,这为补充型自愿健康保险创造了新的需求。然而,剔除保障项目是非常不受欢迎的,2013年中期,政府将医保方案预算减少13亿欧元的计划未能实现。相反,政府与全国的全科医疗服务提供商协会签署协议,接管一些医院的工作以节省成本,更加关注患者转诊、开处方药和进行医疗检测。由于正在实质性地修订公共长期护理计划(Maarse H,荣誉教授,未公开发表的研究备忘录,2013),补充型自愿健康保险的作用也可能会增强。

参考文献

[1] Maarse H, Jeurissen P, Ruwaard D (2015). Results of the market-oriented reform in the Netherlands: a review. *Health Economics, Policy and Law*. doi: 10.1017/S1744133115000353.

[2] OECD (2014). *Health at a glance: Europe* 2014. Paris, OECD Publishing (http://ec.europa.eu/health/reports/docs/health_glance_2014_en.pdf, accessed 22 November 2015).

[3] NZa (2012). *Marktscan zorgverzekeringsmarkt* [Market scan health insurance market]. Utrecht, NZa [Dutch Healthcare Authority] (http://www.nza.nl/104107/105773/475605/Marktscan_Zorgverzekeringsmarkt.pdf, accessed 2 December 2015).

[4] Van de Ven W, Schut F (2008). Universal mandatory health insurance in the Netherlands: a model for the United States? *Health Affairs (Millwood)*, 27(3): 771–781.

[5] Vektis (2015a). *Jaarcijfers* 2015. *Zorgfinanciering en zorgverzekeraars* [Annual results 2015. Health care financing and health insurers]. Zeist, Vektis (http://www.vektis.nl/images/Jaarcijfers_2015.pdf, accessed 2 December 2015).

[6] Vektis (2015b). Zorgthermometer 2015 [Care thermometer 2015]. Zeist, Vektis (http://www.vektis.nl, accessed 22 November 2015).

[7] WHO (2016). Global Health Expenditure Database (GHED) [online database]. Geneva, WHO (http://www.who.int/health-accounts/ghed/en/, accessed 5 April 2016).

23. 挪威

Jan Roth Johnsen

卫生系统背景

卫生筹资结构

挪威的医疗保健资金来自直接税（主要为比例所得税）、间接税、国家社会保险缴款和私人支出（自费支出和自愿性健康保险）。自20世纪80年代以来，公共和私人融筹资结构就十分稳定，2014年，公共卫生支出占卫生总费用的85.5%，自费支付为13.6%，没有关于自愿健康保险的数据（世界卫生组织，2016）。

公共医疗保障的覆盖范围及其缺口

建立卫生系统的原则是所有居民平等地享有医疗保健服务，不论其社会地位、居住地和收入如何。这些权利受法律保障，也扎根于挪威福利体系的文化之中。所有居民都有权获得公共医疗服务。公共医疗保健的保障范围很广，仅不包括非医疗眼科护理、成人牙科护理以及补充型和替代型药品。用户虽需要自己支付除住院护理以外的所有费用，但金额通常适中。私营部门发挥作用的领域是自费成本非常高的成人普通牙科护理，以及用户自负费用非常高的医疗照护和长期护理。用户费用的减免及上限适用于部分疾病和人群。选择性护理的等待时间很长，这给人们获得卫生服务造成了严重的障碍（Ringard等，2013）。

自愿健康保险市场概况

市场的起源、目标与角色

自愿健康保险主要扮演附加型保障的角色，向病人提供快速外科门诊和可供选择的住院护理治疗——这些服务通常可在私立诊所中实现。

可供选择的自愿健康保险计划的类型

自愿健康保险计划通常覆盖私立医院的外科门诊和可供选择的住院护理治疗，而急诊护理不包括在内。

人们投保自愿健康保险的原因

在过去的十年中，自愿健康保险市场快速增长，人口覆盖率从2003年的约3.40万人增加到2011年的约30万人（详见图23.1）。2009年至2010年保费收入增长了27%，2010年至2011年保费收入增长超过50%（金融服务协会，2012）。人们投保自愿健康保险以获得更高水平的医疗服务（大众普遍认为私立医疗质量更好，而公共卫生系统只会提供必要的护理），以及跨越公共医疗服务长的待诊名单。

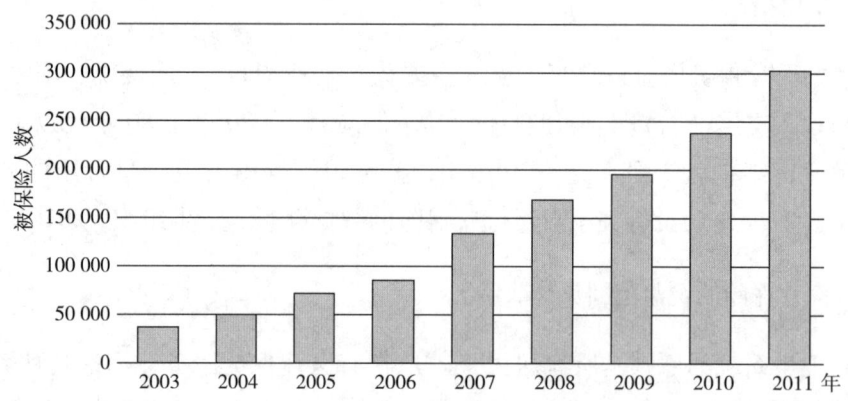

资料来源：金融服务协会（2012）。

图23.1 挪威购买自愿健康保险的人数（2003—2011年）

自愿健康保险的投保人

团险合同占主导地位。2011年，团险合同数量是个险合同数量的10倍，团体合同数量为210 944份，个人合同数量为23 065份。团体合同主要由公司购买，作为雇员的员工福利。

2004年，一家保险公司开展的一项全国性调查显示（Synovate MMI），30岁至55岁的人是投保自愿健康保险购量最高的人群，该人群中吸烟者、高收入人群（但在其中最高收入的群体中，自愿健康保险的投保率有所下降，2007年的团险保单数量也确认了这一事实，Pedersen，2007），以及处于领导级白领投保率更高（详见表23.1）。一般而言，蓝领工人比白领工人更可能购买自愿健康保险。原因之一可能是，蓝领工人更有可能在小型公司工作，事故和病假带来的经济风险很难被分散。受过高等教育的人拥有个人自愿健康保险的可能性更低。另一方面，对于团体自愿健康保险，受过更多教育的人群更易接受（Pedersen，2007）。年龄在 35 岁至 45 岁之间的人群投保自愿性健康保险的概率最大。

表 23.1　按社会经济类别划分的挪威健康保险分布（2004 年）

	雇主购买（%）	私人购买（%）	无健康保险（%）
年龄（岁）			
30～34	10.3	3.3	86.3
35～39	8.4	6.2	85.4
40～44	6.0	6.0	87.9
45～49	5.1	2.3	92.6
50～54	5.5	2.3	92.2
性别			
男	8.0	4.0	88.0
女	5.8	3.6	90.5
职业			
蓝领工人	9.4	4.0	86.6
领导级白领	10.3	4.2	85.4
白领	5.8	3.0	91.2
自由职业者	2.4	5.9	91.7
其他	4.9	3.7	91.4
收入（挪威克朗）			
300 000 以下	4.4	4.0	91.6
300 000～600 000	8.6	3.8	87.6
600 000 以上	6.6	4.4	89.0
教育程度			
老式小学（8 年制）	0.0	0.0	100.0
新式小学（10 年制）	7.6	2.9	89.5
高中	8.6	4.0	87.4
学士或硕士学位	6.1	4.0	89.9
吸烟习惯			
每天吸烟	9.6	4.6	85.8
偶尔吸烟	6.9	4.1	89.0
不吸烟	6.0	3.6	90.4

资料来源：Aarbu（2007）。
注：这些数据还可能包括重大疾病和儿童疾病保障。

自愿健康保险的保险人

除 VertikalHelse[①] 外,所有提供自愿健康保险的保险公司都是同时提供多种其他保险产品的商业公司。个人自愿健康保险市场的市场集中度较高,其中有一家保险公司占据的市场份额超过 50%。在团险市场中,拥有最高市场份额的公司仅占了不到 27%。总体而言,2011 年自愿性健康保险市场中共有 7 家保险公司,其中 1 家专门活跃在个险产品市场,另 1 家专注团险市场,其余 5 家公司同时提供个险和团险产品(详见表 23.2)。

表 23.2　　　　　挪威自愿健康保险供应商概况(2009—2011 年)

个险保单	被保险人数			市场份额(%)		
	2009 年	2010 年	2011 年	2009 年	2010 年	2011 年
CodanForsikring/Vertikal Helse	—	—	6 639	0.00	0.00	28.78
Försäkrings AB Skandia, filial Norge	719	—	—	4.55	0.00	0.00
GjensidigeForsikring ASA	1 391	1 707	2 006	8.80	10.86	8.70
SpareBank1 Skadeforsikring	—	894	874	0.00	5.69	3.79
StorebrandHelseforsikring AS	12 699	12 024	12 083	80.36	76.47	52.39
Terra Forsikring	45	36	34	0.28	0.23	0.15
Tryg Forsikring	949	1 062	1 429	6.01	6.75	6.20
小计	15 803	15 723	23 065	100.00	100.00	100.00
团险保单						
CodanForsikring/VertikalHelse	—	—	32 904	0.00	0.00	15.60
Försäkrings AB Skandia, filial Norge	17 765	—	—	17.79	0.00	0.00
GjensidigeForsikring ASA	16 199	27 506	37 094	16.22	21.83	17.58
If Skadeforsikring NUF	19 161	25 264	56 016	19.19	20.05	26.55
SpareBank1 Skadeforsikring	—	16 502	21 287	0.00	13.09	10.09
StorebrandHelseforsikring AS	32 345	32 082	37 894	32.39	25.46	17.96
TrygForsikring	14 378	24 665	25 749	14.40	19.57	12.21
小计	99 848	126 019	210 944	100.00	100.00	100.00
合计	115 651	141 742	234 009			

资料来源:金融服务协会(2012)。

注:表中所有年份的数据均截至当年 12 月 31 日。

[①] VertikalHelse 能在综合考虑实践层面和医院选择方面因素的基础上,帮助被保险人确定可用的最快和最佳的治疗方法,提供治疗帮助,但不包括医疗护理。

保险公司与医疗服务供应者的关系

商业保险公司并未与医疗服务供应商整合，但与选定的私营供应商签署协议。只有公立医院不为商业保险公司提供医疗服务时，拥有自愿健康保险的患者才能到私立医院和诊所接受治疗。

针对自愿健康保险的公共政策

尽管过去十年里自愿健康保险计划的人口覆盖率显著增加，但自愿健康保险仍然在医疗筹资中起着边缘作用。20世纪90年代，自愿健康保险几乎没有市场，但2000年之后呈现出了一些增长。2001年，保守的中右翼政府向为其员工购买自愿健康保险的公司提供财务激励（减税）。2003年推出的税收补贴政策刺激了自愿健康保险购买数量的增长。不过，尽管2006年中左翼政府撤销了这一税收补贴，但自愿健康保险的发展趋势并未逆转。

几年来，待诊时间一直是公众讨论的话题，尤其是它们对劳动力市场（在候诊名单上的员工不能工作）和对国民保险计划和公司（病假福利）的成本的影响。2000年，旨在帮助员工规避候诊时间的方案得到皇家委员会（桑德曼委员会）的支持，理由是员工更快地获得医疗保健将增加国民收入，为将来医疗服务的更多支出留出空间（2000年第27号挪威官方报告；劳动和社会事务部，2000）。以前的皇家委员会反对此观点（1997年第18号挪威官方报告；卫生和护理服务部，1997），认为社会背景（就业状况）对获得卫生服务有影响是不道德的。1999年，国家保险局制定了一项计划，为员工提供更快的医疗保健服务。在鼎盛时期（2003年），约有10 000名患者在这种安排下接受治疗，该计划于2005年被政府放弃，但在2007年，政府建立了一个新的计划，通过公立和私营供应商为雇员提供特殊的、以需求为基础的门诊护理设施。基于可用的医疗设施容量，在任何情况下，该计划都不应影响普通病人的护理，迄今已有约8 000人参与了这一计划。

有关自愿健康保险的争论与挑战

公共医疗保障的漫长待诊时间（或对待诊时间长的认知，这部分归因于保险业的宣传）以及通过减免税收对团体自愿性健康保险实施的公共补贴是自愿健康保险在过去几年中增长的核心要素。对卫生服务需求的增长加重了公共卫生系统的压力，这一点和中产阶级日益增加的购买力（挪威人是世界上最富有的群体之一）一起为商业保险的发展创造了空间。

自愿健康保险的未来展望

自 2003 年以来,尽管较高的公共卫生支出水平及公共保障计划确保了雇员能够更快地获得医疗保健,但自愿性健康保险的市场一直在增长,其原因是实际收入的增加,以及对公共医疗系统负面看法的增多。然而,自愿性健康保险的购买量仍然很小。最近,患者可以将医疗选择范围扩大至挪威所有公立和私立医院(目前正在实施),这也许会导致私人医疗服务供应者数量的增加,并有助于减少候诊时间,而后者正是自愿健康保险发展的关键。这也可能降低人们对自愿健康保险的兴趣,但现在下结论还为时过早。

参考文献

[1] Aarbu K (2007). *Do smokers pay too little – or do insurers pay too little attention?* Bergen, Rokkansenteret. Finansnæringens hovedorganisasjon (2012). *Statistics. Non – life insurance.* Oslo, The Norwegian Financial Services Association.

[2] Ministry of Health and Care Services (1997). *Prioritering på ny – Gjennomgang av retningslinjer for prioriteringer innen norsk helsetjeneste* [Prioritizing again – Review of the guidelines for priorities within the Norwegian health care]. NOU [Norwegian Official Report] 1997:No. 18. Oslo, Government Administration Services.

[3] Ministry of Labour and Social Affairs (2000). *Sykefravær og uførepensjonering – Et inkluderende arbeidsliv* [Sickness and disability pensions – an inclusive workplace]. NOU [Norwegian Official Report] 2000:No. 27. Oslo, Government Administration Services.

[4] Pedersen I (2007). *Private helseforsikringer – status og betydning for utvikling i sosial helseskilnader* [Private health insurance – status and importance to the development of social health inequalities]. Bergen, Program for Helseøkonomi i Bergen.

[5] Ringard Å et al. (2013). Norway:health system review. Health Systems in Transition, 15 (8):1 – 162.

[6] WHO (2016). Global Health Expenditure Database (GHED) [online database]. Geneva, WHO (http://www.who.int/health – accounts/ghed/en/, accessed 5 April 2016).

24. 波兰

Alicja Sobczak

卫生系统背景

卫生筹资结构

波兰的卫生支出在过去十年中迅速增长,但其结构仍然相当稳定,2014年公共卫生支出占卫生总费用的71%(世界卫生组织,2016)。私人支出主要包括自费支出,占卫生总费用的23.5%,而自愿健康保险占卫生总费用的4%,商业公司(例如职业卫生服务支出)和基金会等其他私人来源的卫生支出占剩余的份额。

公共医疗保障的覆盖范围及其缺口

公共医疗保险几乎覆盖所有人,2009年覆盖总人口的97.6%(Sagan等,2011)。每个人都必须成为国家卫生基金的成员。国家卫生基金的惠民政策非常广泛,包括规定的门诊药物、矫形和辅助用品、水疗、住院长期护理治疗和一些超标准医疗程序的用户费用,也包括一些创新性的医疗程序。待诊名单只适用于门诊专家咨询和治疗程序、选择性住院治疗、康复和选择的诊断程序(超声检查、CT、磁共振成像)。待诊时间也可能会有很大差异(有的长达数月),这具体取决于保健服务的种类、地区和医疗服务供应者。

自愿健康保险市场概况

市场的起源、目标与角色

自愿健康保险的关键角色是附加型的健康保障。另外还形成了一个补充型保障的小众市场,覆盖的是用户费用和国家卫生基金保险范围以外的商品和服务费用

（例如，目录外药品、部分牙科服务、超过标准的程序和疗程）。

波兰有两大类自愿健康保险产品——医疗保险/会员制健康保险单。最常见的自愿健康保险产品是健康护理保险或主要由商业保险公司提供的会员制保障，部分公共医疗保健服务供应者也提供这类会员制保障[①]。尽管会员制保障没有被法律认定为保险产品，并且没有依据 2003 年颁布的《保险活动法案》运作，但它们保证其受益人在产生健康问题时能够获得医疗服务。虽然会员制保障扎根于雇主为员工提供职业医疗服务的法定义务，但它们通常还包括为员工及其家属提供的其他医疗服务。

最近，银行已经开始提供覆盖不同医疗保健服务范围的相对便宜的自愿健康保险计划和保单，这些产品是与保险公司或从事会员制保障的公司合作提供的。

会员制保障这种形式很早就存在，并主导着自愿健康保险市场。早在 20 世纪 90 年代会员制保障就已经出现，而 2000 年代中期健康保险保单才开始增长。由于会员制保障公司没有报告其财务结果的义务，因此难以评估各个市场的规模，而其他自愿健康保险产品则被计为意外保险和健康保险产品的一部分，而非单独以报告的形式披露数据。从人口覆盖范围的角度看，会员制保障占主导地位，约占整个自愿健康保险市场的 72%。

根据波兰保险商会（PIU，未注明日期）记载，2010 年有超过 250 万人（约占人口的 6.6%）拥有自愿健康保险，其中 200 万人拥有会员制保障，约 50 万人拥有其他自愿健康保险。社会调查显示，只要价格不算特别贵（不超过每月 20 欧元），约 20% 的人就愿意为自愿健康保险买单（Czapiński & Panek，2005、2007、2009）。在另一次调查中，对 999 名具有代表性的样本进行了采访，19% 的受访者有自愿健康保险会员制保障或其他自愿健康保险（CBOS，2012）。截至 2014 年底，约有 120 万人拥有健康保险，而 2013 年仅有 85 万人拥有，增长了 41%，个体保单数量从 2013 年的 35 500 份左右增加到 2015 年第一季度的 197 000 份，增长了 455%（PIU，2015）。2014 年参加会员制保障人数约为 300 万人（其中约 250 万人的会员制保障被当作就业津贴）（Skibińska，2015），会员制保障仍然主导着自愿健康保险市场。

可供选择的自愿健康保险计划的类型

会员制保障主要是能提供更快和更高质量的门诊服务。基本会员制保障套餐（针对团体和个人）通常覆盖职业健康服务，例如门诊专家咨询流程以及诊断流程。近年来，处于行业领先地位的会员制保障公司还提供包括住院治疗（在它们自己或

---

① 提供职业健康服务的独立公共卫生保健机构不在国家卫生基金覆盖范围内，但由雇主签约并支付。公共医疗服务提供者不得额外收取国家卫生基金服务的费用，因此职业服务成为会员制保障/健康服务的基础。

合作的医院)、康复、医疗运输、医疗照护、牙科护理、更高的住院标准和人工辅助产品在内的服务，套餐从基本型到贵宾型都有。

保险公司提供的健康保险保单作为单独的保单销售或作为其他保单（特别是人寿保险）的附加险，它们提供实物或现金给付。该计划可能包括初级和专家门诊护理、牙科护理和选择性医院程序、康复、家庭治疗和实物接种疫苗，这些可能会向用户收取费用。提供现金给付的计划（例如，一次性支付住院一天的费用或报销药品的费用）通常覆盖住院、手术和重疾（Ubezpieczenia Online 等，2010）。银行的自愿健康保险保单可覆盖医疗咨询、运输、护理、药品的运送和医疗辅助产品。最便宜的套餐只覆盖一小部分类似援助的服务，例如获得医疗信息和获取救援中心的服务，以及在紧急情况下运送至医疗保健供应者的服务。

人们投保自愿健康保险的原因

调查数据表明，人们投保自愿健康保险的主要原因是能更快地获得医疗保健（避免长时间等待治疗）和得到更好的护理质量（CBOS，2012）。而最新的社会诊断调查显示，人们主要关注的是覆盖标准门诊服务的保单（Czapiński & Panek，2005、2007、2009）。

自愿健康保险的投保人

根据波兰保险商会最新的估计，约有90%的被保险人受到团体保单的保障，因为自愿健康保险主要是由雇主为员工购买（PIU，未注明日期）。近年来（2014年、2015年），由于个体保单数量的快速增长，团体保单份额下降了几个百分点。雇主仍然是会员制保障的主要购买者，会员制保障被当作公司的员工福利，但是这一部分的市场份额也在下降，2010年该项会员制保障占所有会员制保障比重超过90%（PIU，未注明日期），2014年其市场份额约为84%（请参阅前面引用的自愿健康保险计划和会员制保障持有人数量）。因此，自愿健康保险的投保人（会员制保障和其他自愿健康保险产品）主要集中在65岁以下的在职人群中，特别是那些受过高等教育、在大中型公司工作并居住在大城市的人群。我们可以发现，自愿健康保险的参保率在农业部门以外的自由职业者中最高（占该人群的37%）。同时，在收入较高的技术工人中，包括管理人员、高级技术工人阶层和中层技术人员，自愿健康保险的参保率也很高（CBOS，2009）。

自愿健康保险的保险人

会员制保障由私营公司经营，Medicover、ENEL – MED、LUX MED Group 等三家公司是市场领导者，加上 Centrum Medyczne Damiana、POLMED、Swissmed

Centrum Zdrowia、Falck 公司，保障范围几乎覆盖整个国家，而小公司的客户更多的来源于当地居民。最近，大型会员制保障公司已成为保险公司的分包商，或者将其部分业务注册为保险业务（根据《保险活动法》）。

大约有 20 家商业公司在销售健康保险的保单，其中包括 PZU、AXA、Allianz、SIGNAL IDUNA Group、ING Życie、Generali、INTER Polska、UNIQUA、InterRisk、TU Zdrowie insurers 等公司，由于竞争激烈、投资和发展的需要以及一些新自愿健康保险产品的低利润率，其中只有约 10 家保险公司是医疗保险计划市场的重要参与者。

保险公司与医疗服务供应者的关系

会员制保障公司通过自己的医疗机构、分包的私人和公共医疗服务供应者提供医疗保健服务。根据会员制保障的类型，供应商的选择可能非常广泛（例如，在整个国家）也可能非常有限。保险公司和银行与私立和公共医疗保健服务供应者签订合同，但是最近，它们也与会员制保障公司签订合同。患者对供应商的选择取决于保单条款。医疗服务供应者通过以服务费为基础收费（用于门诊咨询和检测）或类似诊断相关组（DRG）的医院治疗机制获得报酬。各项服务的价格在合同谈判时就已经确定。

针对自愿健康保险的公共政策

波兰金融监管局对商业保险公司和银行进行监督，提供会员制保障的公司不属于金融部门，不受波兰金融监管局监管（这可能被认为构成不正当竞争）。

自愿健康保险产品不享受税收补贴，用于雇员（但不是其家庭成员）的会员制保障或其他自愿健康保险产品的雇主的支出被视为当前的运营成本，员工必须在其个人所得税申报表中将这部分产品的价值纳入其收入的一部分。

有关自愿健康保险的争论与挑战

自 1989 年以来，自愿健康保险一直受到广泛的讨论。2011 年，由 Civic Platform 领导的联合政府下的卫生部提出了《附加健康保险议案》，该议案颁布后，几乎遭到所有人的反对，直到 2015 年 10 月议会选举反对党（法律和司法）获得权力时，该议案才被纳入讨论范围（Chłoń‐Domińczak 等，2008；Sagan 等，2011）。该议案加强了保险公司在会员制保障公司方面的作用，因此，会员制保障公司可能会被降级为保险公司的分包商角色（近年来已经出现转变）。该议案提供了自愿健康保险的法律定义、区分了附加型和补充型保险，也规定了自愿健康保险的定价、覆盖范围和其他要求，以确保被保险人获得优质服务，并为自愿健康保险引入税收补贴。最后，议案允许公共服务供应者对国家卫生基金已经签约的服务收取额外费用，允许保单涵盖职业卫生服务内容，并允许雇主可以用社会基金购买自愿健康保险。但引入税收补贴的这一想法被财政部驳回。

保险部门已经发展得较为完善，有议案建议允许商业保险公司与国家卫生基金竞争，以增加公共医疗保障（由波兰保险商会制定的提案）（Chłoń – Domińczak 等, 2008）。对于选择商业保险公司的人来说，国家卫生基金将向商业保险公司支付基于性别和年龄调整后的人头费用，商业保险公司也可以收取额外的保费。该议案也有很多反对者。

关于自愿健康保险的角色和安排的争论仍在继续。支持者认为，自愿健康保险减少了对公共护理的需求，为医疗保健供应者提供了额外的资金，并大大遏制了医疗保健中的腐败现象。反对者则强调，如果自愿健康保险的作用得到加强，可能会对医疗服务的公平性和可及性带来负面影响。

自愿健康保险的未来展望

尽管经济放缓，但自愿健康保险的市场份额仍在持续增长。据最新估计，2010 年至 2012 年，自愿健康保险（会员制保障和其他自愿性健康保险产品）的支出增长速度超过其他类型的私人医疗支出（Skonieczna, 2012）。随着新的参与者进入市场，市场竞争正在加剧，这导致多样化的产品和各种并购的出现。会员制保障市场较为成熟，增长速度开始放缓（每年不到 10%）。健康保险计划市场被视为发展中的市场，具有强竞争力和高增长率。

2015 年 10 月议会选举前提出的立法建议提出，要加强私营部门在卫生部门的作用，包括私营保险公司，同时强调人们获得优质护理服务的重要性。在这之前，在立法层面，私营部门在卫生部门的角色都没有发生重大的变化。自愿健康保险供应者预计，未来工资和私人消费的增长（假设 GDP 增长）将刺激市场进一步发展，并预测 2015—2020 年整体商业医疗保健市场将出现显著增长（PMR, 2015）。

参考文献

[1] CBOS (2009). *Characteristics of private health care users based on: Opinie o opiece zdrowotnej. Komunikat z bada* [*Opinions on health care. The research report*]. Warsaw,

Centrum Badania Opinii Spoteecznej [Public Opinion Research Center].

[2] CBOS (2012). *Polacy o państwowej i prywatnej opiece zdrowotnej* [*Poles on public and private health care*]. Warsaw, Centrum Badania Opinii Spotecznej [Public Opinion Research Center].

[3] Chłoń – Domińczak A et al. (2008). *Budowanie system prywatnych ubezpieczeń zdrowotnych w Polsce. Propozycje rozwiązań* [*Constructing a system of private health insurance in Poland. Proposed solutions*]. Raport Polskiej Izby Ubezpieczeń [Report of the Polish Insurance Chamber]. [Warsaw, Instytut Badań Strukturalnych [Institute for Structural Research].

[4] CSO (2012). *Health and health care in* 2010. Warsaw, Central Statistical Office.

[5] Czapiński J, Panek T, eds. (2005, 2007, 2009). *Diagnoza społeczna. Raport* [*Social diagnosis. Report*]. Warsaw, Council for Social Monitoring. PIU (undated). *Rola prywatnych ubezpieczeń zdrowotnych w systemie ochrony zdrowia. Jak wpływają na dostęp do świadczeń, innowacji i leków – kluczowe tezy i rekomendacje* [*The role of private health insurance in healthcare system. How they influence access to services, innovations and medicines – key theses and recommendations*]. Warsaw, PIU [Polish Insurance Association] (http://piu.org.pl/public/upload/ibrowser/110908_PIU_Infarma_Sequence_opracowanie_dodatkowe_ubezpieczenia.pdf, accessed 22 November 2015).

[6] PIU (2015). *Rynek ubezpieczeń zdrowotnych po I kw. 2015r* [*The market of health insurance after the first quarter of* 2015] (http://piu.org.pl/analizy/project/1903/pagination/1, accessed 22 November 2015).

[7] PMR (2015). *Rynek prywatnej opieki zdrowotnej w Polsce 2015. Prognozy rozwoju na lata 2015 – 2020* [*The market of private health care in Poland 2015. Development prognosis for the years 2015 – 2020*] (http://www.pmrpublications.com/product/Rynek-prywatnej-opieki-zdrowotnej-w-Polsce-2015, accessed 22 November 2015).

[8] Sagan A et al. (2011). Poland: health system review. *Health Systems in Transition*, 13 (8): 1 – 193.

[9] Skibińska R (2015). *Abonamenty wygrywają z polisami* [*Subscriptions win against insurance policies*] (http://www.obserwatorfinansowy.pl/tematyka/rynki-finansowe/abonamenty-wygrywaja-z-polisami/, accessed 2 December 2015).

[10] Skonieczna A (2012). *5% increase in private healthcare market in Poland between 2012 and 2014. Based on: Private healthcare market in Poland 2012. Development forecast 2012 – 2014*. PMR Report. Cracow, PMR Publications.

[11] Ubezpieczenia Online.pl (2010). *Prywatne ubezpieczenia zdrowotne. Polska 2010, Raporty ubezpieczeniowe* [*Private health insurance. Poland 2010*]. Wrocław, Ubezpieczenia Online.pl (http://www.zdrowotne.ubezpieczenie.com.pl/raport_rynek_prywatnych_

ubezpieczen _ zdrowotnych _ 2010/81, 9916. html, accessed 2 December 2015).

[12] WHO (2016). Global Health Expenditure Database (GHED) [online database]. Geneva, WHO (http://www.who.int/health – accounts/ghed/en/, accessed 5 April 2016).

25. 葡萄牙

Mónica Duarte Oliveira and Sofia Nogueira da Silva

卫生系统背景

卫生筹资结构

2014 年，公共卫生支出占卫生总费用的 64.8%，自费支出和自愿健康保险卫生支出分别占卫生总支出的 26.8% 和 5.1%（世界卫生组织，2016）。私人卫生总费用份额从 2000 年的 32% 上升到 2014 年的 35% 左右（世界卫生组织，2016）。

公共医疗保障的覆盖范围及其缺口

国家卫生服务系统于 1979 年推出。现在，国家卫生服务系统与一些被称为子系统的公共和私人的职业保障计划共同存在，其中大多数子系统提供强制性保障。子系统早于国家卫生服务系统的引入，并且与近几十年来呈增长趋势的自愿健康保险市场共存。

根据《葡萄牙宪法》（1992 年共和国议会）的规定，国家卫生服务系统覆盖所有人口并保障其享受各种各样的福利；从理论上讲，国家卫生服务系统的覆盖范围没有明确排除任何服务。尽管如此，地域不平衡导致在条款方面存在差异，实践中国家卫生服务系统不覆盖牙科护理费用。定额摊付的用户费用（共付）适用于大多数国家卫生服务系统的服务。直到最近，除了药品定额摊付以外，用户收费非常低，仅占国家卫生服务系统支出的 1%（Barros & de AlmeidaSimões，2007）。2012 年的改革提高了对用户的收费水平，同时扩大了用户费覆盖的保障范围（详见下文）。

自愿健康保险市场概况

市场的起源、目标与角色

自愿健康保险市场自 20 世纪 80 年代开始发展并覆盖了约 17% 的人口（Barros，Machado & de AlmeidaSimões，2011）（详见表 25.1）。自愿健康保险和一个或多个子系统加起来也覆盖不到 2% 的人口（INSA 和 INE，2007）。自愿健康保险扮演着附加型保障的角色（提供所选方案中更快捷医院治疗、非住院咨询以及医疗服务供应者的选择），而且很少起补充作用（覆盖从国家卫生服务系统中排除的医疗服务）（Companhia Portuguesa de SegurosdeSaúde，2005；Martins，2006）。

表 25.1　葡萄牙自愿健康保险市场的关键数据（2010 年和 2013 年）

	2010 年	2013 年
被保险人总数	215 万人（约占总人口的 20%）	180 万人（约占总人口的 17%）
被保险人支付的平均月保费	248.34 欧元	281.87 欧元
自愿健康保险团险保单占比	64%	62%
自愿健康保险报销型计划占比	15%	26%
总保费收入	5.35 亿欧元	5.07 亿欧元
理赔支出占保费收入的比例	74.8%	70.1%
由保险公司承担的理赔金额比例	70.4%	67.6%

资料来源：葡萄牙保险公司协会（2010、2014）。

少数自愿健康保险计划覆盖药品费用，保险公司对国民健康服务体系的替代型保障不感兴趣。

可供选择的自愿健康保险计划的类型

基础型的自愿健康保险保单主导着市场，它覆盖住院护理、门诊护理、外部咨询（葡萄牙保险公司协会，2010）。自愿健康保险计划通常不能覆盖国家卫生服务系统中的用户费用；只有几个昂贵的计划覆盖药品定额摊付的费用（Oliveira & Silva，未发表的报告，2008）。大多数计划提供的保障范围有限、除外项目众多（针对既有的、慢性的、精神方面的疾病），而且很少有产品适用于年龄在 70 岁以上且风险高的人群，该计划还有优惠限额、用户费用（差额负担、共同保险和定额摊付）、暂停续保和使用某些服务的预授权（Thomson & Mossialos，2009）等条款。自愿健康保险以风险为基础收取保费，主要通过年龄（衡量风险的主要指标）以及健康状况衡量风险大小。

人们投保自愿健康保险的原因

人们投保自愿健康保险是由于对高收入个人和公司慷慨的税优激励政策，这是由人们被赋予的社会地位（Barros, Machado & de Almeida Simões, 2011）以及国家卫生服务系统存在的准入问题所造成的。例如，拥有自愿健康保险保障的人可以跳过待诊名单并选择医疗服务供应商。

尽管没有直接的证据证明人们赖以选择自愿健康保险产品的标准有哪些，但是价格、保险公司的声誉和服务质量似乎都是很重要的因素（竞争管理局，2004）。消费者很难比较不同的自愿健康保险产品的价格和保单条件。葡萄牙消费者保护协会（DECO）就自愿健康保险产品提供简要报告，并向公众提供有关自愿健康保险产品的信息、保障范围以及在选择自愿健康保险政策时需要考虑的关键因素。

自愿健康保险的投保人

2010年，自愿健康保险保单的64%是由雇主购买的团险保单，其余为个险合同（葡萄牙保险协会，2010；葡萄牙保险协会，2011）。团险保单通常覆盖员工的家属。大约一半的自愿健康保险保单是通过银行购买的（竞争管理局，2004），自愿健康保险客户平均年龄在20~54岁、生活在城市地区、中高收入并在大中型公司工作（Nunes, 2006）。

自愿健康保险的保险人

随着时间的推移，自愿健康保险市场变得更加集中，这也反映了银行业和保险业的发展趋势（Oliveira & Silva, 未发表的报告，2008）。2011年，葡萄牙自愿健康保险市场共有19家商业（非专业）保险公司（葡萄牙保险协会，2012）。2010年，三大保险公司的市场份额达到56%（葡萄牙保险协会，2012）。先前的一项研究证明了这样的假设，即非寿险市场的竞争程度较低，暗示着低价竞争、市场壁垒和大型公司的范围经济（竞争管理局，2004）。2011年，大多数保险公司都录得了利润（葡萄牙保险协会，2011），自愿健康保险市场登记的总保费收入为5.08亿欧元（不包括再保险）（葡萄牙保险协会，2012）。

保险公司与医疗服务供应者的关系

保险公司通常会与私立医院谈判签约，并按照以服务费为基础的原则支付私营医疗保健费用。一些保险公司都使用首选供应商网络来降低成本并提高效率，尽管暂时还没有任何证据表明这一点已经实现。这些网络一般不具有排他性，而供应商通常属于多个网络（即与一个以上的保险公司有合同关系），并且还可能与国家卫生服务系统签订合同，并以自费支付为基础向公众提供私人医疗服务。供应商必须遵守保险公司的规则才能进入其网络体系（Barros, Machado & de AlmeidaSimões, 2011）。通常情况下，以定额摊付形式提供用户费的计划适用于首选供应者网络，而共同保险和差额负担则适用于提供报销的保障计划。一些大型保险公司都拥有自己的医疗服务供应者，从而能更好地控制成本并把握医疗服务质量。理论上，服务的价格由供应者和保险公司共同商定，然而，由于许多供应商依赖保险公司生存，所以它们几乎没有谈判能力。

针对自愿健康保险的公共政策

目前没有针对自愿健康保险的专门法规，自愿健康保险适用普通保险立法，该保险立法由以下机构监管：葡萄牙保险协会、葡萄牙消费者保护协会、葡萄牙竞争管理局和卫生监管局。卫生监管局是一个独立的公共机构，其职责包括保障医疗保健服务使用者的权利（包括获得医疗保健服务和自由选择的权利），确保立法得到遵守，并确保供应者、消费者和使用者之间的经济关系具有透明度，以及促进市场的公平竞争。

公司和个人的税收优惠促进了自愿健康保险市场的增长。自 1988 年以来，税收改革使得大部分私人医疗保健支出可从个人应纳税所得额中扣除，其中包括国家卫生服务系统的用户费用、私营部门的自费支付和自愿健康保险保费，这一政策对自愿健康保险和私人卫生支出产生了重大影响。2007 年，自愿健康保险保费相关的税收补贴估值为 3200 万欧元（预算总局，2007）。

按国际标准，私人卫生支出方面的税收优惠幅度很大（全国住房统计服务协会，2007）。2012 年，在旨在解决公共赤字和增加税收的改革背景下，自愿健康保险保费的税收减免从 30% 降至 10%，调低了税收优惠金额的上限，但是要估计这一变化对自愿健康保险市场的影响现在还为时过早。

加大对自愿健康保险团体保单的税收优惠，意味着团体自愿性健康保险保障相对宽松（Barros, Machado & de Almeida Simões, 2011）。然而，为雇员提供自愿性健康保险的企业相对较少。

自 20 世纪 90 年代以来，葡萄牙已经广泛讨论了人们选择退出国家卫生系统的可能性。作为一项试验，在 1998 年至 2007 年期间，允许葡萄牙电信公司的一些雇员退出国家卫生系统，该公司设有私营卫生子系统，少数员工选择退出国家卫生服务系统。由于国家卫生服务系统是通过一般税收进行筹资的，这意味着国家卫生服务系统向私营子系统收取了人头费，这样，私营子系统就需要负责在受益人决定使用时支付全额医疗服务费用。然而，私营子系统与国家卫生服务系统之间关于人头费的谈判是非常困难的，导致了子系统常态化的抱怨，它们认为，国家卫生服务系统对私营子系统补偿的数额实在太低。该子系统最终在 2007 年放弃了这种模式。自那时以来，选择退出国家卫生服务系统虽已被法律允许，但没有人选择退出。

有关自愿健康保险的争论与挑战

由于自愿健康保险在卫生筹资中边缘化的角色，因此一般不会引起公众的关注。直接和间接的激励措施有利于自愿健康保险市场的发展和私人卫生支出的增加，但对公共医疗健康与私营健康保障及其卫生支出之间的相互作用，目前尚无认真的讨论。

能否获得自愿健康保险取决于支付能力的大小，这类产品的需求主要来自高收入群体（Nunes，2006）。相当大一部分人口通过自愿健康保险和国家卫生服务系统享受双重保障，这表明在获得服务方面存在着不平等现象。自愿健康保险或其子系统的覆盖率与更高的服务使用率（特别是门诊护理的使用）以及更好的自我评估的健康状态相关（Barros，Machado & de Almeida Simões，2011）。有证据表明，自愿健康保险使人们更容易获得医疗保健服务，从而加剧了使用方面的不平等（Moreira & Barros，2010），并且还加剧了社会经济的不平等，这不仅体现在自愿健康保险主要由中等和高收入群体购买，而且还体现在这些人群还不成比例地从私人卫生支出的税收减免中获益。事实上，直到 2011 年，税收减免一直是以边际税率提供的，30% 的不能报销的费用是免税的。自 2011 年以来，税收减免被限制在报销费用的 10% 以内（最高限额），以解决这里所描述的不公平现象。

自愿健康保险市场的多方人群将受益于监管机构更严格的审查。例如，应更多地注意每年续约的条件，因为保险公司并不总是事先宣布价格的变化或保障范围的变化。此外，市场上有些产品尽管与健康保险类似（例如，与信用卡和牙科保健计划有关的保险产品或类似于某些子系统所提供的产品），但不在葡萄牙保险协会的管辖范围之内。此外，为了促进提高市场透明和保护消费者，应监测自愿健康保险市场的价格、保单条件和其他相关方面（目前的情况并非如此）。

自愿健康保险的未来展望

为了提高其财务可持续性而连续控制公共和私人子系统[①]的覆盖范围，可能会

[①] 例如公务员社会保护总局和公共行政工作总局（ADSE）是覆盖公务员的最大的公共健康保障子系统，以及葡萄牙公共电信公司私有化时出现的最大的私人子系统之一 — PT ACS（葡萄牙电信——保健协会）。

刺激市场对自愿健康保险的更大需求。自愿健康保险所依赖的商业医疗保健服务供应的日益扩张，可能有利于自愿健康保险市场的增长。例如，首选供应商网络的规模可能会增加，从而使自愿健康保险保单持有人有更多的选择，并且由于许多供应商都属于大型金融集团，因此这些供应商有兴趣扩展其自愿性健康保险活动。新的保险公司（例如外国公司）也有可能进入市场并为重塑自愿健康保险市场作出贡献。同时，经济形势不可避免地在短期内限制了自愿健康保险市场的增长。

参考文献

[1] Assembleia da República (1992). *Constituião da República Portuguesa* [*Constitution of the Portuguese Republic*]. Lisbon, Assembleia da Repúlica.

[2] Associação Portuguesa de Seguradores (2010). *Estatística do Seguro de Saúde 2009/2010* [*Health Insurance Statistics 2009/2010*]. Lisbon, Associação Portuguesa de Seguradores. Associação Portuguesa de Seguradores (2014). *Estatística do Seguro de Saúde 2013/2014* [*Health Insurance Statistics 2013/2014*]. Lisbon, Associação Portuguesa de Seguradores.

[3] Autoridade da Concorrência (2004). Decisão da *Autoridade da Concorrência sobre a venda do sector segurador do BCP à Caixa Seguros*, Processo no8/2004 [*Decision of the Competition Authority about the sale of the BCP insurance sector to Caixa Seguros, Process No. 28/2004*]. Lisbon, Autoridade da Concorrência.

[4] Barros P, de Almeida Simões J (2007). Portugal: healthsystem review. *Health Systems in Transition*, 9 (5): 1–140.

[5] Barros P, Machado S, de Almeida Simões J (2011). Portugal: health system review. *Health Systems in Transition*, 13 (4): 1–156.

[6] Comissão para a Sustentabilidade do Financiamento do Serviço Nacional de Saúde (2007). *Relatório da "Comissão para a Sustentabilidade do Financiamento do Serviço Nacional de Saúde", Despacho conjunto no 296/2006 dos Ministérios das Finanças e da Administração Pública e da Saúde* [*Report of the "Commission for Sustainability of the National Health Service". Joint order No. 296/2006 of the Ministries of Finance, Public Administration and Health*]. Lisbon, Ministry of Health.

[7] Companhia Portuguesa de Seguros de Saúde (2005). *Relatório do Conselho de Administração, Exercício de 2004* [*Report of the Board of Directors, 2004*]. Lisbon, Médis.

[8] Direcção-Geral do Orçamento (2007). *Conta Geral do Estado Direcção Geral do Orçamento.* [*General State Account – Directorate General for Budget*]. Lisbon, Direcção-

Geral do Orçamento.

[9] INSA, INE (2007). Inquérito Nacional de Saúde 2005/2006 [National Health Survey 2005/2006]. Lisbon, National Institute of Health Dr Ricardo Jorge and National Statistics Institute.

[10] Instituto de Seguros de Portugal (2011). *Relatório do sector segurador e fundos de pensões* 2010 [*Report of the insurance sector and oension funds* 2010]. Lisbon, Instituto de Seguros de Portugal.

[11] Instituto de Seguros de Portugal (2012). *Estatísticas de Seguros* 2011 [*Statistics of insurance* 2011]. Lisbon, Instituto de Seguros de Portugal.

[12] Martins R (2006). *SNS e seguradoras de saúde – a coabitação real.* [*SNS and health insurers – the real actual cohabitation*]. Lisbon, Especial Seguros – Associação Portuguesa de Seguradores.

[13] Moreira S, Barros P (2010). Double health insurance coverage and health care utilisation: evidence from quantile regression. *Health Economics*, 19 (9): 1075 – 1092.

[14] Nunes D (2006). Seguros de saúde: Ter ou não ter? [Health insurance: to have or not to have?]. *Préio*, III: 9 – 13.

[15] Thomson S, Mossialos E (2009). *Private health insurance in the European Union.* Final report prepared for the European Commission, Directorate General for Employment, Social Affairs and Equal Opportunities. London and Brussels, LSE Health and Social Care, London School of Economics and Political Science and European Commission.

[16] WHO (2016). Global Health Expenditure Database (GHED) [online database]. Geneva, WHO (http://www.who.int/health – accounts/ghed/en/, accessed 5 April 2016).

26. 罗马尼亚

Victor Olsavszky

卫生系统背景

卫生筹资结构

2014年,公共卫生支出占卫生总费用的80.8%,自费支出和自愿健康保险卫生支出分别占卫生总费用的18.9%和0.1%(世界卫生组织,2016)。非正规支付似乎是罗马尼亚卫生系统的重要特征,估计占自负费用的40%以上(Belli,2003;世界银行,2011)。

公共医疗保障的覆盖范围及其缺口

公共医疗保障是强制性的,覆盖了全部人口。国家健康保险基金提供的公共保障的范围也很全面,牙科护理是公共医疗保障未覆盖的主要护理领域(Vlădescu,Scîntee & Olsavszky,2008)。用户费用主要用于处方药和住院护理,对弱势群体、孕妇和儿童免除用户费用。

几乎所有门诊护理都由私营供应者提供,可由任何患者或第三方付款人自由签约。少数运营的私立医院拥有更好的基础设施,并且对患者更友好。虽然最新的医疗技术可能在私立医院更普遍,但对公立和私立医疗机构的护理质量差异尚未进行过评估。然而由于同一医生会在两个部门都执业,所以这种差异存在的可能性不大。

自愿健康保险市场概况

市场的起源、目标与角色

尽管根据第95/2006号法律(详见表26.1),自愿健康保险可以扮演补充型和附加型保障两种角色。然而，自愿健康保险市场主要扮演的还是附加型保障的角色。在20世纪90年代后期，会员制保障（与医疗服务供应商签订的医疗服务合同）在很多企业中颇受欢迎，特别是在国际公司中，他们将这些会员制保障作为就业津贴提供给员工。随着私营供应者的服务质量超过公共供应者，这个市场也逐渐扩大。会员制保障是由私营供应者组织的，他们通过自己的设施或通过签约国有或国家资助的供应者提供治疗服务。在2006年法律通过之后，会员制保障系统继续发挥作用，但其收入一直保持在2004年的水平，因为一旦允许国家医疗保险基金与公共和私营供应商签订合同，公共医疗服务的覆盖面就会增加。

表26.1　罗马尼亚自愿健康保险市场的发展与规制（1995—2015年）

年份	政策	对自愿健康保险的关键措施及影响
1995	有关保险和再保险的第136/1995号法律	设置法律框架
2000	关于保险活动和监督保险计划的第32/2000号法律	制定法律框架并规定被保险人和保险公司之间的关系
2004	商业健康保险法（第212号）	该法律的实施程序从未被详细阐述；并被第95/2006号法律第10章所取代
2006	关于卫生保健改革的第95/2006号法令第10章，题为自愿健康保险	定义自愿健康保险；人们必须支付法定健康保险费（作为国家医疗保险基金的一揽子福利）才能申请自愿健康保险
2007	2007年2月22日发布关于自愿健康保险的规范手段的文件	规范保险人和被保险人之间的关系
2006	第343/2006号法律修改并增加第571/2003号关于财务代码的法律	对所购买的所有保险计划（不仅是自愿健康保险），每年减免200欧元的税
2015	第571/2003号法律关于规范手段的财政法规和政府决定20/2015.01.14	为自愿健康保险推出每年250欧元的单独税额减免。现在，其他保险计划的税收每年减免400欧元

资料来源：作者整理。

可供选择的自愿健康保险计划的类型

自愿健康保险计划主要提供医院的优质住宿条件、医疗服务供应者的选择和私人护理（附加型保障）。保费和保单条件与投保人健康状况有关且不受监管。

人们投保自愿健康保险的原因

投保自愿健康保险的原因可能包括为获得更友好的医患关系，以及（可感知的）质量更好的服务、覆盖私立医院的额外费用以及避免在公立医院支付非正规费用，还有些人因雇主提供的员工福利而拥有自愿健康保险。

自愿健康保险的投保人

投保自愿健康保险的典型人群的年龄在45~50岁、受教育程度较高、收入较高、有薪工作（通常为跨国公司或大型国有企业工作）或自由职业、生活在城区。自愿健康保险可以由个人购买，也可以由雇主作为员工的健康福利购买。但现在暂时没有找到自愿健康保险人口占比的数据，也没有雇主为员工购买的自愿健康保险的保费数据（Vlădescu，Scîntee & Olsavszky，2008）。

自2006年（第95/2006号法律颁布）以来，为符合自愿健康保险的购买资格，申请人必须首先向法定健康保险中的基本一揽子服务计划供款（Vlădescu，Scîntee & Olsavszky，2008）。通过使用2015年推出的个人国家医疗保险卡来查阅在线数据库，即可轻松查询到这些款项的支付情况。

自愿健康保险的保险人

自愿健康保险由12家商业保险公司提供。国家医疗保险基金理论上也可以提供自愿健康保险，但其在自愿健康保险市场的实际作用是微不足道的。自愿健康保险构成了整个保险市场的一小部分，但近年来其份额有所增长（保险监督管理委员会，2010）。

保险公司与医疗服务供应者的关系

保险公司与选定的医疗服务供应者签订合同，并以服务费为基础付款，保险公司和医疗服务供应者的整合极为少见。

对自愿健康保险的公共政策

卫生部和保险监督管理委员会负责监管商业自愿健康保险公司的活动（Vlădescu，Scîntee & Olsavszky，2008）。保险监督管理委员发布关于保险市场活动和发展的年度报告，这些报告是关于自愿健康保险市场的唯一信息来源。

表26.1描述了自愿健康保险市场的发展和规制情况。2006年颁布的法律确立了自愿健康保险的法定框架，但不包括职业健康、工伤事故和医疗保健的会员制保障（会员制保障不受监管）等领域。

有关自愿健康保险的争论与挑战

尽管自愿健康保险市场非常小，但它带来的挑战之一是，可能影响到国家医疗保险基金的资源分配，将资源向高收入且拥有自愿健康保险的人群倾斜。这是因为任何人都可以自由接触到国家医疗保险基金的任意一家签约供应者：如果自愿健康保险保单持有人从国家医疗保险基金签约的供应者那里获得了治疗，保险公司就没有积极性再去报销这种治疗费用，他们只会支付用于改善辅助服务（例如更好的住宿、膳食）的费用或国家医疗保险基金未覆盖的医疗服务的费用。

政策争论主要集中在扩大自愿健康保险市场的方式上。关于自愿健康保险的国家会议于 2007 年至 2009[①] 年举行，会议确定了公共医疗卫生保障的综合性质，包括自愿健康保险市场发展的主要障碍，即用户费用相对有限。不过，有两点值得注意：首先，获得公共牙科保健服务保障的机会非常有限，而且目前还没有覆盖牙科保健的自愿健康保险计划；其次，用户费用确实适用于药品，但仍然没有一家保险公司愿意提供覆盖用药费用的自愿健康保险计划，因为缺乏对处方的控制以及可能存在欺诈行为。2013 年，卫生部提出了一揽子公共保障计划的新议案，旨在缩小这些保障的范围，引入更多的用户费用来限制公共卫生支出并扩大自愿健康保险市场。在撰写本文时，该议案正在公开讨论中。

2012 年，卫生部提交了一个更为激进的医疗改革议案，供公众讨论（可能是为了即将举行的选举）。其提议的新法律将引入针对国家医疗保险基金收益的竞争，允许商业保险公司接管国家医疗保险基金的地区分支机构（并提供国家医疗保险基金保障和自愿健康保险），也允许人们自主选择保险公司。国家医疗保险基金将承担监督、规范（政策）和风险均衡的职能。然而，2010 年实施的紧缩措施引起大规模抗议之后，政府在 2012 年被迫辞职，这一议案随之失败。

自愿健康保险的未来展望

关于自愿健康保险的公众讨论仍在继续。不同的利益相关者希望看到自愿健康保险市场的扩大，因为医疗保健服务供应者和一些舆论引导者普遍认为自愿健康保险将改善卫生系统的筹资状况。但关于如何扩大该市场发展的讨论较少。在关于新的医疗保健法律的讨论停止后，刺激自愿健康保险市场扩大的唯一因素似乎是 2013 年卫生部减少公共医疗保险覆盖范围和深度的举措。迄今为止，这种可能性尚未引起对公平获取、公平融资或家庭财务保障的讨论，但这些问题很有可能在未来的公众讨论中出现。

---

① 这些会议由媒体 XPRIMM 组织，这是一家专门从事保险业的新闻、公共关系和活动组织（http://www.xprimm.ro）。

参考文献

[1] Belli P (2003). *Formal and informal household spending on health: a multi-country study in central and eastern Europe.* Cambridge, MA, Harvard School of Public Health.

[2] Insurance Supervisory Commission (2010). *Annual Reports on the Romanian insurance market and the insurance supervision.* Bucharest, Insurance Supervisory Commission (http://www.csa-isc.ro/publicatii/rapoarteanuale/rapoarte-anuale, accessed 2 December 2015).

[3] Vlădescu C, Scîntee G, Olsavszky V (2008). Romania: health system review. *Health Systems in Transition*, 10 (3): 1-172.

[4] WHO (2016). Global Health Expenditure Database (GHED) [online database]. Geneva, WHO (http://www.who.int/health-accounts/ghed/en/, accessed 5 April 2016).

[5] World Bank (2011). *Romania Functional Review: health sector.* Final report. Washington, DC, World Bank (http://www-wds.worldbank.org/external/default/WDSContent Server/WDSP/IB/2012/12/10/000425962_20121210160554/Rendered/PDF/NonAsciiFileName0.pdf, accessed 22 November 2013).

27. 俄罗斯联邦

Elena Potapchik

卫生系统背景

卫生筹资结构

2014 年，公共卫生支出占卫生总费用的 52.2%，自费卫生支出占 45.8%，自愿健康保险卫生支出占 1.7%（世界卫生组织，2016）。

公共医疗保障的覆盖范围及其缺口

俄罗斯公民有免费获得州和市医疗机构提供的医疗服务的宪法权力（《宪法》第 41 条）。根据 2010 年的《俄罗斯联邦强制医疗保险法》，所有俄罗斯公民、永久或暂时居住在俄罗斯联邦的外国公民和根据联邦难民法有权获得医疗照顾的人，均可获得公共医疗保险。

公共医疗保障的范围不包括门诊药物（个别人群除外）、牙科护理（儿童和某些特权群体除外）、整容手术、包括假牙在内的医疗假肢（特权群体除外）和未经卫生部批准的机构提供的康复治疗，公共医疗保障中的服务不向用户收取费用。

自愿健康保险市场概况

市场的起源、目标与角色

自愿健康保险出现在 1991 年，最初，人们预期自愿健康保险覆盖公共医疗福利计划之外的服务。然而，自愿健康保险主要起补充作用（提供更好的设施和条件），也起辅助作用，覆盖牙科护理。

可供选择的自愿健康保险计划的类型

俄罗斯联邦有多种自愿健康保险计划，大多数计划覆盖门诊护理，而少数计划覆盖住院护理——2009 年约占所有保单的 10%（Expert RA, 2011）。尽管公共医疗保险通常不覆盖门诊药品，但也没有为门诊药品制订的自愿健康保险计划（只有一些群体可以免费或以折扣价格获取门诊药品）。

人们投保自愿健康保险的原因

雇主为雇员购买自愿健康保险作为员工福利，以吸引更好的员工，减少因工作日病假的损失，并降低员工流失率。2009 年，员工医疗费用上限（包括投保自愿健康保险的保费）提高，从工资总额的 3% 增长至 6%，为中小企业购买自愿健康保险提供了动力。对于每年支付高达 120 000 俄罗斯卢布（RUB）的医疗保健费用（包括自愿健康保险保费）的人群，还可享受税收减免政策。

自愿健康保险的投保人

自愿健康保险市场主要受企业计划支配，而且主要集中在莫斯科地区。大约 95% 的保险费由雇主支付，个体自愿健康保险市场非常小，2010 年约占保费收入的 5%（Expert RA, 2012），自愿健康保险计划主要由大型企业购买。与此同时，2010 年只有 40% 的商业实体拥有自愿健康保险。[1]

自愿健康保险的保险人

根据评级机构（Expert RA）的数据，2010 年约有 350 家保险公司获得自愿健康保险销售许可，部分仅允许销售强制健康保险或自愿健康保险（保持两种业务分开）。所有的保险公司都是商业性的，自愿健康保险以盈利为基础。自愿性健康保险市场并不十分集中，前五大保险公司占有 45% 的市场份额。表 27.1 列出了销售自愿健康保险的前五名保险公司的概况。

表 27.1　俄罗斯五家最大的销售自愿健康保险的保险公司概况（2011 年）

保险公司	保费收入（百万卢布）	市场份额（%）	索赔占保费收入（%）	2010—2011 年保费变化率（%）
SOGAS	17 797	18.3	94.5	12.1
Alyans	7 194	7.4	76.3	4.2
JASO	6 754	7.1	85.2	9.9

---

[1] 数据来自 2010 年高等经济学院对企业董事进行的一项特别社会学调查，是卫生部门经济发展监测项目（http://www.hse.ru）的一部分。

续表

保险公司	保费收入（百万卢布）	市场份额（%）	索赔占保费收入（%）	2010—2011年保费变化率（%）
Ingosstrakh	6 124	6.3	79.3	16.6
Rosgosstrakh	5 771	5.9	55.2	68.8

资料来源：专家评级机构（Expert RA）（2012）。

可以根据保险公司用以吸引顾客的策略对保险公司进行分组：

（1）金融服务控股公司的子公司（例如，在自愿健康保险供应商中占有最高市场份额的 SOGAS、JASO 和 Energogarant），为其附属公司的员工提供保障；

（2）提供强制和自愿保险的保险公司（例如 Rosno 和 ZAO MAKS），这些保险公司已经为人们所熟知，并且与强制性医疗保健供应者有关系；

（3）一般保险公司（例如 Ingosstrakh，Rosgosstrakh 和 UralSib）（Expert RA，未注明日期）。

保险公司与医疗服务供应者的关系

保险公司和医疗服务供应者之间的关系由合同加以规范，价格须经谈判并以实物形式提供保障。由于商业公司提供的服务不发达（只覆盖大约2%的医院和20%的门诊设施），自愿健康保险覆盖的服务主要由卫生部名下的供应商网络的公共设施提供，或者由其他政府部门名下的并行网络设施提供（例如财政部或国防部）（Popovich 等，2011），一些保险公司建立了自己的网络设施。

针对自愿健康保险的公共政策

没有特别针对自愿健康保险市场的规定，从 1991 年到 2011 年，自愿健康保险受到《健康保险法》以及《俄罗斯联邦民法典》和《联邦保险组织法》的规制。联邦金融市场服务机构发布的准则适用于所有类型的保险。2010 年，通过了一项新的《强制性健康保险联邦法》，但没有提到自愿健康保险。俄罗斯通过针对雇主和个人的税收优惠措施来激励自愿性健康保险的发展。

有关自愿健康保险的争论与挑战

近年来的全球经济危机对自愿健康保险市场造成了影响。2009 年，保费收入停滞不前，原因是企业减少了员工人数和卫生预算，2010 年，自愿健康保险市场重新开始增长（详见图 27.1），主要是由于溢价通胀，而不是新用户的增多（Expert RA，2012）。

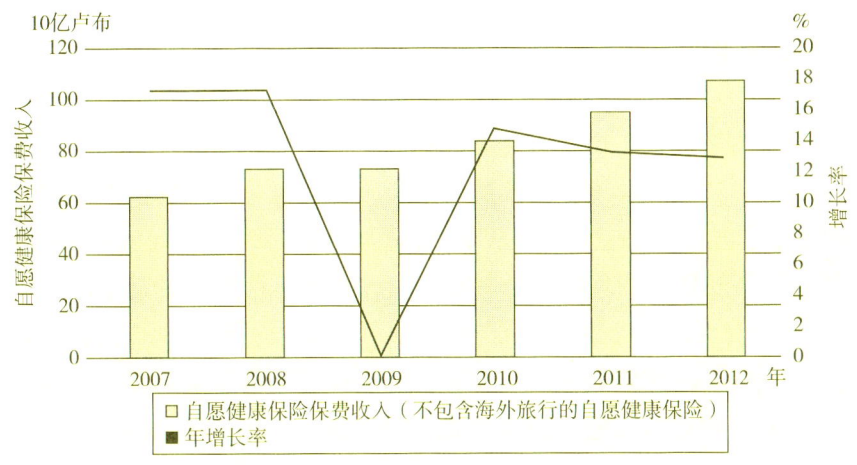

资料来源：Expert RA（2012）。

图 27.1　俄罗斯联邦 2007—2012 年自愿健康保险保费收入趋势

全国自愿健康保险的覆盖非常不均匀。莫斯科和莫斯科地区占自愿健康保险保费总收入的 85%（联邦国家统计局，2011）。45% 的地区完全没有自愿健康保险，55% 的地区几乎没有自愿健康保险或自愿健康保险保费占比很小（保费收入低于 1 000 万卢布）。由于几乎所有在莫斯科和莫斯科地区的公司客户都已经投保，因此自愿健康保险市场进一步拓展的范围主要集中在其他地区。

通过将覆盖范围扩大到中小型企业，也可以扩大自愿健康保险市场。2009 年推出的企业税减免措施在经济危机期间并未影响中小企业，但在后期对他们自愿健康保险的购买率产生了积极的影响。与此同时，2011 年强制医疗保险覆盖范围内的雇主工资贡献率从 3.1% 上升至 5.1%，这可能抵消了企业税减免增加的效果。

个体自愿健康保险的覆盖率低，可能有以下原因：大多数人的购买力有限，保险文化普遍缺乏，自愿健康保险保单成本高，保险公司不提倡个人购买（Expert RA，2012），而且大多数卫生设施都属于国家或自治共和国，私人供应的空间很小。

自愿健康保险市场的重要利益相关者和主要参与者认为，以下两项措施将有助于自愿健康保险市场增长：首先，强制性健康保险与自愿健康保险之间应有明确的区别；其次，应专门立法来规范自愿健康保险市场，例如，保险公司希望能够覆盖为强制医疗保险缴纳的用户费用。然而，卫生部和联邦强制医疗保险基金反对这一观点，因为这样混合公共和私人融资可能让人难以理解，并可能破坏政策透明度（Expert RA，未注明日期）。

自愿健康保险的未来展望

自愿健康保险市场似乎已接近饱和,除非保险公司能够开发更便宜且更适合个人需求的新产品,并且在莫斯科以外的地区实施推销自愿健康保险的战略,否则这个市场似乎不会增长。发布于卫生部网站(https://www.rosminzdrav.ru/)的《2020 年医疗发展规划》的其中一个版本指出,在缺乏严格监管的情况下,私人卫生筹资来源(自费支出和自愿健康保险)阻碍了获得公共医疗保健的渠道,并降低了其质量。保险公司将此解释为国家不愿意支持自愿健康保险的发展,政府目前更重视强制性健康保险而非自愿健康保险的发展,并将重点放在落实 2011 年新通过的《强制健康保险法》上。

参考文献

[1] Expert RA (2011). 2009 *data from Expert RA's Bulletin VHI market and rating of medical providers.* 10 March 2011. Moscow, Expert RA.

[2] Expert RA (2012). 2011 *data from Expert RA's Bulletin Health insurance.* 14 March 2012. Moscow, Expert RA.

[3] Expert RA (undated a). *The current state of VHI in Russia.* Moscow, Expert RA (http://www.raexpert.ru, accessed January 2011).

[4] Expert RA (undated b). *Health insurance: VHI and MHI synergy.* Moscow, Expert RA (http://www.raexpert.ru, accessed January 2011).

[5] Federal State Statistics Service (2011). *Insurance service market in* 2010. Bulletin No. 7 (178) 2011. Moscow, Federal State Statistics Service.

[6] Popovich L et al. (2011). Russian Federation: health system review. *Health Systems in Transition*, 13 (7): 1-190.

[7] WHO (2016). Global Health Expenditure Database (GHED) [online database]. Geneva, WHO (http://www.who.int/health-accounts/ghed/en/, accessed 5 April 2016).

28. 斯洛伐克

Peter Pazitny and Peter Balik

卫生系统背景

卫生筹资结构

2014年，社会公共卫生支出占卫生总费用的72.5%，而自费卫生支出占22.5%（自愿健康保险的卫生支出数据未国家卫生账户数据中列明）（WHO，2016）。

公共医疗保障的覆盖范围及其缺口

斯洛伐克的卫生系统中的全民健康保险的覆盖范围很广。2003年开始收取用户费用，但随后屡次被废止。截至目前，用户付费项目仅限于急诊护理（每次1.99欧元）、门诊处方和水疗护理。斯洛伐克的公共医疗保障由三家自主竞争的健康保险公司提供：通用健康（General Health）保险公司，由国家所有，拥有350万被保险人；Dôvera保险公司，拥有140万被保险人；联合（Union Health）保险公司，拥有40万被保险人。上述健康保险公司通过为不同年龄人群提供额外保障（例如，眼部护理、补充维生素、疫苗接种、前期水疗护理、康复疗养的住宿、运动器械的使用）来提高竞争力。因为所选的治疗项目需要长时间待诊，以及患者对于公共系统的抱怨，所以自愿健康保险市场有一定的发展空间。

自愿健康保险市场概况

市场的起源、目标与角色

斯洛伐克的自愿健康保险出现在2004年，在2002—2006年的改革期间，买方竞争概念被引入。自愿健康保险成为《健康保险人法 581/2004》的一部分，同时政府也为该保险提供了支持和激励。然而，自愿健康保险市场发展缓慢，其主要原因有两个，第一，对公共医疗保障范围的界定模糊，且用户费用有限；第二，通过保障患者自付费用（药物、私营供应者提供的预付方案）获取的收益对于保险公司并无吸引力。当患者必须支付自付费用时，他们更倾向于选择有过交往的特定医疗服务供应者，而非选择无法保证自由选择供应商的自愿健康保险计划。

自愿健康保险主要扮演附加型保障的角色，提供门诊护理的快捷通道，以及更高的住院标准（即使高标准的病房数量仍然很少，但其普及程度仍在逐渐提高）。高标准病床的费用为每晚 5 欧元到 50 欧元不等。人们认为，如果仅仅是为了获得上述保障，他们没有必要购买自愿健康保险。

可供选择的自愿健康保险计划的类型

自愿健康保险计划主要涵盖预防保健、高住院标准和门诊治疗快捷通道等方面。其具体保障项目可能包括：预防性体检、通过呼叫中心简化的医生预约流程、每日住院现金津贴、高标准的住院病房、眼科牙科护理和康复训练。尽管在公共福利计划中已经包含眼科护理、牙科护理和康复训练，但自愿健康保险能够保证这些服务的标准更高、渠道更便利、等待时间更短。

人们投保自愿健康保险的原因

在斯洛伐克，愿意投保自愿健康保险计划的人十分有限。2011 年，在 500 万人规模的市场中仅售出了 51 000 份自愿健康保单（详见表 28.1）。减少待诊时间是其他国家人们购买自愿健康保险的主要动因之一，而值得注意的是，即使待诊时间长，斯洛伐克的自愿健康保险也仍然不发达。目前，门诊护理已经能够通过私营渠道获取，公共系统的住院治疗也能够通过非正规支付的方式实现。

表 28.1　斯洛伐克自愿健康保单的数量和保费收入（2008—2011 年）

	2008 年	2009 年	2010 年	2011 年
自愿健康保单的数量	46 282	51 136	51 027	50 837
总保费收入（千欧元）	1 682	1 812	2 060	2 326
每份保险合同的平均年度保费（欧元每年）	36.3	35.4	40.4	45.7

资料来源：斯洛伐克国家银行（2012）。

自愿健康保险的投保人

目前缺少斯洛伐克自愿健康保险的投保人的信息。据传，购买自愿健康保险的主要是公司，他们为自己的雇员购买该保险，以此作为职业福利。

自愿健康保险的保险人

斯洛伐克的自愿健康保险由三家商业保险公司销售，这三家保险公司独立于提供公共医疗保障的那三家公司，它们是：Union 保险公司（为公共医疗保险市场上一家名为 Achmea 的跨国保险公司所有）；Wüstenrot 保险公司；UNIQA 保险公司。它们都是跨国保险公司。

2005 年，国有性质的 VšZP 公司和商业性质的 Union 保险公司就自愿健康保险签署了一份排他性协议，只要是 VšZP 公司的投保人，就能够在购买 Union 健康保险公司的自愿健康保险时获得 10% 的折扣优惠。Union Health 保险公司进入健康保险市场后，Union 保险公司也与其就类似的伙伴合约进行了协商（这是两家不同的企业，合约内容为 50% 的折扣优惠）。之前那份与 VšZP 公司签订的协议已经终止。

2006 年，只有 Union 保险公司仍然提供自愿健康保险计划。其他后来进入市场的公司（Generali，UNIQA 等公司）致力于特定的自愿健康保险产品，例如住院期间的每日现金津贴。目前，自愿健康保险市场仍然高度集中。

保险公司与医疗服务供应者的关系

保险公司并未与医疗服务供应商垂直整合。拥有自愿健康保险的人们可以在公立和私立医疗机构接受治疗。医疗服务供应者们以服务费为基础获得报酬，费用可以通过协商确定。自愿健康保险的保单持有人直接向医疗服务供应者付费，之后进行报销。他们无须缴纳用户费用，但部分特定治疗手段和保险产品可能设有费用金额上限。

针对自愿健康保险的公共政策

自愿健康保险市场由斯洛伐克国家银行和医疗监督管理局进行监管。主要法律依据是 2005 年 1 月 1 日生效的《健康保险人法 580/2004》，该法律区分了公共医疗保险和自愿健康保险。

有关自愿健康保险的争论与挑战

自愿健康保险在斯洛伐克的医疗保险中处于边缘地位，即使该国医疗保险改革的讨论偏重解决筹资问题，该保险也并未引起人们的兴趣。其主要原因是自愿健康保险的发展空间有限、公共保障计划的边界和定义模糊、用户付费水平低，以及医疗服务应当免费的观念根深蒂固。

2012年议会选举前，一些政党呼吁缩小公共保障计划的覆盖范围，建立更复杂的自愿健康保险体系，以提供更高标准的卫生医疗服务。然而，获选的社会民主党政府并不认可医疗卫生系统内的私人筹资。

自愿健康保险的未来展望

预计在2016年选举之前，自愿健康保险市场难有重大变革。

参考文献

［1］ National Bank of Slovakia（2012）［website］.（http：//www. nbs. sk/sk/titulna-stranka，accessed 22 November 2015）.

［2］ WHO（2016）. Global Health Expenditure Database（GHED）［online database］. Geneva，WHO（http：//www. who. int/health-accounts/ghed/en/，accessed 5 April 2016）.

29. 斯洛文尼亚

AnjaMilenkovic Kramer

卫生系统背景

卫生筹资结构

2014 年,公共卫生支出占医疗卫生总费用的 71.7%,而自愿健康保险和自费卫生支出分别占卫生总费用的 14.1% 和 12.1%,斯洛文尼亚因此成为欧洲最大的三个自愿健康保险市场之一(WHO,2016)。

公共医疗保障的覆盖范围及其缺口

公共医疗保障几乎覆盖全民,并提供大范围的医疗保障。然而,几乎所有公共医疗服务都有用户费用,以共同保险形式为主,其费率为服务价格的 5% 到 90% 不等(UL RS, 20/2010)。儿童可以免交用户费用(《医疗保健与健康保险法》,1992)。

自愿健康保险市场概况

市场的起源、目标与角色

自愿健康保险出现在 1993 年,其目的是促进医疗卫生筹资来源的多元化,并且控制公共卫生支出。自愿健康保险起到明确的辅助作用,为公共医疗保障解决用户费用问题。强制健康保险和自愿健康保险共同提供了广泛的、几乎全覆盖的保障,因此,其他自愿健康保险产品的发展空间十分有限(Milenkovic Kramer,2009)。

可供选择的自愿健康保险计划的类型

补充型自愿健康保险计划覆盖了用户费用。保险公司需要承担所有公共医疗服务的用户费用。补充型自愿健康保险采用平准费率,在同一保险公司投保的所有人的保费水平都是相同的。需要被赡养的成年家属有自己的保单（Stanovnik & Turk，2009），而未成年人无须缴纳用户费用，所以他们不需要补充型自愿健康保险。针对在支付用户费用时仍未购买补充型自愿健康保险的成年人，有一套专门的处罚体系，对于未持有自愿健康保险的每一个整年（12个月），处罚金额为保费的3%，最高处罚金额可以达到保费的80%（详见表29.2）。

其他自愿健康保险计划提供了公共医疗保障未涵盖的附加型和补充型健康保障，主要包括：由私立医疗机构提供的部分医疗服务（专家治疗、诊断测试和止痛疗法等）、高标准的住院和健康疗养、精心的医疗援助、报销比例仅为0或10%的药物、高标准的牙科护理、整容手术，以及针对病假、住院治疗、成年家庭成员及学龄前儿童看护的现金津贴（Adriatic Slovenica，2012；Merkur，2012；Triglav Health Insurance Company，2012；Vzajemna，2012）。

人们投保自愿健康保险的原因

几乎每个需要支付用户费用的人都购买了补充型自愿健康保险计划。针对自愿健康保险的高投保率，有人认为这代表人们愿意为私营的医疗卫生服务买单（Josar & Toth，2001；Toth，2003），也有人认为是因为大部分公共医疗服务的收费都很高（Keber，2003；Ministry of Health，2003）。此外，2005年起施行的针对未购买补充型健康保险的居民的处罚措施似乎也维持了该保险的高投保率。而关于人们购买其他自愿健康保险产品的原因，我们没有找到相应的信息。

自愿健康保险的投保人

几乎所有自愿健康保险市场的保费收入（99%）都来源于覆盖用户费用的补充型自愿健康保险（Cotman，2005；Keber，2003）。在2010年，持有覆盖用户费用的自愿健康保险计划的18岁以上人口占比达到83.5%（Adriatic Slovenica，2010；STAT，2011；Triglav Health Insurance Company，2010；Vzajemna，2010）。其他自愿健康保险计划处于边缘地位，不是大量研究的对象。

自愿健康保险的保险人

1993年，自愿健康保险引进之初，有两家机构销售覆盖用户费用的补充型自愿健康保险计划：Vzajemna（一家专营健康领域产品的相互保险组织）；Adriatic Slovenica（一家提供一系列保险产品的商业股份公司）。起初，Vzajemna是作为负责购买公共医疗保障的斯洛文尼亚健康保险协会（HIIS）的组成部分，开始销售自愿健康保险的。1999年，根据《医疗保健与健康保险法（修正案）》，斯洛文尼亚健康保险协会分离了强制健康保险和自愿健康保险业务，成立了Vzajemna，使其成为独立的、专业的相互健康保险公司。

两家最近进入市场的公司是：Triglav（一家自 2004 年起销售自愿健康保险并专营健康领域产品的有限责任公司）；Merkur（一家 2007 年进入自愿健康保险市场，但不销售覆盖用户费用的补充型健康保险的普通保险公司，因此其作用可以忽略不计）（详见表 29.1）。

表 29.1　斯洛文尼亚自愿健康保险公司所占市场份额（2010 年）

公司名称	市场份额（%）
Vzajemna	58.55
Adriatic Slovenica	23.77
Triglav	17.66
Merkur	0.03

资料来源：Adriatic Slovenica（2010）；Merkur（2010）；Triglav Health Insurance（2010）；Vzajemna（2010）。

保险公司与医疗服务供应者的关系

销售补充型自愿健康保险的保险公司只报销用户费用，不涉及采购医疗服务。而销售其他自愿健康保险产品的保险公司，可能需要与选定的医疗服务供应商协商具体条款和价格，并将服务费直接支付给供应商（Albreht 等人，2009；Stanovnik & Turk，2009）。

针对自愿健康保险的公共政策

表 29.2 按照时间顺序整理了自愿健康保险市场的发展与规制。覆盖用户费用的补充型自愿健康保险由保险监管机构（负责监管提高保费事宜）和卫生部（负责市场准入、批准初始保费、风险因素调整程序）进行监管。补充型自愿健康保险不享受税收补贴。覆盖用户费用的补充型自愿健康保险市场受到相对严格的监管。其中有部分规则违背了欧盟章程，将会进一步讨论（欧洲法院，2012）。然而，并未有人就旨在提高效率的规则（保费的社群费率和针对延迟购买补充型健康保险的处罚措施）提出异议，或有异议但最终确认此规则（风险均等化计划）符合本国和欧盟的规定。

表 29.2　斯洛文尼亚自愿健康保险发展与规制（1992—2012 年）

年份	发展与规制
1992	《医疗保健与健康保险法》（1992 年）、《卫生服务法》（1992 年）和《制药法》（1992 年）使私人筹资成为可能（自愿健康保险于 1993 年被引入斯洛文尼亚）
1999	《医疗保健与健康保险法（修正案）》（1998 年）确认了 Vzajemna 的独立法人地位，确认其与斯洛文尼亚健康保险协会完全分离

续表

年份	发展与规制
2000	《保险法》（2000年）宣布补充型自愿健康保险是为公众利益服务的，风险均等化成为可能
2003	《白皮书》（2003年）由卫生部发布，是一项关于废除覆盖用户费用的补充型自愿健康保险的改革建议
2004	《保险法》（2004年）再次宣布实施风险因子调整机制，但该机制并未实施，原风险评级保费仍在使用
2005	《医疗保健与健康保险法（修正案）》（2005年）针对覆盖用户费用的补充型自愿健康保险引入社群费率、风险均等化计划，并开始实施对延缓购买辅助型自愿健康保险者的惩罚（自须支付费用的月份计算，每12个月未购买，保费就增加3%，最高将达到80%）
2005	Adriatic Slovenica（2005年10月）和 Vzajemna（2005年12月）向高等法院提起诉讼，反对风险均等化计划；Adriatic Slovenica 认为，该计划将使平均保费上涨，从长远看将导致垄断，破坏市场竞争（Adriatic Slovenica，2005年）；Vzajemna 认为，该计划未考虑特定保险公司投保人员的健康状况差异，易使公司处于不平等地位（Vzajemna，2005）；法院在政府的支持下进行判决，承认风险均等化计划的合法性
2006	《医疗保健与健康保险法（修正案）》（2005年）生效；由于社群费率的引进，自愿健康保险费率增长了18%；医疗卫生成本的提高，导致了额外的5%的费率增长（Smrekar，2006）
2006	6月，Vzajemna 向欧盟委员会申诉，认为覆盖用户费用的补充型自愿健康保险有如下不足（Rednak&Smrekar，2007）： • 销售补充型自愿健康保险的保险公司被要求必须加入风险均等化计划 • 覆盖用户费用的补充型自愿健康保险条款的任何修订都须告知保险监管机构；保险费率的任何增长都须由注册精算师确定并在该机构的监管下进行 • 同一家保险公司对所有覆盖用户费用的补充型自愿健康保险的投保人都必须使用相同的费率，保险期限都不能短于一年 • 保险公司无法取消补充型自愿健康保险保单，除非投保人未履行保费缴纳义务 • 通过补充型自愿健康保险获得的收入必须且只能用于该计划；所有利润的一半须用于补充型自愿健康保险 • 保险公司必须获得卫生部部长的书面许可才能进入补充型自愿健康保险市场
2007	3月，欧盟委员会对斯洛文尼亚的健康保险立法发出官方警告。该国政府认为，尽管覆盖用户费用的补充型自愿健康保险具有自愿性质，但却是法定健康保险计划的组成部分，因此，为了保护公众利益，政府需要进行干预。欧盟委员会驳斥这一观点，认为覆盖了用户费用的补充型自愿健康保险未提供完整或部分的替代强制健康保险的方案，所以根据欧盟立法，不能将其视为强制社会保障体系的一部分（Rednak & Smrekar，2007）
2011	补充型自愿健康保险立法并未得到修订，欧盟委员会将斯洛文尼亚诉至欧洲法院
2011	斯洛文尼亚卫生部"2020年前医疗卫生系统完成升级"新改革方案中，要求废除用户费用，并采用新定义的公共保障计划（卫生部，2011）
2012	《平衡公共筹资法》（2012）将成本从公共领域转入私人基金，使得覆盖用户费用的补充型自愿健康保险费率上涨了13%
2012	欧洲法院确认斯洛文尼亚的自愿健康保险立法不完全符合非寿险指令；这一裁决考虑了利润使用、系统通知、优先批准等，未考虑风险均等化因素

资料来源：作者整理。

有关自愿健康保险的争论与挑战

关于自愿健康保险的公众讨论主要集中在公共保障计划覆盖的医疗服务范围、大部分医疗服务收取的高水平的用户费用、自愿健康保险社群费率对卫生系统筹资的累退效应（相对于公共医疗保障中与收入相关的供款基准）等问题上。同时，由于公共医疗保障用户费用的增加，以及药品从药品目录的正面清单转为中性甚至负面清单，使得成本从公共领域转移到私人领域的问题也开始被公众广泛关注和讨论。

自愿健康保险市场的第一次重大进展发生在 1999 年，根据《医疗保健与健康保险法（修正案）》（1998 年），强制健康保险和自愿健康保险计划分离。斯洛文尼亚健康保险协会成立了一家互助保险公司 Vzajemna，作为独立实体销售自愿健康保险。此后直到 2003 年才有了新的变化，卫生部原本打算废除自愿健康保险，并用新型的收入相关型缴费取而代之，以此来增强卫生系统一致性。这一提议在 2004 年的选举之后被放弃了（卫生部，2003）。

2006 年 3 月，更为严格的规则作为新的改革举措之一被引入自愿健康保险市场，旨在通过使用社群费率、风险均等化计划和延缓购买补充型自愿健康保险的惩罚，提高覆盖用户费用的补充型自愿健康保险的可及性及可负担性［《医疗保健与健康保险法》（2006 年）］。Adriatic Slovenica 和 Vzajemna 向立宪法院质疑风险均等化计划，并且最终从欧盟层面认定该计划扭曲了自愿健康保险市场竞争（Adriatic Slovenica，2005；Rednak & Smrekar，2007；Vzajemna，2005）。所有争论都被立宪法院否决，风险均等化计划仍然存在（立宪法院，2006）。

《医疗保健和健康保险法》（2006 年）引入了一些关于自愿健康保险业务的控制措施，包括要求来自其他国家的健康保险公司在斯洛文尼亚设立分支机构，控制其利润的使用，进行产品变更的系统通知和保费增加的事先批准，当然，这些措施与确保民众获取自愿健康保险并无关联。2011 年，欧盟委员会认为上述规则违反了欧盟竞争和自由流动规则（尤其是第一条和第三条非寿险指令）（欧盟委员会，2011）。作为回应，斯洛文尼亚卫生部计划将本国规则纳入与欧盟的相符的轨道，但是由于 2011 年 12 月的初期选举和欧盟委员会随后将斯洛文尼亚诉至欧洲法院的举动，改革的尝试被迫中止（《欧盟法院条例》，2012；STA，2011）。2012 年，欧洲法院发现斯洛文尼亚并未正确地转换到欧盟的非人寿保险指令上来（欧洲法院，2012）。当然，这一裁定并不适用于风险均等化项目。

在 2011 年政府公布"到 2020 年医疗卫生系统完成升级"方案之前，卫生领域的公私共同筹资方式和补充型自愿健康保险的问题始终未得到严肃的对待。卫生部提出的新改革方案中，计划废除覆盖用户费用的自愿健康保险，并取消公共保障计划的其他改革事项（被认为是一项重大创新的后者并未被放在2003年的提案中）（Tajnikar & Došenovic Bonca, 2011）。新定义的公共保障计划面向所有公民，要求在推荐的待诊期之内为他们提供免费的基本医疗卫生服务，同时使自愿健康保险仅扮演附加型保障的角色（卫生部，2011）。2011年12月的选举终止了这些改革动向。

最近，金融和经济危机导致的一些变化直接影响了自愿健康保险。《平衡公共筹资法》（2012）的实施使得部分健康服务和药品的用户费用提高，这部分成本被转移给家庭和自愿健康保险公司。因此，保险公司立刻提高了覆盖用户费用的自愿健康保险的保费，2012年7月的平均费用上涨了13%（Dnevnik, 2012）。

自愿健康保险的未来展望

公众的争论，欧盟委员会的介入，成本从公共向私人资源的转移，以及覆盖用户费用的补充型自愿健康保险市场的亟须规范，都表明了改革的必要性。然而，自愿健康保险的积极影响也值得强调。虽然与公共医疗保障与收入相关的缴费机制相比，自愿健康保险的保费是边际递减的，使得条件贫困、规模更大的家庭需要承担更重的经济负担，但补充型自愿健康保险的高覆盖率意味着家庭在很大程度上受到了保护，避免了自付费用的负面影响（Albreht等人，2009）。鉴于当前的财政状况和未来医疗卫生支出的增长空间，私人资源仍然将是医疗卫生筹资的重要来源。只要有需求的人们仍能买得到、负担得起，自愿健康保险就始终比自付费用更胜一筹。

参考文献

［1］Adriatic Slovenica（2005）. *Pobuda za oceno ustavnosti Zakona o spremembah in dopolnitvah zakona o zdravstvenem varstvu in zdravstvenem zavarovanju ZZVZZ*, št. U－I－282/05－1, 10 October 2005 ［Dispute put forward to Constitutional Court regarding the new Law on Health Care and Health Insurance Act, no. U－I－282/05－1, 10 October 2005］. Ljubljana, Adriatic Slovenica.

［2］Adriatic Slovenica（2010）. *Annual Report* 2010 and 2011. Ljubljana, Adriatic Slovenica（http：//www. as－skupina. si/financno－sredisce/letna－porocila, accessed 2 December 2015）.

［3］Adriatic Slovenica（2012）［website］. Ljubljana, Adriatic Slovenica（http：//

www. adriatic – slovenica. si, accessed 22 November 2015).

[4] Albreht T et al. (2009). Slovenia: health system review. Health Systems in Transition, 11 (3): 1 – 168.

[5] Constitutional Court (2006). *Odločba. Ocena ustavnosti in zakonitosti predpisov in drugih splošnih aktov* [*Decision. Assessment of the constitutionality and legality of regulations and other general acts*] (http://odlocitve.us – rs.si/sl/odlocitev/US25746? q = U – I – 282%2F05, accessed 22 November 2015).

[6] Cotman P (2005). *Slovenia, risk equalization scheme in the complementary health insurance.* Newsletter of the Association Internationale de la Mutualité (AIM) (extra issue). Brussels, AIM.

[7] Dnevnik (2012). Dražje zavarovanje: Premije dopolnilnih zdravstvenih zavarovalnic od danes višje, [Insurance premium increase: premiums for complementary health insurance are higher from today]. *Dnevnik*, 1 July 2012.

[8] ECJ (2012). Case C185/11 European Commission v Republic of Slovenia. Failure of a Member State to fulfil obligations – Direct insurance other than life assurance – Directives 73/239/EEC and 92/49/EEC – Incorrect and incomplete transposition. European Court Reports 2012 – 00000 (http://eur – lex.europa.eu/legal – content/EN/TXT/? uri = CELEX: 62011CJ0185, accessed 22 November 2015).

[9] EU Court Rules (2012). *EU Court rules against Slovenia's top – up health insurance*, 26.01.2012. (https://english.sta.si/1719768/eu – court – rules – against – slovenias – top – uphealth – insurance – adds, accessed 2 December 2015).

[10] European Commission (2011). *Insurance: Slovenia referred to EU Court over complementary health insurance.* 16 February 2011. Brussels, European Commission (http://europa.eu/rapid/press – release _ IP – 11 – 181 _ en.htm? locale = en, accessed 2 December 2015).

[11] Josar D, Toth M (2001). *Problematika dopolnilnih zdravstvenih zavarovanj in možnosti alternative* [*Problemsof complementary health insurance and possible alternatives*]. 8 dnevi slovenskega zavarovalništva [8th Slovenian Insurance Days]. Portorož, Slovensko zavarovalno združenje [Slovenian Insurance Association].

[12] Keber D. (2003). Utrjevanje vrednot in vzpodbujanje sprememb: Zdravstvena reforma 2003 [Strengthening values and encouraging changes: Health Reform 2003]. *Zdravstveni Vestnik*, 73: 57 – 58.

[13] Merkur (2010). *Annual Report* 2010 *and* 2011. Merkur Insurance Company. (http://www.merkur – zav.si/cms/beitrag/1009167/46643, accessed 2 December 2015).

[14] Merkur (2012) [website]. Merkur Insurance Company (www. merkur – zav. si, accessed 22 November 2012).

[15] Milenkovic Kramer A (2009). Slovenia. In: Thomson S, Mossialos E, eds. *Private health insurance in the European Union*. Final report prepared for the European Commission, Directorate General for Employment, Social Affairs and Equal Opportunities. London and Brussels, LSE Health and Social Care, London School of Economics and Political Science and European Commission: 295 – 308.

[16] Ministry of Health (2003). *Zdravstvena reforma. Pravi č nost, dostopnost, kakovost, učinkovitost* [*White paper: Health Reform: justice, accessibility, quality, efficiency*]. Ljubljana, Ministry of Health.

[17] Ministry of Health (2011). *Nadgradnja zdravstvenega sistema do leta* 2020 [*Upgrading the health care system by* 2020]. Ljubljana, Ministry of Health.

[18] Rednak A, Smrekar T (2007). *Evropa žuga Sloveniji zaradi zdravstvenih zavarovanja* [*Europe is warning Slovenia on Health Insurance*]. Ljubljana, Finance. si.

[19] STA (2011). Planet Siol. net [website] *Supporting the changes in health insurance.* (http: //www. siol. net/novice/zdravje/2011/03/nadgradnjazdravstvenegasistemakonecrazprave. aspx, accessed 2 December 2015).

[20] Stanovnik T, Turk E (2009). *Annual national report* 2009 (*pensions/health and long – term care*): *Slovenia*. On behalf of the European Commission DG Employment, Social Affairs and Equal Opportunities. Brussels, European Commission (http: //www. socialprotection. eu/files _ db/381/asisp _ ANR09 _ Slovenia. pdf, accessed 22 November 2015).

[21] STAT (2011). *Statistical yearbook* 2011. Ljubljana, Statistical Office of the Republic of Slovenia (http: //www. stat. si/StatWeb/glavnanavigacija/podatki/publikacije/statisti%C4%8Dni – letopis? leto = 2011, accessed 2 December 2015).

[22] Tajnikar M, Došenovic Bonca P, (2011). Slovensko zavarovanje tretjič! Bomo zmogli narediti tudi skok ali bo tokrat ostalo le pri zaletu? [Slovenian insurance for the third time! Will we make the jump this time?]. *Delo Saturday supplement*, 4 June 2011.

[23] Toth M (2003). *Zdravje, zdravstveno varstvo in zdravstveno zavarovanje* [*Health, health care, and health insurance*]. Ljubljana, Zavod za zdravstveno zavarovanje Slovenije.

[24] Triglav Health Insurance Company (2010). *Annual Report* 2010. Koper, Triglav Health Insurance Company (http: //www. zdravstvena. net/o – zavarovalnici/letna – porocila, accessed 2 December 2015).

[25] Triglav Health Insurance Company (2012) [website]. Triglav Health Insurance Company (www. zdravstvena. net, accessed 22 November 2015).

[26] UL RS, 20/2010 (2010). Sklep o spremembah Sklepa o določitvi odstotkov vrednosti zdravstvenih storitev, ki se zagotavljajo v obveznem zdravstvenem zavarovanju [Decision amending the decision on establishing percent of the value of health services covered by compulsory health insurance]. Official Gazette of the Republic of Slovenia no. 20/10] (https://www.uradni-list.si/1/content?id=96685#!/Sklep-o-spremembah-Sklepao-dolocitvi-odstotkov-vrednosti-zdravstvenih-storitev-kise-zagotavljajo-v-obveznem-zdravstvenem-zavarovanju, accessed 2 December 2015).

[27] Vzajemna (2005). *Razširitev pobude za oceno ustavnosti določb ZZVZZ, št. U-I-277/05, 22 December 2005 [Dispute put forward to High Court regarding the new Health Care and Health Insurance Act no. U-I-277/05, 22 December 2005]*. Ljubljana, Vzajemna Mutual Health Insurance Company.

[28] Vzajemna (2010). *Annual Report* 2010. Ljubljana, Vzajemna Mutual Health Insurance Company (https://www.vzajemna.si/sl/o-vzajemni/letna-porocila/, accessed 2 December 2015).

[29] Vzajemna (2012) [website]. Ljubljana, Vzajemna Mutual Health Insurance Company d.v.z. (https://www.vzajemna.si, accessed 22 November 2015).

[30] WHO (2016). Global Health Expenditure Database (GHED) [online database]. Geneva, WHO (http://www.who.int/health-accounts/ghed/en/, accessed 5 April 2016).

[31] ZZVZZ (1992). *Zakon o zdravstvenem varstvu in zdravstvenem zavarovanju [Health Care and Health Insurance Act]*, Official Gazette of the Republic of Slovenia no. 9/92. Ljubljana, Government of Slovenia.

30. 西班牙

Joan Costa – i – Font

卫生系统背景

卫生筹资结构

2014年，公共卫生支出占卫生总费用的70.9%，而自费支出和自愿健康保险的卫生支出分别占卫生总费用的24%和4.4%（WHO，2016）。自2000年以来，公共卫生支出的份额一直保持稳定。在1981年到2002年之间，国家卫生系统（SNS）的卫生的保障范围逐步扩展至农村社区（称为自治社区）。

公共医疗保障的覆盖范围及其缺口

国家卫生系统覆盖了西班牙境内的绝大多数人口（99.5%），并提供了保障范围广泛的全民性医疗福利计划。获得公共医疗服务保障的资格不受工作状态和个人财富状况（Garcia – Armesto 等，2010）的影响。公务员有权选择国家卫生系统以外的其他实体提供的医疗保险，例如，大约有200万人选择了国家公务员共同基金。他们继续像其他人一样纳税，由国家卫生系统按人头向商业保险公司付费，以覆盖他们的医疗保健费用。持有此类商业医疗保险的人预计只会使用私立医疗机构提供的服务，并获得一张有别于国家卫生系统的特殊医疗卡。

2010年，随着新政策的落实，公共医疗保障计划的可及性降低：更多的药物需要用户付费，成年移民在公共医疗中的配额减少，从中央向地方转移的配额紧缩，随之导致的开支削减在某些地区更为严重（例如，加泰罗尼亚）。最后一项可能会影响使用公共医疗服务的公众对服务质量的看法，进而影响到对自愿健康保险的需求。

自愿健康保险市场概况

市场的起源、目标与角色

自愿健康保险在西班牙扮演附加型保障的角色,最早出现在佛朗哥独裁时期(1939—1975年),曾是一种提供给公务员的特权,并随着互助协会的出现而发展,其中,互助协会与资金不足的公共卫生系统提供相同的商品和服务。1986年,一系列社会保险计划被合并到由国家税收资助的系统中(国家卫生系统)。自此,保险公司开始致力于提供高标准的可选医疗服务和便捷的候诊渠道,丰富消费者的选择范围,并提供更好的医疗服务设施。

可供选择的自愿健康保险计划的类型

在西班牙,大约81%的自愿健康保险都是实物类型的福利(Garcia – Armesto 等,2010)。其中大多数提供特定医生和医院的快速候诊服务。保障范围取决于所购买的保险类型,也可包括住家护理和牙科保健。基本的自愿健康保险平均保险费为每月35欧元到70元不等,价格主要由保险公司自定。酗酒、患有慢性疾病或艾滋病的人无法成为自愿健康保险的被保险人。

人们购买的自愿健康保险中,超过一半的是雇主团体保险计划(其中22%为公共管理部门购买,35%为私营部门购买),剩下的43%则是个人保险(IDIS基金会,2013)。

人们投保自愿健康保险的原因

自愿健康保险覆盖了约13%的人口,但由于不同地区的家庭收入和私人医疗服务的提供情况,地区覆盖比率差异很大(IDIS基金会,2013)。公众购买自愿健康保险的主要原因,可能是公共卫生系统较为死板,很难获取高水平的医疗服务。除此之外,自愿性医疗系统还为公众预付了私立医疗供应者的费用,提供了高于一般标准的公共医疗设施。

自愿健康保险的投保人

团体保险主要集中于大型跨国公司的员工。个体保险的购买群体通常是收入较高的,认为国家卫生系统医疗质量低于自愿健康保险计划的,以及风险厌恶的人(Costa & Garcia,2003)。自愿健康保险的支出水平在各地区有所不同,其中支出水平最高的是马德里、加泰罗尼亚、巴利阿里群岛和巴斯克地区(详见图30.1)。

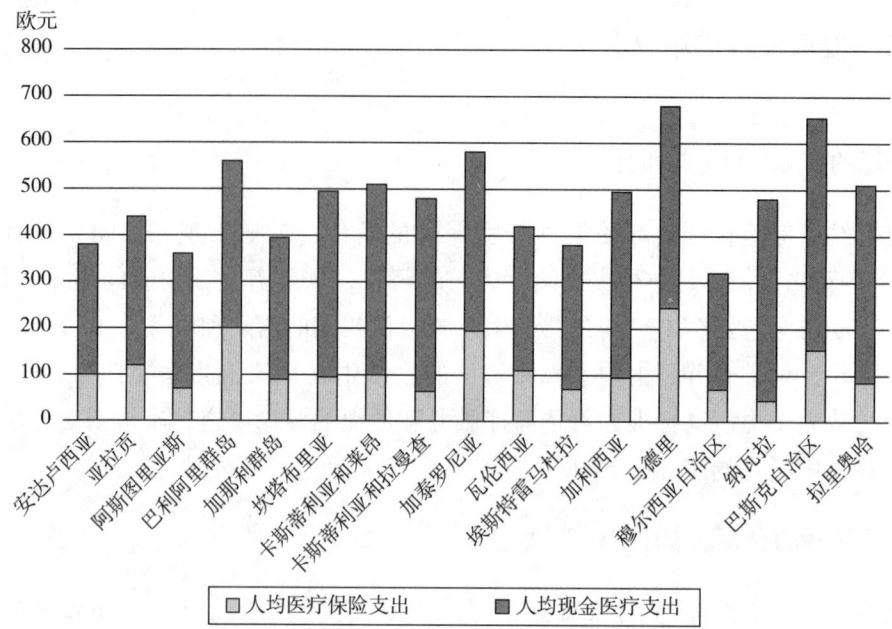

资料来源：IDIS Foundation（2013）。
注：基于 ICEA（2009—2012、2013）；INE（2013）；MSPS（2013）。

图 30.1 根据地区划分的西班牙私人卫生支出（自愿健康保险和自费支出）2012 年

自愿健康保险的保险人

提供自愿健康保险的主要是商业保险公司，但也有一些非营利性的相互协会。自愿健康保险市场高度集中，有 10 家公司占据了 82% 的市场份额（IDIS 基金会，2013）。

保险公司与医疗服务供应者的关系

医疗服务供应者通常以服务费为基础收费，而自愿健康保险的保单持有人通常需要支付用户费用。

针对自愿健康保险的公共政策

《西班牙保险法》界定的自愿健康保险是"为被保险人提供门诊、住院和手术治疗的保险，由保险公司的医务人员为本公司用户服务，投保人因此而缴纳保费"（保险合同法 50/80 的第 105 条，AgenciaEstatal，1980）。自愿健康保险受益于税收补贴，一直到 1999 年都是通过个人所得税减免来实现的。1999 年以后，自愿健保险的费用只能从企业所得税中扣除。

有关自愿健康保险的争论与挑战

目前还没有关于自愿健康保险的争论。尽管经济危机加剧，但由于企业为员工购买该保险作为社会福利（并因此从税收优惠和较低的企业保费中受益），自愿健康保险的市场占有率仍在上涨。2009年至2013年间，公司购买的自愿健康保险保单增长了4%，而个体购买自愿健康保险保单下降了14%（IDIS Foundation，2013）。选择从商业保险公司购买医疗保险的公务员人数保持稳定（约为200万）。

自愿健康保险的未来展望

保险行业支持者最近提出的建议中，有一项是重新引入针对个人的税收减免，但遭到了政府的反对。因为在1999年的政府当权时，曾废除这一税收减免政策。针对国家卫生系统的保障计划，保险行业还进行了一项重要的重新定义，即允许保险公司提供更多的自愿健康保险产品，以提供高质量的医疗服务（扮演附加保障的角色），或是提供国家卫生系统服务覆盖范围之外的部分服务（扮演补充保障的角色）。然而，到目前为止，还没有任何变更被提上日程。

参考文献

[1] Agencia Estatal (1980). *Boletín Oficial del Estado. Ley 50/1980, de 8 de octubre, de Contrato de Seguro.* [*Official State Bulletin. Art. 105 of the Bill 50/80 of Insurance Contracts*] (http://www.boe.es/buscar/doc.php? id = BOE – A – 1980 – 22501, accessed 2 December 2015).

[2] Costa J, Garcia J (2003). Demand for private health insurance: how important is the quality gap? *Health Economics*, 12 (7): 587 – 599.

[3] García – Armesto S et al. (2010). Spain: health system review. *Health Systems in Transition*, 12 (4): 1 – 295.

[4] ICEA (2009 – 2012). *Reports on private insurance 2009 – 2012. Investigación Cooperativa entre Entidades Aseguradoras y Fondos de Pensiones* [*Cooperative Research between Insurance Companies and Pension Funds*]. Madrid, ICEA.

[5] ICEA (2013). *La eficiencia en el sector asegurador español?* [*Efficiency in the Spanish insurance sector?*]. *Investigación Cooperativa entre Entidades Aseguradoras y Fondos de Pensiones*

[*Cooperative Research between Insurance Companies and Pension Funds*]. Madrid, ICEA (http://www.icea.es/es-es/investigacion/proyectos/paginas/proyectosfinalizados.aspx; accessed 22 November 2015).

[6] IDIS Foundation (2013). *Análisis de situación* 2013 [*Private health care situation in Spain* 2013]. Madrid, IDIS Foundation (http://www.fundacionidis.com/wp-content/uploads/2013/03/AnalisisSituacion_2013.pdf; accessed 22 November 2015).

[7] INE (2013). *Household budget surveys* 2008 – 2011. Madrid, Institute Nacional de Estadistica [National Institute of Statistics].

[8] MSPS (2013). *Statistical data*. Madrid, Ministerio desanidad y politicas sociales [Ministry of Health, Social Services and Equality].

[9] WHO (2016). Global Health Expenditure Database (GHED) [online database]. Geneva, WHO (http://www.who.int/health-accounts/ghed/en/, accessed 5 April 2016).

31. 瑞典

CajSkoglund

卫生系统背景

卫生筹资结构

2014年,公共卫生支出占卫生总费用的84%,自费支出和自愿健康保险的卫生支出分别占卫生总费用的14.1%和0.5%(WHO,2016)。

公共医疗保障的覆盖范围及其缺口

所有居民都希望在一个以地方税收为主要经济来源、以小额用户费用为补充经济来源的高度分散的体系下享有平等的医疗卫生服务。尽管按国际标准衡量,该国的医疗服务质量和获取医疗服务的公平性都很好,但多年来,人们对过长的待诊时间已经心怀不满。

自愿健康保险市场概况

市场的起源、目标与角色

自愿健康保险主要是附加型的保障计划,旨在在私营领域中提供更快速的医疗服务,而这些服务通常由公共卫生系统提供。部分自愿健康保险计划包含了少量补充型保障的内容(保费的1%~3%),即报销公共医疗门诊中的用户费用和处方药费用。

从历史上看,自愿健康保险市场通常局限在高级管理层,覆盖的人数非常少,2001年为12.5万人。尽管在过去的十年里,市场有所扩张,增长幅度在商业公司白领阶层中尤其明显,但2011年自愿健康保险的覆盖率仍然低于人口的5%(根据瑞典保险公司和瑞典统计局 2013 年的数据计算得出）。在 2006 年到 2011 年，拥有自愿健康保险的人数增加了一倍多（详见表 31.1）。商业服务行业中的中小型企业最可能购买自愿健康保险。

表 31.1　　　　瑞典自愿健康保险覆盖的人数（2006—2011 年）

年份	覆盖的人数	年增长率（%）
2006	218 064	—
2007	294 783	35
2008	338 607	15
2009	386 185	14
2010	430 767	12
2011	464 909	8

资料来源：瑞典保险公司（2013）。

以下因素促成了自愿健康保险市场的增长：(1) 在等待所选择的治疗方案过程中，因为病假导致的劳动力的收入损失；(2) 自愿健康保险营销的提升，其中一部分原因是更多的保险公司进入市场；(3) 越来越多的公司、组织和协会提供团体保险计划，员工或成员可以自行决定是否加入。

可供选择的自愿健康保险计划的类型

自愿健康保险的保单可能是：在强制基础上由雇主支付的覆盖全部或部分雇员的团体保险；根据保险公司与雇主、组织或协会之间的合同制定的团体保险，雇员可以选择是否加入并支付自己的保费；或者个人保单。强制性的团体保险主导着瑞典的自愿健康保险市场（详见表 31.2）。

表 31.2　　　　瑞典不同种类自愿健康保险的投保人中所占比例（2010 年）

自愿健康保险的种类	在投保人群中所占比例（%）
团体保险，强制参与	81
团体保险，个人自愿参与	13
个人保险	6

资料来源：瑞典保险公司（2013）。

所有的自愿健康保险计划都为被保险人提供以下服务：由注册护士值守的电话服务热线；用户选择的护理服务，包括不需要重症监护或更专业治疗情况下的择期手术；康复治疗，例如由一名理疗医师可以提供的最大数量（通常为 10 次）的康复治疗。

人们投保自愿健康保险的原因

雇主购买自愿健康保险计划的主要原因是雇员较短的待诊时间能够减少员工请

病假的时间。特定情况下，提供自愿健康保险的雇主对潜在雇员和现有雇员更具吸引力。个人可以购买个体或团体形式的自愿健康保险，以提高所选择的治疗方案的安全性，同时也可作为一种身份的象征。

自愿健康保险的投保人

如表31.2所示，大多数自愿健康保险的保单持有人都是由雇主支付的团体保险获得保障的。目前无法掌握关于自愿健康保险持有人的个人特征或提供自愿健康保险的雇主特征的信息。有迹象表明，自愿健康保险的覆盖范围正在向非私营服务部门扩张，例如制造业。然而，自愿健康保险暂时还未面向公共部门的雇员提供保障。

自愿健康保险的保险人

根据瑞典保险的2013年信息，有17家公司销售自愿健康保险（瑞典保险，2013），这个数量仍在不断增加。目前没有关于不同保险公司市场份额的信息。

保险公司与医疗服务供应者的关系

保险公司与私人医疗服务供应商网络之间签订合同，供应商一般是瑞典的，但在某些情况下是丹麦或德国的。由于近几年索赔数量的增加，自愿健康保险的营利性低，保险公司因此更倾向于与供应商进行费用谈判，以降低成本。出于同样的原因，用户费用由保险公司报销已经成为自愿健康保险计划的一个更常见的特征。

针对自愿健康保险的公共政策

瑞典没有专门针对自愿健康保险的法规。自愿健康保险公司与其他所有保险公司共同受瑞典金融监管局监管。2006年颁布的《遗传完整性法》禁止保险公司询问投保人的遗传信息，事实上该条款在此之前已经以保险公司和政府之间自愿协议的形式获得实施。

对于雇主，自愿健康保险的保费既不能做税收抵扣，也不能从雇员的应纳税收入中扣除。另一方面，补充型自愿健康保险的保险费（自愿健康保险保费的1%~3%）和受雇员赡养的亲属的自愿健康保险对应的保费，雇主和雇员都可以享受税收减免。

有关自愿健康保险的争论与挑战

尽管近十年来自愿健康保险有所发展，但其在医疗卫生筹资方面的作用仍然很小，并未引起公众的广泛关注。公共关注度低下的原因之一是，尽管商业保险公司只与私人医疗卫生供应商签订合同，但后者的主要收入来源并非来自保险公司，而是来自与国家委员会的合同。与选择私人治疗的患者总数相比，由私营医疗服务供应者治疗的自愿健康保险患者的数量实际上是微不足道的。此外，没有证据表明治疗自愿健康保险患者会导致由国家委员会负责支付医疗费用的患者需要待诊的时间延长。

人们可能会期望通过立法禁断公共医疗服务供应者治疗自愿健康保险患者的可能性。然而，目前这种情况似乎不太可能发生。由于自愿健康保险覆盖的医疗服务仅限于私人供应商，最近由瑞典地方当局和地区协会委托进行的最新自愿健康保险市场分析报告指出：自愿健康保险不足以对互助原则——卫生系统的基础构成威胁（Skoglund，2012）。

国家和地区级水平的一系列改革旨在减少待诊时间和病假时间。根据国家委员会2005年推出的待诊时间保证，病人在社区卫生保健中心预约等待时间应短于7天，与专家预约等待时间应短于90天，手术或治疗等待时间应短于90天。2010年，该项保证被列入《健康与医疗服务法》。

由于上述措施，瑞典在减少待诊时间方面取得了显著的进展。这可能是近年来自愿健康保险市场增长放缓的原因之一。

自愿健康保险的未来展望

根据作者对瑞典主要保险公司的采访，自愿健康保险市场可能会继续增长，中小企业的需求会成为主要增长点。然而，与2000年代中期相比，预期增长速度会放缓。如果减少待诊时间的举措被证明是不可持续的（例如，国家委员会和地区政府的决策可能受到经济发展的负面影响），对自愿健康保险的需求可能会更迅速地增长；自愿健康保险将会在劳动力老龄化背景下成为吸引员工的主要因素；或是公共部门的雇主也将决定为他们的雇员购买自愿健康保险。如果目前减少待诊时间的改革最终能够成功，那么自愿健康保险的需求量可能会下降，从而破坏人们选择自愿健康保险的理性基础；自愿健康保险保费上升，保险公司会增加更多的用户费用来限制自己责任；或者经济危机使得私人企业不太愿意给员工提供自愿健康保险。总体而言，在近期内，自愿健康保险的发展似乎不太可能对整个医疗卫生系统产生任何明显的影响。

参考文献

［1］ Insurance Sweden（2013）［website］. Information regarding VHI coverage and premiums. Stockholm, Insurance Sweden（http：//www. svenskforsakring. se, accessed January 2013）.

［2］ Skoglund C（2012）*Privata s jukvårdsförsäkringar i Sverige* ［*Private health insurances in Sweden*］. Stockholm, Age Management i Sverige AB（AMSAB）.

［3］ Statistics Sweden（2013）. *Befolkningsstatistik* ［*Population*］. Stockholm, Statistics Sweden（http：//www. scb. se/Pages/Product＿25785. aspx, accessed 22 November 2015）.

［4］ WHO（2016）. Global Health Expenditure Database（GHED）［online database］. Geneva, WHO（http：//www. who. int/health－accounts/ghed/en/, accessed 5 April 2016）.

32. 瑞士

Viktor von Wyl and Konstantin Beck

卫生系统背景

卫生筹资结构

2014年，公共卫生支出占卫生总费用的66%，而自费支出和自愿健康保险的卫生支出分别占到卫生总费用的26.8%和7.4%（WHO，2016）。公共卫生支出包括《健康保险法》之下的强制商业健康保险，政府当局将其皆视为社会保险系统的组成部分（联邦统计局，2015）。

公共医疗保障的覆盖范围及其缺口

医疗卫生领域筹资的基石是商业保险公司在非营利基础上运营的强制健康保险。该保险十分全面，覆盖了卫生主管部门实时更新的目录里的大量的基本医疗措施，包括针灸、顺势疗法等替代治疗方法，但不包括牙科护理和疗养院住宿。如果强制健康保险费用的支出超过应纳税收入和财富的一定比例，个人有权获得国家资助的保费补贴（2009年，有30%的人口符合获得保费补贴的条件；联邦公共卫生办公室，2012）。约46%~54%的住院医疗费用由强制健康保险与联邦政府和地方（州）政府的直接转移支付共同筹集。在2011年之前，住院医疗费用补贴只针对州内住院期间的费用，但这一规定在2012年的医疗卫生改革中被废除。

自愿健康保险市场概况

市场的起源、目标与角色

1911年实施的第一部规制健康保险的法律将健康保险交由私立保险公司经营。

虽然健康保险是自愿的，但几乎每个人都至少被一项基本健康保险计划所覆盖（1995）。1996 年，健康保险被划分为强制保险和自愿保险两部分。强制健康保险承担了与疾病、意外事故和怀孕有关的基本治疗费用。由于强制健康保险覆盖的缺口较小，自愿健康保险主要扮演附加保障的角色：人们购买自愿健康保险以获得对更多的医院和更高的住院标准的选择权。瑞士也有补充型自愿健康保险计划，该计划为强制健康保险覆盖范围外的医疗卫生服务提供保障，例如牙科护理。

可供选择的自愿健康保险计划的类型

大部分自愿健康保单是医院计划保单，提供公立和私立医院的半私人、私人病房，或医院以外的居住区（取决于选定的承保范围），以及牙科保险计划和额外的门诊护理保险计划，涵盖物理治疗、强制健康保险（尚未）覆盖的处方药物、配制眼镜和隐形眼镜的部分费用，以及一些补充和替代型疗法的费用。部分自愿健康保险计划还覆盖自由职业者和公司的因病误工费。

人们投保自愿健康保险的原因

人们投保附加型医疗保险计划的主要原因是为了能够自由选择医生，并且在住院期间能够有更多隐私空间（双人或单人病房）。2010 年，大约 60% 已经拥有强制健康保险的人们选择购买了自愿健康保险，主要目的是为了覆盖住院费用和获得额外的门诊治疗，上述两项原因占 2010 年的自愿健康保险保费总额的 38% 和 29%（瑞士金融市场监管机构，2010）。因病误工保费占自愿健康保险保费收入总额的 30%。引入可在全国范围内选择医院就诊的政策后，上述数据似乎没有发生显著变化。

自愿健康保险的投保人

根据瑞士健康调查报告（联邦公共卫生办公室，2007），自愿健康保险覆盖了大约 72% 的人口，超过 45 岁的中老年群体和受过高等教育的人群覆盖率更高。拥有自愿健康保险的个体中，25～34 岁之间青年男性的参保率最低，占 63%。作为再保险，因病误工保险几乎完全由公司购买（占合同总数的 97%），因为根据法律规定，一旦生病，雇员有权享受最高连续 6 个月的工资支付。

随着强制健康保险费用的增加，购买自愿健康保险的年轻人和身体健康的人越来越少，自愿健康保险的成本上升只能由老弱病残人群承担，导致了自愿健康保险费率在过去几年中的大幅上升。这一现象与强制健康保险的扩张共同解释了过去五年内，即使同期的医疗卫生支出总体增长率很高（为平均每年 3.5%；联邦公共卫生办公室，2012），自愿健康保险市场的增长也很有限（保费规模增长率仅为每年平均1.8%；联邦保险私人保险办公室，2007；瑞士金融市场监管局，2008、2009、2010）。

自愿健康保险的保险人

自愿健康保险是由销售强制健康保险的保险公司和其他主营非寿险的商业保险公司出售的。非寿险公司主要提供病假保险，虽然从技术角度能够提供其他（附加型）自愿健康保险产品，但此类公司仍面临着一个巨大的准入障碍，就是需要与医院和医生进行的大量谈判。这两类保险公司都是以营利为基础的。截至2010年底，销售自愿健康保险的保险公司数量已从2005年的99家降至56家，其中的34家公司（占61%）在强制健康保险业务中也处于活跃状态。

保险公司与医疗服务供应者的关系

尽管在现行法规中并未明确禁止，但私营保险公司通常仍然不会与医疗服务供应商进行整合。大多数门诊护理以服务费为基础进行报销，而住院护理则通过诊断相关组（DRG）进行。原则上所有费用都可以逐项协商，但由于交易成本高，谈判主要发生在保险公司和医院之间。

针对自愿健康保险的公共政策

尽管最近对定价和准备金的监管有所加强，但是与强制健康保险相比，自愿健康保险市场仍然没有受到太多监管。自愿健康保险不从任何税收补贴中受益。出于政治原因，强制健康保险是以牺牲自愿健康保险覆盖率为代价扩张的。深受大众喜爱的全民公投就向强制医疗保障计划补充了许多重要内容，例如在2009年，提供替代药品的保险从自愿健康保险变为强制健康保险。此外，强制健康保险所涵盖的药物清单不断更新，以前被限制为自愿健康保险计划覆盖范围的许多药物，现在一旦被认为是符合标准且划算的，就有资格申请强制报销。

同样，2012年医疗改革引入了可在全国范围内选择医院就诊的政策并将其作为强制健康保险的一部分，而此政策曾是人们购买自愿健康保险医院计划的主要原因之一。改革的目的是促进医院之间的竞争，并将以成本为基础的住院费用报销机制变更为以价格为基础。改革还改变了医院筹资方式（2012年之前政府筹资占比占50%，目前有所增长，为51%~54%），部分住院费用则从自愿保险转入强制保险覆盖范围，使得一些自愿健康保险医院计划的保费收入更低（但这不适用于半私立或私立医院计划）。总之，上述因素可能会导致自愿健康保险市场发展停滞甚至萎缩。

瑞士自愿健康保险市场的发展和相关规制如表32.1所示。

表 32.1　　　　　　　瑞士自愿健康保险市场的发展与规制（1911—2012 年）

年份	政策
1911	第一项健康保险规制：健康保险保持自愿性质，由商业保险公司经营
1996	健康保险规制的重大修订：健康保险分为强制和自愿健康保险
2009	通过全民公投，强制福利计划中开始包含特定的替代药物（以前仅由自愿健康保险覆盖）
2012	引入瑞士诊断相关群组（Swiss DRG）；强制健康保险计划可自由选择医院；住院费用筹资的重新分配

资料来源：作者整理。

有关自愿健康保险的争论与挑战

大多数政治层面和公开的辩论涉及的并不是自愿健康保险，而是强制健康保险。强制健康保险和自愿健康保险（特别是附加型自愿健康保险计划）在很大程度上是交织在一起的。例如，医院和医生只签发一张医疗账单，交由保险公司判定自愿健康保险和强制保障计划各自覆盖哪些治疗手段和医疗服务。在瑞士，待诊时间通常不是问题，所以购买了自愿健康保险的人们并没有在获得更快捷的医疗护理方面得到特别的优待。

最近关于自愿健康保险的讨论涉及到住院补贴问题。2012 年改革之前，各州试图阻止自愿健康保险的持有人享有州政府的住院资金，但一项法院裁决确认，无论是否拥有自愿健康保险，所有公民都有资格享受州政府的资助。其他正在进行的讨论涉及强制和自愿保险（特别是附加型自愿健康保险）更严格的组织划分，因为许多消费者担心，同时经营强制保险和自愿保险的保险公司可能会将强制健康保险的信息（如索赔记录）用于风险选择。2014 年 3 月，议会通过了针对该问题的修正案。然而，修正案到 2017 年才实施，因此目前尚不清楚该政策对自愿健康保险的影响。

2012 年，随着免费的、可在全国范围内选择医院的强制健康保险的引入，自愿健康保险已经失去了它的主要卖点之一。此外，新一轮的住院期筹资分配（包括现在州政府所覆盖的更高份额）将给消费者带来希望，自愿健康保险医院计划保费有望下调。虽然改革以来基本型自愿健康保险医院计划的保费已经下降，但这项改革的长期影响仍然未知。

自愿健康保险的未来展望

自 2012 年新的医疗卫生体制改革以来，自愿健康保险的重要性随着时间的推移而逐渐降低。2014 年 9 月，关于建立一个单一的、国家控制的强制健康保险制度，以取代现有的多元竞争的保险市场的公投议案，被选民否决。如果这项提案得以实施，商业保险公司仍然能够提供自愿健康保险，但由于规模经济上的重大损失，将面临更高的管理成本。当然，提供因病误工险的非寿险公司将不会受到影响。

参考文献

［1］ Federal Office of Private Insurance（2007）. *Zusätzliche Angaben zur Krankenversicherung（alle Krankenversicherer）*［*AS03N*］. Bern, Federal Office of Private Insurance（http：//www. finma. ch/archiv/bpv/download/d/006 _ as03n _ 2007 _ de. xls, accessed 22 November 2015）.

［2］ Federal Office of Public Health（2007）. *Schweizerische Gesundheitsbefragung* 2007; *Krankenversicherung*; *Spitalversicherungsklasse*. Bern, Federal Office of Public Health（http：//www. bag. admin. ch/themen/krankenversicherung/01156/02446/index. html? lang = de&download = NHzLpZig7t, lnp6I0NTU042l2Z6ln1acy4Zn4Z2qZpnO2Yuq2Z6gpJCJdIF, f2ym16 2dpYbUzd, Gpd6emK2Oz9aGodetmqaN19XI2IdvoaCUZ, s - , accessed 22 November 2015）.

［3］ Federal Office of Public Health（2012）. *Statistik der obligatorischen Krankenversicherung* 2009. Bern, Federal Office of Public Health.

［4］ Federal Statistical Office（2015）. *Costs, financing - data, indicators*. Neuchâtel, Federal Statistical Office（http：//www. bfs. admin. ch/bfs/portal/en/index/themen/14/ 05/blank/key/perspektive _ der _ direktzahler. html, accessed 22 November 2015）.

［5］ Swiss Financial Market Supervisory Authority（2008）. *Insurance market data, Electronic Tables, Table AS03N*. Bern, Swiss Financial Market Supervisory Authority （http：//www. versichererreport. finma. ch/reportportal, accessed 22 November 2015）.

［6］ Swiss Financial Market Supervisory Authority（2009）. *Insurance market data, Electronic Tables, Table AS03N*. Bern, Swiss Financial Market Supervisory Authority （http：//www. versichererreport. finma. ch/reportportal, accessed 22 November 2015）.

［7］ Swiss Financial Market Supervisory Authority（2010）. *Insurance market data, Electronic Tables, Table AS03N*. Bern, Swiss Financial Market Supervisory Authority （http：//www. versichererreport. finma. ch/reportportal, accessed 22 November 2012）.

［8］ WHO（2016）. Global Health Expenditure Database（GHED）［online database］. Geneva, WHO（http：//www. who. int/health - accounts/ghed/en/, accessed 5 April 2016）.

33. 乌克兰

Valery Lekhan

卫生系统背景

卫生筹资结构

2014年，公共卫生支出占卫生总费用的50.8%，而自费支出和自愿健康保险的卫生支出分别占卫生总费用的46.2%和约1%（WHO，2016）。

公共医疗保障的覆盖范围及其缺口

形式上，所有永久居住在乌克兰的本国公民、外国公民和无国籍人士都有权在国有医疗机构接受免费医疗保健服务（乌克兰议会，1996）。政府还列出了一个"二级服务"的清单，这些服务不会危及到患者的生命或健康，在患者缴纳用户费用的前提下，政府为所有居民提供覆盖二级服务清单内的保障。弱势群体和患有特定的、具有重大社会影响和严重疾病的人群，则能够受益于低价或免费门诊药品。总体而言，政府的保障范围没有明确的界限，因此在资金不足的情况下，免费和非免费医疗之间的界限变得模糊。非正规支付和如何获得医疗服务是重要的问题。调查数据显示，在2012年，13.9%的家庭无法购买必备药物，8.2%的人在患病时未就诊，3.9%的人因费用问题未得到必要的住院治疗（乌克兰统计局，2012）。

自愿健康保险市场概况

市场的起源、目标与角色

自愿健康保险的引入和发展始于1996年的《保险法》。自愿健康保险附加型保障的角色，使人们有了更多可供选择的医疗服务供应者、更高的医院舒适度，及获得更快捷的必要的诊断和治疗服务。它还覆盖了国家保障计划中的药品和服务，而这些药品和服务本应由公费支付，却因为卫生系统缺乏公共资金而无法实现。

可供选择的自愿健康保险计划的类型

自愿健康保险计划可分为不同类型：贵宾级（在最高级别的私人诊所治疗）；精英级（在稍低水平的私人诊所治疗，保险覆盖范围有限制）；经典级或称标准级（由国有医疗保健设施提供服务，仅覆盖基本的或部分项目）。大多数计划覆盖了一部分理论上应由国家公费报销的药物（Shpot，2011）。

人们投保自愿健康保险的原因

尽管自愿健康保险市场自1996年以来一直在增长，但覆盖人口的比例仍然不显著，这主要是因为保费过于高昂，大众难以负担。根据不同的数据来源可知，自愿健康保险覆盖了100万至150万人，或2.4%到3.3%的人口（Grishan，2011；LSOU，2012；Zagrebnoi，2011）。在就业市场竞争激烈和熟练员工短缺的部门，例如金融服务领域、投资公司、律师事务所以及部分IT和电信企业，雇主代表他们的雇员购买自愿健康保险，以促进雇员的忠诚度和健康程度（乌克兰国际非政府组织，2012；WHO，2010）。

个人自愿健康保险的主要投保人是已经存在健康问题的人们，购买的目的是为了减少自付费用支出，获取更舒适的医院环境，或者在医疗服务供不应求时减少候诊时间（Petrov，2009）。

20世纪90年代中期起，准自愿健康保险一直由非营利、非政府组织的疾病基金提供。疾病基金可以由个人和组织购买，旨在减轻自付费用支出，特别是缓解药品费用的负担（Lekhan，Rudiy & Richardson，2010）。

自愿健康保险的投保人

超过90%的自愿健康保险持有者是公司员工。公司购买的保单收入占自愿健康保险保费收入的80%以上（Sidorenko，2011）。保险公司通常按雇员类别将自愿健康保险分类，高层管理人员得到最昂贵的贵宾级保单，中层管理人员得到稍便宜的精英级，而普通员工得到经典级或标准级，或是保障范围更加有限的保险计划。购买个人自愿健康保险的主要是收入较高的群体。

保险公司一般会拒绝承保60~70岁以上的人、登记为重度残疾的人，已患有癌症、肺结核、糖尿病、需要透析的慢性肾衰竭、心理健康疾病、酒精或药物成瘾、艾滋病等问题的高危人群。

自愿向疾病基金缴费的通常是个人，很少一部分（约占自愿健康保险保费总收入的2%）是由私人雇主缴纳的。

自愿健康保险的保险人

销售自愿健康保险的保险公司皆为一般的商业实体,在该国大约有 100 家保险公司,但只有 20 家对自愿健康保险感兴趣(Yavorskaya,2008)。位于市场前列的保险公司的市场份额如表 33.1 所示。除了保险公司外,还有大约 200 家疾病基金。这些疾病基金注册为慈善组织,并在非营利基础上提供自愿健康保险,它们的活动受公民协会、慈善团体和慈善组织的法律约束。

表 33.1   2010 年乌克兰自愿健康保险公司概况

保险公司（进入市场年份）	市场份额（%）投保人总数	市场份额（%）总保费收入（排名）	年保费收入	监管部门	法律地位
Neftagazstrakh（1995 年,2003 年起经营自愿健康保险）	40	9.2（第 2 名）	600 格里夫纳（57 欧元）	金融监管机构	商业保险公司
Ilychevskoe 保险公司（1997 年,2005 年重新注册）	5.5	5.6（第 5 名）	无数据		
Providna（1995 年）	5	15.3（第 1 名）	1 200~6 000 格里夫纳（114~570 欧元）		
Oranta（1993 年）	4	1.6（第 19 名）	7 000~20 000 格里夫纳（665~1 900 欧元）		
Allianz（2005 年）	3	2.6（第 11 名）	400~12 000 格里夫纳（38~1 140 欧元）		

资料来源:Forinsurer 杂志(http://www.forinsurer.com)的乌克兰健康保险专题互联网项目,Forinsurer:健康保险,可在线查看:http://med-insurance.com.ua。

注:1 格里夫纳=0.095 欧元(2010 年平均值)。

自愿健康保险市场中最大的保险公司是一般保险公司 Neftagazstrakh(Ekonomichnapravda,2011),它的主要公司客户是乌克兰铁路前国家管理局(最近转型为公共股份公司,国有股份比例为 100%),该公司覆盖了六条国家铁路,有 27 万名铁路工人(占铁路工人总数的 82%)和 18 万名曾经在岗位上被自愿健康保险所覆盖的退休员工。这家保险公司的自愿健康保险保费是最低的,2011 年的年保费为 600 格里夫纳或 54 欧元(2011 年时 1 格里夫纳=0.09 欧元)。此外,由于投保人数众多,每年的投保总额至少为 2 万格里夫纳(1 800 欧元)。自愿健康保险保费直接从铁路工人的工资中扣除,但有一半的保费是由乌克兰铁路管理局支付的。不同类型治疗手段的投保金额见表 33.2。

表 33.2　　2011 年按临床干预划分的自愿健康保险保单投保金额

涵盖的程序类型	干预类型	最大年投保额
住院治疗	临床治疗	800 格里夫纳（72 欧元）
	外科治疗	1 000~2 000 格里夫纳（90~180 欧元）
	妊娠与分娩	700~1 000 格里夫纳（63~90 欧元）
	麻醉	150~300 格里夫纳（14~27 欧元）
	重症监护	1 200~5 000 格里夫纳（108~450 欧元）
	不同类型的治疗流程（例如，支架、开胸手术）	6 000~16 000 格里夫纳（540~1 440 欧元）
日间护理	日间护理	400 格里夫纳（36 欧元）
不同的诊断流程	CT、核磁共振、核医学成像（例如正电子成像术）	600 格里夫纳（54 欧元）
	血管造影	1 400 格里夫纳（126 欧元）

资料来源：Neftagazstrakh 保险公司网站（http://ngs.biz.ua）；未公布的（内部）公司资料。

注：1 格里夫纳=0.09 欧元（2011 年平均值）。

最大的疾病基金是日托米尔州疾病基金（2000 年注册）。在 2013 年初，该基金大约有 20 万成员（占该州总人口的 15.6%）。成员每月缴费 25 格里夫纳（每月 2.3 欧元或每年 28 欧元；2013 年时 1 格里夫纳=0.092 欧元）就能够获得无费用限制的药物，无须考虑处方的价格和数量，并且可以得到医生处方中涉及的必需的实验室或诊断试验。2012 年，疾病基金收入达到了 387 万格里夫纳（3.7 亿欧元，2012 年时 1 格里夫纳=0.096 欧元）。

保险公司与医疗服务供应者的关系

商业保险公司通常不与供应商整合。保险公司可以与任何已注册的和获得认可的（公共或私人）医疗机构签约，并进行价格谈判。

针对自愿健康保险的公共政策

乌克兰没有针对自愿健康保险的法规。自愿健康保险受《保险法》（1996 年）和《金融服务及金融服务市场国家监管法》的监管（2001 年），前者给出保险经营的一般条件，后者提供了金融服务的整体法律基础。国家金融服务市场监管委员会（2003 年）为保险业务颁发许可证。

有关自愿健康保险的争论与挑战

自愿健康保险没有广覆盖的原因如下。第一，自愿健康保险过于复杂，无利可图，赔付金额远高于其他类型保险，为总保费首付的 73%，保险公司并不是十分热衷于此业务（Gorun，2010；Zagrebnoi，2011）。第二，可能因为没有财政激励，雇主不太愿意为雇员和其家庭购买自愿健康保险（Chubinskii，2011）。第三，相对于人们一般的工资水平来说，个人自愿健康保险保费较高，其发展受到限制。

名为《2010保险市场发展规划》的政府报告设想，通过国家税收优惠来激励社会性较强的商业保险的发展（乌克兰政府，2005）。在2010年通过的一项税法修订案中，曾提出过一系列刺激自愿健康保险需求的税收激励措施，其中包括，如果企业为所有员工提供自愿健康保险，则可以调低其以工资为缴费基数的社会税水平。然而上述税收优惠政策并未纳入法案的最终版本内。

专业的健康保险公司的成立问题也正在讨论中，但现在尚未有结论。

自1990年以来，人们一直都在讨论的主要是引入保障范围清晰的强制健康保险计划，提高医疗健康预算经费，以及明确自愿健康保险的作用。虽然有几项草案已提交至议会，但上述问题尚未达成共识。

自愿健康保险并没有对卫生系统的运作方式产生重大影响，因为绝大多数的医疗服务供应商未参与到自愿健康保险计划中。自愿健康保险的大多数持有者，与其他人享受同样的由国有医疗机构提供的医疗保健，且医疗技术相同，舒适程度通常相同。国有医疗机构的管理者倾向于为自愿健康保险持有者提供医疗服务，因为他们能带来额外收入。然而，在国有医疗机构工作的医生对治疗持有自愿健康保险的人并不感兴趣，因为与其他人相比，他们更无可能获得非正规的支付。在私立机构中，非正规支付本身就不存在，因此提供更快捷的医疗服务是显然的。

自愿健康保险计划的保障范围和价格可变的幅度很大，因此医疗保健机构须与多个保险公司逐一协商，因此合约谈判过程中，会产生大量的交易费用。引入统一定价机制将有助于降低交易成本。在所有医疗机构针对自愿健康保险持有者的治疗中，保险公司希望应用统一的临床方案，以此确保良好的医疗护理质量。

自愿健康保险的未来展望

减少公共保障计划的覆盖范围将是自愿健康保险市场发展的起点，但这可能会对家庭的服务可及性、筹资公平性和财务保障性产生严重的影响。除了公共保险覆盖率的改变之外，如果没有针对个人和企业的广泛税收激励，自愿健康保险市场可能仍然很难大幅扩张。过去几年里紧张的经济和政治形势对自愿健康保险市场和其他保险市场产生了负面影响。在过去两年中，自愿健康保险名义保费收入增加是具有误导性的，它反映的是货币贬值而进口药品占自愿健康保险成本的较大部分的现状，而不是自愿健康保险持有人数的增加。专家指出，自愿健康保险持有者的数量，尤其是公司持有者的数量，实际上一直在下降。因此，自愿健康保险市场进一步发展的前景不被看好。

参考文献

[1] Chubinskii A (2011). When will the VHI market in Ukraine wake up? *MedFond. com*, 19 June 2011.

[2] *Ekonomichna pravda* (2011). Effektivni rishennya. Thenumber of policy holders in the Neftagazstrakh insurance company reaches 400 000 people. *Ekonomichna pravda*, 28 December 2011.

[3] Gorun PM (2010). Горун П.М. Проблеми та перспективи розвитку медичного страхування в Україні. Чернівці. Буковинська державна фінансова академія. Електронний документ [*Problems and perspectives for the development of health insurance in Ukraine*]. Chernikhiv, Rusnauka (http://www.rusnauka.com/4_SWMN_2010/Economics/56669.doc.htm, accessed 2 December 2015).

[4] Government of Ukraine (2005). *Resolution on approvingthe concept for the development of the insurance marketin Ukraine to the year* 2010. Stat. No. 369 – r (23 August 2005). Kyiv, Government of Ukraine.

[5] Grishan Y (2011). В Украине спрос на ДМС больше предложения. Украинский бизнес ресурс (UBR) Электронный документ [*In Ukraine demand for VHI is a more Ukrainian proposal*]. *UBR*, 13 July 2011.

[6] INGO Ukraina (2012). Добровільне медичне страхування: скільки коштує здоров'я персоналу? /ІНГО Україна. Електронний документ [*Voluntary health insurance: how much is the health of the workforce worth?*] Kyiv, INGO (http://ingo.kiev.ua/ru/review/104-Добровільне медичне страхування: скільки коштує здоров'я персоналу?.html).

[7] Lekhan V, Rudiy V, Richardson E (2010). Ukraine: health system review. *Health Systems in Transition*, 12 (8): 1 – 183.

[8] LSOU (2012). *Analysis of insurance markets*. Kyiv, League of Insurance Organizations of Ukraine (LSOU) (http://uainsur.com/stats/analiz/, accessed 22 November 2015).

[9] Petrov A (2009). "Бесплатная" украинская медицина или Добровольное медицинское страхование? Правильный выбор. PROSTOBANK.UA. Электронный документ ["*Free Ukrainian medicine or VHI? The right choice*]. *Tristar*, 20 November 2009.

[10] Shpot N (2011). *Voluntary health insurance in Ukraine: problems and prospects*. Lviv, The Ivan Franko NationalUniversity of Lviv.

[11] Sidorenko E (2011). Добровільне медичне страхування дорожчатиме / Ліга страхових організацій Україні Електронний документ [Voluntary health insurance will get more expensive]. *UBR*, 10 October 2011.

[12] Ukrstat (2012) *Самооцінка населенням стану здоров'я та рівня доступності окремих видів медичної допомоги у 2012 році/ Державна служба статистики України. Статистичний збірник: Обстеження умов життя домогоподарств. Київ,* 2013.–149с. Электронный документ [*Population's self- perceived health status and availability of selected types of medical aid. Data from the household survey conducted in October 2012*]. Kyiv, State Statistics Service of Ukraine (http://www.ukrstat.gov.ua).

[13] Verkhovna Rada of Ukraine (1996). Constitution of Ukraine. Kyiv, Verkhovna Rada of Ukraine (http://zakon3.rada.gov.ua/laws/show/254/96 – %D0%B2%D1%80, accessed 3 December 2015).

[14] WHO (2010). Ukraine. National health accounts. Geneva, WHO (http://www.who.int/nha/country/ukr.pdf, accessed 22 November 2015).

[15] WHO (2016). Global Health Expenditure Database (GHED) [online database]. Geneva, WHO (http://www.who.int/health-accounts/ghed/en/, accessed 5 April 2016).

[16] Yavorskaya TV (2008). Яворська Т.В. Страхові послуги: Навч. посіб. /За заг. ред. д.е.н., проф. Реверчука С.К. – К.:Знання, 2008. – 350 с [*Insurance Services*]. Kyiv, Znanie.

[17] Zagrebnoi V (2011). ДМС продолжает оставаться одним из самых убыточных для страховщиков. Электронный документ [VHI continues to be one of the least profitable for insurers]. *Tristar*, 3 June 2011.

34. 英国

Thomas Foubister and Erica Richardson

卫生系统背景

卫生筹资结构

2014年，公共卫生支出占卫生总费用的83.1%，而自费支出和自愿健康保险的卫生支出分别占卫生总费用的9.7%和3.4%（WHO，2016）。自1948年建立国家卫生服务体系以来，公共卫生支出一直占主导地位（Boyle，2011）。

公共医疗保障的覆盖范围及其缺口

国家医疗服务体系为英国普通居民提供了广泛的福利，海外游客和非法移民一般不受国民医疗服务体系保障，但也有例外（紧急护理、儿童护理和传染病治疗）。公共医疗保障虽然全面，但没有明确的定义，且在地区之间有所差异。用户付费适用于眼科护理、大多数牙科护理、门诊处方以及特定的医疗用品。对儿童、65岁以上的老年人、孕妇、慢性病患者和一些低收入群体免收处方费用。苏格兰、威尔士和北爱尔兰已经不再对药品的处方进行收费，但英格兰仍然收费，2015年的价格为每处方收费8.20英镑。

自愿健康保险市场概况

市场的起源、目标与角色

自愿健康保险在很大程度上扮演着附加型保障的角色，覆盖了国家医疗服务体系含有的保障，并能够提供更快的速度、更宽泛的私人医疗卫生供应商的选择机会（无论是私立医院还是国家医疗服务体系定点医院的私人机构）、私人专家诊疗以及更舒适的就医环境。自愿健康保险还可以覆盖国家医疗服务制度外的保障，包括补充和替代型疗法等。自愿健康保险并不保障高成本和资源密集型的治疗，私立医疗保健供应部门也不负责提供这样的治疗。同样，私人全科医师护理一般也不被覆盖。

最近自愿健康保险的发展，主要是建立起了覆盖牙科护理的补充型的自愿健康保险市场，并有所增长。近几十年来，国家医疗服务体系对牙科保健的覆盖程度明显降低。用户费用高，国家医疗服务体系内的牙科医生越来越少。自愿健康保险的牙科保健采取传统的保险报销的形式，或者采用更常见的由保险公司按人头预付给牙科诊所的形式支付费用。人头费的支付金额与牙医初步评估的患者风险分布有关，并随时可进行调整。除了拥有附加型自愿健康保险从而能获得一定程度牙科护理的人之外，大约5%的人口有涵盖牙科护理的自愿性健康保险（LaingBuisson，2012）。

自愿健康保险比国家医疗服务体系早出现一个世纪左右。保险最早出现时提供的是初级护理，有时由医生自己组织，有时由工厂或一组工厂组织，有时由当地社群组织。当1911年的国民健康保险（1912年正式生效）将全科医师护理的保障范围扩展至体力劳动者和低收入非体力劳动者时，自愿健康保险项目的功能被弱化，但其数量却并没有减少，无论是否已被国家医疗服务体系所覆盖，自愿健康保险项目仍然向民众提供初级护理，同时，也提供国家医疗服务体系未覆盖的服务。20世纪初期，在医疗技术的进步使寻求医院护理成为可能的同时，能够提供医院护理的自愿健康保险就已经出现，那时的医院护理是患者所渴望但却十分昂贵的（Foubister，2009）。

国家医疗服务体系的引入使自愿健康保险变得多余，成为了一种仅仅能够确保联系到医生或医院的手段。自愿健康保险市场很快适应了这种新的环境，为那些不想通过国家医疗服务体系接受护理的人提供服务，并为国家医疗服务体系护理中缺乏的非临床质量（non-clinical quality）提供了保障。从那时起，市场的发展一脉相承，提供能够弥补国家医疗服务体系明显缺陷（无论是从舒适性、及时性还是特定药物的覆盖方面）的医疗服务，同时寻找和发展愿意为此付费的新消费者，特别是开发团险市场，该市场认为自愿性健康保险可以达成更广泛的职业健康保障的目标。

国家医疗服务体系在建立之后的20世纪70年代中期到1990年间迅速扩张，附加型自愿健康保险市场发展就参保人数而言虽保持相对稳定，但增长速度放缓，用户数量从1992年的350万人增加到2009年的430万人（国王基金，2014）。在2009年到2012年，可能是因为国际金融危机之后的经济衰退使得用户人数下降到刚过400万（LaingBuisson，2014）。

2011年，附加型自愿健康保险覆盖了英国10.9%的人口（与2008年的12.4%相比有所下降）。这个数字包括自愿健康保险的个险和团险，以及自保医疗费用计划（SIMES）或公司自保（通常由外部保险公司管理）所涵盖的人群。大约2%的人口被自保医疗费用计划覆盖，剩下的8.9%被传统的自愿健康保险所覆盖。在这8.9%的人口中，只有25%被自愿健康保险中的个险所覆盖（大约是人口总数的2.23%），其余的则被自愿健康保险中的公司团险所覆盖（LaingBuisson，2012）。

可供选择的自愿健康保险计划的类型

自愿健康保险承担了急性疾病治疗的费用，但并不承担正在进行的慢性护理的成本。如果承担正在进行的护理，通常会有时间或额度限制。自愿健康保险计划分为三大类，即综合类、标准类和预算类，进一步划分还有限制类计划。归于不同类别的主要原因在于它们所覆盖的服务范围、价格和医疗服务供应商选择范围的不同（尽管在同一类别内这些内容也有差别，并反映在价格上）。在预算类计划中，包括：如果保单持有人利用国家医疗服务体系而不是从自愿健康保险报销医药费用，保险公司将向投保人支付现金，或者在国家医疗服务体系中的待诊时间超过一定的期限后，自愿健康保险才进行补偿。限制类计划的保障范围非常狭窄，例如，承担高昂的癌症药物或诊断费用，或是仅在特定条件或相关条件下承担治疗费用。

所有类别的自愿健康保险都不承担已存在的风险，同时，保费是基于年龄、风险行为和其他因素进行风险评级后测算出的。计划每年都会更新，但除了年龄之外，一般不进行新的风险评级（虽然价格会上升以反映医疗通胀）。影响同一类别内保费水平的其他因素是投保人选择的医疗服务供应商数量和所选用户付费的水平。在针对企业员工的自愿健康保险市场中，虽然可能会排除掉特定的个人，但保费却是基于经验费率厘定的，这也再次反映了人们在渴望的保障范围与可供选择的供应商数量及用户付费多寡之间进行的权衡。

人们投保自愿健康保险的原因

个人购买自愿健康保险以避免寻求专家诊疗时需要长时间的候诊，同时还可以自由选择就诊专家，并确保获得更舒适的住院环境。公司为员工购买自愿健康保险，是作为附加的员工福利或作为职业健康服务的延伸。

自愿健康保险的投保人

个体自愿健康保险的销售情况与企业自愿性健康保险相比，一直呈下降趋势。在20世纪80年代中期，个人持有的保单数量大约占一半，但到了2012年，就只占市场总量的四分之一（LaingBuisson，2014）。即使另有2%的人口由自保医疗费用计划（SIMES）所覆盖，企业自愿健康保险的覆盖率仍高于个人自愿健康保险。

大多数投保人都位于英格兰，在苏格兰、威尔士和北爱尔兰的覆盖率较低（Boyle，2011；Longley 等，2012；O'Neill，McGregor & Merkur，2012；Steel & Cylus，2012）。英格兰东南部的覆盖率最高，占到人口的 18.5%；威尔士和苏格兰覆盖率为 8.5%，北爱尔兰则为 7%（2006 年数据；LaingBuisson，2012），覆盖范围集中在较富裕的群体中。

自愿健康保险的保险人

在附加型的自愿健康保险市场中，以保费收入份额衡量的市场集中度较高，前四家保险公司占市场份额的 87%（LaingBuisson，2014）。然而，其中两家保险公司——BUPA 和 AXPAPPP Healthcare 保险公司，处于决定性地位，共同占据了 65% 的市场份额。第三大保险公司——AVEVA 保险公司，占据了 11%，而 VitalityHealth 保险公司（原名 PruHealth）排名第四，占据了约 10% 的市场份额（LaingBuisson，2012）。BUPA 是四家中唯一的专业医疗保险公司，也是唯一一家非营利性保险公司。

保险公司与医疗服务供应者的关系

保险公司根据事先议定的价格直接向医疗服务供应商付款。保单持有人必须在他们选定的保险计划范围内从其可选清单中选择一家供应商。保险公司直接按期为医疗专家报销费用，或是先由病人垫付，再向保险公司索赔。病人如果选定了收费水平超过标准的专家，则需要支付差额。保险公司还管理着投保人可以选择的专家名单。基于案例定价和围绕标准护理路径的定价，保险公司可能会安排与治疗服务供应商的价格谈判，并对健康护理或其他护理类技术的使用给予预授权（LaingBuisson，2012）。

针对自愿健康保险的公共政策

自国家医疗服务体系建立以来，自愿健康保险就没再受到卫生政策的关注，因为它只是供应商取得医疗卫生服务业务的渠道，所以并不是公共政策规制的对象。因此，自愿健康保险是作为一种金融服务业务而被金融监管部门监管的，重点是确保保险公司的偿付能力，当然，在销售和管理方面也有一定的监管。与所有保险一样，保险费是保险费税的课税基础，尽管保险费税不适用于自保医疗费用计划。企业自愿健康保险被视为实物收益，因此属于实物税和国家保险供款的一部分。

唯一有效的政策干预是减税。保守党政府在 1990 年推行了针对 60 岁以上人群的自愿健康保险保费的税收减免。有人认为，这将刺激需求，使该年龄段的人更愿意购买自愿性健康保险，并减少国民医疗服务体系的压力。1997年底，工党政府撤销了税收减免。后来的一项研究发现，税收减免对需求并没有影响（Emmerson，Frayne & Goodman，2001）。实际上，税收减免很可能是对那些已经购买了自愿健康保险的人的补贴。

在20世纪90年代，公平交易局基于对以下三点的担忧对自愿性健康保险市场进行了两次调查：产品的复杂性造成对消费者的伤害、从货币价值角度难以进行产品比较以及在承保中对延期偿付条款的应用（Foubister等，2006）。作为回应，保险业通过其自身监管机构——普通保险标准理事会（GISC）以及英国保险人协会（ABI），引入了具体标准，以提高自愿性健康保险在其市场和销售方面的透明度。然而，自愿性健康保险仍然是一个复杂的产品，特别是在考虑到市场上不同产品大量出现的情况下，人们仍很难基于货币价值对不同产品进行比较。

有关自愿健康保险的争论与挑战

围绕自愿健康保险的争论往往并不引人注意，因为政府始终没有在更广泛的医疗卫生系统中赋予它正式的角色。目前的争论主要集中在两个方面：第一，自愿健康保险对国民医疗服务体系是否可能会产生不利影响；第二，人们获得医疗卫生服务渠道方面的公平性。

不利影响主要与医生的时间分配有关。自愿健康保险覆盖了国家医疗服务体系内资深医生在私立医疗机构的服务。人们主要的担忧在于，这些医生致力于私人执业的时间是国家医疗服务系统的损失，意味着国民医疗服务体系的患者更长的等待时间，或由经验不足的初级医务人员替代资深医务人员（Yates，1995）。另外，相关的担忧还包括公立医疗教育机构向自愿健康保险的私人医疗服务提供的隐性补贴。在私营部门工作的医生在公立机构中受过训练，这意味着私营部门不必投资于教育。当私营部门提供的医疗服务出现问题时，国民医疗服务体系也可以兜底，意味着私营部门不必投资更多的资源密集型的服务项目。

就公平问题而言，自愿健康保险为那些负担得起的人提供了更好的医疗保健服务，它允许人们更快地获取医疗服务，选择他们的医生，并选择他们接受医疗服务的环境。快速获取服务的优势违背了英国医疗卫生系统的原则，即获取服务的速度应基于需求而非支付能力。

诸如此类的担忧遭到了以下观点的反驳：人们支付自愿健康保险的保费超过了他们对国家医疗服务体系税收相关的缴费水平，此外，自愿健康保险为他们提供护理保障，一方面减轻了国民医疗服务体系的压力，另一方面也为其他人带来了益处。即使这个这个论点有效,其得益也不太可能超出医生的时间和公共补贴的要求。然而,在这些问题上,并没有明确的措施来系统地权衡成本和收益。

自愿健康保险市场的挑战主要与其高成本相关,与同规格市场和同水平专家费用的国际标准相比,价格十分昂贵(国王基金,2014)。保险公司利润率的下行压力是有限的,因为自愿健康保险显示了需求的低弹性(LaingBuisson,2012)。然而,相对于企业市场规模和绝对数量而言,只要企业继续将自愿健康保险视为吸引员工的手段和职业健康的贡献者,个体市场规模的减少可能不会对自愿健康保险构成太大的挑战。另一个挑战可能是从事私人执业的国民医疗服务体系资深专业人员的比例呈现下降趋势,从20世纪90年代的70%左右下降到2005年的59%,再到2009年的53%(国王基金,2014)。从事私人执业的从业者还存在年龄老化的现象——2009年,英国医学协会报告称,只有不到10%的国家医疗服务体系的新晋会诊医师(资深专家)选择私人执业(国王基金,2014)。

自愿健康保险的未来展望

自愿健康保险市场很可能将继续沿着国家医疗服务体系的发展路径寻找自己的方向,总是试图为国家医疗服务体系覆盖范围之外的卫生服务提供保障,即使其拓展空间越来越有限。例如,如果政府主动制定政策,规定不准向非居民提供国民医疗服务,并限制向来自欧盟以外国家的留学生提供国民医疗服务,那么自愿健康保险就可以为这些海外游客和留学生提供医疗保障。

未来,保险公司改变自身角色的唯一最大可能是参与管理新的临床医疗试验群——一个新的医生组织,它为辖区范围内的居民采购国家医疗服务体系保障的医疗服务。这些采购机构比他们所取代的那些原有的机构有更大的自由,并且保险公司参与到国民医疗服务体系的采购流程中来,就有可能开发出由自愿健康保险和国家卫生服务体系保障相组合而成的新方式。

参考文献

[1] Boyle S (2011). United Kingdom (England): health system review. *Health Systems in Transition*, 13 (1): 1-486.

[2] Emmerson C, Frayne C, Goodman A (2001). Should private medical insurance be subsidised? *Health Care UK* 2001: 49-65 (http://www.ifs.org.uk/docs/private_med.pdf, accessed 22 November 2015).

[3] Foubister T (2009). The United Kingdom. In: Thomson S, Mossialos E, eds.

Private health insurance in the European Union. Final report prepared for the European Commission, Directorate General for Employment, Social Affairs and Equal Opportunities. London and Brussels, LSE Health and Social Care, London School of Economics and Political Science and European Commission: 315 - 328.

[4] Foubister T et al. (2006). *Private medical insurance in the United Kingdom*. Copenhagen, WHO Regional Office for Europe on behalf of the European Observatory on Health Systems and Policies.

[5] King's Fund (2014). *The UK private health market*. Commission on the Future of Health and Social Care in England. London, The King's Fund (http: //www. kingsfund. org. uk/sites/files/kf/media/commissionappendix - uk - private - health - market. pdf, accessed 22 November 2015).

[6] LaingBuisson (2012). Laing's healthcare market review 2011/12. London, Laing Buisson.

LaingBuisson (2014). Laing's healthcare market review 2013/14. London, LaingBuisson.

[7] Longley M et al. (2012). United Kingdom (Wales): health system review. *Health Systems in Transition*, 14 (11): 1 - 84.

[8] O'Neill C, McGregor P, Merkur S (2012). United Kingdom (Northern Ireland): health system review. *Health Systems in Transition*, 14 (10): 1 - 91.

[9] Steel D, Cylus J (2012). United Kingdom (Scotland): health system review. *Health Systems in Transition*, 14 (9): 1 - 150.

[10] WHO (2016). Global Health Expenditure Database (GHED) [online database]. Geneva, WHO (http: //www. who. int/health - accounts/ghed/en/, accessed 5 April 2016).

[11] Yates J (1995). *Private eye, heart and hip*. Edinburgh, Churchill Livingstone.

后　　记

自愿健康保险经常被视为解决健康保障缺口的一种途径，也是许多国家医疗卫生政策讨论的一个部分。然而，关于自愿健康保险国际经验的最新信息比较缺乏，尤其是对于较小的自愿健康市场而言更是如此。本卷通过介绍 34 个欧洲国家的自愿健康保险市场概况，提供了"缺失"了的证据。这些文件是由各国专家使用共同的模板撰写的国别比较报告。

不同国家的经验显示，自愿健康保险市场在扮演的角色、规制和规模方面有很大差异。虽然大部分市场都很小，但也有值得关注的例外，如法国和斯洛文尼亚的覆盖共付费用的补充型自愿健康保险市场、爱尔兰的补充型自愿健康保险市场和德国的替代型自愿健康保险市场。有意扩展自愿健康保险功能的国家可能会注意这些庞大的、监管严格的市场。不过，对其而言谨慎前行仍是必要的。本卷中回顾的（以及在另一姊妹卷中分析得出的）证据表明，自愿健康保险市场在很大程度上因具体情况而异。它是一个复杂且具有挑战性的政策工具，即使在严格监管的市场中，国家干预也不一定足以确保自愿健康保险计划是可及、可负担，并能够提供良好财务保护的。尽管现有文献常常忽略自愿健康保险市场规模较小的国家的经验教训，但这些有益的经验教训可以帮助规划者和监管者了解到，自愿健康保险没能发展起来甚或有时被放弃的原因是什么。

本卷是由欧洲观测站 LSE 中心和世界卫生组织欧洲区域办事处联合创作的。另一姊妹篇分析了欧洲 34 个国家自愿健康保险市场的角色与规制的情况。

下 篇

角色与规制

1. 引言

Anna Sagan and Sarah Thomson

本书对欧洲国家自愿健康保险的市场规模、市场运营和市场规制进行了简洁的概述。我们将自愿健康保险定义为由个人或代表雇员的雇主自愿投保的健康保险,包括雇主发起为雇员"随工作"购买的团体保险,尽管从严格意义上来讲此保险并非是完全自愿投保的。自愿健康保险可以由公共和准公共机构以及营利性(商业性的)和非营利性的私营机构提供。

基于早期的研究[1],并借鉴了 34 个国家的数据和经验,本书回答了下列问题:人们为何要投保自愿健康保险?自愿健康保险在与公共医疗保障相关的领域扮演着怎样的角色?哪些人群会投保自愿健康保险?自愿健康保险为卫生支出贡献了多少?自愿健康保险是如何在市场上运行的?它们是如何与更广泛的卫生系统相互作用的?随着时间的推移,自愿健康保险市场是如何演变的?不同的国家在自愿健康保险上的政策有何不同以及政策最关注什么?

在第 2 章自愿健康保险概述中,我们简要介绍了自愿健康保险对欧洲公共卫生支出和私人卫生支出的贡献,并概述了本书余下的章节。

在第 3 章中,我们审视了人们投保自愿健康保险的原因,并分析了自愿健康保险所扮演的与公共医疗保障相关的不同角色。

在第 4 章中,我们对自愿健康保险所覆盖的人口比例、购买自愿健康保险的人群构成(个体和团体之间的平衡)以及对自愿健康保险保单持有人的社会经济特征进行了评论。

在第 5 章中,我们从不同方面分析了自愿健康保险市场的运营方式。我们考察了销售自愿健康保险的实体数量和类型,审视了与销售自愿健康保险相关的政策条件、保险人设定保费的方法、自愿健康保险保障的范围与深度、消费者选择的范围、保险人如何从医疗服务提供者那里购买服务以及保险人在医疗卫生服务和管理上的支出。

---

[1] Mossialos & Thomson (2004),经济合作与发展组织(Organisation for Economic Co-operation and Development, OECD, 2004),Thomson & Mossialos (2009),Thomson (2010)。

在第 6 章中，我们评论了针对自愿健康保险的公共政策，包括国家层面和欧盟层面的规制、2000 年以来在政策上的主要新进展以及鼓励人们投保自愿健康保险的税收激励措施的运用情况。在本章的最后，我们围绕着自愿健康保险的国别政策的发展及其关注的问题进行了讨论。

2. 自愿健康保险概述

在本章中，我们讨论了自愿健康保险对私人卫生支出和卫生总费用的贡献，同时还对余下章节所包含的信息做了直观的总结和简短的评述。

自愿健康保险对卫生总费用的贡献

在大多数国家，通过自愿健康保险渠道发生的卫生支出较少。在 2014 年，世界卫生组织欧洲地区的 53 个国家中有 11 个国家的自愿健康保险的卫生支出占卫生总费用的 5% 以上（详见图 2.1）。自愿健康保险最大的市场——根据对卫生总费用的贡献——为欧盟地区和欧洲自由贸易区（EFTA）国家。

在 2000 年至 2014 年期间，许多国家的自愿健康保险的卫生支出占卫生总费用的比例增长了（详见图 2.2）。不过，这些国家中约三分之一的国家增长还不到 0.5 个百分点。亚美尼亚和格鲁吉亚的自愿健康保险的大幅增长可被归因于政府为特定人群的自愿健康保险买单。格鲁吉亚政府于 2013 年停止为特定人群的自愿健康保险买单，自愿健康保险的卫生支出可能会自此下降。

部分国家自愿健康保险的卫生支出占卫生总费用的比例的增长可归因于人均自愿健康保险支出的增加，2000 年至 2014 年期间，许多国家的人均自愿健康保险支出快速增长，在这些国家中，自愿健康保险的卫生支出占卫生总费用的比例增长最多（超过 200%）的几个国家为亚美尼亚、格鲁吉亚、波兰、克罗地亚、马耳他、以色列和爱尔兰（详见图 2.3）。

2000 年至 2014 年，荷兰的自愿健康保险的卫生支出占卫生总费用的比例降幅最大（详见图 2.4 和图 2.5）。这是因为荷兰在 2006 年将公共医疗保障扩展至全体人口，有效地取代了替代型的自愿健康保险市场。

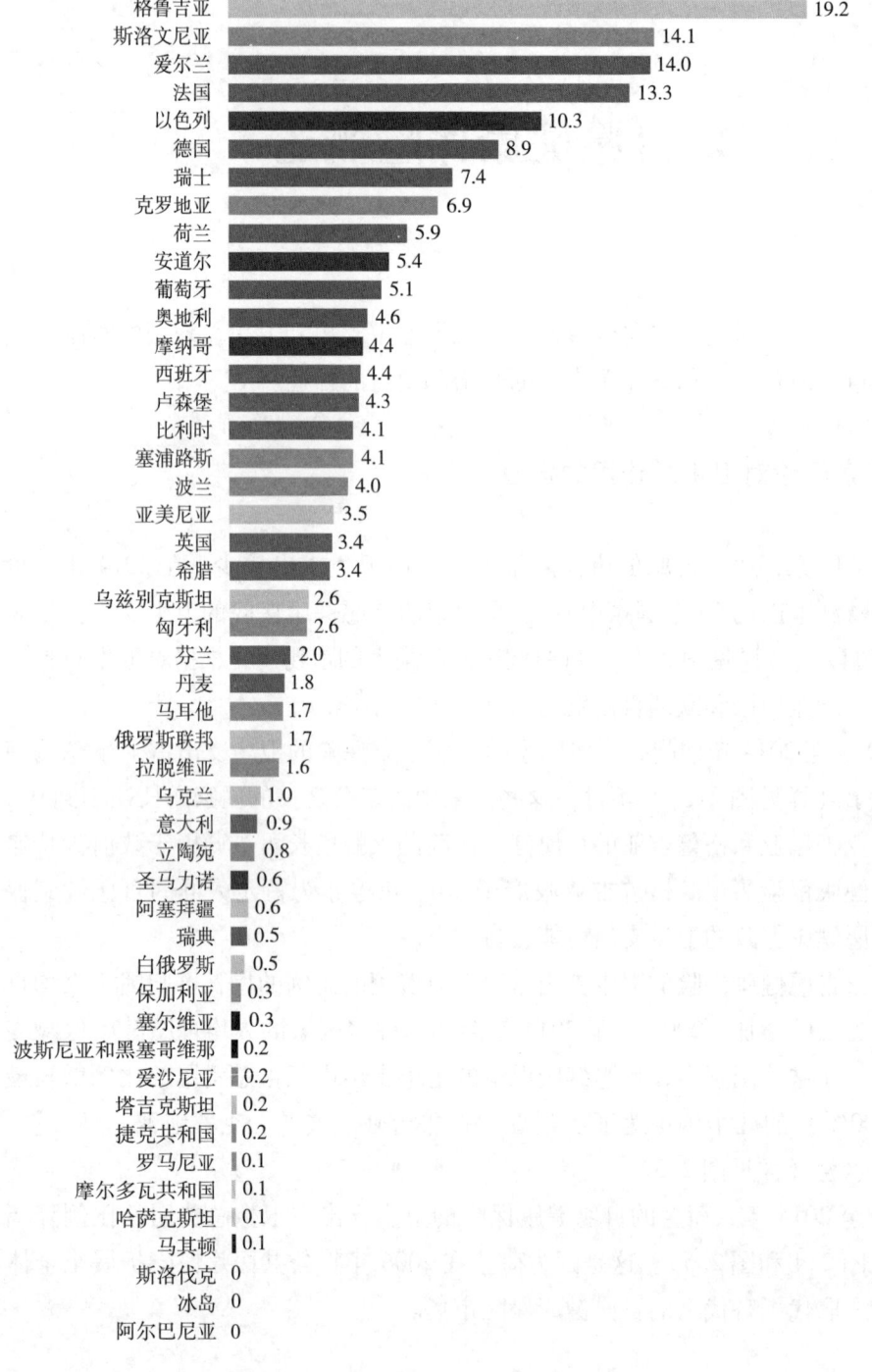

资料来源：WHO（2016）。

注：匈牙利的自愿健康保险的占比数据包含自愿医疗储蓄账户（详见 Szigeti，Lindeisz & Gaál，2016）；数据可用性及假设见附录 B。

图 2.1 自愿健康保险的卫生支出占卫生总费用的比例（%）（2014 年）

2. 自愿健康保险概述

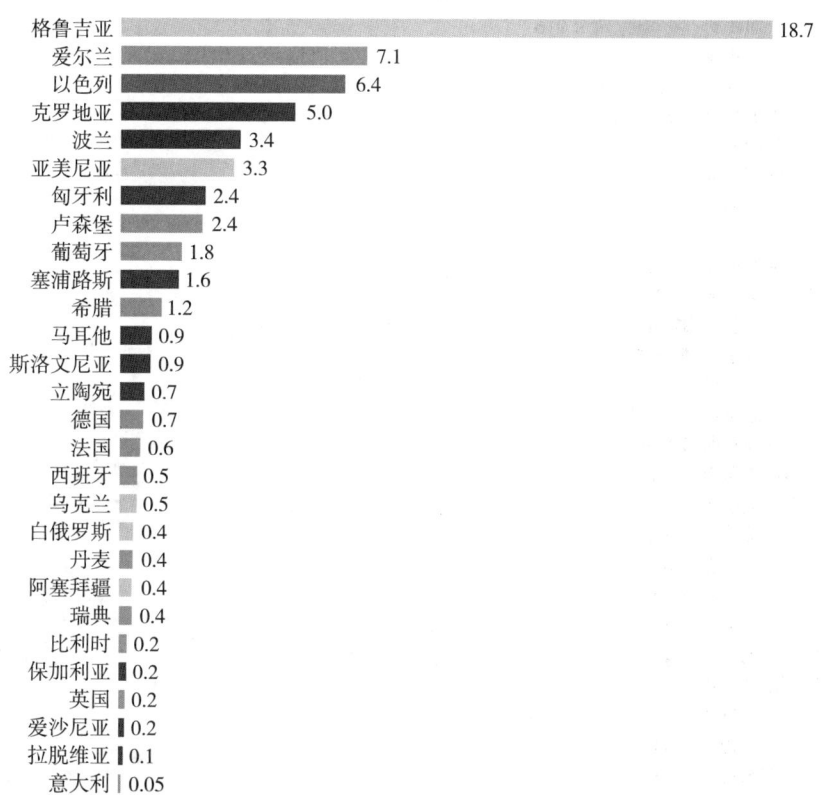

资料来源：WHO（2016）。

注：匈牙利的自愿健康保险占比数据包含自愿医疗储蓄账户，这意味着匈牙利自愿健康保险的卫生支出占卫生总费用的比例被高估（详见 Szigeti，Lindeisz & Gaál，2016）；数据可用性及假设见附录 B。

图 2.2　自愿健康保险的卫生支出占卫生总费用的
比例增长的国家（百分点变化）（2000—2014 年）

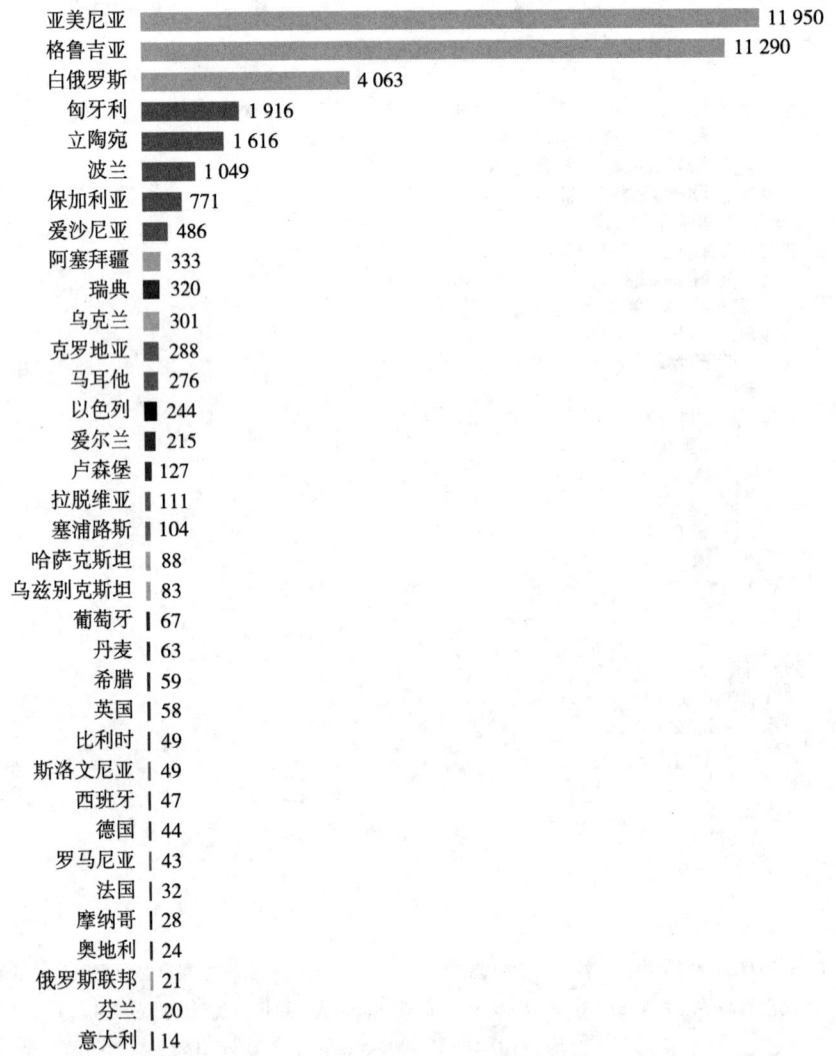

资料来源：WHO（2016）。

注：自愿健康保险的支出以 2015 年可比价格百万国家货币单位计；匈牙利的自愿健康保险占比数据包含自愿医疗储蓄账户，这意味着匈牙利的自愿健康保险的卫生支出占卫生总费用的比例被高估（详见 Szigeti, Lindeisz & Gaál, 2016）；数据可用性及假设见附录 B。

图 2.3　人均自愿健康保险支出的增长（%）（2000—2014 年）

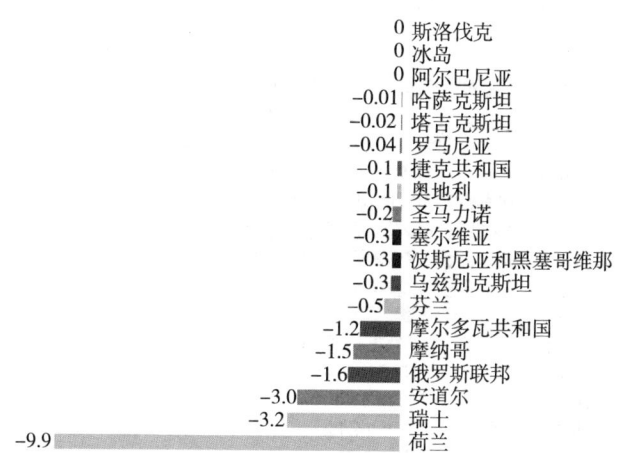

资料来源：WHO（2016）。

注：数据可用性及假设见附录B。

图2.4 自愿健康保险的卫生支出占卫生总费用的
比例不变或下降的国家（百分点变化）（2000—2014年）

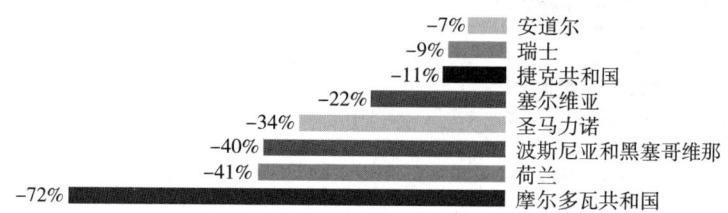

资料来源：WHO（2016）。

注：自愿健康保险的支出以2005年可比价格百万国家货币单位计。数据可用性及假设见附录B。

图2.5 人均自愿健康保险支出的下降（%）（2000—2014年）

自愿健康保险对私人卫生支出的贡献

自愿健康保险的卫生支出占私人卫生支出的比例通常较低（详见图2.6），2014年，53个国家中只有14个国家占比超过20%。除克罗地亚、斯洛文尼亚和以色列外，自愿健康保险的卫生支出占私人卫生支出比例较高的国家主要集中在西欧。

2000年至2014年，欧洲区域仅有超过半数的国家在自愿健康保险卫生支出占私人卫生支出的比例上有所增长（详见图2.7和图2.8）。

221

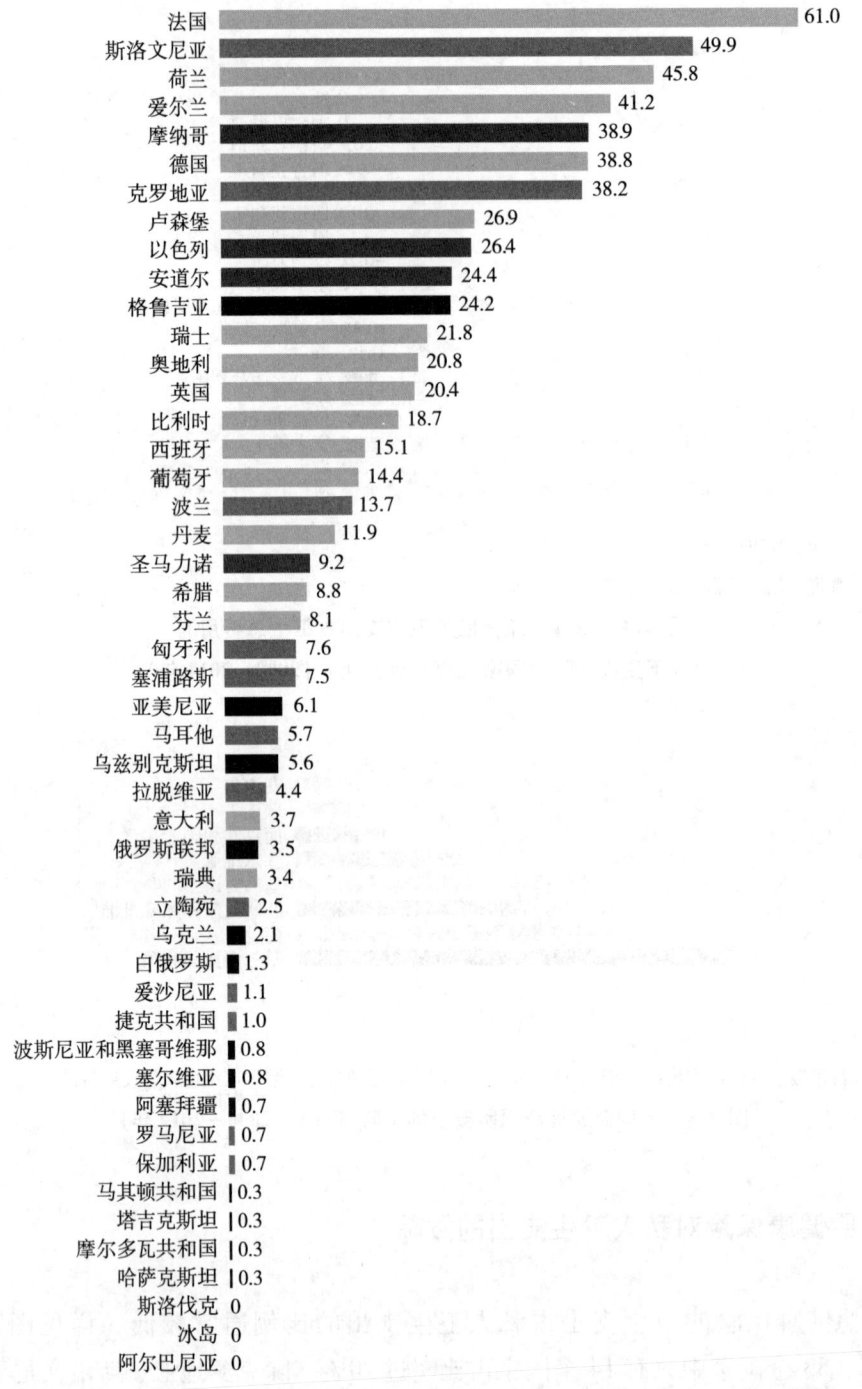

资料来源：WHO（2016）。

注：匈牙利的自愿健康保险占比数据包含自愿医疗储蓄账户，这意味着匈牙利自愿健康保险卫生支出占私人卫生支出的比例被高估（详见 Szigeti 等，2016）；荷兰低估了自付费用支出，因为荷兰的自付费用不包括所有使用医疗服务的成年人在国家卫生账户（OECD，2015a）中所支付的强制性免赔额（在 2015 年为每年 375 欧元），这意味着荷兰自愿健康保险卫生支出占私人卫生支出的比例被高估；数据可用性及假设见附录 B。

图 2.6　自愿健康保险卫生支出占私人卫生支出的比例（%）（2014 年）

2. 自愿健康保险概述

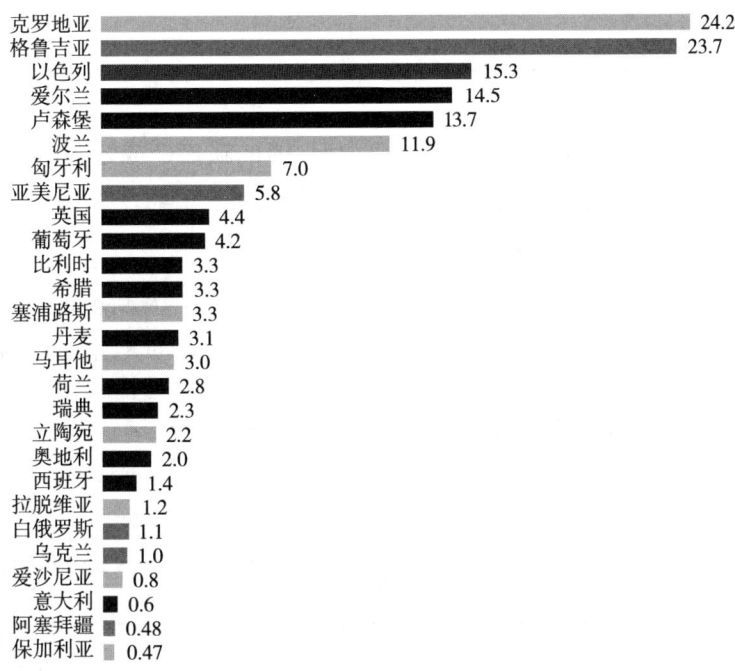

资料来源：WHO（2016）。

注：匈牙利的自愿健康保险占比包含自愿医疗储蓄账户，这意味着匈牙利的自愿健康保险的卫生支出占私人卫生支出比例被高估（详见 Szigeti, Lindeisz & Gaál, 2016）；数据可用性及假设见附录 B。

图 2.7　自愿健康保险的卫生支出占私人卫生支出比例增长的国家（百分点变化）（2000—2014 年）

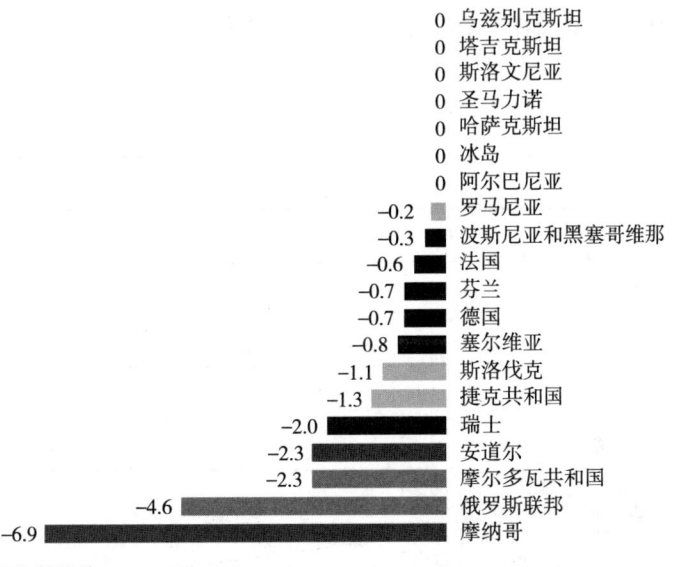

资料来源：WHO（2016）。

注：数据可用性及假设见附录 B。

图 2.8　自愿健康保险的卫生支出占私人卫生支出的比例不变或下降的国家（百分点变化）（2000—2014 年）

223

人们投保自愿健康保险的原因

人们投保自愿健康保险是为弥补公共医疗保障的缺口，或是为得到更快捷的治疗以及能在健康护理服务提供者中有更大的选择余地（详见表2.1）。

表2.1　　　　　　　　　　　自愿健康保险市场发展的驱动力

市场角色	市场发展驱动因素	自愿健康保险项目的特性
附加型	基于人们对公共卫生服务质量和时限的认知	可以提供更快的服务，在健康护理服务供应商或更好的医疗设施之中有更大的选择余地
补充型（服务）	基于一揽子公共卫生福利的范围	可以提供一揽子公共卫生福利之外的服务
补充型（用户费用）	基于公共卫生服务对用者的收费	用者所付费用可以用于购买一揽子公共卫生福利中所提供的商品和服务
替代型	基于享有公共卫生服务的人口比例	可以覆盖被排除在公共医疗保障参保范围之外或者自愿退出的人群

资料来源：Foubister 等（2006）。

公共医疗保障的缺口是自愿健康保险存在的一个先决条件，但这不足以支撑自愿健康保险市场的发展与成长。自愿健康保险和自付费用支出之间的相关性很弱（详见图2.9）。尽管欧洲区域的许多国家存在很大的公共医疗保障缺口——比如许多国家的自付费用支出水平很高——但除了少数几个国家之外，自愿健康保险的卫生支出占私人卫生支出的比例依旧较低（详见图2.10）。

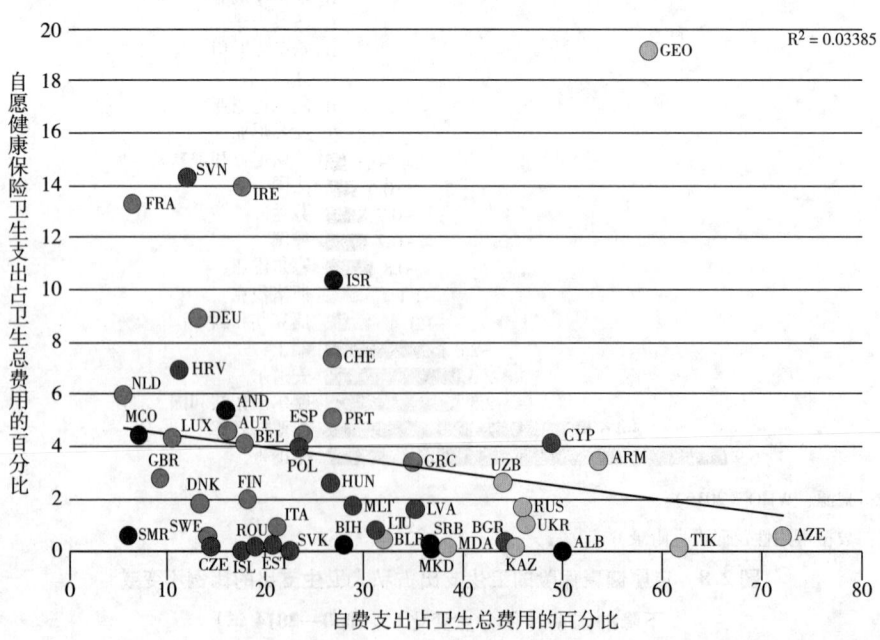

2. 自愿健康保险概述

	自付费用占卫生总费用的百分比		
GEO	圭亚那	FRA	法国
SVN	斯洛文尼亚	IRE	爱尔兰
ISR	以色列	DEU	德国
NLD	荷兰	HRV	克罗地亚
CHE	瑞士	MCO	摩纳哥
LUX	卢森堡	AND	安道尔
AUT	奥地利	BEL	比利时
POL	波兰	ESP	西班牙
PRT	葡萄牙	CYP	塞浦路斯
ARM	亚美尼亚	GBR	英国
DNK	丹麦	FIN	芬兰
HUN	匈牙利	GRC	希腊
UZB	乌兹别克斯坦	SMR	圣马力诺
SWE	瑞典	CZE	捷克共和国
ISL	以色列	ROU	罗马尼亚
EST	爱沙尼亚	ITA	意大利
SVK	斯洛伐克	BIH	波斯尼亚和黑塞哥维那
MLT	马耳他	LTU	立陶宛
BLR	白俄罗斯	LVA	拉脱维亚
SRB	塞尔维亚	MKD	马其顿共和国
MDA	摩尔多瓦	BGR	保加利亚
KAZ	哈萨克斯坦	RUS	俄罗斯
UKR	乌克兰	ALB	阿尔巴尼亚
TIK	塔吉克斯坦	AZE	阿塞拜疆

资料来源：笔者基于 WHO 整理（2016）。

注：匈牙利的自愿健康保险占比数据包含自愿医疗储蓄账户，这意味着匈牙利自愿健康保险卫生支出占私人卫生支出的比例被高估（详见 Szigeti 等，2016）；荷兰低估了自付费用支出，因为荷兰的自付费用不包括所有使用医疗服务的成年人在国家卫生账户（OECD，2015a）中所支付的强制性免赔额（在2015年为每年375欧元），这意味着荷兰自愿健康保险卫生支出占私人卫生支出的比例被高估；数据可用性及假设见附录 B。本图涉及的国家代码详见附录 C。

图 2.9　2014 年欧洲地区自愿健康保险费用和自付费用的关系

欧洲自愿健康保险

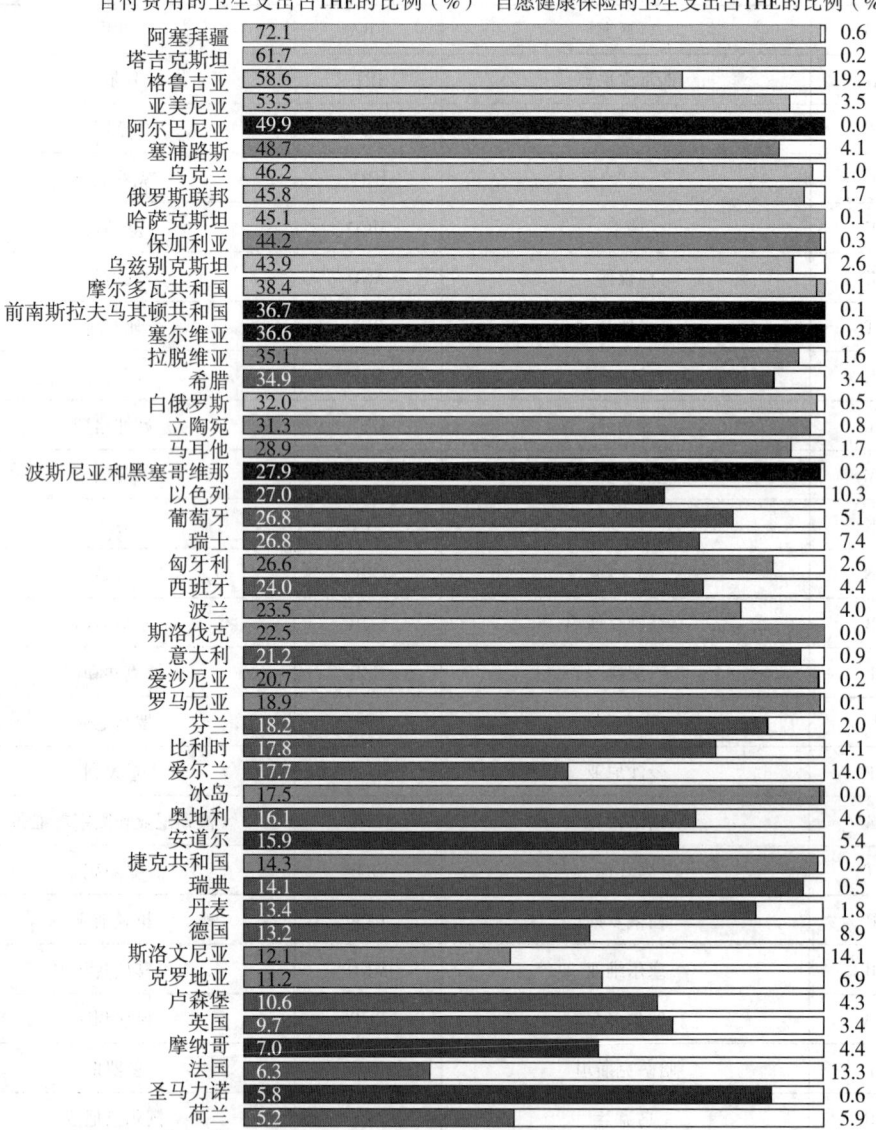

资料来源：WHO（2016）。

注：THE 为卫生总费用支出；条形图中每一栏都显示出了自付费用与自愿健康保险卫生支出的比例，作为私人卫生支出的比例；匈牙利的自愿健康保险占比包含自愿医疗储蓄账户，这意味着匈牙利的自愿健康保险占卫生总费用的比例是被高估的（见 Szigeti, Lindeisz & Gaál, 2016）；荷兰低估了自付费用，因为荷兰的自付费用不包括所有使用医疗服务的成年人在国家医疗储蓄账户（OECD, 2015a）中所支付的强制性免赔额（在 2015 年为每年 375 欧元）；数据可用性及假设见附录 B。

图 2.10　私人卫生支出明细（各个国家基于自付费用占卫生总费用的比例从高到低排序）（2014 年）

自愿健康保险的角色

大多数自愿健康保险市场都扮演着补充型保障的角色（详见表2.2），它能提供更快捷的治疗途径、更多的服务供给者或更先进的设备。就其占卫生费用的比例及覆盖的人口比例而言，扮演附加型保障角色的自愿健康保险市场通常都很小。

替代型自愿健康保险在三个国家扮演次要角色，只覆盖了未被纳入公共医疗保障的小部分群体。其地位在塞浦路斯更重要一些，因为它覆盖了约20%未被纳入公共医疗保障的人口。德国是替代型自愿健康保险最重要的市场，德国自愿健康保险覆盖了选择退出公共医疗保障的人群，以及之前退出了公共医疗保障而现在由于年龄超55岁已无资格再加入公共医疗保障的人群。

少部分国家存在能够覆盖用户费用或能保障公费医疗范围之外的医疗服务的补充型自愿健康保险。只有法国和斯洛文尼亚存在较大的覆盖用户费的自愿健康保险市场，其次是克罗地亚。荷兰是唯一拥有能保障公费医疗范围之外医疗服务的大型补充型自愿健康保险市场的国家。

表2.2　　欧洲自愿健康保险的市场概况（2014年）

自愿健康保险起的作用	2014年自愿健康保险卫生支出占卫生总费用的比重（%）			
	≤1%	≤5%	≤10%	>10%
附加型	保加利亚 意大利 立陶宛 挪威 罗马尼亚 斯洛伐克 瑞典 乌克兰	**奥地利** **比利时** 芬兰 希腊 **拉脱维亚** **马耳他** 波兰 俄罗斯联邦 西班牙 英国	格鲁吉亚 葡萄牙 瑞士	爱尔兰
辅助型（服务）		亚美尼亚 丹麦	荷兰	格鲁吉亚
辅助型（用户费用）		**丹麦** 芬兰	克罗地亚	**法国** 斯洛文尼亚
替代型	捷克共和国 爱沙尼亚 冰岛	**塞浦路斯**	德国	

资料来源：国家概况。

注：这里仅考虑自愿健康保险的主要角色；丹麦、芬兰和格鲁吉亚三个国家不能确定哪个角色占主导地位；字体加粗的国家的自愿健康保险覆盖了超过20%的人口。

多少人购买了自愿健康保险

不同国家的自愿健康保险所覆盖的人口比例差异很大（详见图2.11）。最大的自愿健康保险市场扮演补充型保障的角色。少部分补充型自愿健康保险市场所覆盖的人口比例超过了35%，而这些自愿健康保险市场往往有着悠久的历史（比利时、爱尔兰、瑞士），而传统上非营利组织主导着自愿健康保险市场（比利时、爱尔兰）。

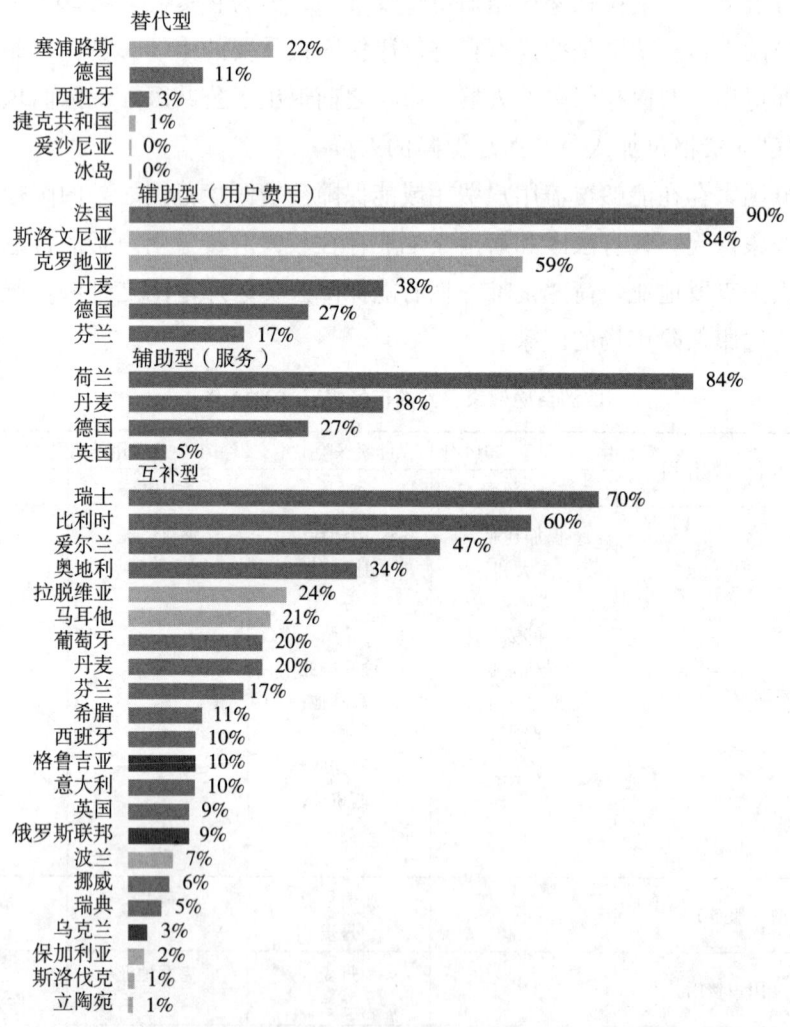

资料来源：作者根据各国国家级专家和国家概况整理。

注：比利时，自愿健康保险覆盖的人口比例估计在60%至超过80%（参见Gerkens, 2016），本文采用了更保守的数据；芬兰，无法区分是补充型自愿健康保险还是附加型自愿健康保险覆盖了用户费用；德国，无法分离出覆盖用户费用和服务的辅助型自愿健康保险；俄罗斯联邦，只能得到总的自愿健康保险覆盖人口的数据，由于该国自愿健康保险主要扮演附加型保障的角色，因此本文将其归类为附加型自愿健康保险；斯洛文尼亚，自愿健康保险覆盖的人口比例指18岁以上的人口（即需要支付用户费的人口）；丹麦，无法分离出覆盖用户收费和服务的补充型自愿健康保险，而37%有补充型自愿健康保险的人同样也有附加型自愿健康保险（CEPOS, 2014）。

图2.11 不同类型自愿健康保险所覆盖的人口比例（可得的最新年份数据）

2. 自愿健康保险概述

自愿健康保险的投保人

从可得的数据来看，25个国家中有16个都是以团体（通常是雇员）形式为主来购买自愿健康保险的（详见图2.12）。

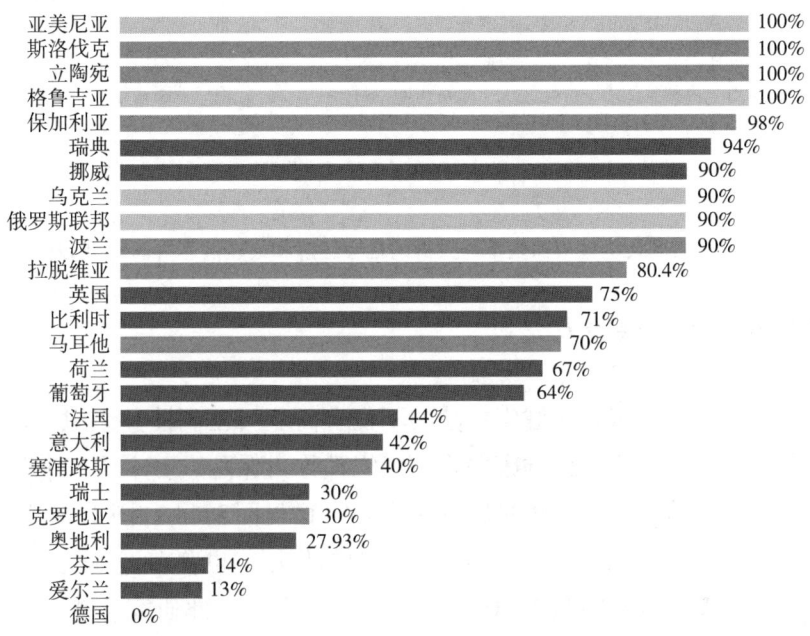

资料来源：荷兰数据来自 Kroneman（2014）、Sagan 和 Tomson（2016）。

注：乌克兰和俄罗斯联邦的数据是由雇主购买的保险计划的份额；2009年德国所有替代型保障的保单均由个人购买；采用数据的年份，塞浦路斯、意大利采用2009年的数据，比利时、拉脱维亚、马耳他、葡萄牙采用2010年的数据，挪威采用2011年的数据，其余国家的数据年份未知，没有捷克共和国、丹麦、爱沙尼亚、希腊、匈牙利、冰岛、罗马尼亚、斯洛文尼亚和西班牙的数据。

图2.12 团体自愿健康保险保单占总保单的比例（可得的最新年份数据）

自愿健康保险参保人群的社会经济地位

在本研究所涵盖的几乎每一个国家中，拥有更高社会经济地位以及居住在城市或是国家富裕地区的人更可能投保自愿健康保险（详见图2.13）。自愿健康保险覆盖人群中不仅存在这种系统性偏差，还有激励措施鼓励医疗服务提供者优先服务于拥有自愿健康保险的参保人群，这意味着自愿健康保险往往会加剧医疗保健上的不平等。

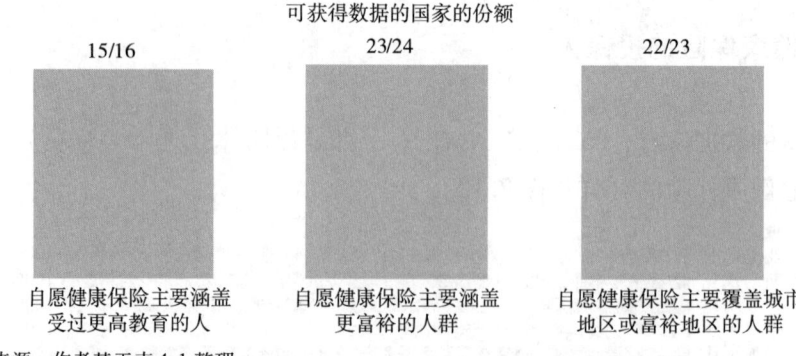

图 2.13　各国自愿健康保险覆盖人群的社会经济和地理偏差（2012 年以来）

自愿健康保险的保险人

在许多国家中，销售自愿健康保险的不仅有商业（营利性）组织，还有非营利性组织。我们将所有销售自愿健康保险的组织都称为保险人。本研究中几乎一半的国家都只有商业保险公司在销售自愿健康保险（详见图 2.14 和图 2.15）。非营利机构（通常是互助协会）曾在欧盟中发挥了重要的作用，也曾在许多欧盟国家主导过自愿健康保险市场，但现在只有 10 个国家是这种情况。此研究中能从非营利组织买到自愿健康保险的非欧盟国家只有乌克兰。

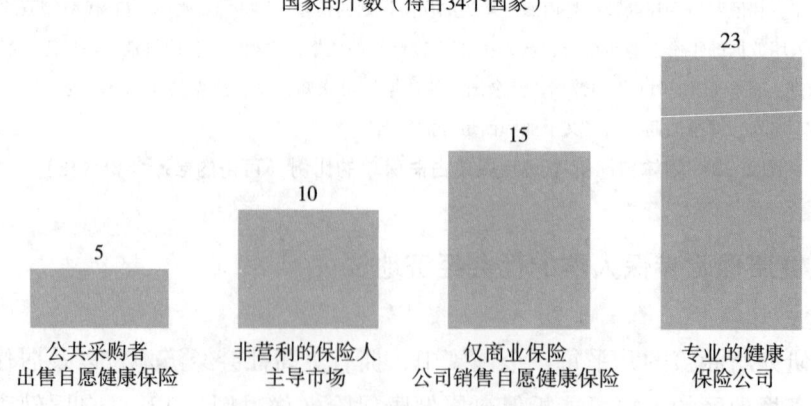

图 2.14　销售自愿健康保险的组织类型（根据可得的最新年份的数据）

不同国家销售自愿健康保险的保险人的数量不同（详见图 2.16）。除了一些明显的

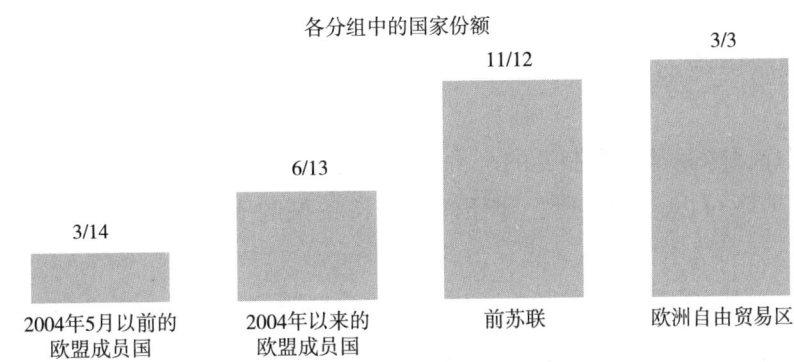

图 2.15 按国家分组列示的仅有商业保险公司销售自愿健康保险的国家
（根据可得的最新年份的数据）

例外，自愿健康保险的市场集中度通常很高（详见图 2.17）。过去二十年来，许多国家的自愿健康保险市场集中度趋于增高，集中度增高主要是通过兼并的形式实现的。

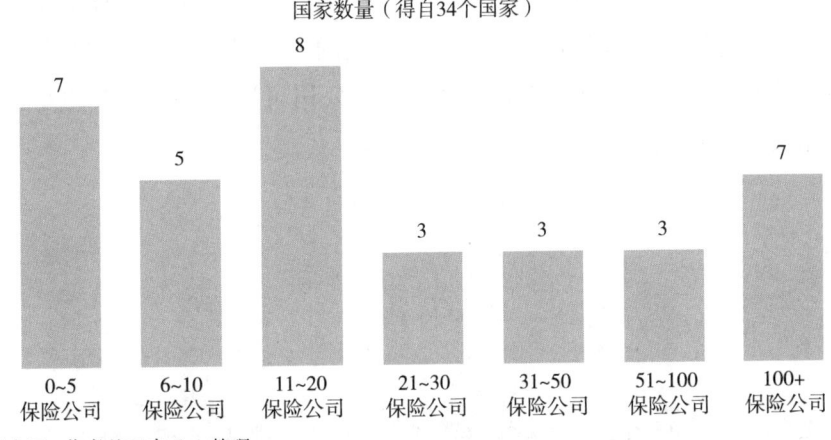

资料来源：作者基于表 5.1 整理。

图 2.16 各国销售自愿健康保险的保险人的数量（根据可得的最新年份数据）

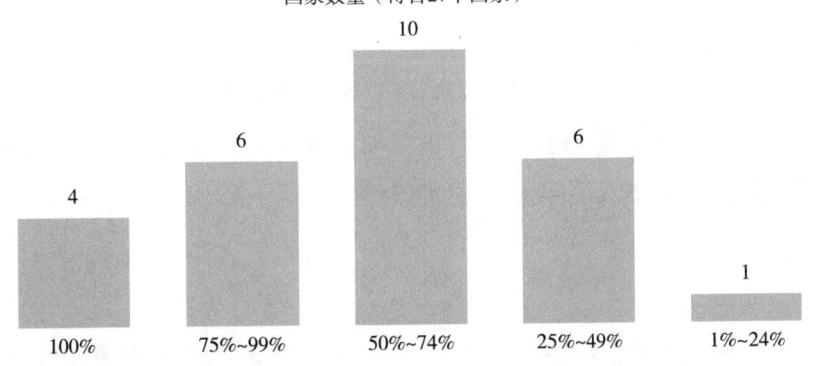

资料来源：作者基于表 5.1 整理。

图 2.17 三大保险公司所占自愿健康保险的市场份额（根据可得的最新年份数据）

自愿健康保险的投保资格及保险条款

公共医疗保障通常是强制性的、自动注册的，人们不需要做任何事情便被纳入保障范围内或者可以公开注册，即任何有资格投保的人都不能被公共医疗保障所拒绝。

自愿健康保险的运作方式则不一样，销售自愿健康保险的保险人往往能自由决定谁有资格投保、投保的条件是什么，一部分原因是保险公司担心会发生逆向选择[1]，尽管欧洲的自愿健康保险市场都一致偏爱更富裕（因此通常也更健康）的人。保险公司所拥有的这种自由也反映出了一个事实：欧洲大多数的自愿健康保险市场都是附加型的，在提供财务保护方面并不扮演重要角色。

许多国家的保险公司会拒绝承保 65 岁以上的首次投保人；会在人们购买自愿健康保险和有资格享有自愿健康保险保障这两个时间点之间设置几周或几个月的观察期；也会只销售一年期的自愿健康保险合同，因而保险公司能在年末或有人退休时终止合同；也可以拒绝承保他们认为风险过高的人；对于早在投保自愿健康保险时就已经有的健康问题（例如，糖尿病），保险公司可以不必承保，也可以就此收取更高的保费（详见图 2.18）。

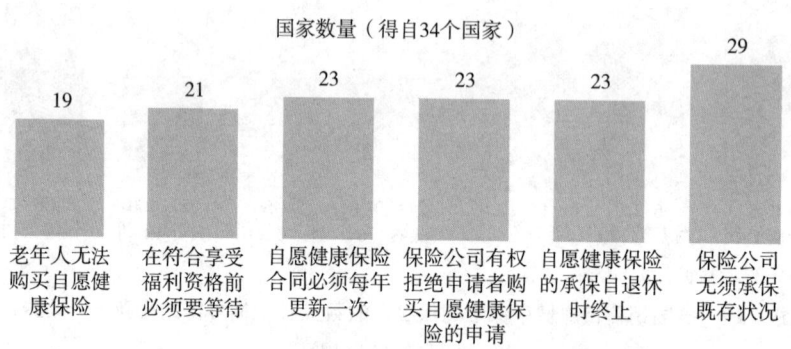

资料来源：作者基于表 5.2、表 5.3、表 5.5 整理。

图 2.18　2012 年以来自愿健康保险的保单条件

由于保险公司拥有选择投保人的自由，因而老年人、残疾人和已经患病的人或有较高健康风险的人可能无法投保自愿健康保险。

---

[1]　当保险是自愿投保并且更吸引高健康风险的人群时，投保很可能集中于高风险人群，这种情况称为逆向选择。当出现逆向选择时，保险从长期看很可能运行不下去，特别是当保费增长到高于平均风险水平的时候，处于平均风险水平之下的人群则会放弃这个保险，从而可能导致保险公司倒闭。

2. 自愿健康保险概述

保险人的自愿健康保险保费设定

公共医疗保障的保费一般是由企业和个人供款或国家税收承担的，因此与个人的健康风险无关。在欧洲，公共医疗保障的保费通常与家庭的支付能力有关，即根据家庭所得税以及按照家庭收入的一定比例设定的供款基准。相比之下，自愿健康保险保费的设定则几乎总是与一个人的健康风险有关。在本研究中，大多数国家的保险公司使用年龄和身体健康状况指标来决定人们应该为自愿健康保险支付多少保费（详见图 2.19）。这意味着，老年人和健康风险较高的人在购买自愿健康保险时通常需要缴纳更多的保费。

在许多国家，自愿健康保险的保单设有最高保障限额，也就是说自愿健康保险保单持有人只能享受最高限额以下的保障（详见图 2.20）。因此，自愿健康保险负担的医疗保健也同样受到用户费用额度的限制。

国家数量（得自33个国家）

26	31
健康状况	年龄

资料来源：作者基于表 5.4 整理。

注：如果超过 35 岁购买自愿健康保险（爱尔兰）或者在其有权购买自愿健康保险时没有及时购买（斯洛文尼亚）都需要交滞纳金，这很类似于和年龄相挂钩的保费收取形式。

图 2.19　2012 年以来用于厘定自愿健康保险保费的风险因素

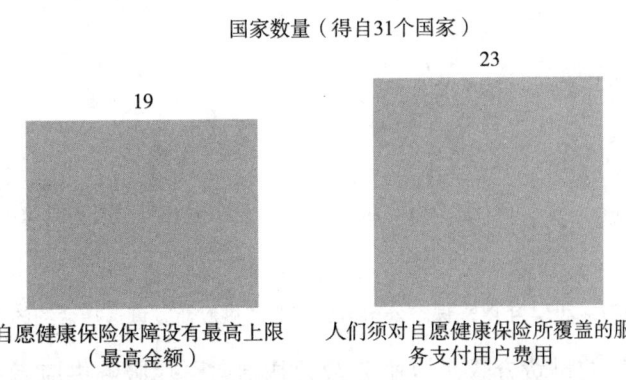

国家数量（得自31个国家）

19	23
自愿健康保险保障设有最高上限（最高金额）	人们须对自愿健康保险所覆盖的服务支付用户费用

资料来源：作者基于表 5.6 整理。

图 2.20　2012 年以来自愿健康保险保障的上限和用户费用

保险人的医疗服务采购

向供应者付费、纵向一体化整合和选择性合约(积极采购)都是购买者可以影响医疗服务质量和成本的工具。其他积极采购的工具还包括使用具有循证依据的优先设定程序;或者是决策支持机制,如循证护理路径、临床和处方指南、国际非专利药品名称(INN)以及仿制药替代;还有对专业医护人员绩效的监测和反馈以及公开业绩报告等。不过,非常少的自愿健康保险的保险人会使用这些工具。

在大多数国家,出售自愿健康保险的保险人允许投保人自己选择医疗服务供应者,但保险公司与医疗供应商的纵向一体化是一个例外,即便出现这种情况,保险公司通常也会允许投保人使用其他的医疗服务供应者(详见图 2.21)。与医疗服务供应商选择性的签约也很少见(详见图 2.22)。

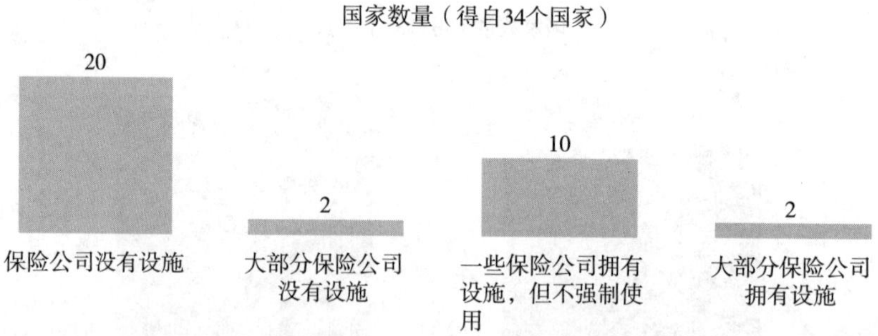

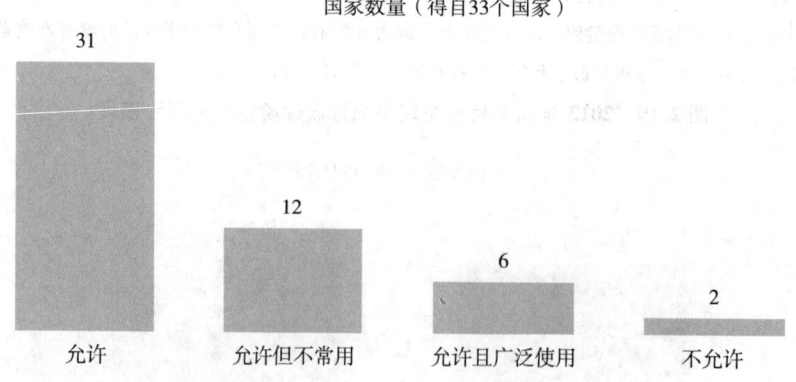

资料来源:作者基于表 5.9 整理。

图 2.21　2012 年以来保险公司与医疗服务供应商之间的纵向整合程度

资料来源:作者基于表 5.9 整理。

图 2.22　2012 年以来保险公司与医疗服务供应商签订选择合约的程度

保险公司典型的付费方式是以服务费为基础向医疗服务供应者支付费用(详见图 2.23)。尽管以服务费为基础支付的优势在于降低了对患者服务不足的可能性,然而正是这种方式（像在大多数自愿健康保险市场中）为提供过度服务创造了强烈的动机，并可能导致该模式使用效果不佳。

国家数量

34个国家中有33个

以服务费为基础的支付方式为主

26个国家中有23个

自愿健康保险的支付金额远高于公共医疗保障支付金额

资料来源：作者基于表 5.10 整理。

图 2.23　2012 年以来保险公司支付医疗保健供应者的最常用的方式

在许多国家，保险公司支付给医疗服务供应者的费用远高于由公共医疗保障的患者在治病中支付给医疗服务供应者的费用。这就鼓励了供应者先服务由自愿健康保险支付费用的患者，加剧了患者之间获得医疗保健的不平等性。

若允许医生同时为公共和私人医疗机构工作（34 个国家中的 32 个国家），或者同时从公共财政和自愿健康保险上获得收入，又或者由自愿健康保险提供保障的患者可以在公立医院（床位有限的情况下）优先使用病床（34 个国家中有 14 个国家如此），这些都会加剧或恶化获得医疗服务的不公平性（详见图 2.24）。

国家数量（得自34个国家）

32

允许医生同时在公共和私人医疗机构工作

14

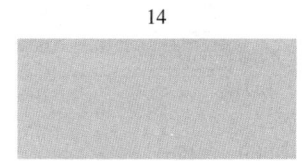

自愿健康保险的被保险人能在公立医疗机构使用床位

资料来源：作者基于章节 5.4 内容整理。

注：塞浦路斯和丹麦不允许医生同时在这两个部门工作；希腊、爱尔兰、意大利和英国则限制了医生在两个部门同时工作的工作量。

图 2.24　医疗保健服务公私混合供应情况（根据可得的最新年份数据）

保险人收入的支出

公共医疗保障机构通常将其收入的 5% 用作管理费用（OECD，2015b），而出售自愿健康保险的保险公司则会在管理上投入更大的比例（详见图 2.25 和图 2.26）。

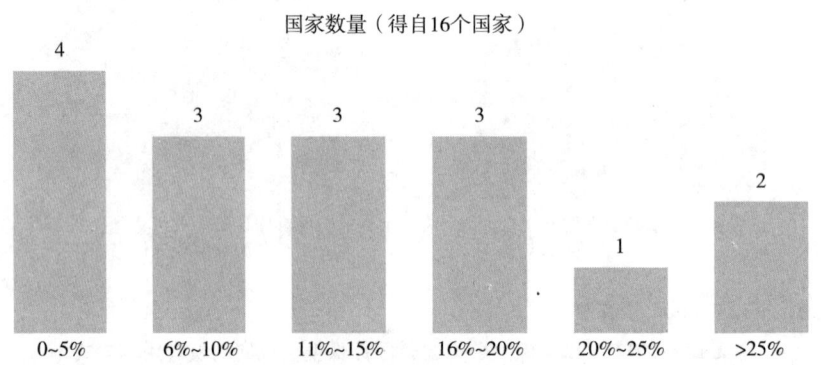

资料来源：作者基于图 5.3 整理。

图 2.25　保险公司管理费用占总收入的份额（%）

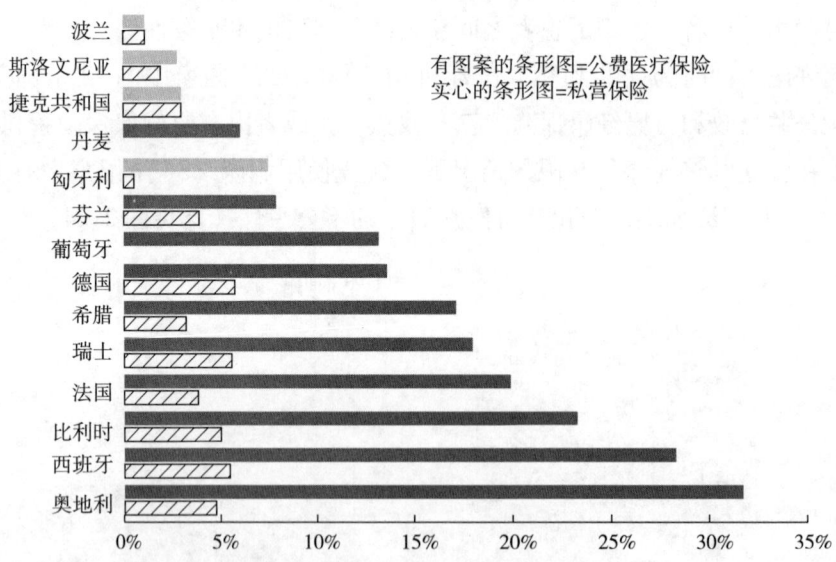

资料来源：OECD（2015b）。

注：以每个国家私营健康保险的管理成本从低到高进行排序；葡萄牙的数据为 2011 年的数据（葡萄牙管理成本为零的原因可能是因为该国很少一部分医疗保健支出技术性地归类于社会保障基金，且与卫生部的预算是分开的）；没有丹麦在公共医疗保险方面的相关数据。

**图 2.26　欧洲 OECD 国家公共医疗保障和私营健康保险的
管理成本占当前总支出的比例（%）（2012 年）**

从可得的数据中发现有三分之二的国家其保险公司在医疗保健上的支出不到保费收入的70%（详见图2.27），即便考虑了相对较高的管理成本和再保险成本，也可以发现自愿健康保险是一项有利可图的业务。

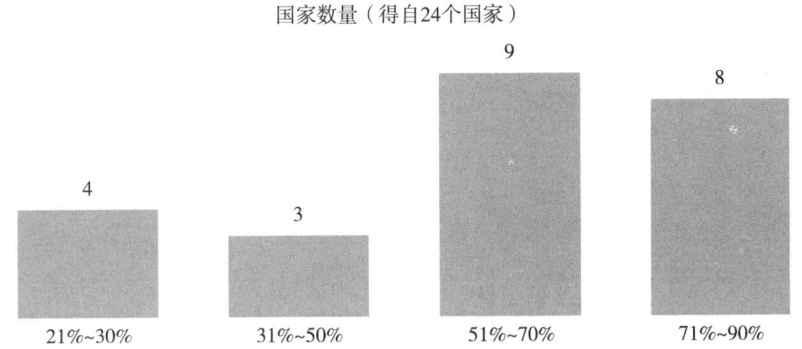

资料来源：作者基于图5.4整理。
注：这一比率被称为赔付率或医疗损失比率。

图2.27 保险公司在医疗保健方面的支出占其总收入的份额（%）（2013年）

自愿健康保险市场的规制者

在欧洲大多数国家，自愿健康保险仅作为一种金融服务而被规制。规制主体通常是金融监督机构、中央银行或财政部下属的保险监管机构（详见表2.3）。在少数几个国家里，卫生部或者其他的卫生权力机构也起到相同的监管作用，而在这些国家中，自愿健康保险往往扮演着补充型保障的角色，覆盖用户费用。

自愿健康保险的规制

自愿健康保险通常与任何其他金融服务的规制方式一样。规制者对自愿健康保险干预以确保自愿健康保险保单可获得，可负担得起，并可以提供财务保护，这一规制目标在欧洲高度集中。如表2.4所示，本研究报告的34个国家中虽然只有8个国家采取规制措施以达到这些规制目标，但绝非巧合的是这8个国家几乎囊括了欧洲所有大型自愿健康保险市场，此外还包括具有强烈互助性色彩或非营利性保险人存在的自愿健康保险市场（比利时、法国、爱尔兰、意大利），自愿健康保险在这些国家中扮演着替代型保障的角色（德国）或者扮演着覆盖用户费用的补充型保障的角色（克罗地亚、法国、斯洛文尼亚）。在过去的十年里，这8个国家的规制强度都有所增加。更强的规制制度是为了更有效地使自愿健康保险变得可负担并加强对拥有自愿健康保险人群的财务保护。

表 2.3　　负责规制自愿健康保险市场的组织（2012 年以来）

	金融监管局	中央银行	保险监管部门	卫生部	其他卫生管理当局
奥地利	●				
比利时（商业）	●	●			
保加利亚	●				
丹麦	●				
爱沙尼亚	●				
芬兰	●				
德国	●				
匈牙利（商业）	●				
冰岛	●				
拉脱维亚	●				
马耳他	●				
挪威	●				
波兰	●				
俄罗斯联邦	●				
瑞典	●				
瑞士	●				
乌克兰（商业）	●				
英国	●				
亚美尼亚		●			
捷克共和国		●			
格鲁吉亚		●			
希腊		●			
立陶宛		●			
荷兰		●			
塞浦路斯			●		
法国			●		
葡萄牙			●		
罗马尼亚			●		
乌克兰（非营利性）			●		
意大利			●		●
斯洛文尼亚			●		●
斯洛伐克			●		●
西班牙			●	●	
爱尔兰	●	●		●	●
克罗地亚	●				
比利时（相互保险）					●
匈牙利（相互保险）					●

资料来源：作者基于表 6.1 整理。

表 2.4　　　　　为确保自愿健康保险可获得、可负担得起并
可以提供财务保护而采用的规制政策（2012 年以来）

	比利时	克罗地亚	爱沙尼亚	法国	德国	爱尔兰	意大利	斯洛文尼亚
可获得性								
强制投保				■	■			
开放注册*	■	■	■			■		
终身保障*	■	■	■			■		
可负担性								
社群费率：所有保险人	■					■		
社群保费：仅部分保险人		■	■				■	■
风险均衡费率								■
设定保费上限：仅一些保险人/保单				■				
政府为较贫穷的家庭提供的保费支持		■		■				
人们退休时的保费减少：仅一些保险人						■		
财务保护								
保障既有疾病：所有保险人						■		
保障既有疾病：仅部分保险人/保单					■			
最低保障：所有保险公司				■				
最低保障：一些保单					■			
禁止保险公司保障封顶：一些保单				■				
设定自愿健康保险中用户费用的上限				■				

资料来源：作者基于表 6.2 整理。

注：一些保险人指的是法定健康保险基金（爱沙尼亚）或非营利组织（所有其他国家）；在德国，一些保单是指基本替代型自愿健康保险保单，在法国指的是责任自负的自愿健康保险保单；＊表示克罗地亚、爱沙尼亚和德国的一些保险人。

自愿健康保险的税收激励

虽然有确凿的证据表明，针对自愿健康保险的多种形式的税收激励是低效且不公平的，但是在所研究国家中，超过一半的国家仍通过税收优惠来激励人们购买自愿健康保险（详见表 2.5）。在过去的 20 年里，已经出现了税收激励被削减或废止的趋势，而产生这一趋势的原因很大程度上是因为税收激励对于政府而言代价太高并且会使得公共资金使用不当。取消税收激励通常不会对自愿健康保险的需求产生重大影响。少数国家出于公平原因减少或取消了税收激励政策。一些国家开始使用针对雇主的税收激励政策，以此来促进公司内部公平，例如，只有给所有员工都购买自愿健康保险的公司才能享受税收减免（而不是只限于高层员工）。

表 2.5　鼓励人们购买自愿健康保险的税收激励政策（2012 年以来）

国家	个人激励	员工激励	雇主激励	无激励措施
保加利亚	■			
德国	■			
葡萄牙	■			
瑞典	■			
瑞士	■			
乌克兰	■			
爱尔兰	■	■	■	
意大利	■		■	
俄罗斯联邦	■	■	■	
法国		■		
拉脱维亚		■	■	
立陶宛		■	■	
西班牙		■	■	
亚美尼亚			■	
丹麦			■	
芬兰			■	
匈牙利			■	
波兰			■	
比利时				■
克罗地亚				■
塞浦路斯				■
捷克共和国				■
爱沙尼亚				■
格鲁吉亚				■
希腊				■
马耳他				■
荷兰				■
挪威				■
罗马尼亚				■
斯洛伐克				■
斯洛文尼亚				■
英国				■

资料来源：作者基于表 6.4 整理。

注：罗马尼亚个人的税收激励政策适用于所有类型的保险，而不仅仅是自愿健康保险，因此算作自愿健康保险没有税收激励的国家。

国家政策的演变及其在自愿健康保险上的关注点

从 2000 年至 2015 年间，四个主要领域的政策演变如下：

- 一些国家加强和扩大了公共医疗保障的覆盖范围，因而废除了自愿健康保险在克罗地亚（2001）、荷兰（2006）、比利时（2008）和格鲁吉亚（2013）这些国家中的替代型保障功能，自愿健康保险的覆盖范围在德国也曾受到限制（2000，2009）。在克罗地亚和德国，选择退出公共医疗保险是被禁止（克罗地亚）和限制（德国）的，以纾解由风险分割所造成的财政压力。

- 亚美尼亚和格鲁吉亚试图通过允许私营保险人提供公共医疗保障来推广自愿健康保险。然而，这两个国家最近都放弃了这一选择。一些国家，主要是2004年以来的欧盟成员国的国家，试图以其他方式促进自愿健康保险的发展，但收效甚微，归根结底可能都是由于这些国家存在非正规的支付方式，以及家庭支付自愿健康保险的能力有限。

- 那些自愿健康保险扮演替代型保障和补充型保障的国家，出台了越来越多的措施，以使自愿健康保险更容易得到，也更能负担得起。

- 其中一些措施越来越多地受到国内法律的挑战，最常见的是法律允许保险公司采取差别待遇行为（一贯被认为违反欧盟规则）以及使用风险均衡法以支持自愿健康保险保费厘定时采用社群费率（一贯认为其符合欧盟规则）。

- 各国已经减少或取消了投保自愿健康保险的税收优惠政策（详见上一节内容）。

国家政策在自愿健康保险上的关注点通常包括以下几个方面：

- 医疗服务可及性上的不平等（双轨制），自愿健康保险会系统性地偏向于社会经济地位较高的人群，自愿健康保险还有针对医疗服务提供者的激励措施使其对参保自愿健康保险的患者进行优先护理安排。

- 现在的一大难题是确保一些群体可以负担得起自愿健康保险，特别是确保那些老年人、残疾或者患有慢性疾病的以及家庭贫困的人群可以付得起自愿健康保险的费用。

- 一些国家给予自愿健康保险一定数量的隐性或显性的国家补贴，这导致一些国家在财政、效率和公平方面的疑虑；这些隐性补贴可能来自于对医疗教育投入的公共资金，或者未对自愿健康保险人群使用公共医院床位时收取额外的费用，以及未负担公共筹资系统的保障兜底功能的全部经济成本。

- 保险人高昂的管理费用。

- 交易成本，自愿健康保险的出现让医疗卫生系统更加复杂，而这也影响着交易成本，特别是在自愿健康保险的大型市场中，其中包括监督、规制、提供可获得性和可负担能性，以及应对法律挑战的成本。

3. 人们投保自愿健康保险的原因

在本章，我们来分析人们投保自愿健康保险的原因。我们首先讨论自愿健康保险需求的驱动因素，然后研究自愿健康保险在公共医疗保障方面所扮演的不同角色。

3.1 自愿健康保险需求的驱动因素

在欧洲没有一个国家——如果有，在全球范围内也寥寥无几——的自愿健康保险是医疗保障的唯一来源。作为更广泛的社会保障制度的一部分，欧洲国家普遍做到了在强制性基础上向人们提供全民或近乎全民的获取公共医疗保障的资格。这种做法带来的结果是，自愿健康保险市场受到法定机构的严重影响，通常所起的作用较小，尽管也存在一些例外情况。

人们投保自愿健康保险是为了弥补公共医疗保障的缺口，抑或是为了受益于快速获得治疗的服务以及更大的对医疗保健服务供应者的选择则余地。表3.1按照自愿健康保险所扮演的不同角色汇总了相关的自愿健康保险需求的驱动因素。

大多数国家拥有自愿健康保险市场，用以补充公共医疗保障。这个补充型市场使人们可以获得公共医疗保健服务，但也使投保人在医疗护理服务供应者或更好的医疗设施（通常包含了对私人机构的选择）之中有更大的选择余地，并能帮助他们跳过公共医疗服务的待诊名单。这种保险通常是由雇主代表雇员进行购买，因其覆盖了已被公共医疗保障覆盖的人群及服务，所以它对财务保护的贡献微乎其微。①

补充型自愿健康保险不包括或仅包括部分公共医疗保障。它通过降低或消除获得基本医疗服务中遇到的资金障碍来提供财务保护。补充型自愿健康保险可以被理解为弥补了公共医疗保障在广度和深度上的缺口，更加完善了医疗保障。

---

① 经济合作组织（2004）将此类型的市场归类为重复保障市场，因为其覆盖了法定计划已经覆盖的医疗服务。然而，经济合作组织的分类未能抓住自愿健康保险通过如下作用提供的额外保障：医疗护理服务供应者的选择、快速地获取护理服务、获取更好的医疗设施。

3. 人们投保自愿健康保险的原因

表 3.1   自愿健康保险市场发展的驱动因素

市场角色	市场发展驱动因素	自愿健康保险项目的特性
附加型	基于人们对公共卫生服务质量和时限的认知	可以提供更快的服务，在健康护理服务供应商或更好的医疗设施之中有更大的选择余地
补充型（服务）	基于一揽子公共卫生福利的范围	可以提供一揽子公共卫生福利之外的服务
补充型（用户费用）	基于公共卫生服务对用者的收费	用者所付费用可以用于购买一揽子公共卫生福利中所提供的商品和服务
替代型	基于享有公共卫生服务的人口比例	可以覆盖被排除在公共医疗保障参保范围之外或者自愿退出的人群

资料来源：改编自 Foubister 等（2006）。

  自愿健康保险也可以为那些被排除在公共医疗保障的重要项目之外的人以及不被公共医疗保障覆盖的人提供替代型的保障，从而确保医疗保障范围的完整性。

  公共医疗保障的缺口是自愿健康保险存在的一个先决条件，但它们不一定能充分地促进自愿健康保险市场的发展壮大。从占卫生总费用的比例来看，自愿健康保险与自付费用之间的关系是非常微弱的（详见图3.1）；尽管欧洲许多国家医疗保障存在很大缺口，正如一些自付费用支付水平较高的国家（详见图3.2）展示的那样，自愿健康保险对个人卫生支出的贡献整体比较小，但在少数国家中其贡献突出。

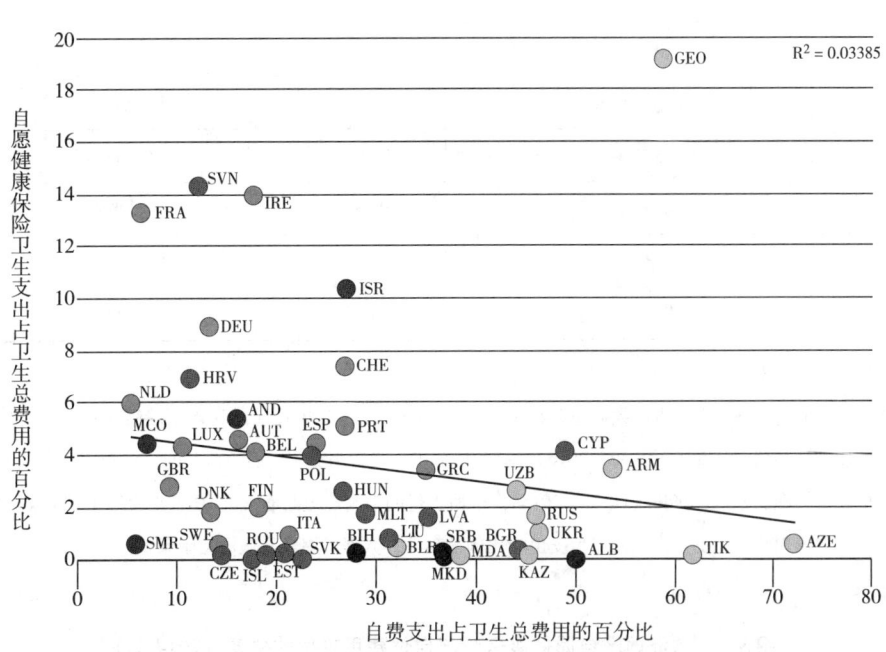

GEO	圭亚那	FRA	法国
SVN	斯洛文尼亚	IRE	爱尔兰
ISR	以色列	DEU	德国
NLD	荷兰	HRV	克罗地亚
CHE	瑞士	MCO	摩纳哥
LUX	卢森堡	AND	安道尔
AUT	奥地利	BEL	比利时
POL	波兰	ESP	西班牙
PRT	葡萄牙	CYP	塞浦路斯
ARM	亚美尼亚	GBR	英国
DNK	丹麦	FIN	芬兰
HUN	匈牙利	GRC	希腊
UZB	乌兹别克斯坦	SMR	圣马力诺
SWE	瑞典	CZE	捷克共和国
ISL	以色列	ROU	罗马尼亚
EST	爱沙尼亚	ITA	意大利
SVK	斯洛伐克	BIH	波斯尼亚和黑塞哥维那
MLT	马耳他	LTU	立陶宛
BLR	白俄罗斯	LVA	拉脱维亚
SRB	塞尔维亚	MKD	马其顿共和国
MDA	摩尔多瓦	BGR	保加利亚
KAZ	哈萨克斯坦	RUS	俄罗斯
UKR	乌克兰	ALB	阿尔巴尼亚
TIK	塔吉克斯坦	AZE	阿塞拜疆

资料来源：作者整理（基于 WHO，2016）。

注：匈牙利的自愿健康保险占比数据包含自愿医疗储蓄账户，这意味着匈牙利自愿健康保险卫生支出占私人卫生支出的比例被高估（详见 Szigeti 等，2016）；荷兰低估了自付费用支出，因为荷兰的自付费用不包括所有使用医疗服务的成年人在国家卫生账户（OECD，2015a）中所支付的强制性免赔额（在 2015 年为每年 375 欧元），这意味着荷兰自愿健康保险卫生支出占私人卫生支出的比例被高估；数据可用性及假设见附录 B；本图中涉及的国家代码详见附录 C。

图 3.1　欧洲地区自愿健康保险与自付费用支付的关系（2014 年）

3. 人们投保自愿健康保险的原因

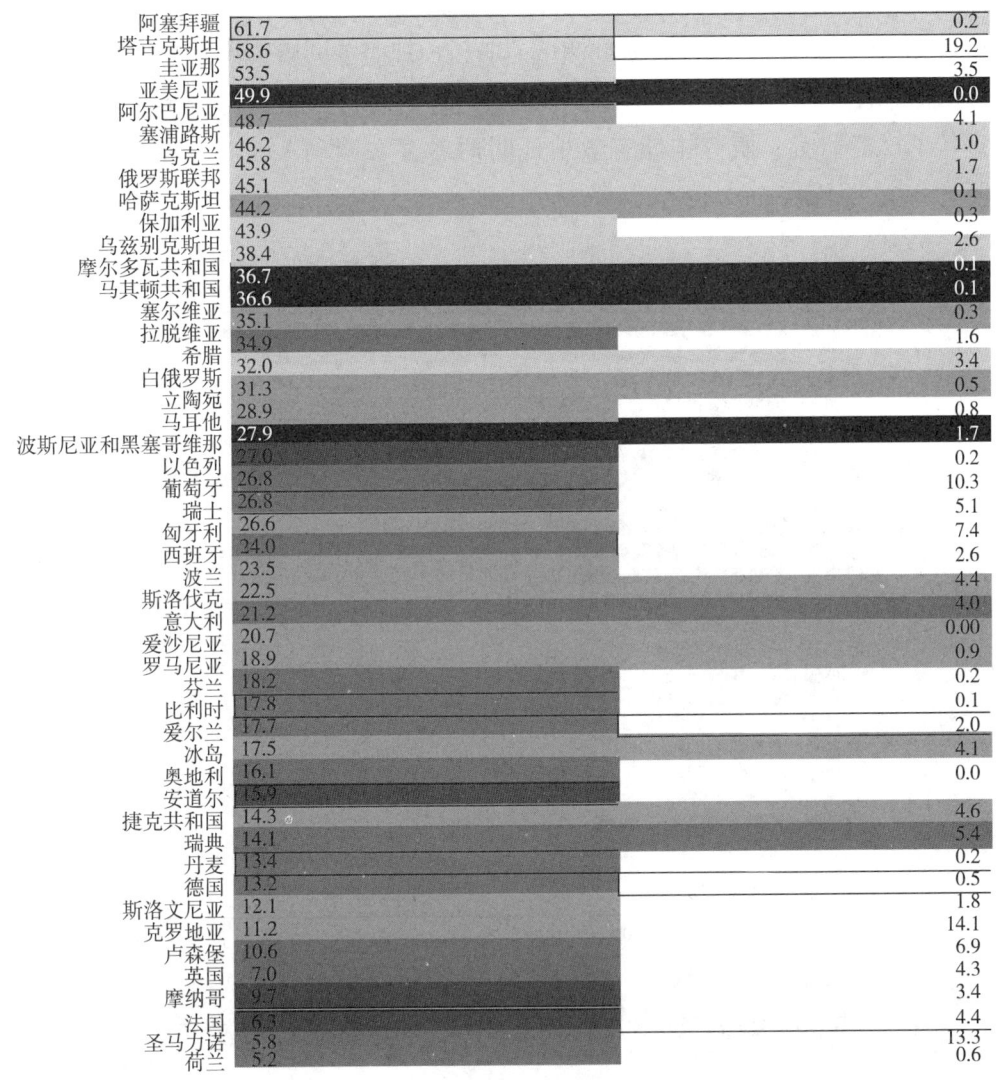

资料来源：WHO（2016）。

注：THE 表示卫生总费用；作为私人卫生支出的比例情况，条形图中的每一栏都显示了自付费用支出与自愿健康保险卫生支出的比例；匈牙利的自愿健康保险占比包含了自愿医疗储蓄账户，这意味着匈牙利的自愿健康保险占卫生总费用的比例被高估（详见 Szigeti, Lindeisz & Gaál, 2016）；荷兰低估了自付费用支出，因为荷兰的自付费用不包括所有使用医疗服务的成年人以自付费用的方式在国家医疗储蓄账户（OECD, 2015a）中所支付的强制性免赔额（在 2015 年为每年 375 欧元）；数据可用性及假设见附录 B。

图 3.2　个人卫生支出明细［将国家按自付费用支出占卫生总费用的百分比（％）由低到高排序］（2014 年）

一些人认为，公共医疗服务的质量和及时性可能是影响人们的自愿健康保险需求的关键性因素。公众对医疗护理服务的质量的满意程度在不同国家有很大差异。

245

在欧盟内部，新成员国的人们似乎对护理服务的质量不太满意（详见图3.3）。与西欧相比，欧洲东部地区的国家对公共医疗护理服务的质量和效率的满意度似乎也较低（EBRD，2011）。然而，研究测试表明，护理服务的质量与自愿健康保险的需求之间似乎没有任何关系。在英国，人们对待诊时间与自愿健康保险的需求间的关系进行了广泛研究，研究未能有效地证明两者存在明确关系（King & Mossialos，2005）。

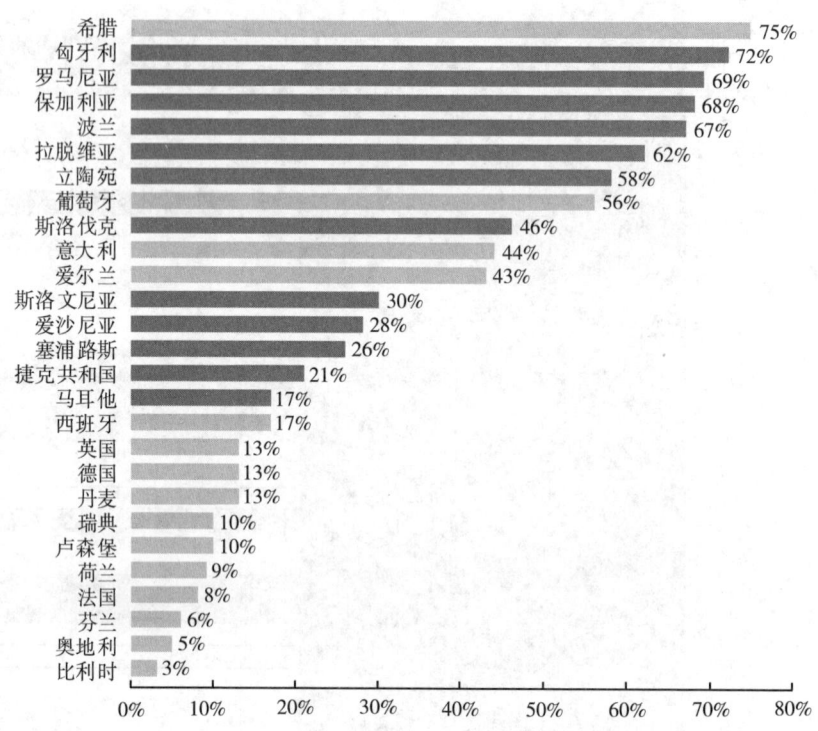

资料来源：欧洲理事会（EC）(2010)。

图3.3　公众（受访者）对护理服务质量的不良感知占比（2009年）

3.2　自愿健康保险扮演的不同角色

自愿健康保险在欧洲扮演不同的角色，如表3.2所述。自愿健康保险在一个特定的卫生系统中所扮演的角色很大程度上是由有关公共医疗保障的公共政策和自愿健康保险的监管环境来决定。这可能相应地反映了历史发展、政治意识形态、不同的利益相关方（特别是医疗护理服务的供应者和保险人，但有时也包括雇主、公务员和高收入人群）的相对权力和利益以及政府塑造和发展市场的能力。

理解市场角色的差异较为重要，原因如下：第一，市场角色可以为自愿健康保险在特定环境中的实践提供理论指导；第二，自愿健康保险的市场角色可能与其规模密切相关，尤其就自愿健康保险对公共和私人卫生支出的贡献而言；第三，市场角色往往决定了其被监管的方式，这对欧盟内部市场和竞争规则产生了一定影响（详见第6章的内容）；最后，市场角色可以帮我们认识到自愿健康保险与公共医疗保障间的相互影响以及它对卫生系统绩效的可能影响。

表3.2　自愿健康保险在欧洲（34个国家）的角色概况

	附加型	补充型（服务）	补充型（用户费用）	替代型
亚美尼亚	●	●		
奥地利	○			○
比利时	○			
保加利亚	○	○	○	
克罗地亚	○		○	
塞浦路斯	○			○
捷克共和国	○			○
丹麦	○	○	○	
爱沙尼亚	○	○		
芬兰	○		○	
法国	○	○	○	
格鲁吉亚	●	●		
德国	○			○
希腊	○			
匈牙利	○			
冰岛				○
爱尔兰	○			
意大利	○			
拉脱维亚	○	○		
立陶宛	○	○		
马耳他	○			
荷兰	○	○		
挪威	○			
波兰	○			
葡萄牙	○		○	
罗马尼亚	○			
俄罗斯联邦	●	●		
斯洛伐克	○			
斯洛文尼亚	○		●	○
西班牙	○			○
瑞典	○			
瑞士	○	○		
乌克兰	●	○		
英国	○			

资料来源：作者整理（基于本书中各国的情况）。

注：自愿健康保险的主要角色以实心柱体标记。

自愿健康保险的附加型角色

在自愿健康保险缺乏明确的政府战略的情况下，最有可能出现的市场类型是通常由私营医疗护理服务供应者提供快速获得护理服务的附加型保障市场。几乎欧洲的每个国家都有附加型自愿健康保险市场，通常附加型自愿健康保险和补充型自愿健康保险联合销售。只有冰岛和荷兰没有关于附加型自愿健康保险的市场报道（详见表3.3）。附加型自愿健康保险的市场规模往往比较小，奥地利、比利时（详见3.1节）、爱尔兰（详见3.2节）和瑞士的情况除外。

表 3.3　　　　　　　　　　　　附加型自愿健康保险提供的保障

国家	保障实例
亚美尼亚	更好的护理服务质量
奥地利	私人护理、医院医生的选择、快速地获得服务（公立医院的选择性护理服务）、更好的医院住宿条件、为住院患者的护理服务提供每日现金补贴
比利时	共付或为医院里更好的设施提供额外的费用（单人间、医生费用）
保加利亚	直接快速地获得专家诊疗和住院护理服务、免费选择医院医生和更好的医院设施（单人间）
克罗地亚	预防性检查、直接获得专家诊疗服务、诊断影像、实验室化验、物理疗法、更好的医院住宿标准
塞浦路斯	快速地获得服务、医疗护理服务供应者的选择、用于选择性护理服务的更好设施、私人住院护理服务、诊断服务、救护车运输、心理疗法、常规妇产科护理、物理疗法、牙科保健、现金补贴、CAM、国外治疗
捷克共和国	单人间
丹麦	医生和私营医院及诊疗性护理的选择、快速地获得服务
爱沙尼亚	快速地获得服务（例如保证五天内的待诊期）、私人护理服务
芬兰	私人护理、快速地获得服务
法国	优等的医院设施、单人间
格鲁吉亚	获得更好的医院设施
德国	私人医院、专家（主任医师）的选择、更好的医院设施
希腊	消费者选择、更好的医疗护理服务质量、快速地获得服务
匈牙利	更好的医院设施、快速地获得服务
爱尔兰	公立及私立医院的半私人及私人房间、快速地获得服务
意大利	快速地获得服务、更大的选择余地（公立医院的私人专家）
拉脱维亚	直接获得专家诊疗服务、非签约的医疗护理服务供应者的选择、快速地获得服务（咨询和临床检查）
立陶宛	快速地获得私立医院（私人医疗护理服务供应者）的门诊服务，其中包括外科手术、全科医师咨询、诊断、预防、产前护理、出诊、物理疗法、眼科和牙科护理、康复治疗、住院治疗
马耳他	快速地获得服务、更优等的医院设施、国外治疗

续表

国家	保障实例
挪威	快速地获得私立医院的选择性治疗和护理服务
波兰	私人护理（医院、康复治疗、运输、护理、牙科护理），快速地获得更高质量的门诊服务，包括诊断、专家咨询和手术（通常与提供职业医疗服务有关，详见 Sobczak, 2016）药物[a]
葡萄牙	医疗护理服务供应者的选择、快速地获得服务、直接获得专家诊疗服务
罗马尼亚	优等的医院设施、医疗护理服务供应者的选择、私人护理服务
俄罗斯联邦	快速地获得更好的医疗设施、私人护理服务
斯洛伐克	快速地获得门诊护理服务、优等的医院房间设施、快速地获得门诊护理服务（享受眼科和牙科护理、康复治疗）
斯洛文尼亚	优等的医院设施和水疗设施、优等的医疗设备、快速地获得服务
西班牙	私人护理、快速地获得服务、更大的选择余地和更好的医疗设施
瑞典	快速地获得服务、私人选择性护理服务
瑞士	医院内的医生的选择、单人间或双人间
乌克兰	更大的选择余地、更好的医疗设施和住宿环境（国有的及私立的）、更快地获得基本诊断和治疗服务
英国	快速地获得服务、私人医疗护理服务供应者的选择和以私人身份执业的专家医生的选择、更好的医疗设施

资料来源：各国专家和本书中各个国家的情况。

注：自愿健康保险扮演的主要角色用粗体字标记（详见表 2.2 和表 3.2）；a 表示最近已经引进了药物保障，但仍然很少被使用；CAM 表示补充型和替代型药物。

✅ 专栏 3.1
比利时覆盖医院服务的附加型自愿健康保险

在比利时，医疗护理服务的自付费用包括公共医疗保障的官方用户费用、单人间和医生（在医生不遵循官方的定价或在私人房间治疗病人的情况下收取）的额外收费（Gerkens, 2016）。医院的附加费用从协议定价的 100% 到 300% 不等，通常被认为是对医院护理服务的结构性资金缺口的补偿（Palm, 2009）。附加型自愿健康保险由私人保险公司和互助基金提供，重点提供住院医疗保障，因为这期间患者通常面临较高的自付费用支出。附加型自愿健康保险市场主要是在上世纪 90 年代发展起来的，当时自付费用的支出出现了大幅增长（Palm, 2009）。

尽管在 2001 年至 2007 年期间采取了限制自付费用支出的措施（例如，提高报销水平和额外收费的上限），自付费用支出仍增加了 49.2%。这一趋势主要由医院护理服务费用（私人房间的额外收费）的增加所致，并反映在附加型自愿健康保险的高额保费上（2001 年至 2007 年间保费增幅超过 60%）。保费的持续增长引发了政界关于医院的自愿健康保险负担能力的争论，进而对保险合同条件（例如，2010

年的一项皇家法令中有描述,保费的变化可能与消费者价格指数或医疗指数的变化有关;详见 Gerkens,2016)采取了更多的规制,但同时也采取了强化补充型服务的社会措施,取消双人间的额外收费(2009/2010)及附加型收费(2013)(Gerkens,2016;Palm,2009)。

> **专栏 3.2**
> **爱尔兰的附加型自愿健康保险**
>
> 在爱尔兰,人们获得某些公共医疗保障前还要经过收入调查(McDaid 等,2009)。较富裕的群体必须支付初级护理服务的自付费用及用于公共医疗保障中住院护理服务的用户费用。自愿健康保险主要向投保人提供快速获取私立医院的选择性住院治疗和公立医院的私人床位的服务。
>
> 1994 年,为了符合欧盟法律的要求,自愿健康保险市场放开竞争,在随后的几年里,三家商业保险人合并组成了市场上占主导地位的准公共保险人 Vhi Healthcare。1994 年颁布的《医疗保险法》以法律的形式规定了自愿健康保险市场的规制框架(公开注册、社群评级费率、终身保障),1996 年修订了该法案,纳入了最低保障和风险均衡项目(Mossialos & Thomson,2002a)。在国家和欧盟层面,风险均衡项目虽都曾受到挑战但均未被推翻(Thomson & Mossialos,2010),并于 2013 年生效。
>
> 目前,自愿健康保险覆盖了 46% 的人口(医疗保险管理局,2015),人们从税收减免中获得的收益相当于自愿健康保险保费费用的 20%,自 2013 年 10 月以来,符合税收减免的保费最高为每名成人 1 000 欧元和每名儿童 500 欧元。2011 年大选后,爱尔兰政府致力于提供覆盖全部人口的公共医疗保障,只允许自愿健康保险覆盖诸如医院豪华住宿之类的项目(Burke,2014a;爱尔兰政府,2011)。如果该方案得以实施,将削弱自愿健康保险在未来的作用。
>
> 2014 年 12 月,对私营保险公司覆盖初级保健机构的全科医师提供的服务的最小范围(目前,自愿健康保险合同重点为急性住院治疗服务提供保障)公开征求了意见,这意味着自愿健康保险可能会有新的作用(爱尔兰共和国卫生部,2014)。最近,自愿健康保险的成本持续上升,投保自愿健康保险的人数逐步下降(从 2008 年 50.9% 的人口覆盖率峰值开始)。
>
> 2014 年发布了一系列旨在降低自愿健康保险成本的措施(Burke,2014b;爱尔兰共和国卫生部,2013),其中为鼓励年轻人投保自愿健康保险,于 2015 年 5 月推出了针对 35 岁以上的人群并带有后期投保额外费用(惩罚)的终身社群评级保费(Burke,2015)。此举意在增加自愿健康保险的成员数量,类似于在 1999 年和 2000 年澳大利亚推

出的终生社群评级保费（爱尔兰共和国卫生部，2013）。在终生社群评级保费推出的前一个月，爱尔兰自愿健康保险的参保人数增加了 74 000 人，涨幅达 3.6%（医疗保险管理局，2015）。

补充型角色：自愿健康保险覆盖被排除在公共医疗保障之外的医疗服务

补充型自愿健康保险通常与附加型自愿健康保险结合销售。它所提供的保障通常仅限于眼科和牙科保健、物理疗法、补充型和替代型药物（详见表 3.4），这种类型的自愿健康保险市场通常无法覆盖大部分人口，也不能对卫生费用作出显著的贡献，但荷兰的自愿健康保险市场除外（详见专栏 3.3）。

表 3.4　补充型自愿健康保险通过覆盖被排除在公共医疗保障之外的医疗服务而提供的保障

国家	保障实例
亚美尼亚	保障范围未被非常明确地界定（包括免疫接种、紧急护理、慢性病急性期护理、住院护理、诊断、药物、牙科和眼科保健、心脏和神经外科手术）
奥地利	牙科保健、物理疗法、出诊、心理疗法、疗养院、康复治疗、CAM
保加利亚	牙科保健、医疗器械、门诊药物、实验室化验、选择性手术
丹麦	眼科和牙科保健、物理疗法、心理疗法、脊椎按摩疗法、医疗救助、手足病治疗
爱沙尼亚	牙科保健、不被法定医疗保障覆盖的事故后的康复治疗和医疗救助
法国	眼科和牙科保健、选择性手术（例如，眼睛矫正手术）
格鲁吉亚	法定福利计划未涵盖的服务（例如，诸多诊断服务和药物）
德国	牙科保健
爱尔兰	全科医师的出诊服务、物理疗法、眼科和牙科保健、CAM
意大利	牙科和眼科保健、家庭护理、美容治疗、人体修复术、康复治疗、器官移植、住院和门诊护理、CAM
拉脱维亚	眼科和牙科保健、物理及按摩疗法、康复治疗、疫苗接种、助听器材、人体修复、整形手术、IVF、CAM
立陶宛	牙科（包括牙齿修复）、部分药物和医疗康复设备、光学设备、保健疗法（包括水疗法，心理疗法和顺势疗法）
马耳他	牙科保健
荷兰	眼科和牙科保健、物理疗法、语言障碍矫正、部分预防性护理、部分美容治疗、CAM
葡萄牙	牙科保健
罗马尼亚	公共医疗保障不覆盖的医疗服务
俄罗斯联邦	牙科保健
斯洛文尼亚	CAM、高级牙科保健、选择性护理（例如，美容治疗）、未列在药品目录正面和中性清单中的药物

续表

国家	保障实例
西班牙	成人牙科保健、手足病治疗、CAM
瑞士	额外的非必须药物、不在强制性保障范围内的某些类型的CAM（例如，整骨疗法）、牙科保健、部分眼镜和隐形眼镜的报销
乌克兰	药物费用、获得在实际中不被法定卫生系统覆盖的各类服务（由于公共资金不足）
英国	牙科保健、CAM

资料来源：各国专家和本书中各个国家的情况。

注：自愿健康保险的主要角色用粗体字标记（详见表2.2和表3.2）；CAM表示补充型和替代型药物；IVF表示试管婴儿。

专栏3.3
荷兰覆盖除外医疗服务的补充型自愿健康保险

2015年，荷兰的自愿健康保险已覆盖84%的人口（Vektis，2015）。这种相对较高的覆盖率反映出如下各种情况：自愿健康保险和公共健康保险通常由同一实体一起销售（即使它们可能是由于会计原因分开的）；该市场已存在多年，因此人们对它非常熟悉并且了解它存在的目的；自愿健康保险覆盖了受过良好教育和相对富裕的社会群体所重视的服务（成人眼科、牙科保健及物理疗法）；它越来越多地被以团体形式购买，并由雇主支付，这有助于提高其可及性和可负担性。在其他背景下，以上几种情况可能难以复制。年长者和健康状况不佳的人投保自愿健康保险也相对容易。2006年至2008年，保险人同意为自愿健康保险提供公开注册和社群评级保费（Maarse，2009）。然而，由于协议期已结束（Roos & Schut，2011），这一做法已经发生了改变。2012年，42%的保障计划被保险人按照新的要求提供（Maarse，2016）。

虽然自愿健康保险的人口覆盖率很高，但在过去10年里，它正从2006年93%的峰值稳步下降（Vektis，2015）。造成这一趋势的原因是自愿健康保险成本日益增长，这使得直接的自付费用更有吸引力，并且人们认为自愿健康保险覆盖了大家从不使用的服务（Maarse，2016）。

从政策角度来看，如果这种补充型自愿健康保险允许决策者系统地将不具成本效益的服务排除在公共医疗保障覆盖范围之外，那它将是有吸引力的。这将具有精简公共医疗保障、消除对自愿健康保险可及性的担忧的双重优势。然而在实践中，这种方法面临技术上和政治上的双重挑战（Sorenson等，2008）。结果是，决策者有时会把全部的政治性不明显的服务（例如，眼科和牙科保健及物理疗法）排除在外，而不是系统地取消价值较低的干预措施。

补充型角色：自愿健康保险覆盖用户费用

补充型自愿健康保险在克罗地亚、法国和斯洛文尼亚的主要作用是覆盖用户费用，但这一作用在丹麦、芬兰、拉脱维亚和波兰要小很多（详见表3.5）。以共同保险形式①存在的用户费用似乎是对这种形式的自愿健康保险需求的重要决定因素。克罗地亚、法国（详见专栏3.4）和斯洛文尼亚（详见专栏3.5）是仅有的将共同保险应用于住院护理服务的欧盟国家。②将共同保险应用于对低收入者及医疗服务的普通用户不免税、对自付费用支出不上限的基本医疗服务时，公共医疗保健服务的支出可能会即刻变得无法避免、不可预知（特别对于数量和价格难以预估的住院护理服务而言）且昂贵。

表3.5 补充型自愿健康保险通过覆盖用户费用提供的保障

国家	覆盖用户费用的保障实例
保加利亚	牙科保健、医疗器械、门诊药物
克罗地亚	所有公共医疗服务的用户费用
丹麦	门诊药物
爱沙尼亚	牙科保健、事故后的康复治疗、医疗救助
芬兰	门诊处方药物
法国	由共同保险全额覆盖大多数医疗护理服务；多样式地覆盖便利药品、医疗器械和额外收费的费用；未覆盖免赔额
德国	门诊护理，住院期间的每日现金补贴
意大利	门诊药物
拉脱维亚	n/a
波兰	部分不报销的药物、牙科服务、超标准手术和治疗疗程中共付费用
葡萄牙	门诊药物
罗马尼亚	n/a
斯洛文尼亚	所有公共医疗服务的用户费用
瑞典	出诊和处方药

资料来源：各国专家和本书中各个国家的情况。

注：自愿健康保险的主要角色用黑体字标记（详见表2.2和表3.2）；n/a表示信息不可得。

---

① 共同保险指的是用户支付一定比例的医疗服务价格形式的用户费用。

② 共同保险的费率在法国（Chevreul等，2010）和克罗地亚（Loncarek，2016）均为20%，在斯洛文尼亚为5%至25%，低收入家庭（法国）和26岁以下的人群（斯洛文尼亚）不用缴纳共同保险费费（Albreht等人，2009）。

专栏 3.4
法国覆盖用户费用的补充型自愿健康保险

法国自愿健康保险市场的出现早于 1945 年设立的国家健康保险，并由非营利性互助协会主办。覆盖比率从 1950 年的 30% 增长到 2000 年的 86%，2010 年达到 90%，推动这一增长的系列因素包括：覆盖门诊护理服务的公共医疗保障的减少、用户费用的增长、国内生产总值（GDP）的增长以及自愿健康保险的税收补贴的增加（Chevreul 等，2010）。

在 2000 年，由于担心自愿健康保险对贫困家庭的覆盖率较低以及人们获得自愿健康保险时存在社会不平等性，政府为低收入人群购买自愿健康保险提供抵用券 [补充型全民健康保险（CMU - C）[①]，并随后（从 2005 年起）为刚超过使用该抵用券门槛的人群提供补贴 [补充型医疗救助（ACS）[②]（Chevreul 等，2010）。医务人员禁止向补充型全民健康保险或补充型医疗救助的受益人（Franc 及 Pierre，2015）额外收费。

补充型全民健康保险和补充型医疗救助设立后，补充型自愿健康保险覆盖的人口比例从 2000 年的 86% 增加到 2008 年的峰值 94%，2010 年下降至 90%（Chevreul，2016）。因此，自愿健康保险的可获得性面临挑战。

2008 年，近 400 万人没有自愿健康保险（Perronnin，Pierre 及 Rochereau，2011）。对于希望获得自愿健康保障但又没有资格获得补充型全民健康保险的人们来说，没有自愿健康保险的最常见的原因是缺乏资金（42% 的受访者）；对于全体人口，失去自愿健康保障的最常见的原因是筹资问题以及失业（分别有 20% 和 15% 的受访者）（IRDES，2010）。自愿健康保险保费的上涨在一定程度上反映了公共医疗服务的用户费用的稳步增长，但自愿健康保险保障水平却没有得到相应的提升（Chevreul 及 Perronnin，2009）。这表明法国的自愿健康保险保障质量总体下降，自愿健康保险提供的财务保护水平也下降。

从 2016 年起，企业（不论业务规模大小）必须向员工提供自愿健康保险。目的在于确保并提高比个体自愿健康保险合同更具优势的团体自愿健康保险合同的可获得性。这可能会减少员工获得自愿健康保险的不公平性，但也可能增加领薪员工和其他群体（学生、退休人员、失业人员和自由职业者）之间的不平等。它还将改变个体自愿健康保险市场的风险结构，并可能导致个体合同保费升高。因此，政府可能需要采取措施来补贴个体自愿健康保险合同（Franc & Pierre，2013）。

---

① 译者注：Couverture maladie universelle complémentaire，法语，CMU - C，补充型全民健康保险。
② 译者注：Aide à la complémentaire santé，法语，ACS，补充型医疗救助。

> 专栏 3.5
> **斯洛文尼亚覆盖用户费用的补充型自愿健康保险**
>
> 斯洛文尼亚自愿健康保险市场在 1993 年建立，2005 年覆盖了 74% 的人口，2010 年覆盖了 83.5% 的人口（Albreht 等，2009；Milenkovic Kramer，2009）。自愿健康保险覆盖了超过 90% 的需要支付用户费用的人口（成年人）。公共卫生系统的用户费用会很高（高达 90% 的共同保险；详见 Milenkovic Kramer，2016）。
>
> 最初由法定医疗保险基金出售自愿健康保险，其自愿健康保险部门变成了一个互助协会，后来两个商业保险人进入了自愿健康保险市场。2000 年，补充型自愿健康保险被定义为基于公众利益的保险。2005 年，在公开注册和社群评级费用方面引入了风险均衡项目（Thomson，2010）。同年，政府还对不购买自愿健康保险又需要支付用户费用的人实施处罚。

替代型角色

替代型自愿健康保险在欧洲比较罕见，除德国外，其市场一般都很小。替代型自愿健康保险通常只提供给特定的群体，由职业（奥地利、西班牙）、收入水平和年龄（德国）或有无资格获得公共医疗保障来决定是否有资格获得替代型自愿健康保险［塞浦路斯、捷克共和国、爱沙尼亚、格鲁吉亚（2013 年以前）、冰岛和斯洛文尼亚］（详见表 3.6）。

自 19 世纪 70 年代以来，随着公共医疗保障的显著扩张，替代型自愿健康保险的作用已经减弱。爱尔兰在 1979 年（适用于在公立医院住院）和 1991 年（公立医院的高级会诊医生的治疗）分别将住院护理服务的公共医疗保障扩展到全体人口。2006 年，荷兰将公共医疗保障扩展到由于收入高而被排除在公共医疗保障之外的三分一的人口。2008 年，比利时将门诊护理的公共医疗保障扩展到自由职业者（Gerkens & Merkur，2010；McDaid 等，2009；Schäfer 等，2010）。在德国（详见专栏 3.6），21 世纪前十年的中期废除替代型自愿健康保险的尝试失败，但限制市场扩张努力却没有停止。格鲁吉亚最近也经历了一次政策的转变，从原来的通过自愿健康保险促进公共和私人医疗保障的发展，转变为将政府提供的公共医疗保障进行近乎全民的覆盖（详见专栏 3.7）。

表 3.6　　替代型自愿健康保险提供的保障

国家	保障	资格
奥地利	类似于公共医疗保障	被允许选择退出公共医疗保障项目的人（某些自由职业团体也可获得）

续表

国家	保障	资格
塞浦路斯	多样的保障	没有资格获得公共医疗保障的人（高收入者、来自非欧盟国家的人）
捷克共和国	类似于公共医疗保障，但不包括对某些慢性疾病的治疗，例如，艾滋病毒携带者及艾滋病、吸毒、心理健康疾病、水疗等	没有资格获得公共医疗保障的人（主要是来自非欧盟国家的外国工作者和经济不活跃的移民）
爱沙尼亚	多样的保障	没有资格获得公共医疗保障的人（例如，EHIF投保人的没有工作的配偶）
德国	类似于公共医疗保障	被允许选择退出公共医疗保障项目的人（适用于收入超过一定门槛的家庭、符合条件的自由职业者、公务员）
冰岛	类似于公共医疗保障	没有资格获得公共医疗保障的人（新来的居民，在其最初6个月的停留期间）
斯洛文尼亚	类似于公共医疗保障	没有资格获得公共医疗保障的人
西班牙	类似于公共医疗保障	被允许选择退出公共医疗保障项目的人（适用于公务员）

资料来源：各国专家和本书中各个国家的情况。

注：主要的自愿健康保险作用以黑体字标注（详见表2.2和表3.2）；EHIF表示爱沙尼亚健康保险基金。

专栏3.6

德国的替代型自愿健康保险

在德国，收入超过一定阈值（在2015年为54 900欧元）的人可以选择由私人保险（PKV①）而非公共保障项目（GKV②）提供保障。如果他们选择私人保险，法定健康保险不再从他们的供款中获益，相应地也就不会为其护理服务提供补贴（Bussw & Blumel, 2014）。那些选择了私人保险的人只能在他们的收入低于阈值并且年龄低于55岁的情况下才能回到法定健康保险。自2009年起，政府强制实行某种形式的健康保险（联邦宪法法院，2009），因此任何选择离开法定健康保险的人都必须购买私人保险（包括为其家属支付单独的保费）。然而，投保私人保险的人仍能从雇主筹资中受益，雇主筹资相当于员工和雇主支付给公共保障项目的一半费用，最高为法定健康保险保费的50%。选择了私营保险的人中只有大约四分之一的人实际上选择离开法定健康保险（Bussw & Blumel, 2014）。

风险分割是替代型自愿健康保险关注的关键问题。它已经导致了（和其他因素）法定健康保险的赤字（Wasem, 1995）。由风险分割导致的财政压力被自由决

---

① 译者注：Private Krankenversicherung，德语，PKV，私人健康保险。
② 译者注：Gesetzliche Krankenversicherung，德语，GKV，法定健康保险。

定离开法定健康保险的性质、自愿健康保险的规制框架和人们如果不再认为私人保险是有益的就返回法定健康保险的能力等因素所恶化。替代型自愿健康保险的规制机制允许私人保险公司拒绝投保申请（尽管从2009年起，这项规定被禁止用于基本保单）、风险评级保费、将既有病症人群排除在保障之外、向投保人家属收取单独的保费、提供折扣保费以换取高额的免赔额。因此对于更年轻、更健康的拥有小家庭的个体来讲，自愿健康保险更有吸引力，更容易获得。由于收入资格标准，法定健康保险强制覆盖的人群和私人保险自愿覆盖的人群的健康水平和卫生服务的使用情况有明显的差异，投保私人保险的人群的平均收入比法定健康保险的成员高60%（Leinert，2006）。

法定健康保险贡献率的稳步上升可以部分地归因于风险分割（Wasem，1995），这相应地又鼓励了收入较高的年轻人选择替代型自愿健康保险。据研究估计，由于人们从公共保障转向私人保障或从私人保障转到公共保障，法定健康保险每年损失约7.5亿英镑。从2000年到2004年，超过一半的离开法定健康保险的患者，就年龄和家庭地位而言，都是低风险的，而加入法定健康保险的大多数人都是高风险的有家属的老年人群（Ettelt & Roman，已列入计划但还未出版）。将公共医疗保障扩大到全体人口，可以降低法定健康保险的平均风险进而缓解财政压力，同时还增加每人的平均支出额。

政府已经采取了许多措施来缓解公共和私人保障之间的边界问题。1995年，65岁及以上的老年人失去了返回法定健康保险的权利，即使他们的收入低于阈值。在2000年，返回法定健康保险的年龄限制被降低至包括55岁及以上的人。2003年，选择退出法定健康保险的收入阈值比往常更高（11%），2009年政府将退出法定健康保险的资格的等待期延长至3年。虽然据估计后来的改革已经将法定健康保险的财政损失降低了15%~20%（Albrecht, Schiffhorst & Kitzler，2007），但在2001年它被由基督教民主党和自由民主党组成的联合政府废除了，反映了政府对维持替代型自愿健康保险市场的承诺。

替代型自愿健康保险受到了严格的规制，在20世纪90年代中期，当政府开始使得选择替代型自愿健康保险的人更难以回到法定健康保险时，人们就努力来确保这种自愿健康保险的可及性，因此，就需要确保能依靠自愿健康保险获得可负担得起的高质量保障。早期的规制政策在实现其目标中受到限制。在1986年到2006年间，自愿健康保险的保费增长超过了三倍，高达法定健康保险供款的两倍（Grabka，2006）。

自愿健康保险的成本份额已有所增加。从2001年到2005年，在持有替代型自愿健康保险保单的人群中，选择支付免赔额以获得更低保费的投保人的占比持续增加，并且年龄较大的人与年轻人相比可能支付更高的免赔额（这与经济理论的预测相反）（Grabka，2006）。在2005年，有5%投保替代型自愿健康保险的人（约35万人）被发现支付的保费高于法定健康保险的最高供款（Grabka，2006）。2009年，政府出台了进一步的规制政策，包括对免赔额的限制。然而，政府允许的替代型自愿健康保险的最大免赔额为每年5 000欧元，就财务保护而言这与公共护理服务的自付费用支出上限相比十分有限，相当于个人年收入的2%或慢性病人的年收入的1%（Busse和Blumel，2014）。退出法定健康保险的收入阈值为一个有工资的人2%的收入（2015年是54 900欧元），应该在1 000欧元左右。因此，法定健康保险的财务保护水平远远高于自愿健康保险市场。

自2009年，商业健康保险公司被要求提供高度规制的基本保单、标准的一揽子服务、保费上限，以确保替代型自愿健康保险的可及性。他们必须接受所有应予受理的基本保单申请者，并禁止与违约支付保费的人解除合同，然而，他们可能会限制服务的水平。同年，德国允许老龄储备（投保人在较年轻时多支付一些保费，在年老时少支付一些保费，以减少年老时保费的增加）可转移，以增强保险人间的竞争（Busse & Blümel，2014）。人们对基本保单的需求较少，2010年只有大约21 000人投保了基本保单。这可由逆向选择（选择这些保单的主要是风险较高的人）和高保费来解释。虽然保费上限的水平相当高，但健康保险人仍然出现了赤字，这些赤字需要由非基本保单持有者来弥补，违约者数量的上升造成的成本也需要由非基本保单持有者来弥补。为了减轻替代型自愿健康保险供应者所面临的财务压力，最近的立法（2011）允许私人健康保险公司采用公共医疗保障谈判获得的药品折扣（GreB，2016）。

荷兰在其替代型市场上面临类似的风险分割问题（Thomson & Mossialos，2006）。在2006年，荷兰政府通过将公共医疗保障扩展至全部人口，有效地废除了替代型自愿健康保险。近年来，德国替代型自愿健康保险的继续存在造成了紧张局势，造成政府对其规制日益严格并尝试引入全民健康保险（Ettelt & Roman，已列入计划但未出版）。但是，当前的政策安排有利于人口中的特定群体——收入最高的员工（他们可以在公共保障和私人保障之间做选择）、公务员（没有支付公共计划费用）、医生（在治疗由商业健康保险提供保障的患者时收取更高费用从而获益）以及私人保险公司——这可以解释他们的长寿。

专栏3.7

格鲁吉亚的替代型自愿健康保险 ∎∎∎∎∎∎∎∎∎∎∎∎∎∎∎∎∎∎∎∎∎∎∎∎∎∎∎∎∎∎∎∎∎∎∎

受格鲁吉亚政府推出减小国家在公共生活中的作用和贫困人群的社会福利目标的政策影响，自愿健康保险市场于2007—2008年出现。这些变化还试图提高公共卫生系统的透明度，并使得非正规支付正规化，医疗保险计划（MIP）是达到这一目标的关键措施。2008年到2010年，在医疗保险计划下，已注册为生活在贫困线以下的家庭最初被给予了代金券，他们可以用该代金券从其选择的私人保险公司购买一份全面的年度健康保险保单。政府还为某些其他人群（受照管的儿童、公务员、教师和近期国内流离失所者）购买了全面的私人保险，但全体人口中大多数没有保险保障。

由于目前政府是自愿健康保险的最大的购买者，保险人的重点是争取拥有医疗保险计划的家庭以及专职公务员。直到2013年，那些不符合医疗保险计划或其他法定项目保障资格（例如，公务员保障项目）的人，预计将为其自己购买保险，政府采取了多项鼓励无保险公民购买保险的措施，从而扩大了自愿健康保险市场。2012年，大约10%的人口自己购买了自愿健康保险，大约45%的人口在医疗保险计划下拥有由政府资助的自愿健康保险保障。

2007年到2013年，公共政策非常支持自愿健康保险，保险行业的规制和自愿健康保险市场密切相关。立法不要求公开注册或保证续保，尽管根据医疗保险计划保险人必须提供由政府定义的标准保障。

对医疗保险计划改革影响的评估明确了需要关注的问题和范围，包括保障的广度、范围、深度不够，卫生系统的技术效率问题，对私人保险供应者及医疗保健服务供应者所提供的医疗服务质量的规制较弱（Smith，2013）。在医疗保险计划运营期间，自愿健康保险市场的覆盖率从2006年的不到1%扩大到2011年的30%和2012年年末的45%。尽管医疗保险计划对最贫穷的家庭有很强的针对性，并且对其受益人的财务保护有积极影响，它并没有从整体上更好地为全体人口提供财务保护（Smith，2013）。事实上，医疗保健服务费用持续使大量家庭陷入贫困，并且给许多其他家庭带来了灾难性的经济负担。对家庭预算调查数据的分析显示，面临灾难性水平的医疗保健自付费用支出的家庭比例从2006年的6.1%上升到2010年的8.5%，最贫穷的五分之一的家庭最可能面临灾难性的卫生支出（Rukhadze & Goginashvili，2011）。医疗保险计划并未促进其受益者更好地使用医疗保健服务，也没有产生较好的医疗效果或使医疗保健服务供应者得到更好的评价（Smith，2013）。缺乏医疗保险计划使用资格意识、低质量的护理服务以及缺乏较好的药物保障可能降低了人们寻求护理服务的动机（Smith，2013）。

此外，期望日益激烈的竞争会带来健康保险市场效益的提高并未实现，尤其是交易成本似乎极高（Zoidze等，2012）。2012年，两家最大的保险公司在医疗保健服务方面的支出低于其保费总收入的5%。一个由14家保险人覆盖的人口少于100万人的卫生系统也不可避免地支离破碎。

最后，对自愿健康保险市场较弱的规制导致了逆向选择和撇脂定价。报道称，医疗保险计划的受益者被拒绝提供服务（尤其是昂贵的诊断程序），即使患者符合所有管理程序，临床也表明其需要采取干预治疗（Zoidze，2012）。在这种规制环境下，作为使住院网络私有化的主要手段，私人保险公司（许多由制药公司拥有）与医院的整合也充满潜在的利益冲突（Transparency International Georgia，2012）。

在2012年的议会选举中，提高医疗护理服务的可及性被认为是一个重要的政治问题。医疗保险计划扩大到覆盖所有的六岁以下的儿童、所有的退休人员和所有的全日制学生，保障的范围也扩大了。

2012年当选的政府废除了由私人保险公司代表公共医疗保险计划的受益人购买医疗保健服务的卫生系统，并将政府最初直接提供的公共医疗保障从仅向完全没有保险的人群提供转为向约占总人口90%的没有个体自愿健康保险或者公司团体自愿健康保险的人群提供。

4. 自愿健康保险的投保人

在本章,我们分析了自愿健康保险的人口覆盖率、投保人构成(个体和团体间的平衡)以及保单持有者的社会经济特征。

4.1 自愿健康保险的人口覆盖率

不同国家的自愿健康保险的人口覆盖率差异较大(详见图4.1)。最大的自愿健康保险市场是那些能够覆盖用户费用的市场。在法国,自愿健康保险市场覆盖率已达到90%,这主要是由于2000年法国为贫困家庭购买自愿健康保险引入了政府资助的抵用券。自愿健康保险人口覆盖率在斯洛文尼亚(覆盖率为84%,但其中超过90%的人需要支付用户费用)与克罗地亚(覆盖率为59%)也较高。在覆盖除外服务的补充型自愿健康保险市场中,就人口覆盖率而言荷兰市场最大(84%)。爱尔兰、比利时、奥地利及瑞士的附加型自愿健康保险人口覆盖率最高。

注意,这些数字虽然显示了每个国家自愿健康保险的人口覆盖率,但并未揭示其覆盖范围及深度——换句话说,人们所购买的自愿健康保险保单的保障范围的宽窄。

覆盖用户费用的自愿健康市场造就了较高水平的人口覆盖率,这表明,在某些情况下,公共医疗护理服务的用户费用的广泛应用,能促进自愿健康保险的发展。然而,情况并非总如此。一些新加入的欧盟成员国在过去5年中已经提高了用户费用,但自愿健康保险并未因此得以发展。法国和斯洛文尼亚两国的自愿健康保险市场已保持较长时间的发展,两国的自愿健康保险一直由声誉卓著、值得信赖的互助协会提供,法国政府给予贫困人口丰厚补贴,而斯洛文尼亚政府对未购买自愿健康保险的居民实施处罚。

在非正规支付问题严重的国家,自愿健康保险的人口覆盖率较低。在这些国家,人们习惯于向医生或医院直接付费以获得高质量的护理服务,向保险人付费可能被视为会限制患者对医疗保健服务提供者的影响力(Thomson,2010)。在一些国家,居民对保险和保险市场缺乏信任也是一个重要的问题。一般来说,如果保险市场的可及性差或保费较昂贵，则很有可能会影响自愿健康保险的需求。

欧洲经验表明，只有政府确保卫生系统具有一定的透明度（不存在非正规支付），使居民信任保险及保险市场，并确保自愿健康保险的可及性和可负担得起，自愿健康保险才能在一国扎根并发展起来。

4.2 个体与团体自愿健康保险的对比

个体或团体（通常是在职员工的团体）购买自愿健康保险的水平可能会影响自愿健康保险的人口覆盖度及分布。图4.2展示了可获得数据的25个国家中16个国家的团体保单主导市场的情况。

保险人更偏好于团体保单，因为其单位成本更低，不用相应地支出大量市场费用就可以获得大量业务（BMI Europe, 2000）。提供团体折扣保费以及更有利的保单条件意味着保险人自动承保了更年轻、更健康且同质的人口（Gauthier, Lamphere & Barrand, 1995）。如果保险人认为团体保险对于防止逆向选择至关重要，他们或许不愿将保单销售给个体（例如在亚美尼亚及拉脱维亚）。

若快速获得医疗保健服务可降低员工因健康状况不佳造成的缺勤，则雇主将从团体保单中获益。相对于个体而言，团体议价能力更强因而可以降低医疗保障的成本，这也有利于员工。团体保单一般比个体保单更加便宜，且价格上升幅度较低。除此之外，团体保单往往基于团体而定价，这可以提高年长者及既有病症人群获得自愿健康保险的可能性。因此，从2016年起，法国的所有雇主将必须为覆盖所有雇员最低保障的团体自愿健康保险资助一半的保费。

然而，团体保单主导的市场很有可能会通过一些方式提高人们获得自愿健康保险的不公平性。首先，在一些国家，个体保单可能要补贴折扣型团体保单。保险人承保团体保单的边际利润要低于个体保单的事实证实了这一可能性。第二，雇主或许更愿意为高薪雇员支付保费。在英国，收入排前10%的雇员中有51%坦言他们的自愿健康保险由雇主购买，而收入排后40%的雇员中该比例只有25%（Emmerson, Frayne & Goodman, 2001）。第三，团体保单从税收补贴中获益加重了这一不公平性。因而，奥地利和丹麦仅对为全体雇员提供自愿健康保险的公司提供税收补贴（例如，这与限制仅向高管提供团体保障的做法相对应）。

4.3 自愿健康保险保单持有者的社会经济地位

有关自愿健康保险保单持有者的社会经济地位的信息显示，几乎在每个国家，自愿健康保险更倾向于覆盖受过良好教育、更富有并且生活在首都或者该国家较为

4. 自愿健康保险的投保人

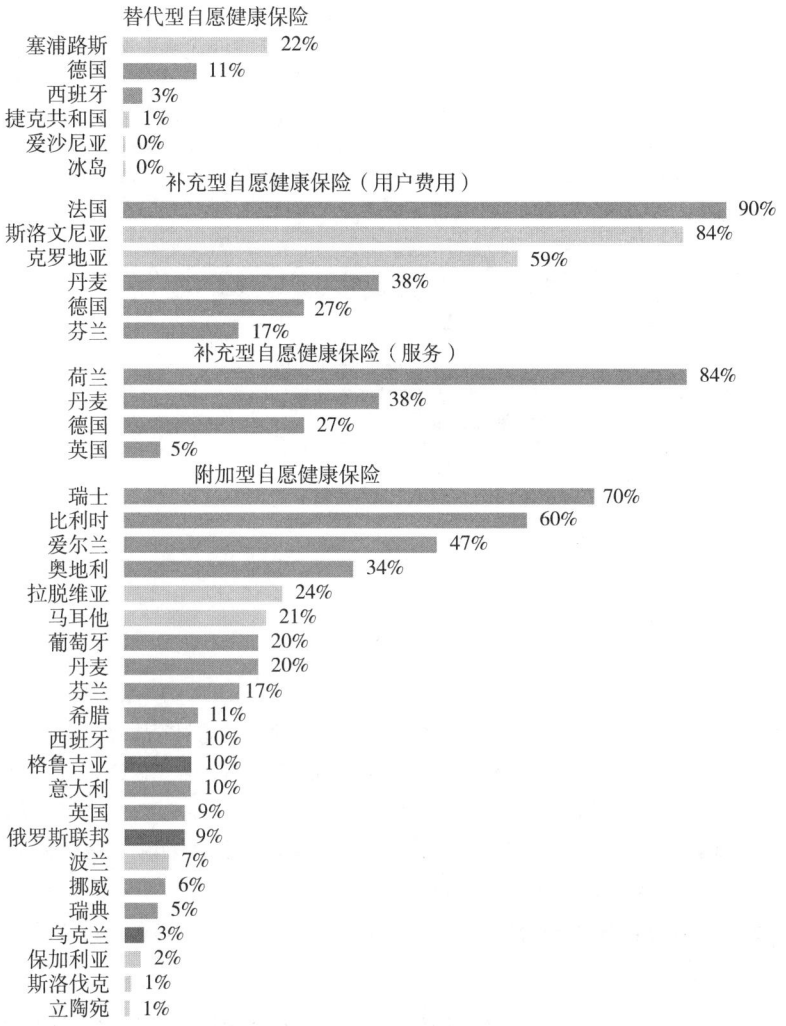

资料来源：作者（基于来自各国专家和本书中各个国家的情况的信息整理）。

注：对尚不能获取各种类型的自愿健康保险的人口覆盖率数据的国家，我们选取了该国占主导地位类型的自愿健康保险的相关数据。瑞士采用了 2007 年的数据；拉脱维亚采用了 2008 年的数据；塞浦路斯和俄罗斯联邦采用了 2009 年的数据；保加利亚（也包括补充型自愿健康保险）、法国、德国、马耳他、波兰、葡萄牙和斯洛文尼亚采用了 2010 年的数据；乌克兰（也包括补充型自愿健康保险）采用了 2010—2011 年的数据；希腊、立陶宛、挪威、斯洛伐克、瑞典、英国采用了 2011 年的数据；克罗地亚、芬兰、爱尔兰采用了 2012 年的数据；丹麦采用了混合数据（采用了附加型自愿健康保险的 2010 年的数据和补充型自愿健康保险的 2011 年的数据）；西班牙采用了 2013 年的数据；奥地利采用了 2014 年的数据；荷兰采用了 2015 年的数据；尚未获取意大利的数据。2012 年，格鲁吉亚的替代型自愿健康保险覆盖了 10% 的人口。尚未获取扮演其他角色的自愿健康保险（自 2013 年以来占主导地位）的人口覆盖率数据。在比利时，自愿健康保险的人口覆盖率估计在 60% 到 80%（详见 Gerkens，2016），本文采用了更保守的数据；在芬兰，无法区分是附加型自愿健康保险还是补充型自愿健康保险覆盖了用户费用；在德国，无法区分补充型自愿健康保险对用户费用和医疗保健服务的覆盖数据；在俄罗斯联邦，只能得到总的自愿健康保险的人口覆盖数据，由于该国的自愿健康保险主要扮演附加角色，因此本文将其当作附加型自愿健康保险的数据来报告；在斯洛文尼亚，自愿健康保险的人口覆盖的人口率涉及的是 18 岁以上的人口（即需要支付用户费用的人口）；在丹麦，无法区分补充型自愿健康保险对用户费用和医疗保健服务的覆盖数据，而 37% 拥有补充型自愿健康保险的人同时也拥有附加型自愿健康保险（CEPOS，2014）。

图 4.1 自愿健康保险的人口覆盖率（可得的最新年份数据）

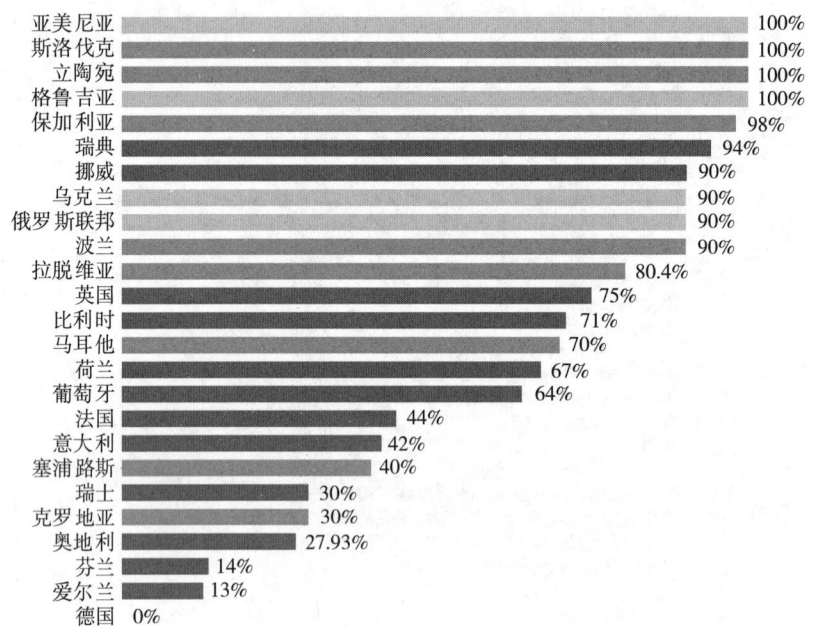

资料来源：荷兰的数据来自 Kroneman（2014）；各国专家以及本书中各国的情况。

注：乌克兰和俄罗斯联邦采用的数据是雇主购买的保险计划的比例；2009 年德国的所有的替代型保险计划均由个体购买；塞浦路斯、意大利采用了 2009 年的数据；比利时、拉脱维亚、马耳他、葡萄牙采用了 2010 年的数据；挪威采用 2011 年的数据；其他国家数据的年份未知；尚未获取捷克共和国、丹麦、爱沙尼亚、希腊、匈牙利、冰岛、罗马尼亚、斯洛文尼亚和西班牙的数据。

图 4.2　团体自愿健康保险保单占全部保单的比例（可得的最新年份数据）

富裕地区的人口（详见表 4.1）。由于获得替代型自愿健康保险的资格往往取决于收入或职业，因此替代型自愿健康保险的上述情况是可预料的。然而，非替代型自愿健康保险同样也显示了对拥有更高社会经济地位人群的偏爱。

自愿健康保险保单持有者的特征并未随时间发生太大变化。2004 年的调查数据[①]显示，对于很多欧洲国家的年长者来说，自愿健康保险集中覆盖了受过良好教育并拥有较高认知能力的人（Paccagnella, Rebba & Weber, 2008）。同样，拥有自愿健康保险的年长者比没有自愿健康保险的人面临的健康状况不佳的风险较低（Bolin 等，2010）。

---

① 来自欧洲健康、老龄化和退休调查的第一波数据。这次调查共采访了 11 个欧洲国家中 28 000 名 50 岁及以上的人。这 11 个欧洲国家分别是：奥地利、比利时、丹麦、法国、德国、希腊、意大利、荷兰、西班牙、瑞典和瑞士。

4. 自愿健康保险的投保人

表 4.1 自愿健康保险保单持有者的社会经济特征（2012年以来）

国家	年龄	受教育水平	收入	就业类型	地区
亚美尼亚	35~40	受过良好教育	高收入	跨国公司	主要在耶烈万
奥地利	20~50	n/a	n/a	n/a	地区处于变化中
比利时	工作年龄	受过良好教育	高收入	大型公司	地区处于变化中
保加利亚	<65	n/a	高收入	n/a；公务员	主要在城市
克罗地亚	工作年龄	受过良好教育	高收入	n/a	主要在城市
塞浦路斯	43（中位数年龄）	n/a	高收入	民营企业，公立大学	n/a
捷克共和国	n/a	受过良好教育	高收入	非欧盟外来务工人员（替代型自愿健康保险）	n/a
丹麦	互助协会：45~60 商业保险人：15~29	n/a	n/a	白领工人	n/a
爱沙尼亚	工作年龄	n/a	高收入	私营企业	主要在城市
苏兰	工作年龄	受过良好教育	高收入	n/a	主要在城市
法国	30~80	n/a	无差异	技术工人	农村地区
格鲁吉亚	所有年龄	受过良好教育	中高等	私营企业	主要在城市
德国	所有年龄段	受过良好教育	高收入	自由职业者，公务员	n/a
希腊	25~45	受过良好教育	高收入	技术工人，大型公司	主要在城市
冰岛	n/a	n/a	n/a	n/a	n/a
爱尔兰	45+	n/a	高社会阶层	工人	都柏林

续表

国家	年龄	受教育水平	收入	就业类型	地区
意大利	n/a	受过良好教育	高收入	经理人、专家、自由职业者	意大利北部
拉脱维亚	男性：55~64；女性：35~55	受过良好教育	高收入	经理人	主要在城市
立陶宛	n/a	n/a	高收入	跨国或大型公司	主要在城市
马耳他	n/a	受过良好教育	中高等收入	为雇员支付团体保单的雇主	n/a
挪威	35~45	个体：受过教育水平较低 团体：受过良好教育	高收入	营利性公司，较小的公司	地区发生变化
波兰	工作年龄	受过良好教育	高收入	大型企业，非农业自由职业者	主要在城市
葡萄牙	65	n/a	中高等收入	中大型公司	主要在城市
罗马尼亚	<45~50	受过良好教育	高收入	跨国或大型公司	主要在城市
俄罗斯联邦	n/a	n/a	n/a	n/a	主要在莫斯科
西班牙	n/a	受过良好教育	高收入	n/a	主要在城市
瑞典	45+	n/a	n/a	私营企业	主要在城市
瑞士	n/a	受过良好教育	n/a	大型公司	n/a
乌克兰	n/a	n/a	高收入	大型公司	主要在城市
英国	40~65	受过良好教育	高收入	专家及经理人	伦敦、英国东南部

资料来源：国家专家及国内地区报告。

注：尚未获得匈牙利、荷兰、斯洛伐克和斯洛文尼亚的信息及2013年格鲁吉亚的信息，n/a表示信息不可得。

5. 自愿健康保险市场的运行

在本章,我们从不同方面研究了自愿健康保险市场的运行方式。我们回顾了销售自愿健康保险的实体数量及类型,并分析了与自愿健康保险销售相关的保单条件,保险人厘定保费的方法,自愿健康保险保障的范围及深度,在自愿健康保险市场中消费者的选择范围,保险人从医疗服务供应者那里购买服务的方式及其在医疗服务与管理方面的支出。

5.1 销售自愿健康保险的实体类型及数量

提供自愿健康保险的实体包括非营利性的互助协会、公积金协会、公民协会、商业保险公司、法定医疗保险基金以及用人单位(详见表5.1)。在过去,2004年5月以前的欧盟成员国中很多国家的自愿健康保险市场以互助协会及公积金协会为主体,目前在比利时、丹麦、法国、爱尔兰、意大利(也包括马耳他和斯洛文尼亚)的情况依旧如此。然而,自19世纪起,因商业保险人进入或收购互助协会,几个国家的互助协会及公积金协会市场份额开始下降,特别是在芬兰,其互助协会占有的市场份额已微不足道。在丹麦、爱尔兰、马耳他、荷兰、斯洛文尼亚、英国及法国(下降幅度较小)也是如此。欧洲非欧盟国家中仅乌克兰健康保险市场中有非营利性实体运营(Lekhan, Rudiy & Richardson, 2010)。

表5.1　　　　　销售自愿健康保险实体的类型及数量

(根据可得的最新年份数据)

国家	商业保险人	非营利保险人	总数(年度)	专门经营健康保险的保险人
亚美尼亚	5	0	5 (2015)	n/a
奥地利	8	互助协会:1	8 (2011)	无
比利时	26	互助协会:13	39 (2010)	互助协会及少数的商业保险人
保加利亚	20	0	19 (2012)	无 (2013)
克罗地亚	6	法定基金:1	21 (2010)	法定基金
塞浦路斯	17	0	17 (2010)	无
捷克共和国	52	法定基金:8	60 (n/a)	法定基金及少数商业保险人

续表

国家	商业保险人	非营利保险人	总数（年度）	专门经营健康保险的保险人
丹麦	10	互助协会：1	11（2011）	互助协会及部分商业保险人
爱沙尼亚	1	法定基金：1	2（2013）	法定基金
芬兰	10	互助协会：140	150（2010）	互助协会
法国	92	互助协会：587 公积金协会：34	713（2010）	大多数互助协会， 一半公积金协会及部分商业保险人
格鲁吉亚	14	0	14（2012）	无
德国	24	互助协会：19	43（2012）	n/a
希腊	≈24	0	24（2011）	个别商业保险人
匈牙利	5	0	5（2012）	n/a
冰岛	4	0	4（2012）	n/a
爱尔兰	3	准公共实体：1	4（2015）	准公共实体
意大利	65	互助协会：3 合作社：1	69（2010）	所有非营利性保险人， 个别商业保险人
拉脱维亚	8	0	8（2012）	无
立陶宛	7	0	7（2011）	个别商业保险人
马耳他	7	公积金协会：1	8（2011）	公积金协会
荷兰	33	0	33（n/a）	少数商业保险人
挪威	8	0	8（2011）	个别商业保险人
波兰	会员制保障：≈200 商业保险人：15～20	法定基金：1	≈220（2012）	相互保险人与法定基金
葡萄牙	19	0	19（2011）	无
罗马尼亚	商业保险人：12 会员制保障：n/a	法定基金：1	13（2012）	相互保险人与法定基金
俄罗斯联邦	≈350	0	≈350	n/a
斯洛伐克	3	0	3（2012）	一家商业保险人
斯洛文尼亚	3	互助协会：1	4（2010）	互助协会及一家商业保险人
西班牙	22	互助协会：一些		互助协会
瑞典	17	n/a	17（2013）	几乎没有
瑞士	56	0	56（2010）	几乎所有的商业保险人
乌克兰	≈20	公民协会：≈200	≈220（2012）	公民协会
英国	11	7	18（n/a）	部分机构

资料来源：各国专家及本书中各个国家的情况。

注：并非所有捷克商业保险人都提供自愿健康保险；匈牙利互助基金提供的自愿医疗储蓄账户不包括在内；对爱尔兰，我们排除了将会员限制在职业人群的保险机构，2010年这些人群占自愿健康保险所覆盖人口的2%左右，HSF Health Care（与Hospital Saturday Fund的经营类似）只出售现金补贴计划；在意大利，商业保险人包括集合私人保险基金［意大利国家卫生服务局（SSN）的卫生筹资部门①］，它们是营利性的或非营利性的机构；在罗马尼亚出售自愿健康保险的实体总数不包括提供会员制保障的实体；英国的一些公司承保但不直接销售自愿健康保险保单；n/a表示信息不可获取。

---

① 译者注：Fondi Integrativi Sanitari del Servizio Sanitario Nazionale（SSN），意大利语，意大利国家卫生服务局的卫生筹资部门。

商业保险人是许多国家自愿健康保险的唯一来源（亚美尼亚、保加利亚、塞浦路斯、格鲁吉亚、希腊、匈牙利、冰岛、拉脱维亚、立陶宛、荷兰、挪威、葡萄牙、俄罗斯联邦、瑞典和瑞士），或拥有最大的自愿健康保险市场份额（奥地利、捷克共和国、芬兰、西班牙和英国）。

波兰、罗马尼亚和英国的雇主为员工组织了他们自己的医疗项目（公司自保项目）。名为会员制保障的公司项目是波兰自愿健康保险市场的主要特点，在英国该项目已成为传统健康保险更为经济的替代品，并变得越来越重要（Foubister 等，2006）。在罗马尼亚，会员制保障项目作为公共医疗保障的替代品，过去在用人单位中很受欢迎。然而，2004 年鼓励提供补充型及附加型自愿健康保险法案的出台抑制了会员制保障市场的进一步扩张。波兰及罗马尼亚是唯一两个医疗保健服务提供者直接提供会员制保障的国家。会员制保障面向公众开放并主要由雇主为雇员购买。

在一些国家，法定医疗保险基金及其他负责购买公共医疗服务的机构与销售自愿健康保险的其他实体竞争销售自愿健康保险保单，但几乎在每一个国家都要求将法定医疗保险与自愿健康保险业务分开经营（克罗地亚及罗马尼亚除外）。因此在比利时及斯洛文尼亚，自愿健康保险由单独的法人提供。在捷克共和国、德国、荷兰和波兰，自愿健康保险则通过附属机构或与商业保险人合作提供。在克罗地亚及罗马尼亚，法定医疗保险基金主导自愿健康保险市场。在斯洛伐克，提供公共医疗保障的健康保险承保人为其新投保人的保费折扣问题与商业保险公司进行谈判（Pazitny & Balik，2016）。

一些保险人只提供健康保险产品——也就是说他们专业化经营健康保险。而其他的保险人则会提供一系列寿险与非寿险产品。互助协会通常专业化经营健康保险（奥地利除外），在比利时、法国及匈牙利，法律要求互助协会专业化经营健康保险，同时法定医疗保险基金常常专业化经营健康保险。

在营利及非营利实体互相竞争的国家，有时两者会被区别对待，比如就税收及偿付能力要求而言。欧盟法已成功对比利时、法国和爱尔兰具有歧视性的国内法律发起挑战。2010 年，比利时被要求同等对待由疾病基金与商业保险人售出的自愿健康保险。2001 年欧洲理事会要求法国取消有利于非营利性保险人的保费免税政策。在 2011 年，欧洲法院（ECJ）规定不论保险人法律地位如何，爱尔兰应对所有保险人适用相同的金融规制（欧洲法院，2011）。在错过了一系列这一规定的最后期限之后，最终在 2015 年爱尔兰中央银行批准国有企业遵循这一规定。

在欧洲自愿健康保险市场上运营的保险人数量变化幅度较大（详见表 5.1），就保险人数量及最大几家保险人市场份额来讲，很多国家自愿健康保险市场集中度很高（详见图 5.1）。过去二十年，主要通过兼并，自愿健康保险市场集中度上升趋势明显（奥地利、法国、芬兰、希腊、意大利、卢森堡、葡萄牙和西班牙)。在一些国家,自愿健康保险市场集中度的上升反映出银行业和保险业整体集中度的提高(葡萄牙)。在其他国家,它反映了欧盟关于偿付能力保证金立法的变化,这尤其影响了法国的互助协会市场。2000 年到 2006 年,法国自愿健康保险市场保险人的数量下降了 40%,尽管兼并发生在一定程度上可能是由饱和市场中保险人之间的激烈竞争所致(Chevreul & Perronnin,2009)。

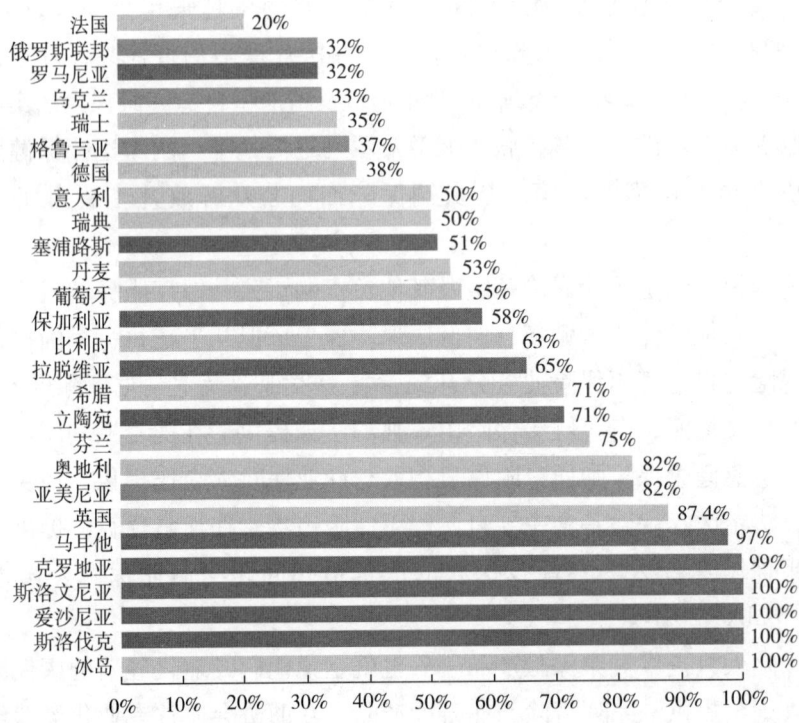

资料来源:各国专家及本书中各个国家的情况。

注:数据仅包括比利时的商业保险人、意大利的前八大保险人、希腊前五大保险人、爱沙尼亚和英国前四大保险人、格鲁吉亚前两大保险人;葡萄牙采用了 2008 年的数据;保加利亚、克罗地亚、斯洛伐克、瑞典采用了 2012 年的数据;英国采用了 2013 年的数据;乌克兰的数据不详;尚未获取捷克共和国、匈牙利、冰岛、荷兰、挪威、波兰、西班牙的数据。

图 5.1 自愿健康保险市场三家最大保险人的市场份额(2011 年)

参与该项研究的各国专家报告称,在保加利亚、丹麦、立陶宛和斯洛文尼亚,最大的三家保险人的市场份额(详见图 5.1)代表的市场集中度有所上升。相反,随着保险人数量的增加(保加利亚、爱尔兰、马耳他、瑞典)或最大的保险人市场份额的下降(亚美尼亚、塞浦路斯、芬兰、希腊、斯洛伐克、瑞典、英国),一些国家的自愿健康保险市场集中度出现下降。就市场集中度而言,大多数的自愿健康保险市场已保持稳定。

5.2 保单条件、保费及保险金

在欧洲，自愿健康保险经常与就业相联系在一起，同时在很多国家，团体保单占据自愿健康保险市场主体地位（详见图4.2）。

保单条件

自愿健康保险通常限制65岁以上的人投保。自愿健康保险最常被以短期（一年期）合同的形式提供，对于既有病症人群，保险人通常可自由决定拒绝其投保申请，或将其排除在承保范围之外，或向其收取更高额的保费，以个体的健康风险水平为基础收取不同等级的保费，设置赔付限额，施加等待期①和用户费用。投保者的家属总要以额外成本单独参保。团体保单常常从社群评级保费以及严格性较弱的保单条件中获益。只有少数国家使用规制非寿险合同的常用规则之外的规则来规制自愿健康保险的保费及保单条件（比利时、法国、德国、爱尔兰、斯洛文尼亚；详见第6章）。表5.2概述了本篇中所提及的国家使用的主要保单条件。近年来，保单条件没有太大的变化。

表5.2　自愿健康保险投保年龄限制、公开注册以及既有病症人群的除外情况（2012年以来）

国家	首次购买自愿健康保险的年龄上限	公开注册	保险人可以将既有病症人群除外
亚美尼亚	有限制（65~70）	否	是
奥地利	有限制（65~70）	否	是
比利时	无	是	是
保加利亚	无	否	是
克罗地亚	商业保险人：有限制（60~65） 法定基金：无	商业保险人：否 法定基金：是	商业保险人：是 法定基金：否
塞浦路斯	有限制（>65）	否	是
捷克共和国	有限制（>65）	否	是
丹麦	有限制（通常>60）	否	是

---

① 等待期指的是保险人做出赔付之前的一段时间。一个典型的例子是与分娩相关的赔付，若孕妇在购买了自愿健康保险的九个月内分娩，一些保险人将不会对分娩给予赔付。

续表

国家	首次购买自愿健康保险的年龄上限	公开注册	保险人可以将既有病症人群除外
爱沙尼亚	有限制（63~65）	商业保险人：否 法定基金：是	商业保险人：是 法定基金：n/a
芬兰	有限制（通常>60~65）	否	是
法国	无（部分合同有年龄限制）	通常是，但并未作要求	通常不能
格鲁吉亚	无	否	是
德国	无	是，但只针对基本替代型保单	是
希腊	有限制（>65）	否	是
匈牙利	有限制（<60）	否	是
冰岛	无	是	是
爱尔兰	无	是	不能，但与年龄相关的等待期是允许的
意大利	有限制（>65~75）	商业保险人：否 互助协会：n/a	商业保险人：是 互助协会：不能
拉脱维亚	依雇主而异	否	是
立陶宛	有限制（>60）	通常是，但并未作要求	是，如果在签订保险合同的前两个月内被确诊
马耳他	有限制（>60~65）	否	是，大型团体除外
荷兰	无	通常是，但并未作要求	是
挪威	有限制（>67）	否	是
波兰	部分机构有限制	否	是
葡萄牙	有限制（>60）	否	是
罗马尼亚	有限制（>65）	否	是
俄罗斯联邦	无	是	是
斯洛伐克	n/a	是	是
斯洛文尼亚	补充型：无限制；其他类型：有限制（>60~65）	附加型保单：是	是
西班牙	有限制（>65，对于新保单）	否	是
瑞典	对于部分产品（>65~70）	否	是
瑞士	依保险人而异	否	是
乌克兰	有限制（>60~70）	否	是
英国	有限制（>65，对于新保险合同有时在74~75之间）	否	是

资料来源：各国专家及本书中各个国家的情况。

注：n/a 表示信息不可获取。

年龄限制

年龄普遍被用于设定保险费。许多国家的保险人也规定了可购买自愿健康保险的最高年龄，通常在60岁到75岁之间（详见表5.2）。2000年11月27日出台的欧共体指令2000/78/EC建立了一个平等对待就业和职业的总体框架，禁止年龄歧视，未来这将可能改变限制65岁及以上老年人投保自愿健康保险的做法。

合同期限

自愿健康保险被以短期或长期合同的形式提供，并借助保费为本年度的成本支出及为投保人的年龄增长建立储备金筹资。在欧洲，标准的自愿健康保险保单为短期（通常为1年期）合同（详见表5.3）。然而，一些互助协会自愿提供终身保障。在奥地利、比利时和爱尔兰，法律要求所有的自愿健康保险保单提供终身保障，在德国，法律要求替代型自愿健康保险保单提供终身保障。一些保险人在被保险人到达退休年龄时终止保单，特别是团体保单。保单持有者通常拥有将团体保单转换为个人保单的选择权，有时会以同样的保障水平及合理的费率进行转换。

表5.3　　自愿健康保险合同期限（2012年以来）

国家	一年期或终身合同	在退休时终止的团体保单
亚美尼亚	一年期	是
奥地利	终身（团体保险除外）	是（可以转换成个人保单）
比利时	终身	是（可以转换成个人保单）
保加利亚	两者均有	商业保险人：是
克罗地亚	一年期	否
塞浦路斯	一年期与终身	是
捷克共和国	一个月到两年不等	n/a
丹麦	商业保险人：一年期 互助协会：每季度的	商业保险人：是
爱沙尼亚	商业保险人：终身（到65岁） 法定基金：一年期	否
芬兰	一年期与终身（最高至60~65岁）	通常会
法国	一年期	是（可以转换成个人保单）
格鲁吉亚	一年期	是
德国	终身	否
希腊	一年期与终身	是
匈牙利	终身	是
冰岛	六个月	只有个人保单
爱尔兰	一年期，但可续保至终身	是（雇主提供的团体保单会；其他团体保单或许会）
意大利	一年期与终身	商业保险人：是 互助协会：通常不会

续表

国家	一年期或终身合同	在退休时终止的团体保单
拉脱维亚	一年期	是
立陶宛	一年期	是
马耳他	一年期	是（可以转换成个人保单）
荷兰	一年期	n/a
挪威	一年期	是
波兰	一年期	是
葡萄牙	一年期	情况不固定
罗马尼亚	一年期	否
俄罗斯联邦	一年期	否
斯洛伐克	一年期	n/a
斯洛文尼亚	通常为两年或三年期	否
西班牙	无终身保障	否
瑞典	一年期	是
瑞士	一年期	否
乌克兰	一年期	通常会
英国	一年期	通常会

资料来源：各国专家及本书中各个国家的情况。

注：n/a 表示信息不可获取。

公开注册

公开注册使给定人口中的每个人都享有保障，这意味着保险人不能因申请人残疾或健康状况不佳而拒绝其投保申请。这一规定对确保人们获得医疗保障十分关键，因而成为公共医疗保障的惯例。虽然这一做法在欧洲的自愿保障中并不常见（详见表 5.2），但在一些国家所有保险人都受到这样的监管要求（爱尔兰自 1996 年起，比利时自 2007 年起）。[①] 在其他国家，这一监管要求被应用于提供替代型自愿健康保险的保险人（德国自 2009 年起，仅针对基本替代型保单）或者提供覆盖用户费用的补充型自愿健康保险的市场（斯洛文尼亚自 2005 年起）。在法国，公开注册并不在监管要求内，但已成为互助协会的常见做法，如今政府通过财政政策鼓励这一做法。2006 年和 2007 年，在议会施加压力下，荷兰的保险人同意对覆盖除外服务的补充型自愿健康保险提供公开注册，但这一协议在 2008 年未得以更新。

对既有病症人群除外

在大多数国家，签订保险合同时对识别出的既有病症的投保申请人，保险人有

[①] 这是比利时的临时监管措施。商业保险人仍然可以拒绝或限制与慢性病或残疾有关的费用保障。

权拒保或者以更高的保费承保，又或者设置更长的等待期（详见表5.2），德国（仅针对基本的替代型保单）、爱尔兰及斯洛文尼亚除外。

除既有病症情形外，自愿健康保险保单的典型除外条款还有很多。英国的自愿健康保险[1]是一个极端例子，但绝大多数国家的保险人都不覆盖药物滥用[2]、自我伤害、艾滋病、不孕不育、整容手术、变性手术、试验性治疗及药物、器官移植、战争风险及冒险工作引起的伤亡（英国保险人协会，2001）。

保费

保费设定

公共医疗保障的供款往往与人们的收入或工资有关。从这个意义上来讲，公共医疗保障的供款是基于能力来支付，并不考虑个人健康状况不佳的风险。相反，自愿健康保险的保费与收入并无太大关系（克罗地亚和法国是仅有的例子）。自愿健康保险保费的厘定更多依据个人风险，或者以社群、经验或者团体为基础进行评估。

风险评级保费同时考虑了个人当前的健康状况及未来健康状况不佳的风险，并会因年龄、性别、职业、病史和家族病史等风险因素的差异而不同。社群——以及团体——评级保费以一个特定的社群或者公司的平均风险水平为基础，但社群评级通常不涉及具体的风险评估，而团体评级则可能会涉及。经验评级需要依据过去的赔付记录进行调整。对于这些保费评级选项中的每一项，保费对给定人群中的所有投保人都是相同的。设定保费的方法（风险评级、社群评级、团体评级、经验评级）和风险评级中所使用的变量对成本和保单可及性有影响。自愿健康保险保费也会因所提供的保障水平的高低而不同，包括涉及的任何用户费用。

1994年推出的欧盟内部市场法案禁止政府规定非替代型市场中自愿健康保险保费的厘定方法（详见第6章）。提供替代型自愿健康保险的保险人的保费及保单条件通常会受到一定程度的规制，至少在将该险种应用于特定人群的情况下（在德国有资格购买基本保单的人）。然而一般情况下，风险评级法是保险人设定自愿健康保险费最常用的方法。表5.4显示了不同国家厘定自愿健康保险保费所使用的变量。

---

[1] 英国的自愿健康保险保单通常不覆盖既有病症人群、全科医师服务、急诊室服务、长期慢性疾病如糖尿病、多发性硬化和哮喘、药物滥用、自我伤害、门诊药物和敷料、艾滋病、不孕不育、正常妊娠分娩、整容手术、变性手术、预防性治疗、肾透析、助行器、试验性治疗和药物、器官移植、战争风险及冒险工作引起的伤亡（英国保险人协会，2001）。

[2] 在爱尔兰的最低保障规定下，保险人必须连续5年为药物——或酒精——相关的治疗提供最多91天的保障。

表 5.4　　用于设定自愿健康保险保费的变量（2012 年以来）

国家	年龄	健康状况
亚美尼亚	√	√
奥地利	√	√
比利时	√	×
保加利亚	√	√
克罗地亚（互助协会）	√	×
克罗地亚（商业保险人）	√	√
塞浦路斯	√	√
捷克共和国	√	√
丹麦（互助协会）	√	√
丹麦（商业保险人）	√	×
爱沙尼亚（商业保险人）	√	√
爱沙尼亚（法定基金）	×	×
芬兰	√	×
法国（互助协会）	√	×
法国（商业保险人）	√	√
格鲁吉亚	√	√
德国	√	√
希腊	√	√
匈牙利	√	√
冰岛	n/a	n/a
爱尔兰	对年轻时不购买自愿健康保险的人处以罚金	×
意大利（商业保险人）		
意大利（互助协会）	×	×
拉脱维亚	各不相同	各不相同
立陶宛	√	×
马耳他	√	×
荷兰	√	√
挪威	√	√
波兰	√	√
葡萄牙	√	√
罗马尼亚	√	√
俄罗斯联邦	√	√
斯洛伐克	√	√
斯洛文尼亚（补充型自愿健康保险）	对年轻时不购买自愿健康保险的人处以罚金	×
斯洛文尼亚（其他类型的自愿健康保险）	√	√
西班牙	√	√
瑞典	√	×
瑞士	√	×
乌克兰	√	√
英国	√	√

资料来源：各国专家和本书中各个国家情况。

注：n/a 表示信息不可获取。

欧洲审判法院的 Test – Achats 决定已禁止基于性别实施区别保费，同时要求欧盟成员国在 2013 年底前落实该决定（详见第 6 章）。比利时已于 2007 年禁止基于性别实施区别保费。在此分析的非欧盟国家中，俄罗斯联邦和瑞士继续使用性别作为保费厘定的一个风险因素。尽管不太常见，其他用于厘定保险费率的变量包括：居住地（奥地利、比利时、法国、意大利——商业保险、瑞士和英国）；就业状况及职业（丹麦——商业保险、意大利——商业保险、斯洛伐克）；以及收入（克罗地亚——互助协会、法国——互助协会及团体保单）。

丹麦（大多数保单）、希腊（团体保单）、意大利（由最大的互助协会出售的保单）和乌克兰使用团体评级保费。塞浦路斯和马耳他（规模较大的团体保单）及英国（雇主付费的团体保单）采用经验评级保费。

社群评级保费比较少见，特别是在商业保险人中，通常仅非营利性保险人使用社群评级保费——例如法国（强制性的雇主付费团体保单，通常也包括可选的团体保单）、马耳他（较小的团体）和意大利（由非营利性保险人销售的绝大多数保单）。爱尔兰和斯洛文尼亚是欧盟成员国中唯一两个以法律形式规定所有提供自愿健康保险的保险人需使用社群评级保费的国家。然而，如果这两个国家的人们在年轻时未购买自愿健康保险，将面临处罚。

人们投保自愿健康保险需要提供的信息

申请投保自愿健康保险的人被要求提供的信息与用于厘定保费的方法密切相关（详见表 5.5）。以健康状况作为风险评级保费变量的保险人将要求投保申请者完成一份医疗问卷，其中可能包括有关家族病史（遗传信息的一种形式）的一些问题（Mossialos 等，2002）。瑞典保险人被禁止获取有关家族病史的信息（依据瑞典政府与瑞典保险人协会间的协议），但在绝大多数其他国家（希腊、波兰、葡萄牙、罗马尼亚和英国）保险人要求提供这一信息。在一些国家，可能会有医学考试（详见表 5.5）。在法国，只有商业保险人要求提供医疗信息，但并不受财政政策支持，在实践中也比较少用。在某些情况下，保险人不会要求投保人提供任何医疗信息，但可能会施加等待期或延期承保（详见下文）。

表 5.5 自愿健康保险的投保申请人需要提供的医疗信息和等待期（2012 年以来）

国家	投保申请人需要提供的医疗信息	等待期
亚美尼亚	医疗说明和体检	无
奥地利	病史	通常没有
比利时	医疗说明（集合计划不需要）	通常为 3~6 个月（分娩的等待期更长）
保加利亚	医疗说明和/或证明	n/a
克罗地亚	不需要（互助协会），医疗说明或证明（商业保险人）	通常没有

续表

国家	投保申请人需要提供的医疗信息	等待期
塞浦路斯	认可的病史检查	有（在某些情况）
捷克共和国	体检（替代型自愿健康保险）	n/a
丹麦	医疗说明（用于确定投保资格以及将既有病症人群排除在外）	通常没有
爱沙尼亚	用于首次投保以及续保的体检	商业保险人：1~9个月；法定基金：1个月
芬兰	病史	n/a
法国	病史（商业保险人）；很少使用	无
格鲁吉亚	需要提供	无
德国	病史	有，3~8个月
希腊	病史（包括家族病史、体检、X光照片）	有
匈牙利	病史，体检	有，3~6个月
冰岛	n/a	无
爱尔兰	无	有，6~12个月；对既有病症的投保人则需五年
意大利	商业保险人：病史	有，1~9个月
拉脱维亚	部分保险人需要体检	n/a
立陶宛	病史（雇员小于20人的公司）	n/a
马耳他	病史（除了大规模团体）和检测（主要是老年人）	无
荷兰	病史（使用的越来越多）	n/a
挪威	病史	有
波兰	延期承保或体检（另加家族病史）	无
葡萄牙	病史（包括家族史）和体检（可能会要求）	有
罗马尼亚	病史（包括家族病史）和体检（可能会要求）	有
俄罗斯联邦	病史（个人）	无
斯洛伐克	病史（可能会要求）	无
斯洛文尼亚	非补充型自愿健康保险：体检	补充型自愿健康保险（用户费用）：3个月；其他类型的自愿健康保险：2~24个月
西班牙	病史	有，通常为6个月
瑞典	雇员数量在10~20人的公司要提供有关投保的医疗说明；体检（很少会要求）	有（时长不同）
瑞士	医疗说明	有
乌克兰	体检或健康文件	无
英国	病史（包括家族病史），体检（很少会要求）	无

资料来源：各国专家和本书中各个国家情况。

注：n/a 表示信息不可获取。

等待期

公开注册通常伴有强制性等待期。大多数医疗护理的等待期从 1 个月到 1 年不等，但对于长期护理服务，等待期或许会高达 10 年（详见表 5.5）。

延期承保

一些国家的保险人借助个人不必做医学证明、填写医疗调查问卷或进行体检，来实行延期承保制度，但在特定期间内，不对任何既有病症人群承保。这种类型的保单并不常见，主要出现在葡萄牙和英国。这类保单保费往往比正常保单更低廉（Senior，2015），但却引发了外界对于该保单可能会促使人们放弃或推迟治疗以获得充分保障而产生潜在不良影响的担忧（公平贸易办公室，1996；公平贸易办公室，2000）。[①]

保费价格（费率）

一个国家的保费可能会因保费设定方式的不同而有所差异。在实施风险评级费率并且保险人可以为承保既有病症人群向其收取高额保费的国家，年长者及存在健康问题的人的保费往往会高一些，处于生育年龄的妇女的保费往往也会高一些。与自由职业者以及依赖于个体保单的人相比，可投保团体保单的人将因较低的保费普遍受益，他们或许也会从团体评级保费中受益。在爱尔兰，团体保单保费最高折扣限制的引入（比个体保费低最多 10%）防止了风险选择（卫生与儿童部，2001；Mossialos & Thomson，2001b）。

由于保障水平不同，很难将自愿保险的保费在全国范围内进行有意义的比较。在大多数国家，保费会随年龄的增长而增长，商业自愿健康保险往往比互助协会出售的自愿健康保险的保费更高。欧盟的自愿健康保险的单一市场框架的形成被认为会增强保险人之间的竞争，这为消费者提供了更大的选择余地以及更低的价格（详见第 6 章）。然而，在整个卫生领域，有时自愿健康的保费增长率超过了通货膨胀率（Mossialos & Thomson，2004），并且只有极少的证据能证明增强的市场竞争会降低自愿健康保险的价格。

有一些国家尝试通过规制来降低或者修正自愿健康保险的保费增长率。自 2008 年起，意大利的集合私人保险基金[②]必须提供低于商业保险市场的保费。在比利时，保费的持续增长导致了对保费增长的限制（2007），并且取消了对双人房的额

[①] 在 1996 年，英国竞争和消费者管理局（公平贸易办公室）认为，持有延期承保自愿健康保险的人更有可能由于不理解所保障的范围而受损，并建议保险人放弃这种做法（公平贸易办公室，1996）。英国保险人协会（ABI）提出消费者教育水平的提高将有助于减少消费者受损（公平贸易办公室，2000）。公平贸易办公室同意这一说法，但却认为英国保险人协会的提议不符合要求。在第二份报告中，公平贸易办公室提出了更严格的自我规制，而不是英国保险人协会提供的准则和指导（公平贸易办公室，2000）。

[②] 私营保险人和集合私人保险基金的区别在于，后者必须保持充足的财务准备金，并包含于构成健康保险第二支柱的私人健康保险基金注册的特殊账户内。注册是自愿的。更详细的信息参见 Ferre（2016）。

外收费(在 2009 年及 2010 年)和双人房的费用补贴(2013)(详见专栏 3.1)。

自愿健康保险投保人家属的保障

自愿健康保险投保人家属通常会被要求购买他们自己的个人保单或者支付额外的费用由保单持有者提供保障,丹麦和法国(仅部分保单)除外。在美国、比利时和保加利亚可以获得家属费用折扣以及家庭保障套餐。

保障权益设计

自愿健康保险的保障范围

自愿健康保险覆盖广泛的医疗服务,提供从医院花费到补充型和替代型治疗的各种各样的保障选择,(详见 3.2 节)。替代型自愿健康保险提供最广泛的保障,这很大程度上是政府干预的结果,与公共疗保障结合得很好。相比之下,补充型和附加型自愿健康保险的保障在很大程度上不受规制,这使得保险公司可以自由地决定其所提供的保障的范围和深度,这极大丰富了许多国家的补充型和附加型自愿健康保险产品。个人可以在不同的保障水平、索赔方式(实物或现金)、用户费用的多少和赔付限额的众多保险产品中进行选择。

很少有国家会对自愿健康保险的保障范围和深度进行规制。法国(责任合同)和爱尔兰要求保险人提供最低保障,德国要求替代型自愿健康保险保单要同时覆盖门诊病人及住院病人的护理,并规定自愿健康保险的用户费用上限。在意大利,特定的保障条款具有财政激励性,国家卫生服务局的综合卫生基金必须为未被国家卫生服务局覆盖的长期护理和牙科服务提供保障以获得财政补贴的资格。

保障上限及用户费用

很多国家的保险人通过设定保障上限的方式对自愿健康保险保额进行限额(详见表 5.6)。保障上限和用户费用(共付、共同保险形式的付费、免赔额和额外费用)限制了自愿健康保险提供的财务保护。免赔额是目前为止自愿健康保险保单的用户费用中最常见的一项。无赔付奖金(奖励只有少许或无赔付的保单持有人的一种激励形式)未得到广泛应用。通常不能通过诸如免赔额限额等方式来免除与自愿健康保险相关的用户费用。

表 5.6　自愿健康保险用户费用和保障限制情况(2012 年以来)

国家	用户费用	保障上限
亚美尼亚	×	√
奥地利	√	√
比利时	√	√
保加利亚	×	√
克罗地亚	√	√
塞浦路斯	√	√
捷克共和国	各不相同	√

续表

国家	用户费用	保障上限
丹麦（互助协会）		×
丹麦（商业保险人）	通常没有	n/a
爱沙尼亚	n/a	×
芬兰	√	√
法国	√	×
格鲁吉亚	√	√
德国	√	×
希腊	√	√
匈牙利	×	√
冰岛	n/a	×
爱尔兰	√	√
意大利	√	√
拉脱维亚	n/a	√
立陶宛		√
马耳他	√	√
荷兰	√	×
挪威	×	×
波兰	各不相同	n/a
葡萄牙	√	√
罗马尼亚	×	×
俄罗斯联邦	×	×
斯洛伐克	×	
斯洛文尼亚	√（非补充型自愿健康保险）	×
西班牙		×
瑞典	各不相同	×
瑞士	√	√
乌克兰	√	x
英国	√	×

资料来源：各国专家和本书中各个国家的情况。

注：n/a 表示信息不可得。

在斯洛文尼亚，覆盖用户费用的补充型自愿健康保险必须覆盖所有的用户费用。然而在法国，责任合同禁止保险人覆盖小额免赔额（每次开药 0.5 欧元，每次全科医师就诊 1 欧元，每次医疗运输 2 欧元），并且如果患者决定退出协调护理路径的服务，他们必须支付额外用户费用。

现金给付与实物给付对比

自愿健康保险的给付可以是现金形式，即通过报销或直接支付指定的金额的方式；也可以是实物形式，即提供直接的医疗服务（详见表5.7）。报销要求保单持有人首先以自付费用的方式向医疗保健服务提供者支付费用，事后再向保险人索赔。当然，这是覆盖用户费用的补充型自愿健康保险市场上的常规给付方式，也是欧洲大多数自愿健康保险市场上的常规给付方式。爱尔兰、挪威、乌克兰和英国的常规给付方式是实物给付。

表5.7　向供应者购买医疗服务与患者报销的对比（2012年以来）

国家	向供应者购买医疗服务	报销
亚美尼亚	√（医生就诊，主要是合同中规定的设施）	√（处方药）
奥地利	√（部分提供住院病人和门诊病人护理的医院）	√（诊室内科医生）
比利时	×	√
保加利亚	√	√
克罗地亚	×	（大部分）
塞浦路斯	√（住院病人护理）	（门诊病人护理）
捷克共和国	√	√（替代型自愿健康保险）
丹麦	√	√
爱沙尼亚	（法定基金）	√（商业保险人）
芬兰	×	√
法国	×	√（大部分）
格鲁吉亚	√	（部分共付的报销）
德国	×	√
希腊	（不断上涨）	（大部分）
匈牙利	√	×
冰岛	×	√
爱尔兰	√	×
意大利	√	√
拉脱维亚	×	（从2008年开始）
立陶宛	×	√
马耳他	（大部分）	√
荷兰	√	√
挪威	√	×
波兰	×	√
葡萄牙	√（大部分）	√
罗马尼亚	√	√
俄罗斯联邦	×	√

续表

国家	向供应者购买医疗服务	报销
斯洛伐克	×	√（大部分）
斯洛文尼亚	√	√（大部分，补充型自愿健康保险）
西班牙	√	×
瑞典	×	√
瑞士	×	√
乌克兰	√	×
英国	√	√

资料来源：各国专家和本书中各国的情况。

5.3 消费者选择与信息

拥有自愿健康保险的人通常可以选择保险公司、保障水平和医疗保健服务的供应者。个人可在不同的保障范围、赔偿形式（实物或现金）、用户费用范围和给付上限的众多保险产品中进行选择。然而在很多情况下，选择可能会受到资格标准（60岁及以上的人通常不能购买自愿健康保险）、健康状况（许多保险公司可以拒绝既有病症人群的投保申请或将其排除在外）、支付保费的能力和对保险人以及产品进行详细比较的能力的限制。

保险人的选择

几乎每个国家的人们都可以在至少两个保险公司之间进行选择（详见表5.1）。一些自愿健康保险市场由单个保险人传统性地起主导作用——比如2004年前的克罗地亚和1994年前的爱尔兰。在克罗地亚、爱尔兰和斯洛文尼亚，都是一家保险公司持续地主导自愿健康保险市场（在克罗地亚是法定医疗保险基金）。

自愿健康保险保障的便携性

自愿健康保险的保单持有人通常无须支付直接成本便可以从一家保险公司转移到另一家保险公司，尽管大部分合同要求保单持有人在到期前一到三个月通知保险人是否续保。但是，转移的间接成本会很高，尤其是对于老年人和既有病症人群来说，主要是因为大多数新的保单会根据投保人目前的年龄和健康状态进行定价，并且寻找新的合适的保单也会产生交易成本（详见本章的后续内容）。同样，因为保险公司可以拒绝投保申请，一些人可能无法在另一家保险公司进行投保。

从公共政策的角度来看，一般在补充型和附加型自愿健康保险市场上，保险保障从一家保险人的合同转向另一家保险人的合同中缺乏便携性的问题不大。但是德国的替代型自愿健康保险市场上存在这个问题，主要是因为老龄准备金的不可便携性，每一位保单持有人都被要求建立老龄准备金来为年老时的保障提供资金并预防保费随保单持有者年龄增长①。无法将老龄准备金从一家保险人转移到另一家保险人使得许多自愿康保险保单持有者无法在保险人之间进行转换，这就限制了私人保险公司在市场中通过竞争获取新的投保人。2007年，政府引入了一项新的规定来提高这种便携性，自2009年起，对于所有新的保单持有者来说，老龄准备金是完全可携带的。现有的保单持有人若在2009年1月到6月间转换私营保险公司，其老龄准备金可以随之转移，但保单持有人若从私营保险公司转换到公共机构，其老龄准备金就不可以随之转移。

自愿健康保险产品的选择

自愿健康保险产品的可选择性在一定程度上取决于市场中有多少保险人，也可能取决于合同的类型。如果是由雇主做保障决定，那么那些参与团体保险的人可能没有太多或者甚至根本没有选择的余地。在其他情况下，人们通常对于产品、用户费用以及医疗保健服务的供应者都有广泛的选择范围。

保险人通常自由提供一系列自愿健康保险产品，并且将产品差异化作为分割市场的一种手段。产品差异化或许会使一部分人受益，但是总体上降低了透明度，因此可能会提高大部分想购买自愿健康保险的人的交易成本。因为产品差异化后，人们很难就产品的货币价值进行比较，并且这会逐渐破坏价格竞争并使消费者受损（公平交易办公室，1997）。消费者受损是指消费者因作出错误或不知情的选择而蒙受的损失（公平交易办公室，2000）。

当自愿健康保险的保费、保障范围和保单条件缺乏透明度的时候，人们就有可能过度投保或者抑制自己购买自愿健康保险，比如在比利时，只有很少部分的人意识到患有慢性疾病的人有机会购买自愿健康保险。在20世纪90年代，竞争管理机构和消费者们就发现了德国、葡萄牙、西班牙和英国等国家由于产品差异化而导致消费者受损的证据（Datamonitor，2000；Mossialos & Thomson，2002b；公平交易办公室，1998；Mossialos & Thomson，2009），但是我们没有了解到更新的相关研究。

由自愿健康保险产品的多样性、多变性和复杂性造成的产品供应方面的问题可以通过以下方式来得到缓解：采用标准化的合同条款和标准化的保障，保险公司负责告知潜在的和现有的保单持有人所享有的产品选择权，并且在自愿健康保险产品价格、质量和产品内容上提供可用于比较的信息来源等。然而，欧盟的规制框架原

---

① 自2000年以来，老龄准备金增加了所有保费的10%。

则上不支持政府在非替代型市场上进行干预（详见第6章）。

其他解决此问题的方法是包括规制性和自愿性措施。2001年，英国政府在金融服务管理局的法定监管下引进一般保险销售（包括自愿健康保险的销售）的办法（英国财政部，2001）。英国保险公司也发布了有关自愿健康保险的指南，并且同意使用一些标准化条款来描述他们的产品[①]。在一些国家，消费者协会或一些独立的网站和其他媒体会提供可供比较的信息（详见表5.8），但是这些是否都能充分地保证透明度仍不明晰（Maarse，2009）。

表5.8 具有自愿健康保险产品可比信息来源中心的国家（2012年以来）

国家	信息来源
芬兰	芬兰金融监管局（https://www.fne.f/）
法国	补充型健康保险组织国家联盟（http://www.unocam.fr/）
德国	网站如：Stiftung Warentest（https://www.test.de/）或 Bund der Versicherten（https://www.bundderversicherten.de/）
爱尔兰	健康保险管理局（http://www.hia.ie/）
意大利	意大利综合自愿互助联合会（http://www.fmiv.it/）（互助保单）
荷兰	网站如：Independer（https://www.independer.nl/）
瑞士	网站如：Comparis（https://www.comparis.ch/）（并非所有供应商都包括在内）

资料来源：各国专家和本书中各个国家的情况。

团体自愿健康保险保单与个人自愿健康保险保单相比问题要少一些，这或许是因为产品的选择减少了，或者产品间的差异性缩小了。在某些情况下，雇员代表在团体保险条款谈判中也有一席之地，这就可以弥补信息的匮乏（Mossialos & Thomson，2002b）。

医疗保健服务供应者的选择

大多数补充型自愿健康保单是为了拓宽人们选择医疗保健服务供应者的范围，并允许保单持有人咨询在私人部门和公共部门工作的医生。补充型和替代型自愿健康保险保单也会拓宽人们选择医疗保健服务供应者的范围。

不同国家通过使用首选供应商网络（PPNs）或作为保险人和医疗保健服务供应者垂直整合的结果对人们选择的限制程度是不同的（详见表5.9）。总的来说，首选供应商网络和垂直整合扮演次要角色（详见下文）。

[①] 最新版本的该指南（2012）在英国保险公司协会的网站上可见（www.abi.org.uk）。

表 5.9　　保险人和医疗保健服务供应者之间的关系（2012 年以来）

国家	保险公司是否可自由地进行选择性签约	保险人是否与医疗保健服务供应者进行垂直整合
亚美尼亚	是	大多数保险人拥有自己的医疗设施，但保单持有人不必须使用
奥地利	是	一些保险人部分拥有私人医疗设施，但保单持有人不必须使用
比利时	是，但限制使用	否
保加利亚	是	一些保险人拥有医疗设施，但保单持有人不必须使用
克罗地亚	是，在附加型自愿健康保险市场	一些保险人拥有医疗设施或者和供应商签订排他性协议，但保单持有人不必须使用
塞浦路斯	是	否，但最大的保险人有 PPN
捷克共和国	是，但未应用于实践中	否
丹麦	是，经常使用	否，但一些保险人和医疗保健服务供应者签署排他性协议
爱沙尼亚	是，但限制使用	否
芬兰	是，但未应用于实践中	否
法国	否	否
格鲁吉亚	是	自从医院私有化开始逐渐频繁使用
德国	是，但只是适用于医疗保健服务供应者治疗拥有自愿健康保险的患者时	通常来讲未实现；保险人不能拥有综合诊所
希腊	是，频繁使用	一小部分保险人拥有医疗设施；其他保险人鼓励保单持有人使用 PPNs
匈牙利	是	否，但一些保险人使用 PPNs
冰岛	n/a	否
爱尔兰	是，但在实践中大多数医疗保健服务供应者已与保险人签约	传统意义上来说未实现；Vhi Healthcare 保险公司最近为小病建立了 SwiftCare Clinics 诊所
意大利	是（私人部门）	否
拉脱维亚	是，但限制使用	否
立陶宛	否	否
马耳他	是，但限制使用	否
荷兰	是，但限制使用	通常来讲，未实现，但有一家保险人正在投资初级护理中心
挪威	是	否
波兰	是	否，但一些保险公司使用 PPNs（处方药）
葡萄牙	是，频繁使用	一些大型保险人拥有医疗设施；保险公司提供 PPNs
罗马尼亚	是，频繁使用	少部分保险人拥有医院，但是纵向一体化是例外
俄罗斯联邦	是	一些保险人拥有医疗设施

续表

国家	保险公司是否可自由地进行选择性签约	保险人是否与医疗保健服务供应者进行垂直整合
斯洛伐克	是	否
斯洛文尼亚	是,在附加型自愿健康保险市场中使用频繁	否
西班牙	是,频繁使用	保险人一般拥有医院并使用其他私人医院的病床
瑞典	是,频繁使用	否
瑞士	是,但限制使用	否
乌克兰	是	通常来讲,未实现;一些保险人拥有医疗设施但保单持有人不必须使用
英国	是	否;必须将保险和医院业务严格分离

资料来源:各国专家和本书中各个国家的情况。

注:PPN 表示首选供应商网络;n/a 表示信息不可得。

转诊和事先授权

一些国家的自愿健康保险保单持有人在因他们咨询专家或接受住院治疗而获得赔付之前需要得到全科医师的转诊证明(丹麦、爱沙尼亚、希腊的管理式医疗计划、爱尔兰、挪威、葡萄牙、罗马尼亚、以此换取更低保险费的瑞典、英国)。

英国的一些保险人鼓励保单持有人在接受治疗前先获取许可,另一些保险人坚持要求保单持有人先联系他们以确保即将进行治疗在保障范围之内(英国保险人协会,2000)。保险人可以以此为契机引导人们选择他们的首选供应者网络。其他国家的保险人同样要求人们在接受特殊治疗之前先获得授权(奥地利、希腊的管理式医疗计划、马耳他、荷兰、葡萄牙、罗马尼亚)。然而在大多数国家,只有海外治疗需要事先授权。

5.4 购买医疗服务

购买广义上被定义为:将基金池里的基金转移至医疗保健服务供应者。购买范围从被动到积极,即从仅涉及对医疗保健服务供应者成本的报销到购买者尝试影响医疗保健服务的成本和质量(Figueras, Robinson & Jukubowski, 2005)。医疗保健服务供应者支付、垂直整合以及选择性合同都是能使保险人进行积极采购的工具。其他保险人进行积极采购的工具有:具有循证依据的优先设定程序;决策支持机制,比如循证护理路径、临床和处方指南、国际非专利药物通用名(INN)规定和仿制药替代;业绩监测和对医疗保健专家的反馈;业绩信息的公开报告。总体来看,在欧洲很少有销售自愿健康保险的保险人会使用这些工具。

选择性签约

大多数国家的保险人可以选择性地与医疗保健服务供应者签订合同（详见表5.9），但是选择性签订的程度相差很多。在欧盟的绝大多数卫生体系，公共医疗保障允许人们自由选择主要护理服务供应者、坐诊专家和公立医院。在许多国家，自愿健康保险的目标是将未被法定系统签约的医疗护理服务供应者囊括在内来扩大保单持有人的选择范围。因而，提供自愿健康保险的保险人或许会不情愿地接受那些会限制人们选择医疗保健服务供应者的采购工具。

选择性签约会因为一些其他原因受到限制。比如，缺乏能力的私人部门可能没有充足的医疗保健服务供应者来供其进行合理的选择，保险人可能缺乏选择性签约所需要的信息和技能，或者与医疗保健服务供应者比，保险人相对零散并且缺乏有效的谈判力量。也可能在缺乏竞争压力的环境下，保险公司会觉得根本没有必要确保医疗服务支出的效率。

纵向一体化整合

尽管长期以来，纵向一体化整合一直是占主导地位的保险公司的特点，比如在西班牙和英国，但是在欧洲自愿健康保险的纵向一体化整合是一个很大的例外（详见表5.9）。然而，最近，英国竞争管理局要求将保险和医院业务进行严格分离（Foubister等，2006）。德国的管理条例也不允许保险人拥有综合诊所。在一小部分欧盟国家，纵向一体化的趋势并不明显（希腊、爱尔兰和荷兰），但是保险人一般不会通过要求保单持有人只选择他们自己的医疗保健服务供应者来限制保单持有人的选择。比利时和法国努力推行纵向一体化整合，但成效甚微，在法国部分原因是公众对于美国式的健康维护组织的看法很消极。

向医疗保健服务供应者付款

提供自愿健康保险的绝大多数保险人选择根据服务费向供应者付款，然而这并不是公共医疗服务的常规做法（详见表5.10）。价格或许由供应商决定，尤其是当只报销保单持有者的花费而未购买医疗服务时。然而，通常情况下，自愿健康保险的服务价格是由医疗保健服务供应者和保险人或者他们的代表一起协商制定的。在一些国家，保险人使用的是国家定价的方法。几乎所有的国家允许（确实如此）医疗保健服务供应者在治疗拥有自愿健康保险的病人时收取更高的价格。所以在一些国家，这就促进了优先治疗拥有自愿健康保险患者情况的形成，并在使用医疗服务的有效性和公平性方面产生了负面影响。在医院服务方面，有从根据服务付费或按日付款转为按病种付费（DRGs）的小倾向。

医疗保健服务的公私混合供应

在大多数国家,自愿健康保险护理由公立和私人供应者一起提供。私人医疗保健服务供应者一般在附加型自愿健康保险市场中占主导地位,比如在丹麦、希腊、意大利、马耳他、挪威、波兰(门诊病人护理)、葡萄牙、斯洛伐克、西班牙、瑞典和英国。

在包括亚美尼亚、奥地利、比利时、捷克共和国、德国、希腊(从2011年起)、爱尔兰、意大利、拉脱维亚、卢森堡、挪威、罗马尼亚、瑞士和英国在内的许多国家,公立医院的私人病床(为由私人健康保险提供保障的病人预留的病床)是由保险人使用的。在奥地利和希腊,预留给私人使用的公共病床的比例设有上限,分别为25%和10%。在爱尔兰这一比例为10%,但是从2014年起病床分配已经被彻底取消,并且保险人要为使用公立医院的病床付费。在英国,使用公立医院的私人病床要支付全额经济成本,但是爱尔兰不存在这种情况。

除了塞浦路斯和丹麦,所有国家的医生都可以自由地在公立和私立部门工作。然而,一些国家限制了医生可以这样做的程度(希腊、爱尔兰、意大利、英国)。

表 5.10　　向医疗保健服务供应者付款的情况（2012年以来）

国家	向医疗保健服务供应者付款的方式	定价者	与公共医疗保健服务的价格是否不同
亚美尼亚	FFS	保险人和医疗保健服务供应者共同协商(通常大型医院会控制价格)	是(更高)
奥地利	FFS	保险人代表与医院、医生以及区域医学协会协商	是(更高)
比利时	FFS为主导	法定基金和医疗保健服务供应者代表进行国家层面的谈判	否,但允许一些额外费用
保加利亚	FFS	报销:医疗保健服务供应者;采购:保险人和供应者共同协商;保险公司自行为自己的医疗设施定价	各不相同;同公共医疗服务价格相近,再加上每位病人就诊的费用
克罗地亚	FFS	保险人和医疗保健服务供应者共同协商	是
塞浦路斯	FFS	医疗保健服务供应者,在PPNs中除外	是(更高)
捷克共和国	FFS	医疗保健服务供应者	n/a
丹麦	FFS	保险人一般根据雇主的规模和类型进行低价协商	是(对医疗专家的服务双倍定价)
爱沙尼亚	CAP、DRG、FFS、PD	使用法定基金价格(由政府制定)	是(高20%)
芬兰	n/a	医疗保健服务供应者	是
法国	FFS、DRGs	门诊护理服务的价格由法定基金和医疗保健服务供应者代表进行国家层面的谈判;医院价格由政府制定	否,但允许一些额外费用

续表

国家	向医疗保健服务供应者付款的方式	定价者	与公共医疗保健服务的价格是否不同
格鲁吉亚	FFS 为主导	保险人和医疗保健服务供应者共同协商	n/a
德国	FFS、DRGs	由政府制定	是（更高）
希腊	CAP、FFS、工资	保险人和医疗保健服务供应者共同协商	是（更高）
匈牙利	FFS	法定给付的费用表；其余由保险人和医疗保健服务供应者共同协商	是（更高）
冰岛	FFS	各不相同	n/a
爱尔兰	FFS 为主导	Vhi Healthcare 主导与医疗保健服务供应者的协商；其他保险人作为追随者来定价，大多数医疗保健服务供应者接受定价	是
意大利	FFS 为主导	通过官方认可的、为公立部门工作的私人医疗保健服务供应者的价格由地区/国家层面的谈判决定；保险人和未通过认可的医疗保健服务供应者进行协商定价	是（更高）
拉脱维亚	FFS	保险人和医疗保健服务供应者共同协商	是（更高）
立陶宛	FFS	医疗保健服务供应者（通过协议的高额护理价格）	是
马耳他	FFS、PD、分块支付	保险人和医疗保健服务供应者就医院进行协商	是，但门诊护理会产生额外费用
荷兰	CAP、FFS、标准关税	n/a	n/a
挪威	FFS	保险人和医疗保健服务供应者共同协商	是
波兰	FFS、DRGs	保险人和医疗保健服务供应者共同协商	n/a
葡萄牙	FFS	保险人和医疗保健服务供应者共同协商；在实践中，医疗保健服务供应者常常直接接受保险人的价格	n/a
罗马尼亚	FFS、工资	保险人和医疗保健服务供应者共同协商	是（更高）
俄罗斯联邦	FFS 为主导	保险人和医疗保健服务供应者共同协商	是（更高）
斯洛伐克	FFS	保险人和医疗保健服务供应者共同协商	是
斯洛文尼亚	FFS	保险人和医疗保健服务供应者共同协商	n/a
西班牙	FFS、一些是 CAP	保险人和医疗保健服务供应者共同协商；在实践中，医疗保健服务供应者常常直接接受保险公司的价格	是（更高）

续表

国家	向医疗保健服务供应者付款的方式	定价者	与公共医疗保健服务的价格是否不同
瑞典	FFS	保险人和医疗保健服务供应者共同协商	是（更高；基于政府关税，以及处理自愿健康保险索赔的额外付费）
瑞士	FFS、DRGs	保险人和医疗保健服务供应者共同协商	n/a
乌克兰	FFS、PD	保险人和医疗保健服务供应者共同协商	是
英国	FFS	保险人和医疗保健服务供应者就医院进行协商；保险人一般会为医生规定一个最高价格	是（更高）

资料来源：各国专家和本书中各个国家的情况。

注：CAP 表示按人头付费；DRG 表示按病种付费（被用来向医院付费）；FFS 表示根据服务费付费；DP 表示每日津贴（被用来向医院付费）；n/a 表示信息不可获取；在爱尔兰，医院付费方式从每日津贴变为根据服务费付费；2012 年之前，瑞士的医院护理付费方式是根据服务费付费和每日津贴；在希腊和罗马尼亚，在保险人与医疗保健服务供应者垂直整合的地方进行根据工资付费。

5.5 自愿健康保险在医疗服务和管理方面的支出

自愿健康保险和公共管理费用的信息被不定期提供。经济合作组织的数据显示，各个国家的自愿健康保险管理费用占总保费收入的比例依采购市场结构而不同，拥有单一买方的卫生系统的管理费用低于拥有多个非竞争基金或竞争基金的卫生系统的费用（详见图 5.2）。在有数据可查的国家，保险公司销售自愿健康保险的管理成本几乎总是高于社会保障基金的等量成本——有时高出好几倍（详见图 5.3）。

其他数据表明，保险人在自愿健康保险的医疗服务（赔付）上的支出数额存在着很大的国别差异（详见图 5.4）。在大多数有数据可查的国家，赔付支出占保费收入的比例远远低于 70%。据各国专家称，在大多数国家（图 5.4 所示的 24 个国家中有 15 个），近些年这一数据有所增加（2007—2013 年），但在 7 个国家（奥地利、比利时、保加利亚、塞浦路斯、希腊、波兰、罗马尼亚）有所下降。

在竞争激烈的市场中，保险人可能需要保持最低偿付能力的准备金，他们还可能在开发和销售不同的产品、评估风险、厘定保费以及审核索赔方面投入资金，并在多数情况下希望产生盈余。因此，与那些没有参与此类活动的保险人相比，他们将不可避免地减少在医疗服务上的支出，并在非临床项目上增加支出。管理费用的合理水平由决策者决定。在一些国家，在竞争环境中提供公共医疗保障的保险人的

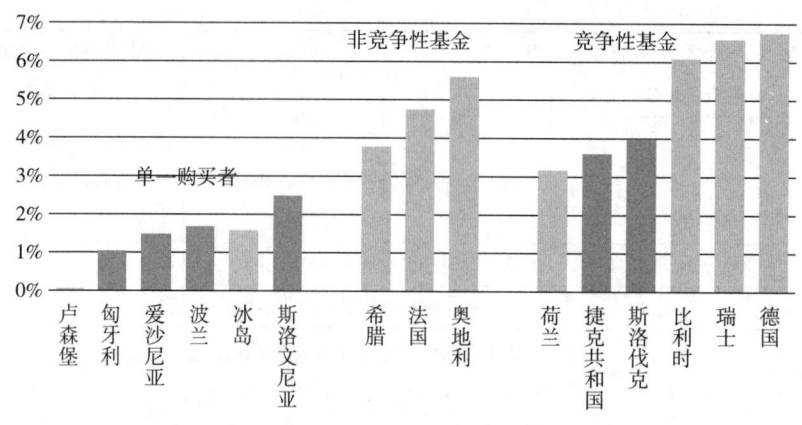

资料来源：OECD（2015b）。

注：该图包括通过社会保障基金报告卫生费用的所有欧洲经济合作组织的国家，社会保障基金（荷兰、斯洛伐克和瑞士的私营实体）负责支付绝大多数公共卫生费用；费用是指当前的费用。

图 5.2　欧洲 OECD 国家的社会保障基金中管理费占其卫生费用的比例（2011 年）

管理费设有上限（例如比利时和德国）（Thomson 等，2013）。在这种情况下，管理费用的上限往往在 5% 左右——远低于自愿健康保险市场上的管理费用的常规水平。

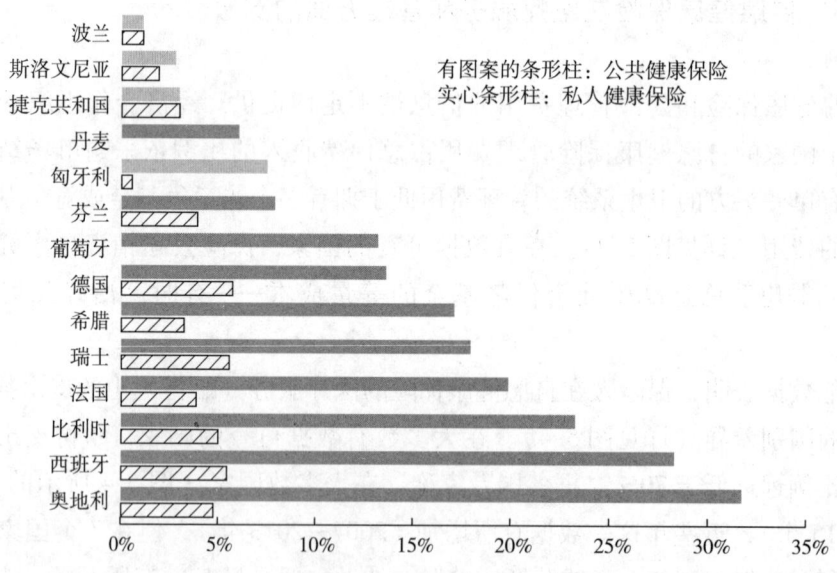

资料来源：OECD（2015b）。

注：按私人健康保险的管理费用从最低到最高的国家排名；葡萄牙采用 2011 年的数据（葡萄牙的管理费用为零的原因可能是只有极少部分的医疗护理支出被归于社会保障基金，并且社会保障基金与卫生部的预算是分开的）；尚未获取丹麦的公共医疗保险数据；各国专家认为，荷兰私人健康保险的管理费用远远高于公共健康保险的管理费（占 2014 年保费总收入的 13.4%）。

图 5.3　2012 年欧洲 OECD 国家公共和私人部门的管理费用占当期卫生费用的比例

5. 自愿健康保险市场的运行

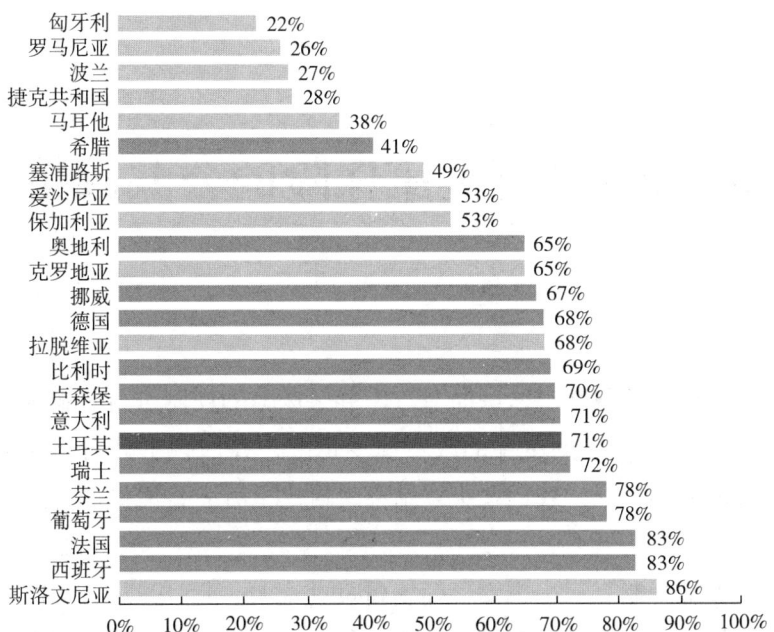

资料来源：作者基于报告欧洲保险（Insurance Europe）计算（2015）。

注：塞浦路斯、捷克共和国、希腊和罗马尼亚采用的是2008年的数据。

图5.4 所选欧洲国家的自愿健康保险在医疗保健服务上的支出占保费收入的比例（2013年）

6. 针对自愿健康保险的公共政策

在本章，我们从欧盟和国家层面对自愿健康保险的规制进行了概述。我们重点介绍了自 2000 年以来发生的主要的政策演变情况，并回顾了针对自愿健康保险的税收激励措施的使用情况。我们在本章结束时讨论了有关自愿健康保险的国家政策关注。

自愿健康保险规制有三个主要目标（Chollet & Lewis，1997）：

- 维持市场稳定。通过制定保险人进入和运营市场的财务和非财务标准、保险人的退出条件以及财务报告、审查和监督的要求来维持市场稳定。
- 保护消费者。通过规制保险人的市场实践及其与卫生服务提供者的关系来保护消费者。
- 保证自愿健康保险的可负担性和可及性。通过广泛的规则来确保自愿健康保险的可负担性和可及性，包括：公开注册（保证发行）、终身保障（保证续保）、社群评级费率（将保费与健康状况不佳的个体风险剥离）、保费的审查和批准及其上限、法定保障（通常是最低保障）、禁止对既有病症人群拒保、自愿健康保险覆盖的医疗服务的用户费用上限、禁止保障权益上限。

确保实现第一个目标的措施被称为财务或审慎规制，确保实现第二个和第三个目标的措施被称为实体或合同规制。

6.1 对自愿健康保险欧盟层面的规制

自愿健康保险与欧盟法律

自 1994 年以来，健康保险一直受到欧盟内部市场和竞争规则的制约。1992 年，欧盟立法机构首次采用健康保险领域的规制措施，通过第三非寿险指令，确保健康保险服务在欧盟区域自由流动［欧洲理事会（EC），1992］。以前的非寿险指令不适用于健康保险。1992 年的指令不适用于构成社会保障体系的一部分的健康保险，但所有其他形式的健康保险尚在其适用范围之内。

由非寿险指令创建的欧盟层面的规制框架对政府干预自愿健康保险市场的方式施加了限制。在解释指令方面存在一些不确定性，特别是政府何时以及如何干预自愿健康保险市场以提升公共利益。正如在欧盟立法的大部分领域中，对指令的解释在很大程度上取决于欧洲法院的判例法，因此明晰的解释可能成本高昂，并耽误大量时间。本节简要概括了该指令的主要含义以及欧盟竞争法对欧盟国家的自愿健康保险规制的某些方面的内容。有关欧盟法对自愿健康保险影响的全面讨论，详见Thomson & Mossialos（2010）。

自愿健康保险规制与第三非寿险指令

在第三非寿险指令生效之前，欧盟各国政府对自愿健康保险市场的干预程度在很大程度上取决于自愿健康保险在卫生系统中的作用、市场结构（例如，市场运营中保险人的数量和类型）以及政治意识形态。根据欧盟的辅助原则，政府可以在特定情况下自由决定所需适当形式的规制。在过去的30年里，欧盟的立法机构通过一系列旨在建立保险服务内部市场的指令（欧洲理事会，1973；欧洲理事会，1988；欧洲理事会，1992）限制了这种自由。内部市场意在加强竞争并改善消费者选择。

欧盟在该领域的能力源于保险被视作经济活动的事实。欧洲法院判例法证实，当保险业务由保险人以"为营利而自担风险"的方式开展时（欧洲法院，2000），该业务属于第三非寿险指令的规制范围。欧洲法院判例法还表明，具有"仅涉及团结这一社会目的"的保险活动不在内部市场和竞争规则的范围之内（欧洲法院，1993；欧洲法院，2004）。

第三非寿险指令首次确立了规制健康保险的欧盟层面的框架，其中包括两个关键的组成部分：

• 政府必须开放自愿健康保险市场以在国家和欧盟层面进行竞争，这意味着自愿健康保险的销售不能局限于特定类型的保险人、全国性保险人或有本地分支机构的保险人；

• 除一些特殊情况外，政府不应引入超越金融规制的自愿健康保险规制。

如果健康保险作为"法定社会保障系统提供的医疗保障的部分或完全的替代品"（第三非寿险指令的第54条第1款），为了公众的利益，政府可以引入对健康保险更严格的规制。第三非寿险指令的第54条第2款及其引述语说明，若私人或自愿健康保险提供公共医疗保障的部分或完全的替代方案时，可以引入的法律条款的类型包括：公开注册；社群评级费率；终身保障；符合由公共卫生系统以等于或低于所规定的最高保险费率提供的保障的标准化保单；参与风险均衡项目（称为损失赔偿项目）；在类似寿险技术的基础上运作。所采取的保护公众利益的措施必须被证明是有必要的，并且与提高公众利益的目标相符，而不是过度地限制设立权或提供服务的自由，并且以相同的方式应用于所有在成员国运营的保险人。

尽管第三非寿险指令允许在符合公众利益的原则下对自愿健康保险进行规制，这广泛涉及任何旨在保护消费者（在任何领域，不仅限于保险领域）的法律法规，但尚存在一定的法律不确定性的空间。目前不清楚法定健康保险的完全或部分替代的含义是什么，或者哪种类型的干预是必要和适当的，对公众利益还没有一致的定义——来自欧洲法院判例法的解释。

总的来讲，欧盟层面的规制框架可以理解为允许对替代型自愿健康保险进行规制——"作为法定社会保障系统提供的医疗保障的替代品的医疗保障"（Mossialosetal 等，2010）——因此，禁止对补充型或附加型自愿健康保险进行规制。然而，欧洲法院的决定表明，这种区分并不总是合适的，也不能依赖政府作此区分。例如，社群评级保费中采用的风险均衡法在斯洛文尼亚的补充型自愿健康保险市场或在爱尔兰占主导地位的附加型市场中未被认定为违反欧盟规则。欧洲法院2008年对爱尔兰的裁决（BUPA 案件）非常重要，因为它指出自愿健康保险是否为公众的经济利益服务，以及采用通过了比例测试的符合公众利益原则的措施，应交由各国政府定夺。

第三非寿险指令反映了20世纪80年代后期（Thomson & Mossialos，2010）的规范。在那以后，正常经济活动与社会保障之间的界限越来越模糊。一方面，判例法显示了政府如何将它们的健康保险安排超出内部市场法的范围，或者通过将其稳稳地置于社会保障范围之内，或者通过引入公众利益防御措施；另一方面，正如荷兰的发展表明，社会保障已不再仅由法定机构或公共财政提供，这种发展可能给决策者带来新的挑战。健康保险的公私界限愈加模糊，导致了第三非寿险指令无法解决的复杂问题。

欧盟层面的规制框架有一个一贯应用的领域，即关于以法律地位为依托的保险人差别待遇，这频遭取缔。

欧盟法律中与自愿健康保险相关的最新进展包括：

- 2016年起，引入新的偿付能力指令，旨在协调整欧盟区域的偿付能力要求；
- 欧洲法院的 Test-Achats 决定禁止根据性别制定差别保费（欧洲理事会，2011b）；
- 实施不分宗教、信仰、残疾、年龄、性取向的以人与人之间平等待遇为原则的反歧视指令草案（2008年7月），欧洲理事会仍未审议通过该草案，并于2012年3月提出了该草案的修订方案；
- 关于实施患者在跨境医疗护理中的权利的2011/24/EU 号指令（由于成员国

在 2013 年 10 月 25 日之前调换，但在大多数情况下会延迟调换），这会给在母国长时间等待治疗（不应有的延误）的患者去另一个欧盟成员国寻求医疗护理的权利，包括非公共卫生系统的私人医疗服提供者，并由母国的公共机构报销。

寻求国外医疗护理的跨境途径可以被患者视为附加型自愿健康保险的替代方案。然而，由于与自愿健康保险相比，通过指令获得医疗护理的额外管理费、差旅费和其他费用，以及由于某些国家对自愿健康保险需求缺乏弹性——例如，当自愿健康保险通过工作获得或被视为社会地位的象征时——跨境指令似乎不太可能对自愿健康保险的经营产生重大影响。如果跨境医疗护理服务购买者使用该指令来解决待诊问题，那么从长远来看，这可能会减少人们对自愿健康保险的需求。到目前为止，指令转换滞后以及欧盟区域的居民对如何使用它来寻求医疗护理意识的淡薄（欧洲理事会，2015）表明，该指令对自愿健康保险的影响并不显著。

6.2 对自愿健康保险国家层面的规制

欧洲大多数国家将自愿健康保险作为一项金融服务单独规制。规制主体通常是财政部管辖的金融监管机构、中央银行或保险监管机构（详见表 6.1）。在少数国家，卫生部或其他医疗保健机构也发挥作用，该情形往往出现在自愿健康保险以补充角色覆盖用户费用的国家。近年来，芬兰（2009）、法国（2010）、希腊（2010）、立陶宛（2012）和爱尔兰（2015）的金融监管机构已取代卫生监管机构。在比利时和匈牙利，非营利性保险人继续由独立机构进行规制，但在比利时，对所有类型的保险人都使用相同的规制规则。

各国的规制办法各不相同。在仅到一半的欧盟国家中，国家层面的规制没有超出欧盟层面的规制要求。因此，自愿健康保险的规制方式与任何其他金融服务一样，法律框架也未特别提及自愿健康保险。在商业自愿健康保险备受关注的市场以及附加型自愿健康保险占主导作用的市场中，情况可能更是如此。一般的保险法规包括仅与奥地利和芬兰的自愿健康保险有关的部分。

超出一般保险要求的国家层面的规制主要旨在改善对自愿健康保险的可负担性和可及性（详见表 6.2）。它集中在拥有强大的相互制保险组织或非营利性保险人（比利时、法国、爱尔兰、意大利）的自愿健康保险市场，以及自愿健康保险扮演替代角色的国家（德国）或在用户费用方面扮演补充角色的国家（克罗地亚、法国、斯洛文尼亚）。过去 10 年来，所有这些国家的规制力度都有所增加，尤其是比利时、法国、德国、爱尔兰、意大利和斯洛文尼亚（详见表 6.3）。加强规制主要是为了使自愿健康保险更加容易被负担得起，并对自愿健康保险所覆盖的人群提高财务保护，在德国，还旨在解决风险分割问题。

6.3 针对自愿健康保险的税收政策

在本节，我们重点介绍购买或销售自愿健康保险的激励措施（主要是税收减免）和抑制措施。税收减免允许从应征税的个人或公司收入中扣除所有或部分自愿健康保险保费的费用。抑制措施通常涉及对自愿健康保险保费征税（保费税），该税收由保险人支付，但通常包括在保费的价格中，或是支付实物福利税，该税由接受作为实物福利并由雇主付费的自愿健康保险的雇员来支付，或者由作为实物福利将自愿健康保险提供给雇员的雇主来支付。

表 6.1　　负责规制自愿健康保险市场的机构（2012 年以来）

国家	金融监管机构	中央银行	保险监管机构	卫生部门	其他
亚美尼亚		√			
奥地利	√				
比利时	√（商业）	√（商业）			√（相互）
保加利亚	√				
克罗地亚	√			√	
塞浦路斯			√		
捷克共和国		√（商业）			
丹麦	√				
爱沙尼亚					
芬兰	√				
法国			√		
格鲁吉亚		√			
德国	√				
希腊		√			
匈牙利	√（商业）				√健康保险监管机构（相互）
冰岛	√				
爱尔兰		√		√	√健康保险当局
意大利			√	√	
拉脱维亚	√				
立陶宛		√			
马耳他	√				
荷兰					
挪威	√				

续表

国家	金融监管机构	中央银行	保险监管机构	卫生部门	其他
波兰	√				
葡萄牙			√		
罗马尼亚			√		
俄罗斯联邦	√				
斯洛伐克		√			√健康保健监管机构
斯洛文尼亚			√	√	
西班牙		√		√	
瑞典	√				
瑞士	√				
乌克兰	√		√（np）		
英国	√				

资料来源：各国专家和本书中各国的情况。

注：np 表示非营利机构。

表 6.2　确保自愿健康保险的可及性、可负担性和提供优质保障的措施（2012 年以来）

规制措施	应用
可及性	
强制性保障	德国：选择退出法定健康保险计划的人必须购买私人保险 法国：从 2016 年起为员工购买自愿健康保险
公开注册	比利时、克罗地亚（覆盖用户费用的自愿健康保险由法定健康保险基金出售）、爱沙尼亚（如果在前 2 年内被法定健康保险基金覆盖了 12 个月，则对他们没有年龄限制）、德国（基本替代型保单）、爱尔兰、斯洛文尼亚（自愿健康保险覆盖用户费用）；2006 年和 2007 年，荷兰的保险人为自愿健康保险实行了公开注册政策
终生保障	奥地利、比利时、爱尔兰、德国（替代型自愿健康保险）
禁止转换处罚	荷兰、瑞士：如果投保人因强制性健康保险转换到另一家保险人，保险人禁止终止与该投保人的自愿健康保险合同
可负担性	
社群评级保费	爱尔兰、斯洛文尼亚的所有保险人；在斯洛文尼亚，不能按年龄要求缴纳保费的人将受到处罚，旨在让年轻人留存在自愿健康保险风险池中，保持保费的低价；比利时、爱沙尼亚、克罗地亚（法定医疗基金中的补充型自愿健康保险）仅限于非营利性保险人；意大利（一些非营利性自愿健康保险提供者；最大的一些保险人使用团体费率）
基于风险均衡的社群评级	爱尔兰、斯洛文尼亚
老龄准备金	德国（替代型自愿健康保险）：保险人需要建立老龄准备金以弥补与年龄有关的成本增加，并且减缓后期保费的增加

续表

规制措施	应用
保费限额	德国（仅限于基本替代型保单）：保费限制在法定健康保险的最高供款水平；意大利：SSN 的综合医疗基金必须提供低于商业市场的保费
保费折扣	意大利：在互助协会①（一种非营利性自愿健康保险提供者）投保的退休人员仍然可以投保自愿健康保险并支付较低的保险费
保费豁免或政府提供保障	亚美尼亚：政府为其员工提供补贴程度很高的自愿健康保险 克罗地亚：政府向低收入家庭和其他弱势群体免费提供覆盖用户费用的自愿健康保险 法国：政府向低收入家庭提供代金券以购买覆盖用户费用的自愿健康保险 德国（基本替代型保单）：如果一个人可以证明他们无力支付全额保费，则保费降低 50%；如果仍然无法承担这种降低后的保费，根据社会福利计划人们将获得国家补贴（覆盖最高至 100% 的降低后的保费）
覆盖的范围和深度	
对既有病症人群的覆盖	比利时（仅限非营利性自愿健康保险：相互协会不能对既有病症人群收取更高的保费）；德国（仅适用于基本的替代型保单）；爱尔兰（所有的自愿健康保险：受最长允许等待期限的制约）
最低或标准保障	法国（对于责任自负的保单）、德国（对于替代型自愿健康保险）、爱尔兰、意大利（SSN 的综合卫生基金有资格获得财政津贴）
自愿健康保险的用户费用上限	德国（仅适用于替代型保单）：保险人每年不能提供超过 5 000 欧元的免赔额
禁止保障权益设定上限	法国（对于责任自负的保单；没有签订护理合同的医生除外，详见 Mercer, 2014）

资料来源：本书中各个国家的情况及其他研究。
注：SSN 表示意大利国家卫生服务机构②。

表 6.3　　影响自愿健康保险的国家层面的规制演变（2000—2015 年）

年份	规制变化
2000	法国：为低收入家庭提供自愿健康保险代金券
	德国：从私人健康保险调整到法定健康保险的年龄限制从 65 岁降至 55 岁
	斯洛文尼亚：规定自愿健康保险要符合公共利益；允许使用风险均衡法制定保费但该方法未被引入市场
2001	克罗地亚：禁止人们退出公共医疗保障以提高法定医疗保险基金的财务稳定性
2002	法国：对不使用风险评级保费的保险人免收保费税
2004	斯洛文尼亚：允许风险评级保费

---

① 译者注：Società di mutuo soccorso（意大利语），互助协会。
② 译者注：Servizio Sanitario Nazionale（意大利语），SSN，意大利国家卫生服务机构。

续表

年份	规制变化
2005	法国：为人们引入超过全民健康保险阈值的自愿健康保险税收补贴
	斯洛文尼亚：禁止风险评级保费，保险公司必须提供公开注册和社群评级保费；实施风险均衡保费；增加保费必须得到监管机构的批准；在年轻时不购买自愿健康保险的人会被罚款
2006	爱尔兰：健康保险管理局发布了风险均衡项目，但后来被最高法院撤销（2008）
2007	比利时：自愿健康保险（所有保险人）公开注册，禁止基于残疾或慢性病（但没有对残疾和慢性病作出定义）人群实施区别保费，覆盖既有病症人群（仅限非营利性保险人）；为防止自愿健康保险保费进一步大幅上涨，一项新的法律具体规定了保费增加的范围（2010）
2008	比利时：法定健康保险的覆盖范围扩大到包括自由职业者的门诊护理
	法国：对同意不覆盖法定治疗的新强制性免赔额的保险公司，免收保费税
	爱尔兰：风险均衡项目遭暂停，伴随着国家法律的挑战，风险均衡项目将由 BUPA 进行修订，但欧洲法院支持风险均衡
	爱尔兰：2008 年《自愿健康保险（修订）法案》规定，Vhi Healthcare 公司将由金融监管机构（现由爱尔兰中央银行规制）规制，其他两家（商业）保险公司的情况也如此，但在一些情况下该规定被延期执行；后来欧洲法院作出了反对 Vhi Healthcare 豁免地位的规定
	意大利：意大利国家卫生服务局的综合卫生基金必须提供长期护理服务和牙科服务（意大利国家卫生服务局没有完全覆盖牙科服务）保障，以便有资格获得财政补贴；意大利国家卫生服务局的综合卫生基金必须有充分的偿付能力、充足的资本并提供有竞争力的保险费率（例如，比商业市场更低的保费）。
2009	德国：为全民提供某种强制性的健康保险；替代型自愿健康保险必须覆盖门诊和住院护理；基本保单（替代标准保单）被引入替代型自愿健康保险（公开注册、覆盖既有病症人群，以不超过法定健康保险的最大供款额的价格提供与法定健康保险水平相当的保障）；对自愿健康保险引入免赔额上限（每年不超过 5 000 欧元）；自愿健康保险老龄准备金变得具有便携性；新的规定意味着人们必须连续三年证明其收入高于收入阈值，才能选择退出法定医疗保障项目
	格鲁吉亚：新的医疗保险计划的条款和条件要求政府为贫困线以下的人们提供购买私人健康保险的代金券
	拉脱维亚：由于经济危机，引入了公务员购买自愿健康保险的限制（于 2012 年废止）
	瑞士：强制性健康保险覆盖了特定替代药物（以前仅由自愿健康保险覆盖）
2010	比利时：开发了私人保险公司可用以将保费和保障的变化联系起来的特定指标；从 2012 年起，法定疾病基金不能再提供自愿健康保险；这些只能由具有共同利益的新的独立协会（如以前一样）和商业保险公司提供，而它们现在都受到金融监管局的规制
	克罗地亚：《自愿健康保险法案》的修正案剥夺了许多人从国家获得补充型自愿健康保险资助的权利
	意大利：意大利国家卫生服务机构的所有综合卫生基金被要求列入国家综合卫生基金登记册，并划拨至少 20% 的保费收入来为那些日常生活（按年龄和身体损伤）需要援助的人提供牙科护理和社会护理（即主要是长期护理服务）来获得财政补贴

续表

年份	规制变化
2011	亚美尼亚：引入附带健康保险部分的强制性汽车保险
	德国：脱离法定健康保险需要三年等待期资格的制度被废除
	希腊：自愿健康保险允许使用10%的公立医院病床
	斯洛文尼亚：政府呼吁修订法定保障计划并取消补充型自愿健康保险覆盖用户费用（但为附加型自愿健康保险留出了发展余地）
2012	亚美尼亚：为公务员引入了带有自愿健康保险部分的社会保障项目，在该项目中政府为公务员购买由私人保险公司承保的保险，并向公务员提供补贴水平很高的自愿健康保险
	比利时：由疾病基金提供的补充型服务变为对所有成员都具有强制性
	法国：一项新的法规要求自愿健康保险供应者提供有关其管理成本的数量和明细方面的沟通（以提高相关信息的透明度）
	瑞士：可在全国范围内选择医院（医院的选择在以前是人们购买附加型自愿健康保险的关键原因）
	欧盟国家：必须执行欧洲法院 Test-Achats 的取消因性别而异的保费和保障的决定
2013	格鲁吉亚：对没有保险的人群引入了全民公共医疗保障项目，这有效地消除了替代型自愿健康保险的需求
	爱尔兰：引入风险均衡项目
2014	亚美尼亚：国家卫生局被指定为社会保障的强制性部分（基本医疗保障）中的卫生服务的唯一购买者（以前人们可以选择由私人保险公司提供保障）
	法国：要求修订《社会保障筹资法》中的责任自负保单的要求。变更内容包括：保险合同必须强制覆盖需要由被保险人支付的剩余的医疗服务费用，这相当于所有卫生费用的社会保障的报销基础额度和社会保障实际报销额之间的差额；医生收取的额外结算费用的覆盖情况取决于执业医师是否签署了护理合同；必须全额无限期覆盖每日住院费用
	爱尔兰：保险人需要为使用公立医院的所有床位（不仅仅是专门为私人设计的床位）付费
2015	爱尔兰：对那些年轻时不购买自愿健康保险的人处以高额罚款

资料来源：本书中各个国家的情况和其他研究。

注：财政政策（税收激励措施）的变化不包括在此，6.3 节将介绍这些内容。

  该研究中超过一半的国家（34个国家中的19个）为人们购买自愿健康保险提供某种形式的税收激励（详见表6.4）。税收优惠最常提供给雇主，其次是个人。在13个国家中对自愿健康保险的投保人没有税收优惠。在罗马尼亚，有上限的税收减免适用于所有的保险费，不仅限于自愿健康保险，因此不会产生购买自愿保险的激励效果。德国直到最近才出现这种情况，但新立法已经为所有健康保险（法定的和自愿的）（Entitle & Roman，已被接收但尚未出版）引入了特定的税收减免。

  在过去的20年中，一直呈现减少或取消对自愿健康保险的税收激励的趋势，通常是因为税收激励被认为对政府而言比较昂贵，而且对公共资金使用不当。20

世纪90年代，奥地利、芬兰、希腊、爱尔兰、意大利和英国的税收激励被削减或取消（Missiakos & Thomson，2002）。西班牙取消了对个险的税收激励，并在1999年取消了团体险的税收激励。一些政府已经取消了1999年以来推出的税收激励：2006年，挪威取消了在2003年推出的公司为员工购买自愿健康保险的税收减免；2011年，克罗地亚取消了2001年推出的对补充型自愿健康保险的保险费的税收减免；葡萄牙在2012年将保险费的税收减免从30%减至10%；2013年，希腊取消了对自愿健康保险的税收激励，爱尔兰对符合税收减免条件的自愿健康保险的保费规定了最高限额。

表6.4　对被保险人和保险人的自愿健康保险税收激励（2012年以来）

国家	雇主	雇员	个人
亚美尼亚	√	×	×
奥地利	√	√	√
比利时	×	×	×
保加利亚		×	√
克罗地亚	×	×	×
塞浦路斯	×	×	×
捷克共和国	×	×	×
丹麦	√（附加型）	×	×
爱沙尼亚	×	×	×
芬兰	√	×	×
法国	√（2009）	√（2004）	×
格鲁吉亚	×	×	×
德国	×	×	√
希腊	×	×	×
匈牙利	√（2012）	×	×
冰岛	n/a	n/a	n/a
爱尔兰	√	√	√
意大利	√	×	√
拉脱维亚	√	√	×
立陶宛	√	√	×
马耳他	×	×	×
荷兰	×	×	×
挪威	×	×	×
波兰	√	×	×
葡萄牙	×	×	√
罗马尼亚	×	×	√（2006）
俄罗斯联邦	√（2009）	×	×
斯洛伐克	×	×	×

续表

国家	雇主	雇员	个人
斯洛文尼亚	×	×	×
西班牙	√	√	×
瑞典	×	×	√
瑞士	n/a	n/a	√
乌克兰	×	×	√
英国	×	×	×

资料来源：本书中各个国家的情况。

注：n/a 表示信息不可获取。

出于公平原因，少数国家减少或取消了税收激励。最近，一些国家（奥地利、丹麦、芬兰）已经开始使用旨在使雇主促进企业内部平等的税收激励，例如，仅为那些向所有员工（而不仅限于高级职员）提供自愿健康保险的企业提供税收减免。

保费税形式的税收抑制和雇主支付实物福利的税收形式的税收抑制适用于某些国家（爱沙尼亚、立陶宛、波兰、乌克兰）的个人和其他国家（奥地利、比利时、丹麦、法国、意大利、英国）的保险人（Insurance Europe, 2012）。在爱尔兰和瑞典，对于团体（仅限雇主支付的保险）和个体自愿健康保险分别存在着税收抑制，但抑制的规模很小。

在过去，一些国家使用如免收保费税之类的税收政策来支持互助社团。在比利时和法国，这被认定为违反欧盟法律。法国政府现在使用税收政策来奖励那些表现良好的保险公司，例如，支持性税收待遇被应用于那些提供涉及协调护理路径以及将病人转诊至专家医师的责任自负保单的保险人、不将既有病症人群排除在承保范围之外以及不要求用户填写医疗问卷的保险人（Mercer, 2014）。然而，由于采取紧缩性财政措施，责任自负的保单须再次纳税，税率从 2010 年的 3.5% 上升到 2011 年的 7%。不符合这些标准的保险合同，以前需缴纳 7% 的税，现在要缴纳 14% 的税。

意大利有向提供自愿健康保险的保险人实施税收激励的其他例子，对将至少 20% 的保费收入用于覆盖需要日常生活护理的保单持有人的牙科护理和社会护理的自愿健康保险计划给予财政补贴。在丹麦，对覆盖预防性服务和与就业相关的医疗服务需求的自愿健康保险计划免税。在比利时，对提供比标准计划更优质保障的医院计划免收自愿健康保险保费 9.25% 的税费。在保加利亚，政府免收保险人自愿健康保险活动的增值税[①]。

虽然丰厚的税收补贴已成功地增加或维持了少数几个国家（特别是丹麦和爱尔

[①] 译者注：VAT, Value Added Tax 的缩写，增值税。

兰）对自愿健康保险的需求，但这些国家的保险人提供的自愿健康保险可能比较昂贵，也没有证据表明这些国家的保险人自负盈亏，并且它们可能在退化，因为自愿健康保险往往由更富有的人购买。在大多数降低或取消税收激励的国家，并未对自愿健康保险需求产生显著的负面效应。此外，税收激励可能涉及大量的政府财政支出，例如，在2012年，对自愿健康保险保费税的减免使爱尔兰政府花费4.48亿欧元，大约相当于该年度公共医疗保健支出的3.1%（Turner，2015）。

6.4 国家政策的演变及其关注点

在本节，我们重点介绍了自2000年以来各国自愿健康保险市场的主要发展情况。然后，我们重点介绍了关于自愿健康保险的国家争论中的关注点和挑战。

国家政策的演变

2000年至2015年期间，政策的演变主要体现在四个主要领域：将公共医疗保障扩大到先前被排除在外的人群，这已经有效地废除了一些替代型自愿健康保险市场；加强规制的措施使自愿健康保险更易于获取和负担，特别是（但不仅限于）对于自愿健康保险扮演替代和补充型保障角色的市场而言；一些加强规制的措施面临的国内法律挑战不断增加；通过减少税收激励以挤占自愿健康保险市场。

一些国家采取了加强和扩大公共医疗保障的措施，克罗地亚（2001）、荷兰（2006）、比利时（2008）和格鲁吉亚（2013）取消了自愿健康保险扮演的替代型角色，德国限制自愿健康保险的覆盖范围（2000，2009）。克罗地亚和德国禁止（克罗地亚）和限制（德国）人们从公共医疗保障中退出，以解决风险分割造成的财政压力。

在塞浦路斯，一项将公共医疗保障扩展到所有永久居民的提议被提出，这将削弱其替代型自愿健康保险的市场，但人们仍可选择附加型自愿健康保险。在爱尔兰，一个类似的提案通过禁止自愿健康保险提供更快速的获取治疗的服务，限制其在医院提供更加优质设施的作用，来扩大公共医疗保障并提高公共医疗服务使用的公平性。在瑞士，政府决定允许强制性医疗保险覆盖的所有人群选择医院，这可能会降低人们对自愿健康保险未来的需求。在斯洛文尼亚，历届政府已经考虑了消除对覆盖用户费用的补充型自愿健康保险需求的方法。

在2006年，荷兰将公共医疗保障扩大到全民，并允许私人保险公司提供强制性医疗保障。这项改革并不是为了推动自愿健康保险的发展。仅有的其他尝试过类似于该措施的国家是亚美尼亚和格鲁吉亚，与荷兰相反，其目的是推动自愿健康保险的发展。然而，在这两个国家，政府支持使用私人保险公司提供公共医疗保障，以及使用自愿健康保险来提高医疗保健服务的可及性的做法被推翻。在亚美尼亚，中央银行的分析显示，自愿健康保险在卫生服务上的支出从2011年的保费收入的71%下降到2013年的33%，改革一年后，自愿健康保险成为扩大公共医疗保障昂贵且低效的方法。格鲁吉亚的政策转变是由政府更迭推动的，并由私人保险公司缺乏财务保护、获取资金的障碍以及风险选择诱发。

其他一些国家试图推动自愿健康保险的发展，包括保加利亚、希腊、匈牙利、立陶宛、波兰和罗马尼亚，但收效甚微，可能是由于这些国家存在非正规支付以及家庭支付自愿健康保险的能力有限。

许多拥有替代型自愿健康保险市场的国家加大了使自愿健康保险更易于获得和负担的力度，特别是在比利时、法国、德国、爱尔兰、意大利和斯洛文尼亚（详见表6.3）。其中一些国家还加强了规制以改善自愿健康保险提供的财务保护：比利时制定了由法定疾病基金强制提供的补充型自愿健康保险，德国强制要求提供某种形式的医疗保障，而法国强制要求所有雇主从2016年开始为雇员提供覆盖用户费用的补充型自愿健康保险。

与引入第三非寿险指令后的五年相比，2000年至2015年期间各国和欧盟的法律挑战的发生率增加了。大多数法律挑战涉及基于法律地位的保险公司的区别待遇（一致认为违反欧盟规则）以及采用风险均衡法确定自愿健康保险社群评级保费（一致认为其符合欧盟规则）。

尽管已有充分证据证明各种自愿健康保险的税收激励效率低下并不公平，但该研究中超过半数的国家（34个中有19个）为人们购买自愿健康保险提供某种形式的税收激励（详见表6.4）。然而，这些国家呈现出减少或取消对自愿健康保险税收激励的明显趋势，通常因为税收激励被认为对政府而言比较昂贵，且对公共资金使用不当。在法国、希腊和葡萄牙，税收激励的减少是对经济危机背景下的财政问题的回应。出于公平原因，各国也减少或取消了税收激励，或有针对性地使用税收激励来提高公平性并使医疗保健服务更易获及。例如，一些国家和地区仅在一家公司为所有雇员提供自愿健康保险，或者私人保险公司也提供覆盖长期护理、牙科护理或预防护理的保险，或者在不额外增加费用的情况下向既有病症人群承保的情况提供税收激励。我们尚不清楚这些有针对性的税收激励措施的效果如何。

国家政策的关注点

国家政策对自愿健康保险的关注通常包括以下一种或多种情况：获取医疗服务的不公平性（双轨制）、自愿健康保险公共补贴的程度、确保某些人群可获得自愿健康保险的挑战、与自愿健康保险相关的较高的管理成本、给卫生系统造成的与自愿健康保险的复杂性相关的交易成本（特别是在大型的自愿健康保险市场）。

不能公平地获得医疗保健服务这一备受关注的问题——也被称为"双轨制",它使得拥有自愿健康保险的人享有更容易、更快速或更优先接受治疗的机会——已经在奥地利、丹麦、芬兰、法国、德国、意大利、拉脱维亚、波兰、葡萄牙、西班牙和英国受到人们的讨论。人们对该问题的关注受诸多因素驱动:例如,如果医疗保健服务提供者从公共资源和自愿健康保险获得付款(医生在公私两个医疗机构工作或在公立医院有私人病床——在大多数国家情况如此;详见第5.4节),并且自愿健康保险支付的费用高于公共医疗保障支付的费用(详见表5.10),医生和医院将有动机优先考虑为拥有自愿健康保险的患者提供服务。这可能会导致那些依赖公共医疗保障的人的待诊时间更长,他们也不得不接受经验较少的初级医务人员的治疗。此外,医生在私立医疗机构工作占用了其在公立医疗机构工作的时间,并且在这同时在公私两个医疗机构工作的医生可能会遭遇角色冲突。

对拥有自愿健康保险的人群在获得医疗保健服务方面区别对待,违反了应该以需要而不是支付能力为基础获取医疗保健服务的原则。在英国,这些关注遭到反驳,反驳者认为自愿健康保险的用户正在为自愿健康保险的保障支付超过其对国家卫生服务局的税收筹资形式的供款,此外,他们使用自愿健康保险资助的护理服务减轻了对国家医疗服务局的压力,这有益于那些依靠国家医疗服务局进行治疗的人(Foubister & Richardson,2016)。即使这种说法是正确的,自愿健康保险的好处也不会超过医生的时间成本和公共补贴的成本。过去在爱尔兰也有类似的说法,一些人认为自愿健康保险的公共补贴是合理的,因为那些选择自愿健康保险的人实际上放弃了法定医疗保障的权利,同时通过纳税继续为公共卫生服务提供资金。他们还认为,自愿健康保险减少了人们对公共医疗保健服务的需求。但是,证据尚不能支持这种说法:根据最近的数据(Turner,2016),自愿健康保险资助的护理中很大一部分服务以低于全部经济成本的价格在公立医院被提供——占自愿健康保险成年住院患者的60%。

自愿健康保险的显性和隐性的公共补贴在一些国家引发了人们对财政、效率和公平的关注:隐性补贴可能来自医疗教育的公共资金;未能向自愿健康保险收取在公立医院使用病床的全部经济成本;如果系统缺乏透明度和问责制,自愿健康保险可能会以其他方式将成本转移到卫生系统中的公共医疗保障部分——例如双重保障;公共医疗保障系统的辅助功能。

自愿健康保险占据的市场系统地集中在社会经济地位较高的人群中(详见4.3节),部分原因是最为弱势的群体如老年人、残疾人、慢性病人、失业人员和贫穷家庭难以获得自愿健康保险。降低公共医疗保障的广度、范围或深度以期自愿健康保险填补共公共医疗保障缺口的政策引发了一些问题。即使在已经有很完善的、覆盖大部分人口的自愿健康保险市场的国家,如法国,也有证据表明存在自愿健康保险的覆盖深度不均衡，并导致了医疗服务使用的不平等。之前（详见6.2节），我们展示了一些国家如何采取越来越多的措施解决自愿健康保险的可及性和可负担性的问题，特别是在较大的自愿健康保险市场，正如法国的例子所揭示的那样，这些措施并不总是十分有效。

与自愿健康保险相关的相对较高的管理成本（详见5.5节）一直是一些国家所关注的事，通过允许私人保险公司提供公共医疗保障来发展自愿健康保险的国家的情况尤其如此。在这种情况下，商业保险公司并未被认为提供了物有所值的医疗保障。

自愿健康保险会给卫生系统带来很大的复杂性，增加了政府和家庭的交易成本：对自愿健康保险市场的监督和规制、努力确保自愿健康保险可以被需要的人获取并负担得起、制定政策在公共与私人健康保险之间以及在公共与私人医疗保健服务供应者之间建立明确界限、回应国内和欧盟的法律挑战——但所有这些举措都可能耗费大量的时间并且代价高昂。

参考文献

[1] Albrecht M, Schiffhorst G, Kitzler C (2007). Finanzielle Auswirkungen und typische Formen des Wechsels von Versicherten zwischen GKV und PKV. Beiträge zum Gesundheitsmanagement. N. Klusen and A. Meusch. Baden-Baden, Nomos.

[2] Albreht T et al. (2009). Slovenia: Health system review. *Health Systems in Transition*, 11 (3): 1-168.

[3] Association of British Insurers (2000). *The private medical insurance market.* London, Association of British Insurers.

[4] Association of British Insurers (2001). *Submission to the European Commission's study on voluntary health insurance in the European Union.* London, Association of British Insurers.

[5] BMI Europe (2000). *Medical insurance.* London: BMI Research.

[6] Bolin K et al. (2010). Asymmetric information and the demand for voluntary health insurance in Europe. National Bureau of Economic Research Working Paper 15689. Cambridge, MA, National Bureau of Economic Research.

[7] Burke S (2014a). White Paper on Universal Health Insurance. HSPM 1 April 2014. European Observatory on Health Systems and Policies (http://www.hspm.org/countries/ireland18092013/countrypage.aspx, accessed 3 December 2015).

[8] Burke S (2014b). Private health insurance review of costs. HSPM 15 January 2014. European Observatory on Health Systems and Policies (http://www.hspm.org/countries/ireland18092013/countrypage.aspx, accessed 3 December 2015).

[9] Burke S (2015). Lifetime community rating. HSPM 1 May 201. European Observatory on Health Systems and Policies http://www.hspm.org/countries/ireland18092013/countrypage.aspx (accessed 3 December 2015).

[10] Busse R, Blümel M (2014). Germany: health system review. *Health Systems in Transition*, 16 (2): 1-296.

[11] CEPOS (2014). Halvdelen af danskerne har nu en privat sundhedsforsikring [Half of Danes now have private health insurance] (http://www.cepos.dk/sites/cepos.dk/files/

media/import/analyser/notat＿halvdelen＿af＿danskerne＿har＿nu＿en＿privat＿sundhedsforsikring＿apr14.pdf).

［12］Chevreul K (2016). France country profile. In: Sagan A, Thomson S, eds. *Voluntary health insurance in Europe: country experience.* Copenhagen, WHO Regional Office for Europe on behalf of the European Observatory on Health Systems and Policies.

［13］Chevreul K, Perronnin M (2009). Private health insurance in France: a study for the European Commission. In: Thomson S, Mossialos E, eds. *Private health insurance in the European Union.* Brussels, European Observatory on Health Systems and Policies.

［14］Chevreul K et al. (2010). France: health system review. *Health Systems in Transition*, 12 (6): 1-291.

［15］Chollet D, Lewis M (1997). Private insurance: principles and practice. Innovations in health care financing: proceedings of a World Bank conference, 10-11 March 1997. Washington, DC, World Bank (http://www-wds.worldbank.org/external/default/WDSContentServer/WDSP/IB/1997/07/0 1/000009265＿3971113151206/Rendered/PDF/multi＿page.pdf, accessed 3 December 2015).

［16］Datamonitor (2000). *UK health insurance 2000: what price health?* London, Datamonitor.

［17］Department of Health and Children (2001). *Submission to the European Commission's study on voluntary health insurance in the European Union.* Dublin, Department of Health and Children.

［18］Department of Health of the Republic of Ireland (2013). Review of measures to reduce costs in the private health insurance market 2013. Independent Report to the Minister for Health and Health Insurance Council. Dublin, Department of Health (http://health.gov.ie/wp-content/uploads/2014/03/costs＿review＿report.pdf, accessed 3 December 2015).

［19］Department of Health of the Republic of Ireland (2014). Public Consultation - Scope for private health insurance to incorporate additional primary care services. Dublin, Department of Health (http://health.gov.ie/wp-content/uploads/2014/12/PHI-pdf.pdf, accessed 3 December 2015).

［20］EBRD (2011). *Life in transition. After the crisis.* European Bank for Reconstruction and Development. (http://www.ebrd.com/downloads/research/surveys/LiTS2e＿web.pdf, accessed 3 December 2015).

［21］EC (1973). First Council Directive 73/239/EEC of 24 July 1973 on the coordination of laws, regulations and administrative provisions relating to the taking-up and pursuit of the business of direct insurance other than life assurance. OJ L 228 (16.8.1973):

3-19.

[22] EC (1988). Second Council Directive 88/357/EEC of 22 June 1988 on the coordination of laws, regulations and administrative provisions relating to direct insurance other than life assurance and laying down provisions to facilitate the effective exercise of freedom to provide services and amending Directive 73/239/EEC. OJ L 172 (4.7.1988): 1-2.

[23] EC (1992). Council Directive 92/49/EEC of 18 June 1992 on the coordination of laws, regulations and administrative provisions relating to direct insurance other than life assurance and amending Directives 73/239/EEC and 88/357/ EEC (third non-life Insurance Directive). OJ L 228 (11.8.1992): 1-23.

[24] EC (2010). Patient safety and quality of healthcare. Special Eurobarometer 327. Brussels, European Commission (http://ec.europa.eu/public_opinion/archives/ebs/ebs_327_en.pdf, accessed 3 December 2015).

[25] EC (2011a). Press release database [online database] State aid: Commission calls on France to put an end to certain tax exemptions for mutual and provident societies. Brussels, European Commission (http://europa.eu/rapid/ pressReleasesAction.do?reference = IP/05/243&format = HTML&aged = 1&language = EN&guiLanguage = en, accessed 3 December 2015).

[26] EC (2011b). Press release database [online database] European Commission gives guidance to Europe's insurance industry to ensure non-discrimination between women and men in insurance premiums. Brussels, European Commission (http://europa.eu/rapid/press-release_IP-11-1581_en.htm, accessed 3 December 2015).

[27] EC (2015). Report from the Commission to the European Parliament and the Council. Commission report on the operation of Directive 2011/24/EU on the application of patients' rights in cross-border healthcare. Brussels, European Commission (http://ec.europa.eu/health/cross_border_care/docs/2015_operation_report_dir201124eu_en.pdf, accessed 3 December 2015).

[28] ECJ (1993). Case C-159/91 and Case C-160/91, Poucet and Pistre v AGF and Cancava [1993], joined cases, ECR I-637. Christian Poucet vs Assurances Générales de France (AGF) and Caisse Mutuelle Régionale du Languedo-Roussillon (Camulrac) and Daniel Pistre vs Caisse Autonome Nationale de Compensation de l'Assurance Vieillesse des Artisans (Cancava) (http://eur-lex.europa.eu/legal-content/EN/TXT/?uri = CELEX%3A61991CJ0159, accessed 4 February 2016).

[29] ECJ (2000). Case C-206/98, 18 May 2000, Commission v Belgium. Judgment of the Court (Sixth Chamber) of 18 May 2000. Commission of the European Communities v Kingdom of Belgium. Failure by a State to fulfil its obligations-Directive 92/49/EEC-Direct

insurance other than life assurance. Case C - 206/98. (http: //eurlex. europa. eu/ legalcontent/EN/TXT/? qid = 1449571857175&uri = CELEX: 61998CJ0206, accessed 4 February 2016).

[30] ECJ (2004). Case C - 264/01, Case C - 306/01 and Case C - 355/01 AOK Bundesverband [2004], joined cases, ECR I - 2493. References for a preliminary ruling: Oberlandesgericht Düsseldorf and Bundesgerichtshof - Germany. Competition - Undertakings - Sickness funds - Agreements, decisions and concerted practices - Interpretation of Articles 81 EC, 82 EC and 86 EC - Decisions of groups of sickness funds determining maximum amounts paid in respect of medicinal products. Joined cases C - 264/01, C - 306/01, C - 354/01 and C - 355/01 (http: //eur - lex. europa. eu/legal - content/EN/TXT/? qid = 144957 1901493&uri = CELEX: 62001CJ0264, accessed 4 February 2016).

[31] ECJ (2008). Case T - 289/03, 12 February 2008, British United Provident Association Limited (BUPA) and Others v Commission. OJ C 79 (29.03.2008): 25. Judgment of the Court of First Instance (Third Chamber, extended composition) of 12 February 2008. British United Provident Association Ltd (BUPA), BUPA Insurance Ltd and BUPA Ireland Ltd v Commission of the European Communities. State aid - Risk equalisation scheme introduced by Ireland on the private medical insurance market - Aid system - Services of general economic interest - Article 86 (2) EC - Commission decision not to raise objections - Action for annulment - Admissibility - Principles of necessity and proportionality. Case T - 289/03 (http: //eur - lex. europa. eu/legal - content/EN/TXT/? qid = 1449571975760&uri = CELEX: 6200 3TJ0289, accessed 4 February 2016).

[32] ECJ (2011). Case C - 82/10, 29 September 2011, Commission v Ireland. Case C - 82/10: Judgment of the Court (Fourth Chamber) of 29 September 2011 - European Commission v Ireland (Failure of a Member State to fulfil obligations — Directive 73/239/EEC - Articles 6, 8, 9, 13 and 15 to 17 - Directive 92/49/EEC - Articles 22 and 23 - Direct insurance other than life assurance - Amendment of statutes of an insurance body as regards its capacity - Non - application of the European Union insurance legislation in respect of insurance other than life assurance (http: //eur - lex. europa. eu/legal - content/EN/TXT/? qi d = 1449572115259&uri = CELEX: 62010CA0082, accessed 4 February 2016).

[33] Emmerson C, Frayne C, Goodman A (2001). Should private medical insurance be subsidised? *Health Care UK* 51 (4): 49 - 65.

[34] Ettelt S, Roman A (in press). Statutory and private health insurance in Germany and Chile: two stories of co - existence and conflict. In: Thomson S, Mossialos E, eds. *Private health insurance and medical savings accounts: history, politics, performance.* Cambridge, Cambridge University Press.

[35] Federal Constitutional Court (2009). Press release no. 59/2009 (10 June 2009). Karlsruhe, Bundesverfassungsgericht (http://www.bundesverfassungsgericht.de/SharedDocs/Pressemitteilungen/DE/2009/bvg09-059.html, accessed 4 February 2016).

[36] Ferré F (2016). Italy country profile. In: Sagan A, Thomson S, eds. *Voluntary health insurance in Europe: country experience.* Copenhagen, WHO Regional Office for Europe on behalf of the European Observatory on Health Systems and Policies.

[37] Figueras J, Robinson R, Jakubowski E, eds. (2005). *Purchasing to improve health systems performance.* Maidenhead, Open University Press.

[38] Foubister T et al. (2006). *Private medical insurance in the United Kingdom.* Copenhagen, WHO Regional Office for Europe on behalf of the European Observatory on Health Systems and Policies.

[39] Foubister T, Richardson E (2016). United Kingdom country profile. In: Sagan A, Thomson S, eds. *Voluntary health insurance in Europe: country experience.* Copenhagen, WHO Regional Office for Europe on behalf of the European Observatory on Health Systems and Policies.

[40] Franc C, Pierre A (2013). Generalization of private health insurance offered by employers. HSPM 15 April 2013. European Observatory on Health Systems and Policies (http://www.hspm.org/countries/france25062012/countrypage.aspx, accessed 4 February 2016).

[41] Franc C, Pierre A (2015). Compulsory private complementary health insurance offered by employers in France: implications and current debate. *Health Policy*, 119 (2): 111-116.

[42] Gauthier A, Lamphere J, Barrand N (1995). Risk selection in the health care market: a workshop overview. *Inquiry* 32 (1): 14-22.

[43] Gerkens S (2016). Belgium country profile. In: Sagan A, Thomson S, eds. *Voluntary health insurance in Europe: country experience.* Copenhagen, WHO Regional Office for Europe on behalf of the European Observatory on Health Systems and Policies.

[44] Gerkens S, Merkur S (2010). Belgium: health system review. *Health Systems in Transition*, 12 (5): 1-266.

[45] Government of Ireland (2011). Government for National Recovery 2011-2016. (https://www.corkchamber.ie/UserFiles/file/programme_for_national_government.pdf, accessed 4 February 2016).

[46] Grabka M (2006). Prämien in der PKV: deutlich stärkerer Anstiegals in der gesetzlichen Krankenversicherung. *German Institute for Economic Research* 73 (46): 653-659.

[47] HIA (2015). Newsletter, June 2015 edition. Dublin, Health Insurance Authority

(http://www.hia.ie/sites/default/files/HIA _ June _ Newsletter _ 2015.pdf, accessed 3 December 2015).

[48] HM Treasury (2001). Consumers and industry to benefit from changes to banking, mortgage and general insurance regime. Press release, 12 December 2001. London, HM Treasury (http://www.wired – gov.net/wg/wgnews1.nsf/54e6de9e0c383719802572b9005141ed/2e00dfa43ee3d9ac802572ab004b4e4 2? OpenDocument, accessed 3 December 2015).

[49] Insurance Europe (2012). Indirect taxation on insurance contracts in Europe. Brussels, Insurance Europe (http://www.insuranceeurope.eu/sites/default/files/attachments/Indirect%20Taxation%20Booklet%202015.pdf, accessed 4 February 2016).

[50] Insurance Europe (2015). Statistics no. 50: European Insurance in Figures (dataset). Brussels, Insurance Europe (http://www.insuranceeurope.eu/ statistics – n°50 – european – insurance – figures – dataset, accessed 3 December 2015).

[51] IRDES (2010). Enquête sur la santé et la protection sociale 2008. Rapport n° 547 (biblio n° 1800) – Juin 2010 (http://www.irdes.fr/Publications/ Rapports2010/rap1800.pdf, accessed 4 February 2016).

[52] King D, Mossialos E (2005). The determinants of private medical insurance prevalence in England, 1997–2000. *Health Services Research*, 40 (1): 195–212.

[53] Kroneman M (2014). Role of collectives in the Dutch health insurance market. Health Systems and Policy Monitor, 10 April 2014 (http://www.hspm.org/countries/netherlands25062012/countrypage.aspx, accessed 3 December 2015).

[54] Leinert J (2006). Morbiditätals Selektionskriterium. Fairer Wettbewerb oder Risikoselektion? In: Jacobs L, Klauber J, Leinert J, eds. *Analysen zur Gesetzlichen und Privaten Krankenversicherung*. Bonn, Wissenschaftliches Institut der AOK: 67–76.

[55] Lekhan V, Rudiy V, Richardson E (2010). Ukraine: health system review. *Health Systems in Transition*, 12 (8): 1–183.

[56] Lončarek K (2016). Croatia country profile. In: Sagan A, Thomson S, eds. *Voluntary health insurance in Europe: country experience*. Copenhagen, WHO Regional Office for Europe on behalf of the European Observatory on Health Systems and Policies.

[57] Maarse H (2009). Private health insurance in the Netherlands: a study for the European Commission. In: Thomson S, Mossialos E, eds. *Private health insurance in the European Union*. Brussels, European Observatory on Health Systems and Policies.

[58] Maarse H (2016). The Netherlands country profile. In: Sagan A, Thomson S, eds. *Voluntary health insurance in Europe: country experience*. Copenhagen, WHO Regional Office for Europe on behalf of the European Observatory on Health Systems and Policies.

[59] McDaid D et al. (2009). Ireland: Health system review. *Health Systems in*

Transition, 11 (4): 1 - 268.

[60] Mercer (2014). Flash info. Sante/prevoyance. Paris, Mercer (http://www.mercer.fr/content/dam/mercer/attachments/europe/France/2014_12_HB_FlashInfoVUK.pdf, accessed 3 December 2015).

[61] Milenkovic Kramer A (2009). Private health insurance in Slovenia: a study for the European Commission. In: Thomson S, Mossialos, E. *Private health insurance in the European Union*. Brussels, European Observatory on Health Systems and Policies.

[62] Milenkovic Kramer A (2016). Slovenia country profile. In: Sagan A, Thomson S, eds. *Voluntary health insurance in Europe: country experience*. Copenhagen, WHO Regional Office for Europe on behalf of the European Observatory on Health Systems and Policies.

[63] Mossialos E, Thomson S (2002a). Voluntary health insurance in the European Union: a critical assessment. *International Journal of Health Services*, 32 (1): 19 - 88.

[64] Mossialos E, Thomson S (2002b). *Voluntary health insurance in the European Union*. Report prepared for the Directorate General for Employment and Social Affairs of the European Commission. Brussels, European Commission.

[65] Mossialos E, Thomson S (2004). *Voluntary health insurance in the European Union*. Copenhagen, World Health Organization on behalf of the European Observatory on Health Systems and Policies.

[66] Mossialos E, et al., eds. (2002). *Funding Health Care: Options for Europe*. Maidenhead, Open University Press: 99 - 126.

[67] Mossialos E, et al., eds. (2010). *Health Systems Governance in Europe: the Role of European Union Law and Policy*. Copenhagen, World Health Organization on behalf of the European Observatory on Health Systems and Policies.

[68] OECD (2004). *Private health insurance in OECD countries*. Paris, OECD.

[69] OECD (2015a). OECD iLibrary [online database]. Expenditure on health by type of financing, 2013 (or nearest year). Paris, OECD (http://www.oecd-ilibrary.org/social-issues-migration-health/health-at-a-glance-2015/expenditure-on-health-by-type-of-financing-2013-or-nearest-year_health_glance-2015-graph156-en/, accessed 3 December 2015).

[70] OECD (2015b). OECD iLibrary [online database]. Data extracted on 13 Feb 2015. Paris, OECD (http://stats.oecd.org/Index.aspx? DataSetCode = SHA#, accessed 4 February 2016).

[71] OFT (1996). Health insurance: a report by the Office of Fair Trading. London, Office of Fair Trading.

[72] OFT (1997). Consumer detriment under conditions of imperfect information. London,

Office of Fair Trading (http://webarchive.nationalarchives.gov.uk/20140402142426/http://www.oft.gov.uk/shared_oft/reports/consumer_protection/oft194.pdf, accessed 4 February 2016).

[73] OFT (1998). Health insurance: a second report by the Office of Fair Trading. London, Office of Fair Trading.

[74] OFT (2000). Consumer detriment. London, HMSO.

[75] Paccagnella O, Rebba V, Weber G (2008). *Voluntary private health care insurance among the over 50s in Europe: a comparative analysis of SHAREdata*. Department of Economics and Management 'Marco Fanno', Working Paper 86. Padova, Università degli Studi di Padova.

[76] Palm W (2009). Private health insurance in Belgium: a study for the European Commission. In: Thomson S, Mossialos E, eds. *Private health insurance in the European Union*. Final report prepared for the European Commission, Directorate General for Employment, Social Affairs and Equal Opportunities. Brussels, European Commission.

[77] Pazitny P, Balik P (2016). Slovakia country profile. In: Sagan A, Thomson S, eds. *Voluntary health insurance in Europe: country experience*. Copenhagen, WHO Regional Office for Europe on behalf of the European Observatory on Health Systems and Policies.

[78] Perronnin M, Pierre A, Rochereau T (2011). La complémentaire santé en France en 2008: une large diffusion mais des inégalités d'accès. Paris, IRDES (http://www.irdes.fr/Publications/2011/Qes161.pdf, accessed 3 December 2015).

[79] Roos A-F, Schut F (2011). Spillover effects of supplementary on basic health insurance: evidence from the Netherlands. *European Journal of Health Economics*, 13 (1): 51-62.

[80] Rukhaze N, Goginashvili K (2011). Distribution of health payments and catastrophic expenditures in Georgia: analysis for 2006-2010 (annual level data). Tbilisi, Ministry of Labour, Health and Social Affairs.

[81] Sagan A, Thomson S, eds. (2016). *Voluntary health insurance in Europe: country experience*. Copenhagen, WHO Regional Office for Europe on behalf of the European Observatory on Health Systems and Policies.

[82] Schäfer W et al. (2010). The Netherlands: Health System Review, *Health Systems in Transition*, 12 (1): 1-228.

[83] Senior K (2015). What does a moratorium on private medical insurance mean? Netdoctor, 16 December 2013 (http://www.netdoctor.co.uk/private-healthcare/what-does-a-moratorium-on-private-medical-insurance-mean.htm#ixzz3Xwbf6ehy, accessed 3 December 2015).

[84] Smith O (2013). Georgia's Medical Insurance Program for the Poor. Washington, DC, World Bank.

[85] Sobczak A (2016). Poland country profile. In: Sagan A, Thomson S, eds. *Voluntary health insurance in Europe: country experience.* Copenhagen, WHO Regional Office for Europe on behalf of the European Observatory on Health Systems and Policies.

[86] Sorenson C, Drummond M, Kanavos P (2008). *Ensuring value for money in health care: the role of health technology assessment in the European Union.* Copenhagen, WHO Regional Office for Europe on behalf of the European Observatory on Health Systems and Policies.

[87] Stevens Y et al. (1998). Issues in complementary health insurance in Belgium. *International Social Security Review*, 51 (4): 71 - 91.

[88] Szigeti S, Lindeisz F, Gaál P (2016). Hungary country profile. In Sagan A, Thomson S, eds. *Voluntary health insurance in Europe: country experience.* Copenhagen, WHO Regional Office for Europe on behalf of the European Observatory on Health Systems and Policies.

[89] Thomson S (2010). What role for voluntary health insurance? In: Kutzin J, Cashin C, Jakab M, eds. *Implementing health financing reform: lessons from countries in transition.* Copenhagen, WHO Regional Office for Europe on behalf of the European Observatory on Health Policies and Systems.

[90] Thomson S, Mossialos E (2006). Choice of public or private health insurance: learning from the experience of Germany and the Netherlands. *Journal of European Social Policy*, 16 (4): 315 - 327.

[91] Thomson S, Mossialos E (2009). *Private health insurance in the European Union.* Final report prepared for the European Commission, Directorate General for Employment, Social Affairs and Equal Opportunities. Brussels, European Commission.

[92] Thomson S, Mossialos E (2010). Private health insurance and the internal market. In: Mossialos E et al., eds. *Health Systems Governance in Europe: the Role of EU Law and Policy.* Cambridge, Cambridge University Press: 419 - 460.

[93] Transparency International Georgia (2012). The Georgian health insurance industry. Tbilisi, Transparency International Georgia with the support of the Embassy of the Kingdom of the Netherlands (http://www.transparency.ge/sites/default/files/post_attachments/The%20Georgian%20Health%20Insurance%20Industry.pdf, accessed 3 December 2015).

[94] Turner B (2015). Unwinding the State subsidization of private health insurance in Ireland. *Health Policy*, 119 (10): 1349 - 1357.

Turner B (2016). Ireland country profile. In: Sagan A, Thomson S, eds. *Voluntary health insurance in Europe: country experience*. Copenhagen, WHO Regional Office for Europe on behalf of the European Observatory on Health Systems and Policies.

[95] Vektis (2015). Verzekerden in beeld 2015 [The insured in 2015]. Zorgthermometer. *Vektis*, April 2015 (http://www.vektis.nl/downloads/Publicaties/2015/Zorgthermometer%20nr14/, accessed 3 December 2015).

[96] Wasem J (1995). Regulating private health insurance markets. Four country conference on health care reforms and health care policies in the United States, Canada, Germany and the Netherlands, Amsterdam, 23-25 February 1995. Amsterdam, Ministry of Health, Welfare and Sport.

[97] WHO (2016). Global health expenditure database (GHED) [online database]. Geneva, WHO (http://www.who.int/health-accounts/ghed/en/, accessed 5 April 2016).

[98] Zoidze A et al. (2012). Health insurance for poor: Georgia's path to universal coverage? Tbilisi, Curatio International Foundation.

附录 A　欧洲区域卫生支出数据

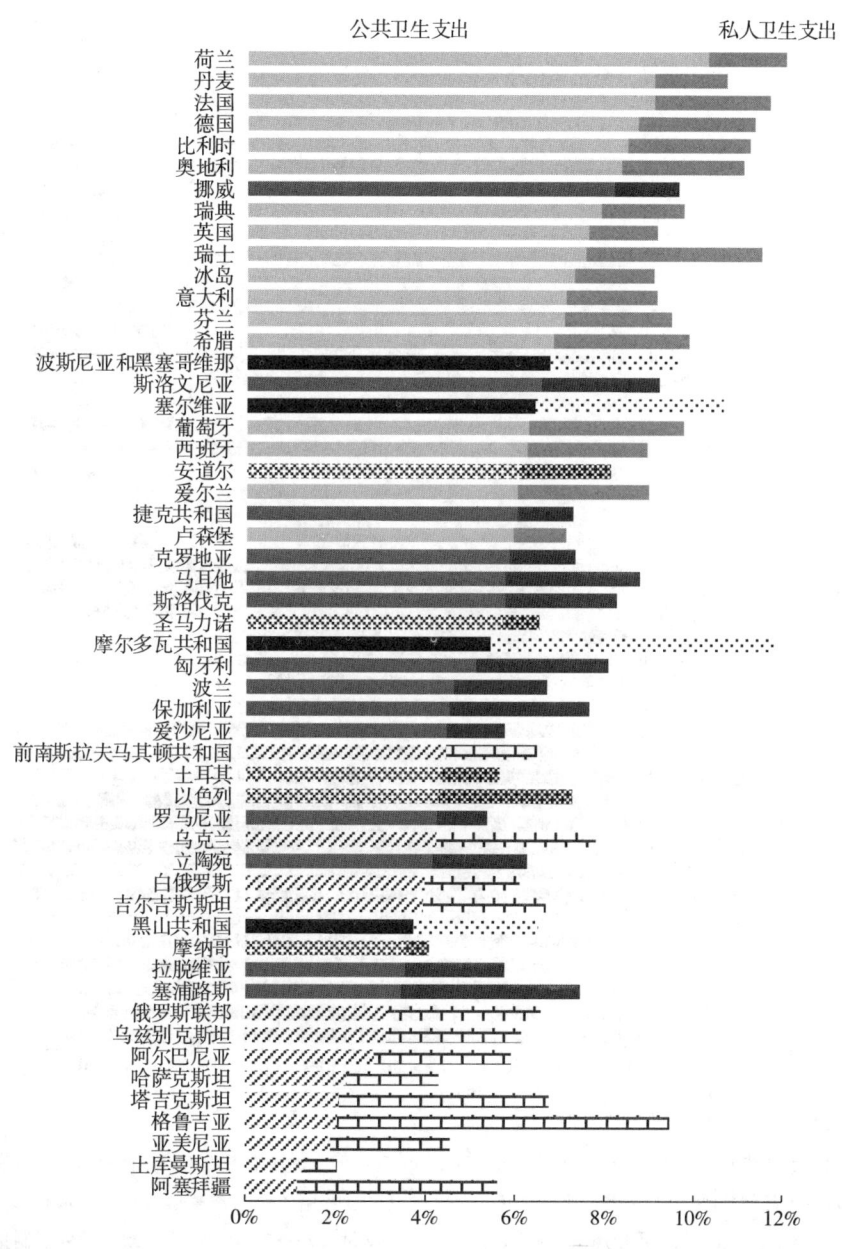

资料来源：WHO（2016）。

注：按公共卫生支出占比从高到低排列国家。

图 A.1　公共及私人卫生支出占 GDP 的比例（2014 年）

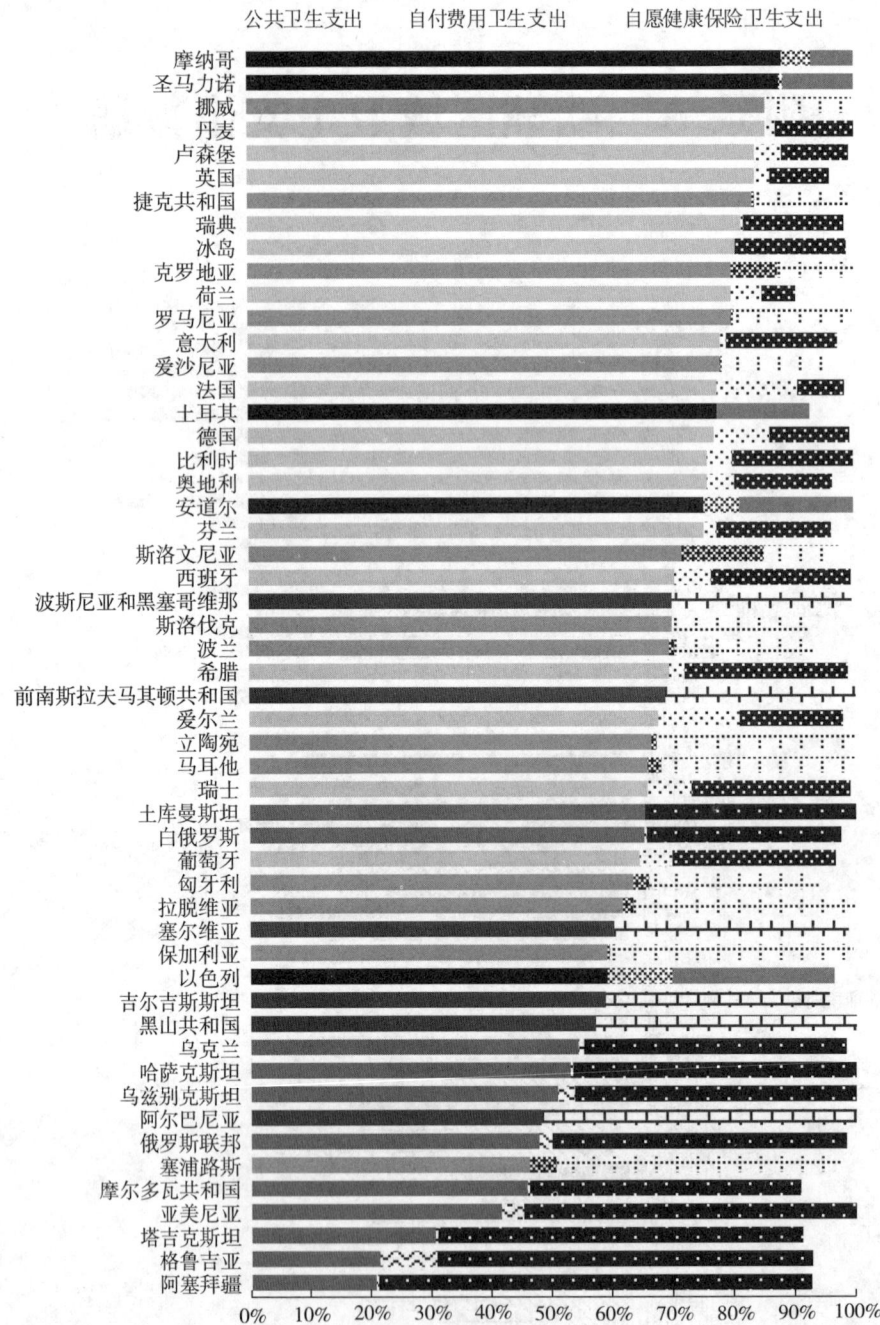

资料来源：WHO（2016）。

注：国家按公共卫生支出占比从高到低排列；匈牙利的自愿健康保险的卫生支出占比数据包括自愿医疗储蓄账户，这意味着匈牙利的自愿健康保险的卫生支出占卫生总费用的份额被高估（详见 Szigeti, Lindeisz & Gaál, 2016）；荷兰的数据未把由使用医疗服务的所有成年人支付（2015 年为每年 375 欧元）的强制性免赔额作为自付费用支出包括在内，因此，在荷兰的国家卫生账户数据中自付费用支出被低估了；数据可用性及假设见附录 B。

图 A.2　卫生筹资机制明细（2014 年）

附录 A 欧洲区域卫生支出数据

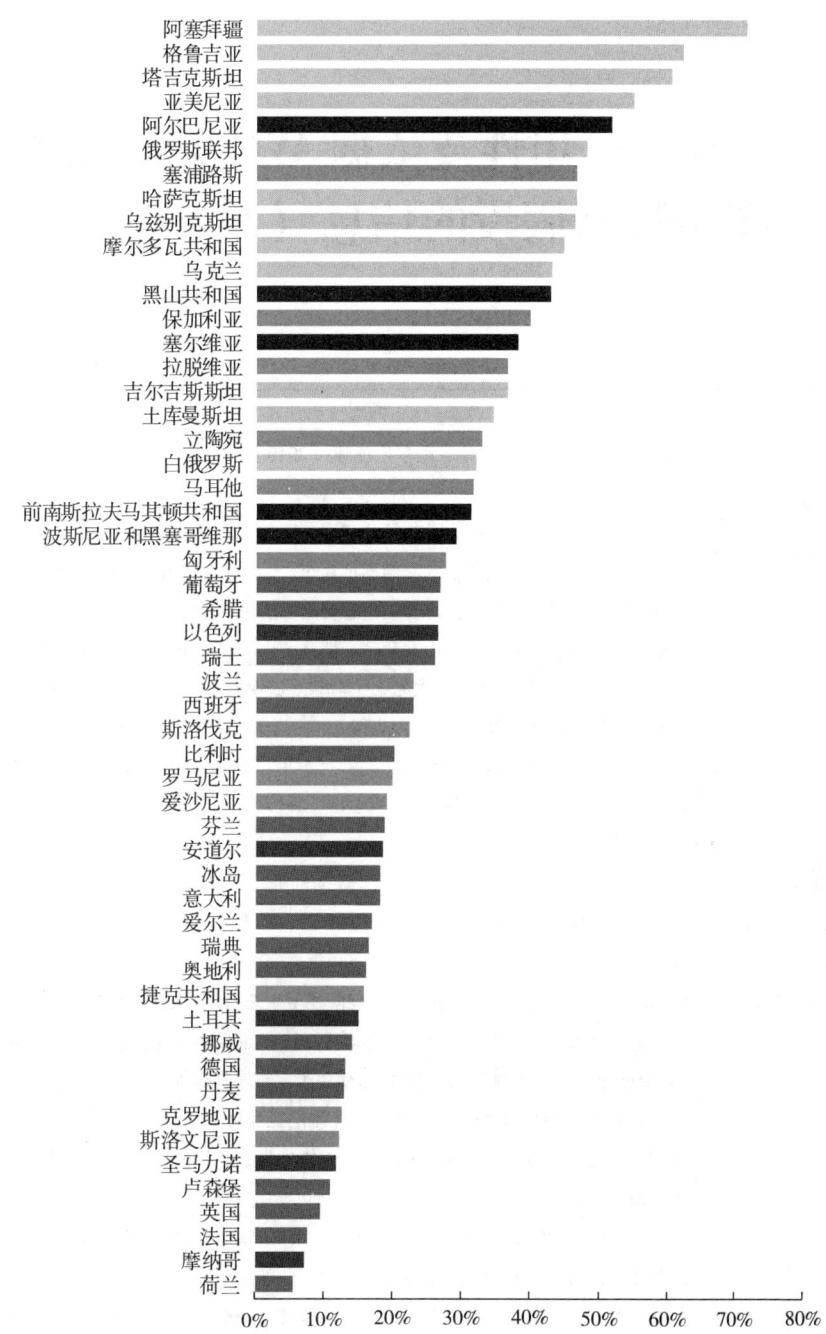

资料来源：WHO（2016）。

注：国家按公共卫生支出占比从高到低排列；匈牙利的自愿健康保险的卫生支出占比数据包括自愿医疗储蓄账户，因此在匈牙利的国家卫生账户数据中自付费用支出被低估了（详见 Szigeti, Lindeisz & Gaál, 2016）；荷兰的数据未把由使用医疗服务的所有成年人支付（2015 年为每年 375 欧元）的强制性免赔额作为自付费用支出包括在内，因此，在荷兰的国家卫生账户数据中自付费用支出被低估了。

图 A.3　自付费用支出占卫生总费用的比例（2014 年）

附录 B 数据可用性及依据 WHO 数据制定的图中数据假设的信息（2016 年）

图	数据可用性和假设
2.1 自愿健康保险的卫生支出占卫生总费用的比例（2014 年）	采用非 2014 年数据的国家：阿尔巴尼亚（2010）、葡萄牙（2012）、瑞士（2013）和塔吉克斯坦（2013）。 在哈萨克斯坦、前南斯拉夫马其顿共和国、摩尔多瓦共和国和塔吉克斯坦，自愿健康保险在私人卫生支出中所占的份额不足 0.5%，假设这些国家的份额为中值（0.25%）并将此用于计算自愿健康保险在卫生总费用中的份额。 尚未获取吉尔吉斯斯坦、黑山共和国、挪威、土耳其和土库曼斯坦的数据。
2.2 自愿健康保险的卫生支出占卫生总费用的比例增长的国家（百分点变化）（2000—2014 年）	采用非 2000 年数据的国家：亚美尼亚（2001）、波斯尼亚和黑塞哥维那（2009）、保加利亚（2001）、克罗地亚（2001）、波兰（2002）、摩尔多瓦共和国（2002）、罗马尼亚（2003）、塞尔维亚 2005）、斯洛伐克（2007）、瑞典（2001）、塔吉克斯坦（2007）。 采用非 2014 年数据的国家：阿尔巴尼亚（2010）、葡萄牙（2012）、瑞士（2013）和塔吉克斯坦（2013）。 在亚美尼亚、阿塞拜疆、白俄罗斯、保加利亚、爱沙尼亚、前南斯拉夫马其顿共和国、哈萨克斯坦、立陶宛、摩尔多瓦共和国和塔吉克斯坦，自愿健康保险在私人卫生支出中所占的份额不足 0.5%（在 2000 年或 2014 年），假设这些国家的份额为中值（0.25%）并将此用于计算自愿健康保险在卫生总费用中的份额。 对于捷克共和国、爱沙尼亚和乌兹别克斯坦，自愿健康保险市场在 2000 年并不存在（自愿健康保险支出为零）。这些国家使用了其自愿健康保险支出为正值的最早年份数据（捷克共和国采用 2003 年的数据，爱沙尼亚和乌兹别克斯坦采用 2004 年的数据）。 尚未获取前南斯拉夫马其顿共和国、吉尔吉斯斯坦、黑山共和国、挪威、土耳其和土库曼斯坦的数据。
2.3 人均自愿健康保险支出的增长（2000—2014 年）	采用非 2000 年数据的国家：亚美尼亚（2001）、波斯尼亚和黑塞哥维那（2009）、保加利亚（2001）、克罗地亚（2001）、波兰（2002）、摩尔多瓦共和国（2002）、罗马尼亚（2003）、塞尔维亚（2005）、斯洛伐克（2007）、瑞典（2001）、塔吉克斯坦 2007）。 采用非 2014 年数据的国家：安道尔（2013）、葡萄牙（2012）、瑞士（2013）、塔吉克斯坦（2013）。 在爱沙尼亚、前南斯拉夫马其顿共和国、圣马力诺和塔吉克斯坦，人均自愿健康保险支出低于 0.5（在 2000 年或 2014 年），假设这些国家的人均自愿健康保险支出为中值（0.25）。

附录 B　数据可用性及依据 WHO 数据制定的图中数据假设的信息（2016 年）

续表

图	数据可用性和假设
2.3 人均自愿健康保险支出的增长（2000—2014年）	对于捷克共和国、爱沙尼亚和乌兹别克斯坦，自愿健康保险市场在 2000 年并不存在（自愿健康保险支出为零），这些国家使用了其自愿健康保险支出为正值的最早年份的数据（捷克共和国采用 2003 年的数据，爱沙尼亚和乌兹别克斯坦采用了 2004 年的数据）。 尚未获取阿尔巴尼亚、前南斯拉夫马其顿共和国、吉尔吉斯斯坦、黑山共和国、挪威、土耳其和土库曼斯坦的数据。
2.4 自愿健康保险的卫生支出占卫生总费用的比例不变或下降的国家（百分点变化）（2000—2014年）	采用非 2000 年数据的国家：亚美尼亚（2001）、波斯尼亚和黑塞哥维那（2009）、保加利亚（2001）、克罗地亚（2001）、波兰（2002）、摩尔多瓦共和国（2002）、罗马尼亚（2003）、塞尔维亚（2005）、斯洛伐克（2007）、瑞典（2001）、塔吉克斯坦（2007）。 采用非 2014 年数据的国家：阿尔巴尼亚（2010）、葡萄牙（2012）、瑞士（2013）和塔吉克斯坦（2013）。 在亚美尼亚、阿塞拜疆、白俄罗斯、保加利亚、爱沙尼亚、前南斯拉夫马其顿共和国、哈萨克斯坦、立陶宛、摩尔多瓦共和国和塔吉克斯坦，自愿健康保险在私人卫生支出中所占的份额不足 0.5%（在 2000 年或 2014 年），假设这些国家的份额为中值（0.25%）并将此用于计算自愿健康保险在卫生总费用中的份额。 对于捷克共和国、爱沙尼亚和乌兹别克斯坦，自愿健康保险市场在 2000 年并不存在（自愿健康保险支出为零）。这些国家使用了其自愿健康保险支出为正值的最早年份数据（捷克共和国采用了 2003 年的数据，爱沙尼亚和乌兹别克斯坦采用了 2004 年的数据）。 尚未获取前南斯拉夫马其顿共和国、吉尔吉斯斯坦、黑山共和国、挪威、土耳其和土库曼斯坦的数据。
2.5 人均自愿健康保险支出的下降（2000—2014年）	采用非 2000 年数据的国家：亚美尼亚（2001）、波斯尼亚和黑塞哥维那（2009）、保加利亚（2001）、克罗地亚（2001）、波兰（2002）、摩尔多瓦共和国（2002）、罗马尼亚（2003）、塞尔维亚（2005）、斯洛伐克（2007）、瑞典（2001）、塔吉克斯坦（2007）。 采用非 2014 年数据的国家：安道尔（2013）、葡萄牙（2012）、瑞士（2013）、塔吉克斯坦（2013）。 在爱沙尼亚、前南斯拉夫马其顿共和国、圣马力诺和塔吉克斯坦，人均自愿健康保险支出低于 0.5（在 2000 年或 2014 年），假设这些国家的人均自愿健康保险支出为中值为（0.25%）。 在捷克共和国、爱沙尼亚和乌兹别克斯坦，自愿健康保险市场在 2000 年并不存在（自愿健康保险支出为零）。这些国家使用了其自愿健康保险支出为正值的最早年份数据（捷克共和国采用了 2003 年的数据，爱沙尼亚和乌兹别克斯坦采用了 2004 年的数据）。 尚未获取阿尔巴尼亚、前南斯拉夫马其顿共和国、吉尔吉斯斯坦、黑山共和国、挪威、土耳其和土库曼斯坦的数据。

续表

图	数据可用性和假设
2.6 自愿健康保险的卫生支出占私人卫生支出的比例（2014年）	采用非2014年数据的国家：阿尔巴尼亚（2009）、葡萄牙（2012）、瑞士（2013）、塔吉克斯坦（2013）。 对于前南斯拉夫马其顿共和国、哈萨克斯坦、摩尔多瓦共和国和塔吉克斯坦，自愿健康保险在私人健康支出中所占的份额不足0.5%，假设这些国家的份额为中值（0.25%）。 在捷克共和国、爱沙尼亚和乌兹别克斯坦，自愿健康保险市场在2000年并不存在（自愿健康保险支出为零）。这些国家使用了其自愿健康保险支出为正值的最早年份数据（捷克共和国采用了2003年的数据，爱沙尼亚和乌兹别克斯坦采用了2004年的数据）。 尚未获取吉尔吉斯斯坦、黑山共和国、挪威、土耳其和土库曼斯坦的数据。
2.7 自愿健康保险的卫生支出占私人卫生支出比例增长的国家（百分点变化）（2000—2014年）	采用非2000年数据的国家：亚美尼亚（2001）、波斯尼亚和黑塞哥维那（2009）、保加利亚（2001）、克罗地亚（2001）、波兰（2002）、摩尔多瓦共和国（2002）、罗马尼亚（2003）、塞尔维亚（2005）、斯洛伐克（2007）、瑞典（2001）、塔吉克斯坦（2007）。 采用非2014年数据的国家：阿尔巴尼亚（2009）、葡萄牙（2012）、瑞士（2013）、塔吉克斯坦（2013）。 在亚美尼亚、阿塞拜疆、白俄罗斯、保加利亚、爱沙尼亚、前南斯拉夫马其顿共和国、哈萨克斯坦、立陶宛、摩尔多瓦共和国和塔吉克斯坦，自愿健康保险在私人卫生支出中所占的份额不足0.5%（在2000年或2014年），假设这些国家的份额为中值（0.25%）。 在捷克共和国、爱沙尼亚和乌兹别克斯坦，自愿健康保险市场在2000年并不存在（自愿健康保险支出为零）。这些国家使用了其自愿健康保险支出为正值的最早年份数据（捷克共和国采用了2003年的数据，爱沙尼亚和乌兹别克斯坦采用了2004年的数据）。 尚未获取前南斯拉夫马其顿共和国、吉尔吉斯斯坦、黑山共和国、挪威、土耳其和土库曼斯坦的数据。
2.8 自愿健康保险的卫生支出占私人卫生支出比例不变或下降的国家（百分点变化）（2000—2014年）	采用非2000年数据的国家：亚美尼亚（2001）、波斯尼亚和黑塞哥维那（2009）、保加利亚（2001）、克罗地亚（2001）、波兰（2002）、摩尔多瓦共和国（2002）、罗马尼亚（2003）、塞尔维亚（2005）、斯洛伐克（2007）、瑞典（2001）、塔吉克斯坦（2007）。 采用非2014年数据的国家：阿尔巴尼亚（2009）、葡萄牙（2012）、瑞士（2013）、塔吉克斯坦（2013）。 在亚美尼亚、阿塞拜疆、白俄罗斯、保加利亚、爱沙尼亚、前南斯拉夫马其顿共和国、哈萨克斯坦、立陶宛、摩尔多瓦共和国和塔吉克斯坦，自愿健康保险在私人卫生支出中所占的份额不足0.5%（在2000年或2014年），假设这些国家的份额为中值（0.25%）。 在捷克共和国、爱沙尼亚和乌兹别克斯坦，自愿健康保险市场在2000年并不存在

附录 B 数据可用性及依据 WHO 数据制定的图中数据假设的信息（2016 年）

续表

图	数据可用性和假设
2.8 自愿健康保险的卫生支出占私人卫生支出比例不变或下降的国家（百分点变化）（2000—2014 年）	（自愿健康保险支出为零）。这些国家使用了其自愿健康保险支出为正值的最早年份数据（捷克共和国采用了 2003 年的数据，爱沙尼亚和乌兹别克斯坦采用了 2004 年的数据）。 尚未获取前南斯拉夫马其顿共和国、吉尔吉斯斯坦、黑山共和国、挪威、土耳其和土库曼斯坦的数据。
2.9 及 3.1 欧洲区域自愿健康保险费用和自付费用的关系（2014 年）	采用非 2014 年数据的国家：阿尔巴尼亚（2010）、葡萄牙（2012）、瑞士（2013）和塔吉克斯坦（2013）。 在哈萨克斯坦、前南斯拉夫马其顿共和国、摩尔多瓦共和国和塔吉克斯坦，自愿健康保险在私人卫生支出中所占的份额不足 0.5%，假设这些国家的份额为中值（0.25%）并将此用于计算自愿健康保险在卫生总费用中的份额。 尚未获取吉尔吉斯斯坦、黑山共和国、挪威、土耳其和土库曼斯坦的数据。
2.10 及 3.2 私人卫生支出明细（各个国家基于自付费用占卫生总费用的比例从高到低排序）（2014 年）	采用非 2014 年数据的国家：阿尔巴尼亚（2010）、葡萄牙（2012）、瑞士（2013）和塔吉克斯坦（2013）。 在哈萨克斯坦、前南斯拉夫马其顿共和国、摩尔多瓦共和国和塔吉克斯坦，自愿健康保险在私人卫生支出中所占的份额不足 0.5%，假设这些国家的份额为中值（0.25%）。 尚未获取吉尔吉斯斯坦、黑山共和国、挪威、土耳其和土库曼斯坦的数据。
A2 卫生筹资机制明细（2014 年）	采用非 2014 年数据的国家：阿尔巴尼亚（2010）、葡萄牙（2012）、瑞士（2013）和塔吉克斯坦（2013）。 在哈萨克斯坦、前南斯拉夫马其顿共和国、摩尔多瓦共和国和塔吉克斯坦，自愿健康保险在私人卫生支出中所占的份额不足 0.5%，假设这些国家的份额为中值（0.25%）并将此用于计算自愿健康保险在卫生总费用中的份额。

附录 C 国家代码

ALB	Albania	阿尔巴尼亚
AND	Andorra	安道尔
ARM	Armenia	亚美尼亚
AUT	Austria	奥地利
AZE	Azerbaijan	阿塞拜疆
BEL	Belgium	比利时
BGR	Bulgaria	保加利亚
BIH	Bosnia and Herzegovina	波斯尼亚和黑塞哥维那
BLR	Belarus	白俄罗斯
CHE	Switzerland	瑞士
CYP	Cyprus	塞浦路斯
CZE	Czech Republic	捷克共和国
DEU	Germany	德国
DNK	Denmark	丹麦
ESP	Spain	西班牙
EST	Estonia	爱沙尼亚
FIN	Finland	芬兰
FRA	France	法国
GBR	Great Britain	大不列颠
GEO	Georgia	格鲁吉亚
GRC	Greece	希腊
HRV	Croatia	克罗地亚
HUN	Hungary	匈牙利
IRE	Ireland	爱尔兰
ISL	Iceland	冰岛
ISR	Israel	以色列
ITA	Italy	意大利
KAZ	Kazakhstan	哈萨克斯坦

续表

LTU	Lithuania	立陶宛
LUX	Luxembourg	卢森堡
LVA	Latvia	拉脱维亚
MCO	Monaco	摩纳哥
MDA	Republic of Moldava	摩尔多瓦共和国
MKD	Former Yugoslav Republic of Macedonia	前南斯拉夫马其顿共和国
MLT	Malta	马耳他
NLD	Netherlands	荷兰
POL	Poland	波兰
PRT	Portugal	葡萄牙
ROU	Romania	罗马尼亚
RUS	Russian Federation	俄罗斯联邦
SMR	San Marino	圣马力诺
SRB	Serbia	塞尔维亚
SVK	Slovakia	斯洛伐克
SVN	Slovenia	斯洛文尼亚
SWE	Sweden	瑞典
TJK	Tajikstan	塔吉克斯坦
UKR	Ukraine	乌克兰
UZB	Uzbekistan	乌兹别克斯坦

后　　记

如果公共资源是无限的，公共医疗保障将不会存在覆盖缺口，自愿健康保险的真实需求也会不复存在。然而大多数卫生系统都面临财政约束，因此自愿健康保险经常被视为解决这些财政压力的一种途径。本研究借鉴了 34 个国家的经验，以评估自愿健康保险对卫生费用的贡献，并了解其在欧洲的角色和其在与公共医疗保障的关系中的角色。本研究审视了自愿健康保险的保险人、自愿健康保险的投保人以及人们投保自愿健康保险的原因。本研究还从国别和欧盟层面回顾了针对自愿健康保险的公共政策以及相关的国别政策争论。

本研究表明，虽然不同的自愿健康保险市场在规模、运营和规制方面差异很大，但绝大多数的市场都很小。大规模的市场往往是最古老的市场，往往拥有非营利性保险人，受到最严格的规制以确保自愿健康保险的可及性与可负担性。本研究还表明，相较于自付费用和医疗储蓄账户，自愿健康保险通常是一种更好的满足人们医疗需求的方式。自愿健康保险可以为财务保护作出贡献，特别是在其扮演具有共付性质的替代型和补充型保障的角色时。然而，自愿健康保险是一个复杂、具有挑战性且与具体情况尤为相关的政策工具，即使市场规制良好，它也可能会破坏卫生系统的其他目标，包括可及性上的公平、效率、透明度和问责制等。因此，政策制定者在扩张自愿健康保险市场之前应该谨慎行事。

本卷及其姊妹篇《欧洲自愿健康保险：国别经验》由伦敦政治经济学院观察中心和世界卫生组织欧洲区域办公室联合编写。本研究借鉴了来自欧盟、欧盟自由贸易区以及其他欧洲国家的国家级专家的贡献。

总后记
HEALTH INSURANCE TRANSLATION SERIES

四十载惊涛拍岸，九万里风鹏正举。这是中华民族和新中国历史非凡的40年。当代中国，以对外开放促进改革创新，以思想解放推动社会变革。从学习借鉴他人经验做法，到全面推进理论创新、制度创新、科技创新、文化创新，目的是不忘初心、牢记使命，全心全意为人民谋幸福。习近平总书记在党的十九大报告中指出"人民健康是民族昌盛和国家富强的重要标志"。作为维护全民健康权的重要抓手和媒介手段，健康保险整个行业都必须坚定不移地坚持改革开放、创新发展。但光有理想和热情是不行的，还需要有正确的理论指导。没有理论基础，创新就不可能持久；构建了理论基础，创新才有出路。历史证明，有了正确的保险理论指导，保险业发展的形势就比较好，对经济社会发展的贡献就比较大。

《健康保险系列译丛》，旨在通过引进翻译国外健康保险经典著作，会同之前组织编著的《健康保险系列丛书》，探究并构建起健康保险行业科学、系统的知识理论体系框架，更好地推动专业健康保险公司持续快速协调发展，在国家治理体系中发挥更加重要的作用。

近二十年来，西方保险理论研究有了长足发展，健康保险研究文献与日俱增，但绝大部分研究集中在市场实践和本国制度规制方面，并多以专题研究报告的形式体现，更新速度快但经典性学术专著少，给选版工作增加了难度。在选版过程中，严格对照编委会与学术顾问团确定的基本原则，选取了11本外文著作作为候选翻译著作；后经编委会及学术顾问团的专题研究，确定了5本专著作为译丛首次出版发行的翻译著作。

西学东渐百余年来，汉译西方经典成了一道引人注目的风景线，众多学术大家对经典译丛提出了很多原则和标准，最为有名的当为严复先生的"信、达、雅"原则。学术翻译不同于原创著作，不是单纯地在外国语言和中国语言之间进行简单的文字切换，更是一种中文学术交流融合的过程，是一个全新的语言表达和凝聚译者思想感悟的再创造过程。从根本上而言，这是一次汉语学术专家用汉语对一种异质学术思想的诠解和思考。绝不是无思想的劳作，更不是机械的语言对接，而是学术思想在宏大的文化语境中的审视和转换。在我们看来，此次译丛，"信"和"达"是最重要的。所谓的"信"和"达"不仅是指可信地、准确地传达原著所表达的思想内容，还包括对原文表达方式甚至表达习惯的尊重和尽可能地如实传达。这样一来，对担纲著作翻译工作的译者要求非常高，一方面应当是健康保险领域的专家学者，在健康保险领域具有深厚的学术功底和较高的学术造诣，同时又要在翻译实践方面具备扎实的双语基本功及较强的外语与汉语转换能力，最好还能与原著作者有学术或思想的交流。"谁来译"一度成为译丛项目最大的桎梏。

最终五位潜心学术的专家学者担纲了译丛的翻译工作。《简明健康保险经济学》，由王稳教授负责译校。王稳现任中国出口信用保险公司首席经济学家，对外经济贸易大学教授、博士生导师，沃顿商学院高级访问学者，长期从事保险领域研究，中英文功底深厚，并与该书作者 Robert D. Lieberthal 博士在沃顿商学院的数位老师有着非常密切的学术交流。该中译本，体现了王稳教授一贯追求的高水准，在忠实原著学术价值的基础上又相当"友好"地照顾了读者的阅读感。

《健康保险》（第2版），由朱铭来教授负责译校。朱铭来为南开大学金融学院教授、博士生导师，美国佐治亚州立大学商学院风险管理与保险学系博士研究生毕业。长期从事健康保险领域理论研究，有多部译著，此英文原著为朱铭来教授国外学习期间的专业书籍。

《人身风险的医学选择》(第5版),由张晓博士负责译校。张晓博士为东南大学副教授、公共卫生学院医疗保险系主任,主持和参与完成了国内第一个医疗保险本科专业课程体系设置与修订,是医学与保险结合领域的专家,有多部学术译作。

《美国医疗卫生服务体系》(第7版),由杨燕绥教授负责译校。杨燕绥为清华大学公共管理学院教授、医院管理研究院教授、博士生导师,美国约翰霍普金斯公共卫生学院特聘教授,与本书作者石磊玉博士是多年挚友和研究同行,同台执教多年,熟谙双方的学术思想。

《欧洲自愿健康保险》,由王国军教授负责译校。王国军为对外经济贸易大学保险学院教授、博士生导师,保险法与相互保险研究中心主任,在保险法学、保险制度规制方面研究经历相当丰富,有多部译著,有关欧洲自愿健康保险的制度规制部分是原著作中的重要部分,正属于王国军教授的研究范畴。

整个翻译工作不但耗费精力巨大,还将不时面临来自行业内专家和读者的"挑剔"和质疑,对于早已"功成名就"的专家来说,世俗标准下的投入与回报严重不相符,未尝不是件"高风险"创作。但五位专家老师和其所带领的研究团队,怀着高度的敬业精神,投入了大量的时间精力到译丛的翻译工作中,字斟句酌,反复打磨,有时甚至为一个词组"兴师动众"地多方查询论证,只是为了保证中文读者与源语言读者以同样的程度理解专著。这一过程是对学术功底和意志力的极大考验,五位专家老师和其研究团队用严谨细致的学术作风和扎实深厚的学术功底,为译丛工作倾力付出,彰显了大家风范。

译丛得以发行出版,离不开众多专家学者以及出版社的倾力支持。李保仁教授、卓志教授、孙祁祥教授、李秀芳教授、王桥教授、于保荣教授、马海涛教授、王欢教授、王绪瑾教授、朱恒鹏教授、朱俊生教授、孙洁教授、李玲教授、李晓林教授、余晖教授、郑伟教授、郑秉文教授、赵尚梅教授、郝演苏教授、庹国柱教授、曹建海教授、董朝晖博士、魏华林教授等专家学者给予译丛工作许多指导和帮助。此外，中国金融出版社魏革军社长、蒋万进总编辑、编辑部王效端主任等为丛书出版提供了大力支持，编辑团队为译丛审校和出版发行做了大量工作，在此一并表示最衷心的感谢！

译丛是项全新工作，难免有疏漏之处，随着中外健康保险的发展与研究的深入，还有很多需要改进与完善的地方。我们也将不断丰富译丛书目，引进更多对行业发展有借鉴指导价值的经典著作。希望《健康保险系列译丛》与《健康保险系列丛书》共同构建起健康保险知识理论体系框架。在中国健康保险黄金发展期，为健康保险行业进一步全面深化改革提供有力保障，成为健康保险发展道路上的基石和动力。